风雨几星霜

战后中日关系

亲·历·记

刘德有

图书在版编目 (CIP) 数据

风雨几星霜：战后中日关系亲历记 / 刘德有著 . —
北京：生活·读书·新知三联书店，2018.5
ISBN 978-7-108-06280-2

Ⅰ . ①风… Ⅱ . ①刘… Ⅲ . ①中日关系 – 国际关系史
Ⅳ . ① D829.313

中国版本图书馆 CIP 数据核字 (2018) 第 073005 号

责任编辑　叶　彤
装帧设计　张　红　朱丽娜
责任校对　张国荣
责任印制　徐　方
出版发行　生活·讀書·新知　三联书店
　　　　　（北京市东城区美术馆东街22号）
邮　　编　100010
经　　销　新华书店
网　　址　www.sdxjpc.com
排版制作　北京红方众文科技咨询有限责任公司
印　　刷　北京新华印刷有限公司
版　　次　2018年5月北京第 1 版
　　　　　2018年5月北京第 1 次印刷
开　　本　635毫米×965毫米　1/16　印张 33.25
字　　数　460千字　图23幅
印　　数　0,001-8,000册
定　　价　55.00元

（印装查询：010-64002715；邮购查询：010-84010542）

卷首絮语

/

日本，这个东方近邻，如今要去访问已变得很容易。办个手续，就可以来来去去，非常方便。统计表明，近几年，中国人几乎每天约有一万多人次去日本旅游购物。由于中国人在商店、超市"出手不凡"，以致日语产生了一个新词——"爆买"，并一度成为流行语。

可是在六十到七十年前，这种情况谁敢想象呢？那时中国尚未改革开放，能去日本访问的中国人寥寥可数——要么，作为代表团成员访问；要么，参加艺术团去演出交流。至于常驻，那更是凤毛麟角。

而我，有幸从 1964 年到 1978 年作为第一批中国记者在东瀛常驻了十五年。即使刨去回国休假，也足足有十三四年吧。当时，一般来说，常驻人员在国外待三四年或四五年就轮换，而我却常驻了十五年。有些人问我，你为什么在日本待了那么长的时间？我开玩笑说："由于工作成绩不佳，毕不了业，总'留级'，一留就留了十五年。"

而真正的原因是什么呢？简单说，就是因为长达十年之久的"史无前例"。我在东京的那十几年，正好赶上国内掀起"文化大革命"的狂风暴雨，那时的新华社总社也同全国很多单位一样，分为两大派，群众组织整天斗来斗去，打得不可开交。在这种情况下，总社向分社派记者就遇到了困难，因为被选派的同志常常是属于某一派群众组织的，这样，就会遭到另一派的反对，说："那个人是历史反革命""是叛徒，是特嫌"。我的情况比较特殊。因为我是新华社从外文出版局《人民中国》编辑部借调的干部，因此，牵涉不到两派的问题，比较"超脱"。所以，每次休假回北京，到假期快要结束时，外事局领导总要找我谈话，做我的思想工作，说："你再回东京去坚持一段。"尽管到后期我真想早点回国工作，但组织决定，只能坚决服从。就这样，坚持了好几个"一段"，不知不觉就十几年了。

我们中国记者一行是 1964 年秋，从社会主义新中国来到"发达的资本主义国家"日本的。尽管在此之前，我本人曾随代表团多次访问过日本，但这次到日本来，时间上有点特别——当时正值东京奥运会前夕。为办好奥运会，日本当局进行了大规模的公共投资，到处大兴土木。当时，东京不仅兴建了许多现代化的体育场馆等设施，而且为了招徕旅客，还盖了不少大饭店，修筑了日本第一条立体交叉的"首都高速公路"。记得有一年——大概是在 1970 年 4 月——我在北京因工作在人民大会堂福建厅见到周总理时，他听说我因休假刚从日本回国，就问我东京高速公路的情况。我向总理汇报说，东京的高速公路基本上是高架的，有些地段从高楼大厦的二层或三层旁边通过（这在今天的中国已经不新鲜，全国各地的高速公路密布如网，四通八达，据说在世界上首屈一指）。周总理饶有兴趣地、注意地听了我的介绍。

再回到 1964 年。就在中国记者到达东京的几天后，东京至大阪的东海道新干线（高铁）举行了开通仪式（今天，中国高铁的发展也是惊人的）。我当时的印象是整个日本充满了活力。从 20 世纪 50 年代到 60 年代，日本经济一直高速发展，虽然国民生产总值只等于美国的约二分之一，但从增长率来说，却在整个 60 年代一直在全球遥遥领先，从而引起了世界的注目，甚至被认为是一种"奇迹"。《朝日新闻》说，日本的资本主义"以实际 10% 左右的增长率持续了二十年，这种情况打破了战前经济学的常识"。

由于今天中国经济的快速发展，中国老百姓的生活水平大有提高，在一些方面不仅赶上，甚至超过了日本，但那时，中国百姓的生活跟日本相比，有明显的差距，落差是比较大的。就以"三大件"为例。我们常驻日本时，中国百姓的"三大件"是手表、缝纫机和自行车，俗称"三转"，而日本已经从洗衣机、电风扇和电视机，发展到电冰箱、吸尘器、洗衣机，进而又发展到彩色电视机、冷气设备和小轿车。

我发现，战后日本普通人的生活，特别是日本人的伙食有了较大的变化。战前日本人的主食是大米，副食不多。普通家庭吃的一般很简单：米饭、黄酱汤、咸菜，能吃上一次烤鱼，就是一顿美餐了。但是，战后由于生活方式受到美国的影响，日本人的生活出现了西化的倾向，副食和面食逐渐增多。我们在东京，走进副食品商店和超市，看到货架上摆满了各种食品，花色齐全，琳琅满目。

刚到东京时，我们得到的印象是满街都是小汽车，而且还第一次听到了从未听过的新词——"自家车"（my car）。我曾想，中国什么时候能有"自家车"啊？（未承想，改革开放三四十年后，很多中国家庭都有了"自家车"，有的家庭，还不止一辆！）记得，那时在东京出门办事常常会遇到塞车的情况，这不由得使我们怀恋北京畅行无阻的交通。昔日的北京街道上到处是自行车。日本人说北京是"自行车王国"，上下班在主要街道上看到的是"自行车的洪流"。今天，在北京，我们看到的是"汽车的洪流"，塞车拥堵的程度远远超过了东京，大有"后来者居上"之势。

我们到日本后还发现，那时日本人购买"大件"不一定都用现款，很多情况下，是用"分期付款"的办法赊购的。我们抨击说，这是资本家利用消费者购买商品的欲望和心理，想出的"鬼名堂"，无非是要套住消费者，使其变为"债务奴隶"，达到大量推销商品的目的。曾几何时，这种"分期付款的营销方式"在今天的中国已经司空见惯了。

我们记者到东京后不久，住进了文京区的川口公寓。在当时它是高档的，非一般老百姓所住。这所公寓也是在 20 世纪 60 年代日本兴建许多高级公寓的热潮中建造起来的。这种公寓里，家具讲究，设备齐全，每一套房间都有洗澡间和安有自动点火装置（即脉冲）的煤气炉灶。这些在当时的日本大城市里也不多见，在中国更是闻所未闻，我们因此觉得很新奇（现在中国早已普及，一点也不稀罕）。院内还有一个游泳池，入夏可以游泳。人们走进公寓大门，首先映入眼帘的是迎面墙上悬挂的匾额，上面用斗大的字写着："家之美创造心灵之美。"

我和另一位记者合住了一套房间。我们把一间向阳的大客厅改造成记者的集体办公室。我住的小房间里，有一面窗户向西。傍晚，伏案写作，偶一抬头，可以看见剪影似的富士山挂在被落日染红的远天上，非常美丽。

我在日本的十五年间，日本政局一直动荡。刚到时，正值池田内阁向佐藤内阁转变的前夕。我前后总共经历了池田、佐藤、田中、三木、福田等几届内阁。

有道是"好景不长"。日本经济一度出现的"奥运景气"很快过去，而在度过 20 世纪 60 年代的高速成长期后，便逐步进入了"稳定增长"的时期。

"二战"结束以后，中日两国关系一直处于不正常状态，日本长期唯美国马首是瞻，敌视中国。初期，中日之间只有民间的一些往来和交流。在这种情况下，当然谈不上互派常驻记者。因为互派常驻记者，会牵涉一些敏感的政治问题。中日实现互派常驻记者，经历了漫长而艰苦的道路。1964 年 4 月，在周恩来总理的主导和关怀下，在日方松村谦三等人的长期努力下，中日双方终于就互设"廖承志·高碕贸易办事处"达成协议，并交换了互派新闻记者的《会谈纪要》。这两件事成了中日关系从单纯民间往来到半官半民交流阶段转变的重要标志，也为后来中日关系全面正常化奠定了重要基础。

应该说，中日互派记者是战后中日关系史上的重要事件，中日互派记者是两国人民的强烈愿望。由于有了常驻记者，一改过去只能"隔靴搔痒"般地间接报道对方国家的情况，可以通过记者的零距离接触、观察并及时报道最新政治、社会动向，促进相互了解和沟通。

当时，我的工作单位是外文出版局《人民中国》杂志社，临时被调出来，参与了松村谦三访华时的接待工作。

根据上述互派新闻记者的《会谈纪要》，中国方面决定向日本派驻的第一批记者共 7 人，人选据说是在国务院外办的直接领导下，由新华社和有关单位协商确定，并经中央批准的。有人透露，廖承志在其中起了重要作用。由于他在对日工作中的重要作用和影响力，"只要廖公说了话，点了名，各单位都乐意办"。

尽管如此，我这个"名不见经传"的小干部怎能忝列其中呢？思来想去，想到了一点——如果说我具备了某种条件，那就是会日语。最近，我看了一本书《廖承志与日本》。书中《廖公亲自点将》一栏里，有这样一段话："刘德有，大连人，来自《人民中国》杂志社，从（上世纪）50 年代中期起，就为毛主席、周总理会见日本客人担任翻译，并随……代表团数度访问日本。他的日语口译水平有口皆碑。由于在《人民中国》编辑部的磨炼，中日文的笔译能力也相当好。"

溢美之词，令我汗颜。不过，有一点是千真万确的，那就是小时候我在当时已沦为日本殖民地的大连曾就读过日本人办的学校。中学二年级时，由于日本帝国主义战败，我放弃了学业。日本投降后，我曾一度下狠心想过"从此再也不说日语了"。那时，我年纪轻，思想不成熟，水平也低，对国际事务还不能做出正确的判断和分析，不能把日本军国主义和日本人民分开，考虑问题极为单纯，更多的是感情用事，以为日本在"二战"中战败，就意味着日本已经"亡国"，对于日本人民战后要在新的基础上重建国家，争取自己美好的未来，缺乏认识。所以，我简单地认为，日语已经没有用了，而且是永远地没有用了。直到 1952 年春，组织上要调我到日侨学校工作（这是一所大连市人民政府为留用的日本技术人员子弟办的学校。我在那里，用日语教中文），我才感到在革命队伍中日语也可以派上用场，日语可以作为工具，为革命服务，为人民服务。

战后，我经历了中日关系发展的几个不同阶段：民间先行，以民促官；半官半民；正式建交，官民并举；长足发展；走向低谷。

有趣的是，前面几个发展阶段好像有规律可循似的，基本上是每十年就进入一个新阶段，例如，从 1952 年开始的民间往来、民间先行，以民促官阶段持续了十年；到了 1962 年，两国贸易办事处成立并实现互派常驻记者，两国关系进入了半官半民阶段；又过了十年，经过双方努力，在 1972 年 9 月终于实现了两国人民久盼的邦交正常化。但遗憾的是，由于人们都知道的原因，中日关系如今已进入寒冷的冬季，陷入了冰凉的低谷。

2017 年是中日邦交正常化 45 周年，也是"卢沟桥事变"80 周年。这两个纪念日重叠，虽是巧合，却代表着两条截然不同的道路，一条是和平友好，一条是战争与对抗。80 年前，日本全面侵华，给中国及其他亚洲各国人民造成了深重灾难，自己最终也走向彻底失败。45 年前，当时的日本领导人正是在历史潮流的推动下，反省历史，与中国实现了旨在和平友好的邦交正常化。但，现在日本国内有少数人硬是不反省历史，企图开历史倒车。2018 年是《中日和平友好条约》缔结 40 周年，如何通过不断努力，使中日关系走出当前的低谷，是摆在中日两国人民面前的一个重要课题。

想来，20 世纪 50 年代初我本人在大连日侨学校教学，后调到北京，在外文局参与日文版《人民中国》杂志创刊，实际上就已经投入了战后我国的对日工作。从战后中日关系的进程来说，那时正值发展民间交流的阶段。从那以后，我一直走过来，走到今天。我做的是一般性工作，既无贡献，也无建树，但各个阶段，我都有所见，有所闻，有所思，有所感。

本书在当前这样的形势下付梓问世，不能不使人浮想联翩。我本人联系到战后自己的亲身经历，愿意按中日关系发展的几个阶段，将我的所见、所闻、所思、所感写下来，与各位读者共享。正是：

风风雨雨几星霜，
斩棘披荆复垦荒。
莫道冬来春不远，
雪融冰释赖时光。

2017 年春夏之交于北京

在遏制中国的铁门上撬开一道缝

*

*

　　纵观战后中日关系的发展历程，1952 年是个重要年份，因为它是"民间先行，以民促官"的起始年。

　　这一年的 5 月 15 日，北京西郊机场迎来了新中国成立以来第一批日本客人。他们是高良富女士，参议员（绿风会）；帆足计，众议员（日本社会党）；宫腰喜助，众议员（改进党）。由于当时东西方处于冷战状态，日本政府不允许日本国民访问"共产党中国"，他们是持前往欧洲国家的护照，取道巴黎、哥本哈根，到莫斯科出席国际经济会议，然后访问中国的。换言之，日本这三位国会议员是冲破日本政府不准国民访问"赤色中国"的禁令，来到新中国首都北京的。他们是战后日本人访问新中国的开路先锋，是首先推开中日民间交往大门的日方人士。

　　那时，我在家乡的大连日侨学校任教，还没有来北京工作，因而无从了解这三位日本客人的情况。后来我调到北京，认识了当时参与接待这批日本客人的孙平化、萧向前等人，才陆续地了解了事情的经过和一些细节。

胡同里的小四合院

　　先说外宾到京后的住宿。

　　现在，北京的高级饭店和宾馆早已今非昔比，不仅档次高、整洁、舒适，而且分布在市内各个繁华地段，但那时全北京专供接待外宾用的高级饭店却只有一家——北京饭店的中间那座楼。由于北京饭店床位有限，无法安排高良富等人入住，因此，他们被安排住进了西城区宣武门附近头发胡同一座小四合院里的正房和西厢房。当时还请了一位热心而高明的厨师，换着花样，为客人安排一日三餐。据说，客人很满意，称赞大师傅的"水晶猪蹄"做得尤其好，味美可口。由于宾主同住一个院，过着家庭式的生活，人们就打趣说，这是跟日本朋友一道实行"三同"：同吃、同住、同活动。

孙平化讲话一向风趣幽默，爱开玩笑，也许是自谦吧，他曾向我讲过参加这次接待工作的小插曲。他说，战前他虽然学过日语，但日本战败后一直未用，感到生疏，没有把握，当伊尔14小飞机在北京机场停稳后，他便登机，在舱内用了本来就不怎么好而又多年未用的日语向客人寒暄了几句，客人反映："此人讲的日语，我们听不懂！"

不过，同去接机的冀朝鼎，不愧是从美国留学回来的，他用流利的英语表达："有朋自远方来，不亦乐乎"，在客人中间引起了热烈的反响。

高良富等三位日本客人此次来中国，除通过参观访问了解新中国的情况外，主要目的是谈贸易——签订中日之间的第一个民间贸易协定。

说到这里，我们不妨再深入了解一下这三位日本客人的身世。

高良富，早年留学美国，获哲学博士学位，任日本女子大学等学校的教授。1932年1月曾来上海，经内山书店老板内山完造介绍，认识了鲁迅。《鲁迅日记》1932年1月12日载："夜同广平往内山君寓晚饭，同坐又有高良富子夫人。"她向鲁迅求过字。《鲁迅日记》1932年1月23日载："午后为高良夫人写一小幅，句云：'血沃中原肥劲草，寒凝大地发春华。英雄多故谋夫病，泪洒崇陵噪暮鸦。'"这首诗写于淞沪之战的前六天，当时中国正处于空前的危机中。诗的寓意是：中国在白色恐怖下，寒气凛冽，千里冰封，人民惨遭杀戮，血沃中原，但大地上到处依然是苗壮的劲草，盛开着灿烂的春花，而旧的统治者已露出腐朽病败的征兆，不能再照旧统治下去了。

　　日本发动侵华战争时，高良富曾从事过反战和争取和平的运动。战后当选参议员，从事国际和平、妇女和文教等方面的活动，而且与印度圣雄甘地、大诗人泰戈尔结识，是一位善操英语的社会活动家。

　　帆足计，毕业于东京帝国大学经济学部，曾任经济同友会干事、商工省参议、日本产业协议会专务理事兼事务局长。1947年参加绿风会，同年当选参议员。1950年加入民主党。1952年加入社会党，同年当选众议员。

　　宫腰喜助毕业于日本大学经济学院。1945年曾参加创立日本协同党，历任税理士、国民协同党副干事长。1947年至1952年当选众议员。来华时，他是日本改进党国会议员。

周总理运筹帷幄

　　高良富等三人之所以在1952年春赴莫斯科出席国际经济会议并访问中国，是与周恩来总理请示毛主席后，精心筹划布置，并由廖承志、南汉宸等人具体落实、安排分不开的。

　　这件事还得从头说起。20世纪50年代初，以美国为首的西方国家对新中国实行"封锁"和"禁运"，很多国家中断了与中国的直接贸易关系，使中国的国际经济环境急剧恶化。新生的中国亟须打破"封锁"和"禁运"，扩大影响，恢复和开展同西方国家的贸易往来。

　　1951年2月，世界和平理事会在柏林开会，决定在苏联举行一次国际经济会议。这一年的10月，苏联、中国、波兰、法国、英国、西德、意大利、印度、黎巴嫩等21国经济界人士在丹麦首都哥本哈根举行会议，决定成立国际经济会议的筹备委员会。根据周总理的指示，指派中国人民银行行长南汉宸、中国银行董事兼副总经理冀朝鼎出席了1951年10月及以后召开的历次筹备会议。

　　南汉宸参加国际经济会议筹备会回国后，与廖承志谈了会议的进展情况，说1952年4月的莫斯科国际经济会议将不讨论"世界陷于分裂的政治问题"，专门探讨"恢复与发展各国间的各种经济关系的可能性"，而不管这些国家的经济和社会制度怎样，也不管与会人员的政治见解如何。不过，筹备会议没有日本代表参加，如何是好？

据《廖承志与日本》一书介绍，廖承志听了南汉宸的叙述后，建议由他向日本经济界实力人物发出邀请，说明要在莫斯科举行国际经济会议，并作为中国的发起人之一，表示希望日本能派代表出席莫斯科会议，与各国代表共聚一堂讨论如何发展贸易，届时商讨中日之间的贸易问题，以打开中日民间交往渠道。南汉宸极为赞成，便向周恩来总理请示。

经毛主席同意，周总理召见即将前往莫斯科的中国代表团正副团长南汉宸、雷任民面授机宜。南汉宸作为会议发起人之一，于1951年12月8日向日本大阪商船公司顾问村田省藏等十位日本著名人士发出邀请，希望日本经济界人士、政治家和学者出席莫斯科国际经济会议，与各国工商界人士共聚一堂，讨论发展国际贸易问题。他还报请中央批准，成立了开展国际民间贸易的中国国际贸易促进委员会，担负起落实莫斯科国际经济会议所通过的决议的责任。

据传，中国发出邀请后，日中友好协会机关报《日本与中国》全文刊登了中国的邀请信，日本政界、经济界的一些名人著文表示积极响应。石桥湛山、村田省藏于1952年1月组成了日本国际经济恳谈会，日本各界著名人士踊跃参加。

日本政府担心美国进行阻挠

进入2月，大山郁夫、帆足计、宫腰喜助等19人向日本外务省申请办理前往莫斯科的护照，但外务省对美国的态度顾虑重重，以"时机不成熟"为由加以阻挠。因日本当局公然拒绝而形成的谴责当局无理行径的社会舆论，对日本产生了很大影响。

莫斯科国际经济会议于 4 月 3 日开幕、12 日闭幕，有四十九个国家的四百七十多人参加。高良富由于早就持有赴法国巴黎参加联合国教科文组织活动的签证，才得以成行，但她到达莫斯科时，会议都快要结束了。据传，日本首相吉田茂获悉高良富不听日本政府的"劝阻"，擅自访苏出席会议，大发雷霆。而帆足计和宫腰喜助二人则是在西园寺公一等人的大力协助下，假借"考察丹麦奶酪"为名，申请出国护照，并向外务省出具了"不去莫斯科"的"保证书"，才得以启程的。由于他们在途中耽搁了太久，4 月 27 日到达莫斯科时，会议早已闭幕。但是，根据周总理的安排，中国代表团副团长雷任民会后继续留在莫斯科工作，接待了日本代表。

雷任民跟高良富等三人在莫斯科就恢复中日贸易问题进行了初步的，然而是开拓性的商谈。接着，这三位日本客人受到中国国际贸易促进委员会的邀请，于 5 月 7 日离开莫斯科，前往北京。

1952 年 5 月中旬，周恩来总理在中南海西花厅召见廖承志，说中央已经明确由廖承志负责有关日本的工作，并把接待高良富等三位日本客人的任务，交给了廖承志和他的"日本小组"。

战后第一个中日民间贸易协定

廖承志与南汉宸研究决定，第一次中日民间贸易谈判，中方由冀朝鼎、倪蔚庭主谈，孙平化、萧向前负责接待工作。

谈判一上来就遇到了困难。日本是由美国控制的"巴黎统筹委员会"成员。这个委员会规定，所谓的"战略物资"、重要商品、技术设备等严禁向"共产党国家"出口。除"巴统"外，还有一个专门限制对华出口的委员会，两者加在一起，规定有四百项技术产品不准向中国出口。这就大大限制了中日正常贸易的开展。日方表示对这一障碍无能为力，只能在"禁运"范围外提出一个分为甲、乙、丙三类的极为普通的商品货单，主要是农业机械等一般商品，没有我们需要的短缺产品。当时中国的经济处于恢复阶段，也只能出口一些矿产品、农产品以及手工艺品和土特产品等。据当事者回忆，谈判虽然缓慢，但总的气氛是友好融洽的。双方都珍惜这个难能可贵的第一次交往和刚刚建立起来的微细的联系渠道。每当谈判遇到困难，谈不下去时，冀朝鼎就找高良富，双方用流利的英语交换意见，彼此很容易沟通，找到共同语言，难题也一个一个被突破。

在日本的日中友好协会专务理事铃木一雄得到这一消息非常高兴，立即行动起来。5月22日，日本各界代表二百余人在东京众议院议员会馆集会，成立了日中贸易促进会，并向在北京的三位议员发电，希望他们与中方缔结贸易协定。

在谈判过程中，廖承志征求南汉宸和冀朝鼎的意见，并达成如下共识："这次谈判的最高目标是促进中日两国的和平、友好和发展贸易。由于我们同日本代表已变成友人关系，应该从大局出发考虑事情。"廖承志还向周总理建议，同意日方代表提出的从可能成交的商品交换开始的意见，同时我们还要向日方表示：生产资料确确实实是和平物资，希望日方代表为这些物资能向中国出口尽最大努力。

经周恩来总理批准，双方终于达成了战后第一个中日民间贸易协定。协议规定，双方的贸易额往来各六千万英镑。

"终于战战兢兢地从木桥上渡过了溪流峡谷"

签字仪式的地点，选在西交民巷的中国国际贸易促进委员会大厅。这里，解放前曾是一家私人银行的建筑。1952年6月1日，举行了简朴而庄重的签字仪式。南汉宸代表中方，日方三位代表分别代表自己所在的三个民间贸易团体在协议上签了字。

中日双方代表热烈握手祝贺。南汉宸、高良富、帆足计和宫腰喜助激动地发表讲话，共祝谈判成功和协议的签订。帆足计掏出他写的一首诗，交给廖承志，题目是《谁也阻挡不了春天的来临》。诗写得颇有感情，诗中说这是三位拓荒者的信念，也是他们的共同期望，今天通过双方人士的共同努力，终于实现了。帆足计感慨地说：

"我们三个人终于战战兢兢地从木桥上渡过了溪流峡谷。"

廖承志称赞高良富等三位客人毅然冲破日本政府的阻挠应邀访华，堪称开拓中日航道的先行者，又说他们是第一批不怕犯法，推开中国大门的勇士。廖承志认为，中日民间贸易协定中所开列的向中国出口的甲、乙类物资，基本上都在美国对中国的"禁运货单"上，这撬开了美国封锁、遏制中国铁门的一道缝，而且在被美国军事占领的日本打开了"封锁、禁运"的缺口，堪称带有政治意义的协议，或者说是一个开启"二战"后中日民间经济外交活动的协议，它不仅拓宽了中日贸易的道路，而且也开辟了中日友好的道路，在战后中日关系上具有重要意义。

高良富等三人回到日本时，简直就像凯旋将军，受到成千上万日本普通人的热烈欢迎。他们到处做访华报告，给战后日本带去了被封闭的新中国的第一手信息。

他们回国后，日本政府的态度如何？起初，日本当局声称要给高良富等三人处罚，指责他们"违反签证法""胆大妄为""让共产党中国'洗了脑'"，扬言要给他们"法律追究"。但俗话说"雷声大，雨点小"，迫于社会压力，加之舆论与群众的配合斗争和支援，日本当局既没有"追究"，也没有"处罚"，最后不了了之——日本外务省和通产省都采取了默认的态度。

在战后中日关系处于极端困难的情况下，毛主席和周总理胸有成竹，运筹帷幄，廖承志站在第一线，努力贯彻执行——一句话，中央领导以巨大的魄力和勇气，抓了第一次中日民间贸易协定的签订、亚洲及太平洋地区和平会议的召开以及协助在华日侨回国三件大事。这三件事，打开了新中国对日关系的局面，应当说，这具有重要的开创意义。

和平不能坐待，和平必须争取——
新中国举行的第一个国际会议

*

*

从大连开往沈阳的列车，在夜色笼罩的辽南平原疾驰。

在这一列北上的夜车里，我和来自金县一所中学的王老师带着大连市人民政府开具的介绍信，怀着即将进京的无比喜悦，盘算着怎样去迎接新任务。

通知我们去北京做翻译

这是 1952 年夏。

暑假刚刚过去，大连市教育局通知我和王老师：亚洲及太平洋区域和平会议即将在北京举行，组织上决定临时调我们去做翻译。亚洲及太平洋和平会议（简称"亚太和会"），是新中国诞生后由中国举办的第一个大型国际会议。

亚太和会为什么要在那个时候举行？背景是什么？与日本有什么关系？

当时的世界，正处于"二战"后的冷战时期。1951 年 9 月 4 日，美国单方面邀集了五十二个国家，在旧金山举行了"对日和会"。这个会议完全是美国力图扶持日本，把"二战"中抗击日本军国主义侵略的主力、付出牺牲最大的中国粗暴地排除在外，以便加紧在亚洲建立冷战秩序的产物。美国不但不惩治战败国日本，反而利用《旧金山和约》开始放松对日本右翼和战犯的制裁，甚至鼓励日本右翼从政，使一些右翼分子渗入到战后日本的政坛中。曾被作为甲级战犯起诉的岸信介后来居然当了日本首相，便是一例。在那次"和会"上，除《旧金山和约》外，美国与日本还签订了《日美共同合作和安全保障条约》（简称《日美安保条约》）。9 月 18 日，周恩来总理代表中国政府发表声明，严正指出"旧金山和会"是一次片面的会议，中国拒绝接受和约的合法性。苏联、波兰和捷克斯洛伐克三国拒绝签字，朝鲜、蒙古、越南也发表声明，不承认《旧金山和约》。

再看当时亚洲和日本的形势。美国把战火烧到了朝鲜甚至鸭绿江畔，还派第七舰队在中国领土台湾周边游弋，严重地威胁着新生中国的生存。美国侵略者虽然在中朝人民的奋力抗击和世界舆论的强大压力下，于1951 年 6 月被迫进行停战谈判，但肆意拖延和阻挠，不仅谈判未获进展，而且从 1952 年 1 月起，美国又在朝鲜和中国境内进行了违反人道的细菌战，并对中朝边界的城市和居民狂轰滥炸，致使侵朝战争有继续延长和扩大的危险。日本人民在全国范围内开展了反对美国的侵朝战争，反对日本政府追随美国参加这场战争，反对美国占领军把日本作为军事基地和后方基地使用的运动，在各地掀起了争取世界和平的浪潮。

1951 年 2 月 21 日至 26 日，世界和平理事会在柏林举行会议，提出在中国首都北京召开亚洲及太平洋区域人民和平会议的建议。

鉴于亚太区域的战略地位和这个区域的国际关系的构成状况对整个世界和平具有举足轻重的作用，在北京召开一次亚太区域的和平会议，具有迫切、重大的意义。

经过酝酿，1952 年 3 月 21 日，宋庆龄、郭沫若、彭真、陈叔通、李四光、马寅初、张奚若、刘宁一、蔡畅、茅盾、廖承志等 11 位代表各界的知名人士联名发出《亚洲及太平洋区域和平会议发起书》。"发起书"分析了本区域的形势和召开这次会议的目的和方针，并建议在适当日期召开会议，以便对保卫世界和平的问题广泛交换意见，寻求共同解决的适当措施。"发起书"希望本区域各国的知名人士能参加联名发起，并成立本国的筹备委员会。

进入6月，廖承志和刘宁一等人根据世界和平理事会的决定和周恩来总理的指示，投入了紧张的筹备工作。

"发起书"发出后，迅速获得亚太区域各国爱好和平的人民的热烈响应，他们纷纷举行会议推选出本国对和平有贡献、在社会上有声望的人士参加联名发起，最后共有十二个国家的九十六人参加。各国还相继成立了自己的筹备机构，开展活动。经与各方磋商，决定于1952年6月初在北京先举行一次筹备会议，共商大计。

亚太和会不能没有日本代表参加

日本是亚洲的大国，亚太和会不能没有日本代表参加。争取日本代表团参加这次由中国发起、在北京举行的亚太和会，具有特殊的意义，而且对会议取得成功十分关键。但是，当时美日当局为了建立支援侵朝美军作战的体制，在日本变本加厉地实施所谓的"赤色整肃"，镇压日本进步力量，极力阻挠日本和平人士到北京来参加会议。

廖承志认为，日本是世界上唯一遭受美国原子弹灾害造成惨剧的国家，日本人民一定会热烈响应世界和平理事会的号召。实际上，广大日本人民已经行动起来，在全国各地积极开展争取和平的运动，要求保障民族独立，签订全面对日和约，反对美国侵略集团把日本拖入新的冒险的战争阴谋中去。廖承志认为，日本人民的这一运动，就是对中国人民抗美援朝的实际支援，也是世界人民和平运动的重要组成部分。

眼前，需要马上解决的是6月初的筹备会议没有日本代表参加这个问题，怎么办？

正在人们为此事绞尽脑汁时，廖承志"灵机一动"："日本代表就在北京，我们何必舍近求远呢？"于是，廖承志前往头发胡同的那座小四合院，会见了不久前冲破日本当局的封锁来华签订贸易协定的高良富等三人，说亚太和会筹备会议召开在即，但因美国占领当局和吉田政府的百般阻挠，日本代表迟迟不能到北京。亚太和会没有日本代表参加怎么行呢？他恳请三位朋友作为日本代表参加筹备会议。

高良富等三人没有贸然表态，沉默几分钟后，高良富以"缺乏这方面的准备"为由，说明没有日本有关单位的委托不便参加。高良富还担心因参加和平运动受到美日当局的迫害。廖承志耐心地进行了说服工作，最后，高良富等终于被说服，应大会筹委会的邀请，从头发胡同的四合院搬到北京饭店，参加了亚太和会的筹备工作。

据当事者回忆，1952 年 6 月 3 日那一天，北京饭店大餐厅正面悬挂着毕加索画的那幅人们熟悉的和平鸽，"桌子被精心摆成圆形，一派祥和气氛"。

在为期三天的会上，与会代表在热烈、友好、平等协商的气氛中，就亚太和会召开的宗旨、时间和邀请的国家、对象等进行了深入讨论，各国代表畅所欲言，顺利地通过了有关决议。会议还做出了特别决定，向日本有关团体正式发出邀请。

筹备会给我留下特别深刻印象的是，它发布的《宣言》中有一句话："和平不能坐待，和平需要爱好和平的人民团结起来争取。"

就是在这次筹委会之后，我和王老师接到大连教育局通知，满怀着对这次具有重大历史意义的亚太和会的憧憬和希望，从大连动身了。

不去北京，留在沈阳

从大连站始发的夜车，翌日清晨驶进了沈阳站。

这是我参加工作后，第一次离家到外地出差。因此，对一切都感到很新鲜。

下车后，我们直奔东北人民政府人事部，准备办理赴京手续。

我们把从大连带来的介绍信递给出面接待的同志，满以为他会立即给我们办理必要的赴京手续。但那位同志没有这样做，他把介绍信翻来覆去地看了好几遍后，不无歉意地看了看我们说：

"你们两位不是去北京的。这次调你们来，是留在沈阳接待来东北参观的会议代表的。沈阳要为此组织一个接待班子。"

这句话，像一瓢冷水浇下来，使我的心顿时凉了半截："怎么？不去北京，留在沈阳？"

自从我在大连接到要参加亚太和会工作的通知后，就恨不得马上飞到日夜思念的北京。然而，经他这么一说，去北京显然已不可能了。情况急转直下。我的一腔欢喜变成了空欢喜，真是要多失望，有多失望。

接待班子的负责人是交际处处长李桂森，副手是文迟。听说他当时在沈阳做青年工作，也是临时调来的。后来，文迟由沈阳调到北京，在团中央任职，再后来做过我国驻大阪总领事，回国后任外交部部长助理。当然，这是后话。

当时集中到沈阳的翻译人员，除了我和王老师是搞日语翻译的以外，还从长春东北师范大学调来了一位懂英语的老师。他姓朱，据说是名教授朱光潜的儿子。既然是接待班子，除翻译外，还包括联络、后勤和保卫等人员。我们几个人住在一个大房间里，起居生活在一起，是名副其实的"朝夕相处"。

记得有一天在交际处开大会进行动员。来动员的是东北人民政府文化部部长刘芝明。那时候，新中国刚刚成立，外宾来访的还不多。对于地方来说，能有如此重要的外国代表团来访，确实是一件大事。所以对于这一次的接待工作格外重视。刘芝明部长一再交代，对于外宾要做到不卑不亢。外宾问话，能答的就答，不能答的就不答，千万不要充明公，不要不负责任地乱答。刘芝明同志还说，"在对外交往中，翻译很重要。没有翻译，你就不知道外宾讲了什么"，也可能外宾不经意的一句话，"你却把它当成'圣旨'"。他还强调要加强学习，要掌握我国对国际问题的基本看法。国内的基本情况，也要了解。否则，"一问三不知"也不行。

李处长谈注意事项时，谈得很细。例如他说，司机同志不仅要衣冠整齐，而且要有礼貌。其次，拉外宾时绝对不能吃葱蒜，更不能放屁。大家忍俊不禁，场内显得非常活跃。

临时安排的两项任务

我们在沈阳集中的时间是 8 月下旬，而亚洲及太平洋地区和平会议预定于 10 月上旬在北京召开，所以，开始有一段时间，我们没有什么具体的事情。后来，领导上给我们安排了两项工作。

一项是翻译参观点的说明书。接待班子为外宾到东北访问安排了一些参观点，并让这些被参观的单位都提前写来了文字介绍材料。这些文字材料都要译成外文，以备外宾到沈阳参观时使用。这样，我和王老师就开始翻译这些说明书。没想到，当时预定参观的地方很多，也很杂，既有工厂，又有农村；既有教育设施，又有文化古迹。所以，碰上了许多难词，不知怎样翻译。我们俩遇到的最大困难，是手头没有一本工具书和参考材料。怎么办呢？只能搜索枯肠，寻找自己满意的译词写上，硬着头皮往下翻。不用说，我们的译稿质量是可想而知的。幸好，领导上指示我们把译好的日文稿送到《民主新闻》社，请那里的高手修改和润色，这样，就完全保证了译稿的质量。因为我年纪轻，送稿的任务，自然就落到我的身上。

《民主新闻》是日本投降后留在我国东北地区的日本侨民办的日文报纸。社址，好像也在和平区，离我们住的辽宁宾馆不远。每次出面接待我的，是社长井上林。他的办公室很小，条件也较差。我每次去，他都要我坐到他办公桌前的椅子上，跟我随便聊几句。井上林，看来很朴实。在当时那样艰苦的物质条件下，他的穿着跟普通的中国干部一样，所以，他就像一个中国人。后来，有人告诉我，井上林是中共党员。出于好奇，我很想知道到底是《民主新闻》社的哪些人直接修改我们的译稿，但我始终没有机会了解。每一次我把修改好的译稿带回宾馆后，便跟王老师分头誊清。我一面抄写，一面琢磨和体会为什么要这样修改。不消说，这对于我是一次很好的学习。

第二项工作，是跟接待班子的领导和其他同志一起到参观点检查工作。为了使这次的接待万无一失，事前对每一个参观点都进行了认真的检查，有的地方还不止检查一次。因为抚顺的露天煤矿也被列为参观项目，我庆幸自己能有机会参观这座世界闻名的大煤矿。当我们乘坐的汽车驶进矿区，那规模宏大的露天煤矿出现在眼前时，我们真是感慨万端。这座露天煤矿连同祖国东北地区的其他资源，长期落入日本帝国主义手中，如今终于回到了中国人民手中。

会议的重点是日本问题

我们虽然身在沈阳，但心却时刻想念着北京。我们知道，亚洲及太平洋区域和平会议即将举行，各方面都在加紧筹备。不过，我们毕竟不是在北京，又忙于日常工作，所以对北京的气氛和会前筹备工作的进展情况，感受得不那么深切。尽管如此，由于我们在沈阳做的就是这次重要会议的部分工作，所以对会议的有关情况还是比较关心的。9月初的一天，我去《民主新闻》社，看到附近的贴报板上刊登有郭沫若1952年9月5日致日本人民的一封公开信，它紧紧地吸引了我。这封信，全称是《为亚洲及太平洋区域和平会议的召开第二次给日本人民的一封信》。信中写道："去年9月，旧金山片面'对日和约'签订的前夜，我曾经写过一封信给你们，我曾经受到你们友谊的反应，谨向你们致谢。很快就满一周年了。现在又临到亚洲及太平洋区域和平会议将要召开的前夜，我感觉着不能不再写一封信给你们，表示我们中国人民和我自己对于你们的系念。"

郭老在信中阐述了召开这次亚太和会的目的。他说，我们对于日本人民"近年来争取独立、自由、和平、民主的爱国行动，特别是反对日本的重新军国主义化（事实上是美国殖民地化）的努力，是怀着深厚的敬意的。不仅我们中国人民是这样，全世界爱好和平正义的人民都是这样。今年（注：1952年）7月初旬，世界和平理事会在柏林召开了一次特别会议，59个国家的240位理事和特邀代表所一致举手通过的《关于反对日本重新军国主义化而争取建立民主日本的决议》正竭诚地向你们高呼"。《决议》呼吁那些曾签署《旧金山和约》的国家的爱好和平的人民为另行签订一个真正的和约而斗争。为了达到这个目的，号召亚洲及太平洋各国人民尽最大的力量，为将于1952年秋季在北京举行的亚洲及太平洋区域和平会议，把和平民主力量动员起来。《决议》还说，这个会议对于圆满地解决日本以及亚太区域其他各国所面临的问题是有帮助的。

公开信明确说："毫无疑问，有关日本问题的讨论必然成为会议的中心任务。因为亚洲及太平洋区域能否维持和平，与日本是否重新军国主义化和日本人民能否获得自由民主的生活，有不可分割的关系。"公开信强调："我们这一次的会议是人民代表会议，目的是正大光明的。我们的目的就是要拯救和平。"

郭老在信中还特别揭露了日本当局百般阻挠日本代表前来中国参加会议的行径。郭老写道："爱国的日本朋友们，你们争取自由独立、争取和平民主的热情使我们十分感奋，但你们所将遭到的阻碍也明白如火地呈现在我们的眼前。和平的敌人们不会轻易地容许你们来拯救和平。最近我们又听说，你们的外务省已公开声称决定不发护照给你们出席亚洲及太平洋区域和平会议的日本人民代表，借口是他们'不能保证那些赴中国大陆的日本人的安全'。这倒是早在我们预料中的事，而借口也实在是可笑可怜得很。为什么要那样愚蠢呢？那样做，岂不是正好表明了日本政府是死心塌地奉行着美国的侵略政策而敌视和平的吗？"

公开信最后写道："爱国的日本朋友们，你们的和平代表如能胜利地到北京来，我们是热烈地欢迎的。我们相信，亚洲及太平洋区域的各国代表也都会热烈地欢迎你们。我们希望你们用最大的努力，靠人民的力量多方争取到这样的胜利。但你们万一受到阻碍，得不到护照或签证，终究不能够到来，虽然是遗憾的事，但你们在和平斗争的第一回合上已经胜利了。因为你们使和平运动在日本的人民大众中生了根，而把和平的敌人的真相更进一步揭露了。和平代表要护照，和平运动是不要护照的。和平的敌人虽然能够阻止代表们到北京，但不能阻止和平的要求像大气一样在全世界上环流。因此，万一你们的代表不能来，我们的会议依然会开，你们的精神依然有办法在大会上表达。亚洲及太平洋区域十六亿人民对于你们的支持是不会改变的，毋宁会以加倍的努力来声援你们的斗争。使争取和平的斗争不断地扩大、深入、持久、加强吧，胜利是必然属于人民的！"

我读了这封信，强烈地感到这次会议的重点是日本问题。因此，日本代表能不能冲破阻挠，取得护照来北京出席会议，成为这个时期我们关心的焦点。我们知道，日本代表共有六十名，团长是前参议院副议长松本治一郎，还包括获得"斯大林国际和平奖"的大山郁夫。这些代表是由日本全国各地人民所直接选出的四百八十八名候选人中产生的，具有广泛的代表性。进入 9 月份后，日本代表连日到日本政府外务省所在地要求发给护照。日本政府一直采用拖延手段，后来在 9 月 19 日下午由外务次官涩泽信一出面，宣布不向出席亚洲及太平洋区域和平会议的日本代表颁发护照。更有甚者，就在这数小时前，日本当局竟指使一小撮右翼暴力分子殴打了到外务省要求签发护照的日本和平代表。

日本代表突然出现在会场上

尽管日本政府想方设法阻挠，但是仍有十三名日本代表克服种种困难到达了北京。

例如中村翫右卫门，由于美国占领当局推行镇压日本进步力量的"赤色整肃"政策而被迫潜入地下的"前进座"剧团的歌舞伎著名演员。又例如龟田东伍，是长期从事工会运动的日本大化学产业工会执行委员长兼日本拥护和平委员会常任理事。他们二人由几个日本青年驾驶一艘小渔船从日本偷渡到中国港口。著名心理学家、日本一桥大学教授南博和世界工会亚澳联络局日本代表金子健太等人是以参加国际科技会议的名义，绕道第三国，历经千辛万苦辗转来到北京的。他们一到北京，就和迎接他们的中国人员紧紧拥抱，喜极而泣，宛如亲人久别重逢。

9月29日，亚洲及太平洋区域和平会议筹备委员会举行会议，当日本代表进入会场时，全体代表起立，热烈鼓掌欢迎。从新闻报道中我们知道，中村翫右卫门在会上代表日本代表团发表了一项声明。声明说："尽管吉田政府用拒绝颁发护照、指使暴徒袭击等一切卑鄙手段来阻挠我们代表团出国，但我们十几个人现在仍然抵达北京了，再没有比这个更有力地说明了日本国民对和平的热望及其斗争的力量；同时，这个事实证明：日本国民已经在把他们的力量团结起来争取和平，并有决心要和各国人民一道来防止战争，保卫和平。"

10月2日，亚太和会在中南海怀仁堂开幕，接待班子的全体同志都集中到宾馆一楼的大房间里收听实况广播。从收音机里传出了郭沫若抑扬顿挫、具有特点的致开幕词的声音。尽管我们不是在北京的现场，但是就像在北京一样激动。

亚太和会总共开了十一天，取得了巨大成功。出席会议的四百多位代表来自亚洲、大洋洲、美洲以及非洲和欧洲的四十六个国家、九个国际民主组织。在最后一次全体会议上一致通过了《告世界人民书》《致联合国书》，并一致通过了关于朝鲜问题的决议、关于日本问题的决议等多项决议。为了加强亚洲及太平洋区域的和平运动，会议还一致决议建立一个常设的联络机构：亚洲及太平洋区域和平联络委员会。

随着会议临近闭幕，我们开始考虑怎样接待好来沈阳参观的代表的问题。但是，我们两个从大连来到沈阳搞日语翻译的人又一次感到莫大的失望——日本代表决定不来东北参观访问了。

亚太和会结束后来东北参观的一批外宾，都是讲英语的。我和王老师处于"失业"状态。于是，我们俩就跟在参观队伍后头，一方面通过参观来增长见识，另一方面"见习"如何做口译。实际上，担任口译的人员都是陪同外宾从北京来的。每到一个地方，他们做翻译时，我都注意听，用心观察，仔细琢磨。我总的感觉是，这些从北京跟来的翻译，水平都很高。他们做口译时，手里总是拿着一个小本本，不停地记，以期翻译得准确些，我心里很是佩服。当时有一位高个子的男翻译和一位比较洋气的女翻译，给我留下的印象较深。后来，我调到北京外文出版社工作以后，发现他们两位都在《人民中国》杂志编辑部工作，一位是林戊荪，另一位是杨友鸾。他们都是美国留学生，新中国成立后，为了参加祖国的社会主义建设回国的。因为我过去从未做过这种场合的口译，所以就把他们看作是自己的榜样。当时，我还想如果是要我突然上场做翻译，能否胜任，完全没有把握。

两位陌生人的来访

就在这前后，有一天，两位陌生人突然来到我们入住的辽宁宾馆（即东北人民政府交际处）找我谈话。他们是从北京来的，一位名叫康大川，另一位叫陈普，都是国际新闻局改组后成立的中国外文出版社的干部。陈普是人事科科长，康大川本人原来是国际新闻局的人事科科长，现在已经调出，正在筹备出版介绍中国情况的月刊《人民中国》（日文版），这次到东北来，就是为了物色懂日语的干部。他们说，《人民中国》杂志已经出版了英文版和俄文版，现在根据形势的发展，中央决定再增加一个日文版。

11月中旬的一天，北京的调令到了，我和几位一同被调入北京的同志商量了启程的日期，决定12月9日离开大连，前往久已憧憬、日夜思念的北京。

《人民中国》十二年

*

*

1952 年 12 月 10 日上午，我们乘坐的列车徐徐地驶进北京前门火车站。

在月台上，看到有一位中年男子，手上擎着一张白纸，上面写着从大连来的我们四个人的名字。接站的人是外文出版社《人民中国》日文部派来的。他知道我们都是第一次来北京，大概也猜到了我们的心理，出了站台，就用吉普车直接把我们拉到了天安门广场。尽管 12 月的北京，正值寒冬，但那一天，阳光灿烂，湛蓝的天空中，没有一丝云彩，天安门显得格外明丽、雄伟、庄严。仰望天安门，不由得产生了我现在确确实实已经来到北京的实感。

西单国会街的外文出版社

我们乘坐的吉普车开进了西单国会街新华社总社的大院里。外文出版社的三层楼房就坐落在大院的西南角。

我们被领进二层楼东头的一个大房间。这便是《人民中国》日文部的办公室。所有的工作人员，不仅是中国同志，连日本专家和日籍工作人员都挤在这间大屋子里办公。我在沈阳见过的康大川，开完会，回到办公室，热情地跟我们打招呼，欢迎我们来《人民中国》日文部工作。

当时，外文出版社的工作人员，每一个人都发一枚珐琅质的圆形红色徽章，上面有"外文出版社"字样。我把它戴在胸前，感到很自豪。外文出版社，即是现在的中国外文出版发行事业局。它的前身，是新闻出版总署属下的国际新闻局。

为了使《人民中国》日文版能顺利出版，领导上决定，先出版两期试刊。

日文部的人员，做了分工。工种有：翻译、核对、审稿、校对、美编、打字、资料、通信联络。我被分配在翻译组。组内有三个中国人和两位从沈阳《民主新闻》社调来的日本人：林弘和戎家实。从他们口中，我知道了他们就是在沈阳给我们修改和润色日文译稿的人。

第一期试刊时，我分了一篇短稿翻译，题目是《停止在朝鲜进行屠杀！》。这篇短文，谴责美军杀害中朝被俘人员的野蛮行为和滔天罪行。当时，日文版《人民中国》的文章，是从两期英文版中选出的。英文版的文章，原则上是用中文定稿的，但有些稿子是中间经外国专家改过后，再译回中文的，所以常常是欧化的句子甚多，通篇"黄油味"，甚至有不少令人费解的地方。《停止在朝鲜进行屠杀！》，就是这样的文章。这可苦死了像我这样不懂英语的人。我费了九牛二虎的力气译出，交给了日本专家菅沼不二男。菅沼在改稿过程中，把我找去，说他也读不懂带"黄油味"的中文，不如直接看英文稿修改。所以，我只好找来英文版的《人民中国》给他边参照，边修改日文。我坐在一旁，看他一句一句仔细修改，最后改得满篇通红。看到这一情形，我心里很着急。

实力雄厚的中文编辑部

说到中文稿，《人民中国》杂志当时有个实力雄厚的中文编辑部。主任是西南联大出身的思想活跃、精明干练的张彦。记得编辑、记者有：在社会上颇有名气的新闻作家萧乾、诗人徐迟，还有段连城、车慕奇、沈苏儒、柯家龙、张闳凡、赵景伦、陈廷祐、周敏仪、戴延年、章瑞年、孙战科以及前述林戊荪、杨友鸾和由苏联留学归来的李雪琴等同志。他们每月都向日文部发来许多中文稿。这些稿件总的说都是上品，但毕竟作者是按中国人的思维习惯写的，要适合日本读者的阅读习惯比较困难，所以文章的质量与当时提出的"加强针对性"的要求之间难免有一定距离。这样，日文部的同志常常对中文稿有微词。今天想来，这实际上是中日两国的文化差异造成的，不能一味地怪编辑和记者，不应该要求中国人都按日本人的思维习惯去写文章。这个问题，后来还是以"编译合一"的办法逐步得到解决的。

《人民中国》日文版的第一期试刊（非卖品），是以"1953 年 1 月号"的形式问世的，我的印象是页数少，比较单薄，封面也很简朴。刊头用的"人民中国"四个字，我原以为是毛主席专门为《人民中国》杂志挥毫的，但后来才知道是把毛主席在别处写的字集在一起而成的。目录页上，刊有《人民中国》杂志的宗旨："本刊报道中国人民的生活和新民主主义社会的建设，传达中国的艺术、文学、科学、教育以及其他方面的人民生活的新动向，以加深中国人民和日本人民之间的理解与友谊，为维护和平的事业做出贡献。"此外，还印有总编辑、外文出版社副社长刘尊棋的名字。大家对试刊的出版都感到很高兴，但也感到有很多可改进的地方。因为它给人们的总印象，与其说是一本可读性很强的杂志，不如说更像一本政府公报。

经过两期试刊后，决定于 1953 年 6 月正式创刊。但是，创刊号必须在两个月前编成、译好，并在一个月前印刷、装订完毕，然后海运到日本，这样才能赶上当月在日本发售。按日本人读杂志的习惯，最好是头一个月出售下一个月的杂志，但我们无论如何也做不到这一点。那样做，杂志的编成，还要大大提前。如果不提前，杂志运到日本，内容就会显得很陈旧。

《人民中国》日文版的宗旨

当时，特别令人高兴的是，郭沫若用毛笔为创刊号写了一篇"发刊词"。那是我平生第一次看到郭老的亲笔手稿。郭老在"发刊词"的第一段话中，点明了出版宗旨：

"《人民中国》日文版的宗旨是向阅读日文的读者，主要是日本人民，报道今天中国的国家建设事业——政治、经济、文化、教育、社会活动等各方面事业的实际情况，以便使读者正确地、迅速地、不断地随着事业的发展，能够得到一个比较全面的了解。这对于促进中日两国人民的友谊，对于维护远东的和平与世界的和平，都是必要的。"创刊号上，只刊登了"发刊词"的译文，而没有刊登郭老的手稿。但是，"郭沫若"三个字，却用了郭老的手迹。

《人民中国》杂志每一期都刊登一篇文艺作品，有时是小说，有时是报告文学。创刊号上，刊登的是魏巍写的朝鲜战地通讯《前进吧，祖国》。康大川把这篇稿子交给我翻译。我从未译过文学作品，特别是从中文译成日文。"初生牛犊不怕虎。"开始时，我还有一股跃跃欲试的劲头。但是，真的一动笔，全然不是那么一回事。"拦路虎"实在是太多太多了。文艺作品的翻译，真难啊！我总算把这篇稿子"啃"了下来，并按"生产"程序，把译稿先交给日籍工作人员林弘，请他初改。

不料，林弘看了译稿后，没有动笔修改，就放进了抽屉里。过了几天，他把译稿原封不动地退还给我，说："最好你自己先改一改。"这简直就像一瓢冷水浇了下来。我意识到我的译稿没有修改的基础，那时，好像我对自己的翻译能力完全丧失了信心。这如何是好？只有硬着头皮，自己先改。我一遍一遍地修改，直至我感到"技穷"为止。修改后的译稿又送给林弘，经他初改后，交给了日本专家。林弘的做法，确实使"初出茅庐"的我一度产生了"受挫"的感觉。但那只是一时的，应该说这

◇《人民中国》日文版创刊号

件事反而激发我奋发努力，使我受益一辈子。

翘首以盼的创刊号问世

《人民中国》日文版创刊于 1953 年 6 月 1 日。由于创刊号是提前于 1953 年 5 月出版的，封面上用了一张"五一"国际劳动节天安门城楼上的照片，毛主席微笑着接受戴红领巾的少先队员的献花，在毛主席两旁站着朱德、彭真、刘少奇和周恩来等党和国家领导人。刊头的"人民中国"四个字，红底挖白，很是醒目，比试刊大有改进。我记得从外文印刷厂刚刚送来的创刊号，还散发着油墨味，我们拿在手上，人人都激动不已。特别是那些帮助我们工作的日本朋友，想到这本杂志不久就会到达他们日夜想念的祖国——日本，更是激动万分。我自己，作为一个从东北来的普通青年，尽管力量微薄，但能参与《人民中国》日文版的创刊，也感到很幸运和自豪。

但是，"好事多磨"。就在大家兴高采烈翻阅创刊号时，有一位日本同志无意中发现了一个错字：一位来华参加"五一"庆典的日本代表的名字"儿岛"，竟错成了"儿玉"。这个错误不是在正文里，而是出现在中间画刊页的一张图片说明上。虽然只是印错了一个字，但这是创刊号啊！而且是一位日本代表的名字。怎能把有错误的杂志运到日本去？必须改正过来。要改正，有两个办法：重印一页或者下一期刊登一则更正启事。重印，时间不允许；出更正启事，不体面。于是，决定发动大家用刮胡须的刀片刮掉错字，用指甲弄平，再把铅字盖在上面。就这样，大家耐心地一本一本地改。当两千册全部改完时，东方天已经蒙蒙亮了。

杂志出版后，受到日本读者的欢迎，到 7 月号时就发行了九千多册。关于杂志的发行量，有这样一个插曲：《人民中国》的试刊号出版后，康大川拿给来华访问的中国问题专家、老报人岩村三千夫看。他看了后说："这本杂志很好，不过顶多只能销两千册吧。"于是，康大川向领导汇报了这一情况。社长师哲说，一本外国刊物能有两千读者，不错了，就是有一个读者也值得出。若是有一千人，他们就将成为促进两国人民友谊的力量，有了一千就会有两千、两万！

创刊号运到日本，引起轰动，立刻一抢而光，不得不加印一千册。康大川说："杂志加印也是奇迹，《人民中国》一开始就出奇闻，是个好兆头。这是日本人关心新中国的一种表现，也说明我们出版这本杂志的出发点是对的。随后，发行量一期比一期多，到'文革'前，个别期号的发行量达到十二万册。（后来，在上世纪）六十年代岩村三千夫先生来中国，见了面就向我道歉：'唉，对不起，我输了，当时的估计太保守。'"

平心而论，初期的《人民中国》日文版，针对性不够强，总的来说，时事性的成分过重，空泛和一般化的议论文字较多，而系统地介绍中国人民各方面生活与中国基本情况的文章少一些。但是，当时中国被西方国家称为"竹幕国家"，受到帝国主义者的"遏制"和封锁，又由于日本当局的无理阻挠，从日本到中国来访的人，寥寥无几。因此对于日本来说，中国既是近邻，又是很"遥远"的国家。在那样一种情况下，《人民中国》日文版成了日本人了解中国信息的一条重要渠道——除了"北京对日广播"外，就是这本《人民中国》了。

日文版《人民中国》从创刊直到后来的发展过程中，康大川起了很大的作用，这是大家公认的。有人曾开他的玩笑，说："你的名字叫大川，怎么像个日本人？"他说："我原名叫康天顺。后来因斗争需要，把'天'字去掉一横，把'顺'字的'页'拿掉，就变成了'大川'。"康大川出生于台湾省。中学，上的是东京的锦城学园，后考入早稻田大学商科。毕业后，于 1938 年为参加抗日战争回国，经上海，投奔驻扎在湘北的第十九路军。后转至郭沫若领导的国民党军事委员会政治部第三厅，专门从事瓦解日军和管理日军俘虏的工作。在这一时期，他认识了"日本人反战同盟"负责人鹿地亘及妻子池田幸子。由于国民党当局视他为"思想不轨"的"危险分子"，便在他赴贵州活动时予以逮捕，"押送"到重庆。两年后，他在重庆的集中营里迎来了抗战胜利。解放战争时期，康大川曾在皖南打过游击；新中国成立后进京，在国际新闻局任人事科长。他从一开始就参加了《人民中国》日文版的筹备工作，应该说，是《人民中国》日文版的元老。

康大川由于曾经在日本长期生活过，所以对日本的情况，对日本人的生活习惯、爱好兴趣、心理活动，非常熟悉。正因为如此，他善于提出有针对性的、受日本读者欢迎的选题。大家都说他点子多，点子新。作为一个杂志的编者，除了要吃准上面的精神，掌握好大方向外，很重要的一条，就是能不断提出好的选题。在这一点上，康大川确实很出色。还有一点，就是他对工作要求很严，绝不降低标准。我们翻译的日文稿，都要经过他审阅、把关。令人佩服的是，他能发现别人发现不了的问题。发现了问题，就跟日本专家共同商量，进行修改。每一篇文章的题目，他也很重视。他绝不满足中文稿原来的题目，一定要想出一个能吸引日本读者的题目，为此，还专门开会，跟日本专家进行讨论，集思广益，不达目的，绝不罢休。有些题目，经过修改，确实更加吸引日本读者。例如，有一篇文章，写的是抗战时期在延安有一次演戏，贺龙把一个当地的"娃子"拉到自己身边一同观看。当时这个"娃子"并不知道拉他的那个人是谁。后来，长大后，才知道原来就是贺龙。中文稿的原题是《甜蜜的回忆》。康大川认为，这题目太一般化，而且有可能使人产生不必要的联想，例如男女间恋爱。在他的建议下，经讨论，改为《原来他是一位元帅》。可以说，这是"画龙点睛"之笔。

康大川对杂志的装帧也很讲究。每一期的版样，他都要亲自过目。质量达不到要求，便退回去返工，绝不迁就。挑选图片也很严格，凡是不能令人满意的，都要再去找或重新拍过。康大川的这种严谨的工作作风，无疑保证了杂志的高品位和高质量。

中国同志和日本同志合作

初期，在《人民中国》编辑部工作的中国同志，大致有三部分人。一部分是曾在日本留过学的，另一部分是台湾省籍人，最后一部分是像我这样从大连调来的。

日本人，分为专家和一般的工作人员，如前所述，他们都是康大川从东北调来的。专家的任务，是负责修改译稿。一般的日籍工作人员，负责初改并担任翻译工作。

我们刚到北京时，日本专家只有菅沼不二男一个人。他是一位老新闻工作者，毕业于东京帝国大学法学部，战争期间曾做过日本"同盟通讯社"驻上海分社的特派记者，后来应征转到伪满，在关东军司令部第二课任过职。日本投降后，他参加了中国革命，在东北鹤岗一带对留用挖煤支前的日本人进行宣传工作。沈阳解放后，他转到东北人民政府日侨管理委员会领导的《民主新闻》社，担任编辑。菅沼不二男由于长期做新闻工作，所以善于修改论文和时事性较强的硬性文章。也许是做新闻记者养成的脾气，我感到，他改稿时更多地注重时效，而不大考虑译文的精雕细刻。由于他有一个在北京出生的小男孩，到了上学的年龄，便于1961年8月带领全家回日本去了。后来，他弃笔从商，先后担任过"和平交易株式会社"社长、"新日本通商株式会社"会长、"日中旅行社"社长，1983年病故于东京。

另一位专家，名叫池田亮一，也是从沈阳《民主新闻》社调来的。由于他在《民主新闻》社任过总编辑，有一些事情尚需料理，所以迟了一些时候才来北京。他的文字修养较高，善于修改小说和报告文学等文艺性较强的文字。由于他往往一个词也能推敲半天，所以工作进度不快，但经他修改过的译稿，尽管只改了不多的几处，却能明显地上一个档次。不消说，我从他改过的译稿中，吸收了很多营养。他曾经对我说过，要提高日文写作的修养，应当多读《朝日新闻》第一版的专栏《天声人语》和日本作家川端康成的文章。他对《天声人语》和川端康成的文字是极为推崇的。

池田亮一，原名叫三村亮一，战前曾是日本共产党的中央委员，担任过地下时期的日共机关报《赤旗报》的总编辑。1932年，由于叛徒告密，日共遭到残酷镇压，有一千五百多人被起诉，世称"热海事件"。池田亮一在这次事件中也被捕入狱，后被"发配"到伪满，在"满映"供职。日本投降后，"满映"被接收，成立了"东北电影制片厂"。当"东影"疏散到东北边境的鹤岗时，包括池田亮一在内的许多被留用的日本人也迁移到了鹤岗。池田担任了日本人的政治学习辅导员。

池田专家平时少言寡语，他的爱好是搜集古玩，特别是陶瓷器。他一有空，便浏览这方面的书籍，或者逛琉璃厂的古玩店，偶有所获，便高兴地请同事们来欣赏。他的另一个乐趣是下围棋。据说，他的实力是业余初段，曾多次同陈毅副总理对弈。1963年，池田专家因患脑溢血，过早地离开了我们，终年仅57岁。陈毅副总理亲自出席他的追悼会，并致了悼词。

后来，《人民中国》编辑部又补充了几位专家。他们是川越敏孝、横川次郎和他的夫人横川辰子。

日籍工作人员，有前述林弘和戎家实。他们当时都很年轻，戎家实比林弘稍长几岁。林弘爱好文艺，擅长翻译小说和诗歌。他译出的稿子，一般都要经过一个中国人的初核。我把他作为学习和追赶的目标，所以在核稿时，注意从中学习。后来，他跟一位中国姑娘结了婚，回日本后，在一家贸易公司工作。

戎家实更擅长翻译硬性的文章。他的特点是翻译速度特别快。突击翻译长篇文章，是他的拿手好戏。据说，年轻时，他曾在"满铁"供职，日本投降后，在我们接管的东北铁路部门工作过。他当时在留用的日本人当中是一个青年积极分子。他没有回国，也没有结婚，一直住在外文局宿舍，跟附近商场的店员以及小商、小贩都混得很熟，什么人都交。他搜集了不少京剧老唱片，其中有些是很珍贵的。晚年他患了喉头癌，他一面治疗，一面坚持在宿舍里工作，最后终于因医治无效，在北京逝世。

我们刚到《人民中国》编辑部时，还有两位男性日籍工作人员——松尾藤男和冈田章。松尾在《民主新闻》社时，曾翻译过《毛泽东选集》第一卷。冈田章来《人民中国》后，带领着从大连来北京的安淑渠搞版面设计工作。没有多久，松尾和冈田便先后回国了。松尾回日本后，没有找到正式职业，打了一阵子零工，后来在一家旅行社谋到了职业。冈田章回国后，在《赤旗报》找到了一份工作。我在日本做记者期间，在街头采访时还遇见过他。

日籍工作人员中还有两位是女性。一位是菅沼不二男专家的夫人檀久美，另一位是池田亮一专家的夫人池田寿美。她们是日本著名作家檀一雄的同父异母的两个妹妹。解放战争时期，在东北鹤岗煤矿，一批留用的日本人组织了"日本人青年突击队"，他们挖煤支援前线。当时，檀久美曾在突击队的炊事班工作过。后来，她跟菅沼不二男结了婚。她来《人民中国》编辑部后，开始管理日文的报刊资料，以后转为做翻译工作。池田寿美年轻时曾毕业于东京美术学校，她担任了美编，不仅要设计每一期杂志的版式，有时还要画插图和刊头。

现在，很多外国专家住在友谊宾馆，但那时住得比较分散。《人民中国》的日本专家初期住北京东城南池子的外文出版社宿舍。他们上下班，跟中国同志一样，要乘有轨电车。由于早晨上班的时间紧，常常看到他们在宣武门下车后，一路小跑，奔向办公室。

《人民中国》杂志的校对工作，由李薰荣、李玉银等几位女同志担任。李薰荣也是从沈阳调来的。她父亲是中国人，母亲是日本人，日语水平较高，工作态度认真、负责。所以，经她校对的稿子，错误率极低，甚至能做到没有错误。她自己说过："校对员就像边境的巡逻队员，要睁大眼睛巡逻、把关，绝不能放过一个坏人。放过了一个坏人，就是失职。一本书或一本杂志，没有错字，在读者看来，是理所当然的。但是，有一个错字，读者就不会原谅。"

从大连一起来京的安淑渠虽然不是学美术的，但因为工作需要，被分配担任日文版的美编工作，这真是难为她了。于鸿运做的是行政秘书工作。还有一位女同志叫李佩云，她是比我们晚一些时候从大连调来的。

说到这里，我还要特别提到外文印刷厂的工人。日文版的《人民中国》是在外文印刷厂检字、排版、印刷的。担任检字、排版的工人师傅根本不懂日语。他们克服了种种困难，保证了杂志的质量。那时，发到印厂的译稿都是手写的。不消说，每一个人的字体都有特点，有些字连懂日文的人都很难辨认，再加上专家在稿子上勾勾画画，改得一塌糊涂，就难上加难了，但是，检字和排字工人竟然能识别那些难认的字迹，真是令人叹服。

创刊十周年纪念号

1963 年 6 月，《人民中国》日文版创刊十周年，编辑部决定出一期纪念号。纪念号上除了要请郭沫若写一篇文章外，还要请几位中日两国知名人士撰写祝贺和纪念的文章，其中包括廖承志。编辑部把向廖承志约稿的任务交给了我。廖承志虽然欣然答应，但由于太忙，临近截稿日期，编辑部仍未收到稿件。自然，我们都很着急，多次请秘书同志帮助催促。

有一天，忽然接到电话，要我到国务院外办廖承志办公室去取稿。我急忙赶去。廖承志见到我后，说稿子要现写，要我坐在沙发上等候。于是，他拿起铅笔，伏案疾书，不到一小时，便把写好的稿子交给了我。我高兴极了，从心里敬佩他思维敏捷和手头之快。我在归途的电车里，按捺不住，翻开了稿子，只见上面写道：

祝日文版《人民中国》出版十周年　　　　廖承志

日文版《人民中国》已经有出版十年的历史了。一般地说，一个杂志出版十年，并不怎么了不起。但在当前极其复杂的中日关系下，《人民中国》的出版十年，倒是一件相当可喜的事。作为一个读者，我谨向日文版《人民中国》和中日两国的读者同好们，致以祝贺。

日文版《人民中国》的宗旨，是向日本读者介绍中国各方面的情况，以增进中日两国国民的了解，从而进一步促进中日两国民间的友好感情。这是一件不大容易的事。因为中国人写的日本文，总是不会像日本人自己写的那样流利，正如外国人写的中国文，恐怕不会比中国人写的高出多少是一样的道理。但是，日文版《人民中国》的编辑同人们，却进行了许多努力，并在日本和居留在中国的日本朋友们的共同襄助下，把杂志改进了不少，并且扩大了在日本的发行数目。只这一件事，就足以说明我们大家所支持的中日友好事业，是有结果的，许多朋友们的宝贵努力，绝不是徒劳的。

日文版《人民中国》还是有不少地方有待改进的。比如说，它是月刊杂志，可是它的编辑方式，又像周刊杂志。这个问题怎样解决，不只是编辑部自己要考虑，而且还要靠日本的读者诸君不断提意见。究竟它要怎样做，才能更好地为我们的共同事业"中日友好"服务呢？究竟怎样编法，才能更适合日本广泛的读者朋友们的要求呢！

我听说，过去几年来，日本朋友们已经提了不少意见了。我们对此非常感谢。现在，中日友好的呼声，已在中日两国人民中不断高涨，促进中日友好的运动，也正在波澜万丈，成为沛然不可挡御的巨潮。在这样的历史时刻，我们——中日两国日文版《人民中国》的读者，共同来促进这个《人民中国》办得更好，恐怕是一件十分有意义的事。

最后，还有一句话忘记说了，就是应该感谢为编辑杂志而辛勤工作了十年的编辑部的朋友们，和为改善杂志而不断地给予了宝贵帮助的日本朋友们。

廖承志的这篇贺词刊登在纪念号上。

对于改进《人民中国》日文版，廖承志经常给编辑部提出意见和建议。记得1963年2月22日，廖承志就找过编辑部的部分同志去谈话。我有幸当时也在场。我感到，廖承志不仅透彻地了解日本的情况，而且思想解放，点子多，设想也大胆。从对日传播的角度看，廖承志的讲话精神，即使在今天仍有现实意义。

他认为，《人民中国》杂志内容和编辑有了改进，并获得了读者的好评，销路已经上增，就不宜做大的变动。办杂志，经常变是不好的。但版面一定要改，要搞得活泼一些。

他说，《人民中国》每期要有一篇重头文章，要政治性强，道理说得深透，但又不生硬。这类文章不一定放在前头。同时，要有有关中国各方面的综合报道，要有系统性。经济动态可以搞，也可以选些好的照片，配合中日贸易的开展。

说到照片，廖承志强调说，首先要改进的是杂志的美编工作。现在杂志上的照片都是"豆腐干"，都那么小，印得也不清楚，排得又分散。日本杂志没有这样的。他随手翻开新出版的《人民中国》杂志，指着一篇文章里的女飞行员插图说，这张照片甚至分不清是男是女。男女不分的照片何必登？要选好的照片，前面登几页，后面登几页，集中安排，不要分散。登不好的照片，不如不登。选择照片是一门学问，不妨参考参考日本杂志处理照片的方法。

廖承志还说，轻松幽默的短文很需要。我看这方面的文章很少。每篇都是正襟危坐的样子。不行！给人的印象，好像中国人不会笑。应增加一些潇洒的文章。如果今后出版《北京周报》日文版，《人民中国》就要办得更大胆些。

他说，你们组织的杂志座谈会，不活泼，发言的人生怕走火，那怎么行？座谈会就是要活泼些。

廖承志对文艺栏很关心。他说，小说能否找个作家"专利"一下？先在《人民中国》上连载，然后国内再出书，稿费从优。为了增加销量，要搞连载。登剧本也好。选一些好的登。长的连载也不要紧。杂志上也可以简略介绍中国的古典文艺作品。《红楼梦》是日本广大读者不知道的，可以找专家写一些有评有叙的文章。可以介绍中国的电影，也可以介绍古画和今画。

他强调办杂志要多依靠社会力量，多请一些人写文章。他说，北京文士如此之多，写写文章应该是可以的。请李初梨谈谈瓷器；请陈叔通写写梅花画；朱老总可以谈谈养兰花，拍几张照，保证有人看。邓拓用五千元买的苏东坡画可以用用。我们有一张《清明上河图》，可以组织一篇文章，这些东西准能吸引人。他说，除了这些，还可以"吹吹牛"嘛！花柳德兵卫来，不是教了个好徒弟——张均嘛。一个叫什么的日本舞，花柳说三年才可以学会，可张均很快就学会了。怎么教的，怎样学的，写写不好吗？

廖承志的这些意见，在今天看来很平常，也许有人会觉得没有什么新意，但在当时"左"的思潮盛行时，有些简直不敢去想，有的即使想了，也不敢去做。

"日本人比较喜欢文艺的东西"

为《人民中国》创刊号撰写发刊词的郭沫若也一直关心着它的成

长。20 世纪 60 年代初，编辑部负责人之一李翼曾多次要求我跟郭老联系，去拜访他，听取他对杂志的意见。经郭老秘书王廷芳斡旋，郭老同意 1962 年 5 月 15 日在大院胡同的住处见我们。在一座平房的会客室里，我们围着八仙桌坐下。

郭老亲切地说，他每期都收到编辑部直接寄给他的日文版《人民中国》。他说，从以往的《人民中国》的内容来看，它是给左派看的。今后有必要降低调子，来争取更广泛的读者。《人民中国》可以多登一些健康的有趣味的文章，但不要办成黄色的和单纯迎合读者趣味的刊物。

在谈到刊物内容的构成时，郭老说，日本人比较喜欢文艺性的东西，这方面可以多搞一些。"陈叔老家里搜集了不少历代名家使用过的砚台，你们可以找他谈一谈。有关这方面的文章，我想读者还是愿意看的。书法方面可以找上海的沈尹默。另外，有一些不硬的学术性论文，只要有新的见解，也可以选用一些。最近，上海、广州的学术界发表了不少这样的文章。但是，这类文章不要太学术性了。不然，读者就会不看。《人民日报》第六版上的短文，例如《长短录》，我们看了，觉得有意思，不知日本读者是否感兴趣？"郭老在谈话中，还引用他看过的一部电影《走向生活》，说明刊物也同电影一样，不要处处配合中心任务，板起面孔教训人。

改版前的《人民中国》经常刊登《人民日报》或《红旗》杂志的社论，我们请教郭老今后是否要这样做？郭老说，这些社论"不可没有，也不可太多"。他说一本杂志要有几篇成为核心的文章，但必须有其他一些文章配合，也就是"牡丹虽好，还得绿叶扶"。郭老用诗一般的语言说："这就像夜晚的天空一样，不能光有一轮月亮，圆嘟嘟的，月亮旁边还要有几朵云彩，而在远处还可以配上几颗星星，这样才能把月亮烘托出来。"

就在这次会见时，郭老还向我们讲述了一些日语的名词与汉语的关系。他说，日本人喜食的生鱼片，日语叫"刺身"（sashimi），这"sashimi"就与我国广东一带吃的生鱼片"渗身"（samsm）很相近。日语"纸"的发音是"kami"，这与我国的古音"笺"（kem）相似。郭老兴致勃勃地边说边用红铅笔写给我们看。

在《人民中国》的历史上，令人很难忘的一件大事，就是 1963 年 6 月 13 日在北京举行日文版创刊十周年、印尼文版创刊五周年的庆祝会时，周恩来总理和陈毅副总理亲临外文出版社，不仅仔细地参观了展览会，而且出席酒会，发表了热情的讲话。当时，我正随外文出版社代表团访日，未能出席这一盛会，不能不说留下了一个莫大的遗憾。

《人民中国》的编者之旅

1963 年夏，外文出版社派代表团访问日本，这是作为《人民中国》创刊 10 周年的纪念活动之一规划的。社领导安排我参加了这个代表团。

担任代表团团长的是时任外文出版社社长的罗俊。罗俊同时又是对外文化联络委员会的副主任和中国人民对外文化协会的常务理事。团员有《人民中国》编辑部主任李泽民、中国国际书店副经理田家农和《人民中国》编辑李雪琴。虽然我也挂了一个"团员"头衔，但实际上是团长的翻译。

当时从中国去日本，要取道香港办理手续，所以我们 6 月 6 日就到了香港。按照我们的计划，本想在 12 日飞抵东京，但日本驻香港总领事馆迟迟不发签证。直到 6 月 13 日下午 4 时 25 分下班前 5 分钟，才发了代替签证的"渡航证明"。这样，我们只能推迟行期，于 6 月 14 日乘 BOAC 班机由九龙启德机场起飞，前往东京。

《人民中国》在日本的代理人——东方书店的总经理安井正幸和一大批日本青年以及爱国华侨，拉起大横幅在机场大厅欢迎代表团。安井告诉我们，原来你们预定 12 日到东京，我们已安排今天下午 1 时半在东京"市町村会馆"举行欢迎酒会，而且早已向各界人士发了请柬。现在，酒会正在进行，所以我们要尽快赶往会场。待我们赶至会场时，只见先期到达日本访问的中国对外文化协会代表团团长周而复正面向众多的日本朋友发表"演说"。周而复一见罗俊便说:"我原本也是来欢迎你们的。你们来迟了,我只得用'长篇演说'来填补空当。大家都在等你们,但一等也不来,二等也不来,所以我的'演说'越拉越长。"

酒会的气氛非常热烈。一些老朋友见到我们,纷纷前来打招呼。中岛健藏和藤田茂代表日方致欢迎词,罗俊团长致了答词。会上,东京艺术座的女演员关京子朗诵了诗人大岛博光专为《人民中国》创刊十周年写的诗。诗中写道:

> 就像任何力量未能阻挡住
>
> 鉴真和尚在遥远遥远的一千二百年前
>
> 满载着珍贵艺术品和经典的友谊船一样
>
> 任何风暴也阻挡不住
>
> 任何阴霾也笼罩不住
>
> 中国人民和日本人民
>
> 越过大海结成的深情厚意。

当晚,代表团出席了"纪念《人民中国》创刊十周年、欢迎中国外文出版社代表团访日中央集会"。当我们到达九段会馆时,一千多名《人民中国》的读者早已坐满了会场,正在欣赏花柳德兵卫舞蹈团的舞蹈节目。那一天,主持会议的是岩村三千夫。黑田寿男代表日中友好协会讲话,强调《人民中国》杂志对日本的日中友好运动产生的"作用是不可估量的"。早稻田大学教授实藤惠秀也发表了热情洋溢的讲话。

罗俊团长的讲话自始至终充满着感情。他说,《人民中国》杂志创刊十年来,一直把促进中日两国人民的相互理解和友谊作为自己的神圣职责。现在,《人民中国》已经成为中日两国人民的友好桥梁。日本朋友抱着与我们相同的心情,爱护并大力支持《人民中国》。《人民中国》杂志已经成为我们的共同事业。编辑部每天都能收到很多读者来信,还有不少读者到北京来访问编辑部。我们知道,日中友协的支部和活动家

◇ 1963 年 7 月，中国外文出版社代表团到达名古屋车站

以及很多读者为了提高杂志质量和扩大读者，做了大量工作。这一切都给我们以莫大的鼓舞。

这一次我们代表团到日本访问，从某种意义来说，就是要广泛听取读者对《人民中国》杂志的意见，以便加强杂志的针对性。为了达到这一目的，我们代表团从 6 月 13 日起到 7 月 29 日，在日本总共访问了四十五天。其间，我们南至九州，北至北海道，走了三十六个城市和乡村，开了一百多个《人民中国》的读者座谈会，接触了三千多位各阶层读者，认真地听取了他们的意见。如果把参加欢迎会的群众加在一起，总共接触了一万多人。根据我们的粗略统计，热心的日本读者对《人民中国》杂志提出了近千条建议。

我们所接触的读者，阶层很广泛，有工人、农民、学生、职员、家庭妇女及高级知识分子，其中以普通劳动者为数最多。他们提出的意见，有不少肯定了我们的成绩。例如，认为"我走过的道路""人物专访""革命回忆录"等专栏有可读性，很受欢迎。在日本低俗的周刊到处泛滥的情况下,《人民中国》杂志简直就是一服"清凉剂"。还有的读者认为,由于《人民中国》杂志内容广泛,涉及政治、经济、历史、文化、艺术、人民生活,所以不管翻开哪一页,都引人入胜。

但是,更多的意见是批评建议。例如,认为杂志的内容适合于对中国寄予关心的人和进步人士,如果向周围比较后进的人推荐,就显得生硬一些。还有的读者认为,《人民中国》杂志有些像"修身教科书"。读者提出的建议有:一、希望文章能用工人和农民的语言写。二、希望多登一些中国人民在解放前后奋斗的情况和个人的体会。三、希望多刊登中国的民间故事和民谣、歌曲。四、开辟"读者栏",刊登收到的读者来信。五、为了改进编辑内容,应该在版面设计、美编、标题等方面多下一些功夫。

通过听取这些意见,我们对进一步改进杂志形成了一些看法:

一、《人民中国》杂志虽然采取的是日本周刊的形式,但今后仍应以这一形式继续办综合性月刊。要通俗易懂,图文并茂,比较全面系统地从各方面介绍新中国。

二、杂志的对象,仍以日本广大中间阶层的勤劳大众为主。所谓中间阶层,当时据我们的理解,有这样一些特征:对中国想了解、要友好,但了解不深和有怀疑误解;对美帝国主义和日本反动派有所不满,但对他们还抱有幻想,或对斗争前途缺乏明确方向;反对战争,但有和平主义影响。我们同时强烈地感到读者对象还要照顾比中间阶层更偏于后进一些的人。

三、关于杂志的编辑方针,根据当时国际国内形势的发展和日本读者反映的意见,我们认为:杂志的正文应从促进日本人民对我国的了解和友谊入手,特别要结合日本读者喜闻乐见的事物,引起他们对中国人民的亲近感,从他们的接受能力出发,研究报道效果,采取通俗生动的文字和明朗醒目的有吸引力的编排方法,避免简单生硬的做法。在内容上,力求选题广泛,有的放矢,生动具体地介绍我国社会主义建设成就和民主革命的经验;介绍我国的和平外交政策以及我国对国际重大问题的观点，报道中日两国人民传统的和战斗的友谊，支持日本人民反美爱国正义斗争，使日本人民从我们的杂志中能得到启发和帮助。

我们在日本的四十多天，说是生活在友谊的海洋中，也绝不为过。记得，6月20日我们一行乘列车从广岛前往山口县的宇部。列车在岩国车站仅仅停车一分钟，当地的日中友好人士也赶来欢迎我们。我们在宇部前一站的小郡车站下了车。当时，天正下着小雨。小郡和宇部的日本友人几十人陪同我们驱车前往宇部。当我们的汽车到达宇部郊外时，日本朋友开来一辆宣传车开道，并且一路上通过高音喇叭宣传中国代表团已经到达。当晚，在劳动会馆举行的欢迎会有七百多人参加。据说，其中有数十名来自下关。翌日下午，我们由宇部到达北九州市。代表团在北九州大学出席了由日中友协小仓支部举行的欢迎会。北九州大学的教职员和学生一百八十多人参加了这一活动，其中包括北九州大学的校长。7月11日，我们在暴雨中离开东北山形到仙台，出席了在东北大学举行的读者座谈会。本来当天要从仙台飞往北海道首府札幌，但由于气候不佳，改变了计划，于当天下午乘特别快车到青森，转乘"青函联络船"前往北海道。我们是在深夜11时40分到达青森港的，但几十位日本朋友仍在码头的候客室为我们举行了欢迎会。他们一遍又一遍地高唱《东京—北京》和《国际歌》。"联络船"要启航赴函馆时，日本朋友依依惜别，向我们投来五光十色的彩带欢送我们。我们站在甲板上，直至看不见他们的身影为止。

当然，也有一小撮人表现了对中国不友好甚至是敌视的态度。

6月25日，代表团从云仙乘船到了熊本市。进了下榻的宾馆，我们看到房间里放着当地出版的报纸《熊本日日新闻》的晚刊。翻开报纸，映入眼帘的是第二版上用醒目标题刊载的连载纪事《熊本兵团史》。内容是大肆宣扬"熊本第六兵团"在所谓的"支那事变"中，攻打杭州、南京的细节，极力鼓吹皇军侵华的"赫赫战果"。罗俊团长和团员们看了这一报道，很气愤，要求我用日文直接起草一份致《熊本日日新闻》

的抗议信。我写好后，用中文读了一遍，得到大家的通过。抗议信指出，所谓"支那事变"就是日本帝国主义对中国进行的侵略战争。在这一场战争中，日本侵略军给中国人民的生命、财产造成了莫大的损失。特别是日本侵略军在南京进行的大屠杀，是全世界周知的事实。日本侵略军所犯下的滔天罪行本应受到谴责，而根本不值得也不应该去大肆宣扬。但贵报却刊登所谓《熊本兵团史》，来鼓吹过去军国主义的残暴行为和"战果"，这是一小撮别有用心的人追随美帝，为复活军国主义，在思想、教育方面企图确立控制体制的行为。我们强烈要求贵报停止煽动复活军国主义的宣传。

翌晨，代表团在离开熊本车站时，罗俊团长向前来送行的日中友好协会熊本支部以及其他团体代表谈了《熊本日日新闻》那篇鼓吹复活日本军国主义的纪事，并要我宣读了致报社社长的抗议信。然后，团长委托日中友协熊本支部把信转交给报社社长。

后来，听说支部长鹤野六良以及熊本县工会总评议会事务局局长田上重时会见了《熊本日日新闻》社社长伊豆富人，并递交了抗议信。他们指出，《熊本兵团史》美化日军侵华和屠杀中国人，理所当然地引起了中国人的愤慨，而且这种宣传报道也是违背日本人民的意志、破坏日中关系的。

伊豆社长对那篇纪事伤害了中国代表团人员的感情，表示"遗憾"，并说什么："日本对'支那'进行侵略战争以及在'支那'采取的残暴行为是多么的怙恶不悛，我是知道的。""中国对于日本的所作所为采取了非常宽大的态度，我深为感激并表示敬意。"但他又辩解说："刊登《熊本兵团史》绝没有复活军国主义的深刻意图，也没有受美国的任何指示，只是想把如今已经不存在的第六师团以某种形式留下记录。"他还说，中途停止刊登《熊本兵团史》关系到报纸的生命，因此不能停止，但是今后在编辑工作中要非常注意，云云。

这种事，在当时也只能做到如此地步，而且像这种事，说到底，应由日本国内的力量自己去解决。

人们常说，在中日关系上，日方对两个问题容易处理不好。一个是如何正确认识历史的问题，另一个则是"台湾问题"。它们都是牵涉中国人民感情的十分敏感的问题。没有想到这次访日，竟然又遇到了后者。

那是 7 月 20 日，日本关东一带的七百名青年在风景宜人的长野县志贺高原举行"第二次日中友好青年夏令营"。日中友协的朋友向代表团发出了邀请。罗俊团长考虑这是青年的活动，便决定要我去参加，因为我当时 32 岁，是代表团中最年轻的一个。日中友协总部组织部长三好一陪同我前往。东京华侨总会也派了两位青年：殷秋雄和任政光。我们乘列车先到了长野市。那一天是星期六，县政府派来了一辆黑色轿车接我们直奔志贺高原。我们住进了日本式的旅馆里。白天，参加了夏令营的开幕式。我讲话时，本来可以用日语，但那时在外事工作中比较拘谨，好像对外正式讲话时只能用汉语。这就需要翻译。比我大好多岁的三好一前辈竟自告奋勇做起了翻译，我真有些不好意思。夜幕降临后，青年们在野外围起篝火，手拉着手，尽情地歌唱、跳舞，直到深夜。

第二天是星期日，我们要回东京。按计划，我还要去群马县的前桥市。

县政府昨天派来的那辆车已经回去了。这一天我们乘的是当地朋友开的车。按正常的路线，汽车必须通过中野市。谁知一进市内，就看见如同悬挂"万国旗"似的满街挂的都是所谓"青天白日满地红"的小旗。据说，头一天台湾派人到这里舞龙、舞狮子，而这些旗子是当地的商工会议布置的。这时，我们才发现昨天县里派的汽车为什么没有通过这里而直接上山的原因。这说明长野县当局是了解这一情况的。

我们能无动于衷地从这些旗子下穿过吗？不能！无论如何也不能！我同三好一商量后，便请司机把车直接开到市政府。因为是星期日，市政府只有一位看门的。过了一会儿，看门的把市长找来了。我们向市长提出抗议，指出中国只有一个，那就是中华人民共和国，台湾是中国不可分割的一部分。要中国代表团成员从那些旗子下穿过，是何用意？我们要求把旗子全部撤除。市长开始有些紧张，拼命推卸责任，说那些旗子是当地的商工会议布置的，他作为市长不能下令撤除。于是，又把商工会议所的会头找来。会头也狡辩了一番，说不能撤除。市政府的人利用这些时间跟东京的外务省联系，但因为是假日，找不到人。这时，我发现这位市长曾访问过中国，周总理接见过这位市长参加的那个代表团，因为我当时做过那一场接见的翻译，所以有此印象。我便晓之以理，动之以情，向市长说，周总理会见你们代表团时怎样强调中日友好，反对制造"两个中国"，你应该很好地理解这一点。

后来，日方内部加紧协商，到了下午2时，日方终于商量出一个意见，告诉我们要把汽车通过的那条路的旗子全部撤除。我跟三好一认为，可以接受这个意见。当我们从市政府出来，到大街时，已经看不见那些旗子了。

由于在中野市耽搁了时间，回到东京，已是晚上7点多钟了。罗俊团长一直担心地等待着。尽管我们在中野市进行交涉时，由同行的华侨青年打过电话给东京，但他仍放心不下。他原以为中野市挂的只是一面旗子，如果是一面旗子，躲开走就可以了。他听了我们说明后，才知道原来是"万国旗"式的小旗。这时，罗俊团长一面肯定了我们的做法，一面用平静的口吻向我讲述了斗争策略。他说，当时有两种处理方法：一种是像你采取的方法，但这种方法的不利之处是要求高，万一对方硬是不撤旗子，就会陷于被动。第二种方法是只提抗议，然后绕道而走。这种方法比较主动，这就是原则性与灵活性相结合。我听了以后，很受教育，也很受启发，心想还是老同志斗争经验丰富，我应当很好地学习这些斗争策略。

此事发生后，一家日本报纸就此报道了一条消息，但同时刊登了评论家臼井某的一段话，说什么一个到日本来访的过路客人，竟提出那样的要求是"失礼"的，云云。但，日中友协机关报《日本与中国》报道说，我们协会的每一个会员"都要随时警惕反华活动，哪怕是一点点也不要放过，要立即进行反击，这一点是特别重要的"。

这件事打乱了原定计划，我们只好改变行程，前往群马县。

从周总理谈中日关系说起

*

*

"摆在日本人民面前的，是两个不同的前途"

1953 年 10 月 10 日清晨，《人民日报》在头版头条的醒目位置刊登的一篇报道把我吸引住了，那是周恩来总理 9 月 28 日会见日本和平人士大山郁夫并发表谈话的报道，报道还配有一张会见时亲切握手的照片。

大山郁夫，是新中国成立后，在中日两国尚未建交的情况下，周总理会见的第一位日本客人。

这位可尊敬的日本朋友大山郁夫是日本的公众领袖。他 1880 年生于日本兵库县，1905 年早稻田大学政治经济科毕业后，赴美国芝加哥大学学习政治学和社会学，又赴德国慕尼黑大学进修国家学和国法学。1914 年学成回国，初任早稻田大学讲师，后任教授。1917 年因学潮辞职，转任《大阪朝日新闻》社社论委员。此时，正值第一次世界大战，他因谴责日本军阀进行侵略战争和出兵西伯利亚参加干涉苏联的战争遭到压迫而离职。

1920 年他重返早稻田大学任教，其间他反对军国主义教育，提倡进步的学术思想，遭到反动势力的嫉视。他担任过劳动农民党委员长的职务。日本军国主义发动侵略中国的"九一八"事变以后，日本法西斯化更加明显，大山郁夫遭受了更多的压迫。为了安全，1932 年，他和夫人一起亡命美国，在西北大学任客座研究员，侨居 16 年后，于 1947 年 10 月回国。

大山郁夫即使侨居国外，也从没有放弃自己的信念，他回国后即宣布将献身于民主与和平事业，坚强地投入了战斗。他看清日本的民族危机和新的战争危机，便向日本人民表示，它将为日本的独立而勇敢斗争。1950 年 6 月他当选参议员。1952 年，出任日本拥护和平委员会委员长，还曾被选为世界和平理事会常务委员，积极参加世界和平运动。他不顾年老体衰，不顾国内外反动势力的阻挠，长途跋涉，到国外多次参加世界和平运动的集会，他反对侵略，反对战争，反对实力政策，反对核武器；他主张和平共处，主张以协商方式解决国际争端。由于对国际和平事业的卓越贡献，他荣获了 1951 年度的"斯大林国际和平奖"。他表示，要将他的余生贡献给和平事业。他告诉大家，如果他为和平事业牺牲了，不是请大家收拾他的骨头，而是请大家踏着他的尸体前进。他说：他绝不替帝国主义战争流一滴血，但愿为和平事业献出他的整个生命。

周恩来总理会见大山郁夫的两个月前，即 1953 年 7 月，朝鲜战争已经停战，亚洲形势出现了新的变化，中日间的民间活动顿时活跃起来。为了适应中日交流的扩大和全面阐述对日政策原则，周总理开始考虑要亲自出面同来访的日本重要客人会见。不消说，最先会见的人选尤为重要。究竟选什么人，颇费斟酌。周总理选择了这位日本久负盛名的社会活动家、学者、和平人士大山郁夫。

据熟悉情况的萧向前说：周总理会见大山郁夫时，做了长时间的谈话，内容甚为广泛和扼要，反映了当时中日关系的基调。在会见中，大山郁夫提了一些问题，周总理一一作了回答。

大山郁夫说："过去日本军国主义分子长期侵略中国，日本人民未能及时加以制止，使中国人民蒙受巨大损失，我代表日本人民向中国人民表示歉意。中华人民共和国政府和中国人民对于日本人民一贯采取友好态度，我代表日本人民谨致感谢。"

周总理听了大山郁夫的话后，强调中国政府和中国人民把日本军国主义分子和广大日本人民加以区分，强烈谴责日本军国主义的侵略罪行，指出这一罪行不仅使中国人民和远东各国人民遭受了巨大损失，同时更使日本人民蒙受了空前未有的灾难。周总理相信，日本爱好和平的人民会记取这一历史教训，阻止日本重新军国主义化和重新对外侵略，并且高度赞扬日本人民为争取民族独立、反对重新军国主义化而进行的斗争。

周总理说，中国主张恢复与世界各国的正常关系，特别是与日本的正常关系。但是，日本同美国站在一起敌视中国，同台湾地区保持所谓外交关系，这样，它就将日益成为太平洋上的不安定因素，无法同我国建立正常外交关系。美国和日本当局阻碍着中日两国人民友好关系的发展。

大山郁夫说，他认为，在中日两国建交之前，并不妨碍两国人民开展文化交流和经济交流。

周总理对此表示肯定："是的，我们欢迎日本人民代表团来我国访问，同时我国人民也愿意派代表团访问日本。"他进而明确指出，日本现政府公然执行美国政府的所谓禁运政策，竭力阻碍中日贸易的发展和文化交流，因此，首先要打破这个阻碍，这需要两国人民共同奋斗。

在谈到中日贸易关系时，周总理说，中日贸易"必须建立在平等互利的基础之上"。周总理针对日本有人认为"中国工业化了，中日贸易没有前途"这种错误论调说，"这是完全不对的。只有中国工业化，才能彻底改变过去那种所谓'工业日本、原料中国'的帝国主义和殖民地的经济关系，而建立起真正平等互利、有无相通的贸易关系"。周总理还说："中国逐步实现工业化，中国国家和人民的生产和需要就会愈加扩大，它就愈加需要发展国际的贸易关系。日本是中国的近邻，在和平共处的基础上，中日贸易的发展和经济交流，是完全有它的广阔前途的。"

历史的进展，完全证实了周总理的这一论述和预见。

在谈话中，周总理谈到战后日本形势时着重指出："摆在日本人民面前的，是两个不同的前途：一个是处于美国附庸国地位的军国主义的日本，这是日本反动势力所要求的；另一个是独立、和平、民主、自由的日本，这是日本人民的奋斗目标。"周总理表示，"中国希望实现后一个前途。中日两国在和平共处的基础上，真正能够共存共荣。"

周总理会见大山郁夫的报道，在我供职的《人民中国》杂志上也在醒目的位置刊登了出来，受到日本广大读者的瞩目。

"我们不愿意把这种痛苦加在别人身上"

说到新中国成立初期周总理向外宾阐述中国的对日政策，还应提到他的两次重要谈话。

第一次，是 1954 年 10 月 11 日周总理会见来华参加中华人民共和国成立五周年活动的，以山口喜久一郎、铃木茂三郎、杉山元治郎率领的日本国会议员团和以学习院大学院长安倍能成率领的日本学术文化访华代表团的时候。根据我的记忆，周总理的这次谈话曾详细地刊登在日本《中央公论》月刊上，我最早是在那上面看到的。当时的感觉，这次会见是中国政府领导人战后初次同日本各方友人的广泛接触，所谈的问题涉及面很广。整篇谈话自始至终晓之以理，动之以情，丝毫没有强加于人的感觉。有几点，留给我的印象特别深刻。

周总理说："从中日关系的历史来看，我们两千多年来是和平共处的……但是……六十年来，中日关系是不好的，但这已经过去。我们应该让它过去。历史不要再重演。我想这能够做到，因为在中日两国人民中存在着友谊。同几千年的历史比较，六十年算不了什么。不幸的是，我们在座的人就处在这六十年的时期中。但是，我们的子孙后代不应该受这种影响。我们不能受外来的挑拨，彼此间不应该不和睦。我们要从我们自己中间找到真正'共存共荣'的种子。我认为这个种子是有的。"

接着，周总理讲述了一桩生动的事例："1945 年 8 月 15 日以后，日本军队放下了武器。在那一天以前，我们打了十五年的仗，可是，一旦放下武器，日本人就跟中国人又好起来，中国人也把日本人当朋友，并没有记仇。最大的、最生动的一件事，就发生在东北。当时有许多日军放下武器之后，并没有回国，而是和一部分日本侨民一道参加了中国人民解放军，有的在医院当医生、护士，有的在工厂当工程师，有的在学校当教员。昨天还在打仗，今天就成了朋友。中国人相信他们，没有记仇。大多数的日本朋友，工作很好，帮助了我们，我们很感谢他们。他们完全是自愿来的，不是我们把他们俘虏了强制他们来的。去年大多数都被送回国了，有两万六千多人。你们不信，可以回去问问他们。曾经打过仗的人，放下武器以后就一起工作，而且互相信任。很多中国人受了伤，请日本医生动手术，病了请日本女护士看护，很信任他们。在工厂中，中国人信任日本工程师，一同把机器转动起来。在科学院，中国的科学工作者相信日本的科学工作者的研究成果。这是友谊，可以说是真正的友谊、可靠的友谊……我们要在这种友谊的基础上改善中日关系是完全可能的。所谓'同文同种'也好，'共存共荣'也好，不是为侵略别人，也不排斥别的国家，我们为的是和平共处。这就是我们友好的种子。"

接着，周总理在分析了中国走工业化道路的必要性以及发展本国经济、发展中日贸易的重要性后，着重谈了中日两国的文化交流。他说："历史上两国的文化往来很频繁，近八十年来，中国学西方文化，许多是通过你们那里最早学来的。中国还活着的老一辈人，现在从事政治活动的，很多都在日本留过学。在座的郭沫若先生，就是留日生的重要人物，他曾经在你们的帝国大学学过医。日本文化给了这些好处，我们应该感谢。我出国留学，也是最先到日本，住过一年半，可是日本话没学好。但是，我在日本生活，对日本的印象很深。日本有非常优美的文化。历史上，我们的文化彼此交流，互相影响。所以，按正常的来往，中日的文化交流，有很大的发展前途，关键就是要和平共处。"

周总理的谈话，特别是他的现身说法，使日本客人感到亲切，而且具有很强的说服力。

在谈话中，周总理还明确指出：中日关系正常化的障碍，不在中国方面。

他说："是日本政府不承认我们，对我们采取不友好的态度。而困难的根本原因不完全在日本政府，因为日本政府的头上还有个太上皇，就是美国。美国压在日本人的头上，这是很不幸的，阻碍了中日关系的恢复。"

日本人有一种看法，担心中国一旦强大，武装起来，会给日本造成威胁。就这一问题，周总理说："我坦白说，中国的强大武装是为了自卫，也只能是为了自卫。我们不会侵略别人，我们宪法规定了我们的和平外交方针，中国人民也不允许我们违背这个方针去侵略别人。近百年来，中国人民受罪受够了，我们不愿意把这种痛苦加在别人身上。我们懂得这个痛苦，我们同情别人的苦难。因此，希望亚洲各国能够和平共处，恢复正常关系，这对世界和平是有好处的。美国如果愿意和平共处，我们也欢迎，我们并不排斥美国，我们愿意同它和平合作，是它不愿意同我们合作。"

当时陪同日本客人参加会见的萧向前事后说："这是一次向前看的重要会见，对以后的中日关系的发展起了很大的推动作用。"

中国不向日本输出革命

第二次，是 1955 年 1 月 23 日周恩来总理与日本国际贸易促进协会会长村田省藏进行的长达近五小时的会谈。

村田省藏是日本政界的资深官吏，二十三岁就在大阪商船会社任职，长期被派往汉口、上海、重庆等地工作；1938 年当选为贵族院议员，1940 年任近卫文麿内阁的递信大臣兼铁道大臣，1943 年任驻菲律宾大使。日本投降后，以战犯嫌疑犯被捕，1947 年获释。他是日本财界颇有影响的人物，旧金山会议前后曾代表日本政府与台湾当局交涉，并以民间企业家身份与台湾方面进行贸易往来。新中国成立后，他关心中日关系，认为不管一个国家的信仰和制度如何，也不管交涉对象是毛泽东还是蒋介石，"日本为加深与六亿民众的友好，设法与广大的中国大陆接近是应该的"。因此,他毅然辞去与台湾有关系的"日华经济协会"会长,于 1954 年就任首任日本国际贸易促进协会会长。

1955 年 1 月村田省藏以日本国贸促会长身份来北京后,对廖承志说,他虽然未能参加 1952 年的莫斯科国际经济会议,但他仍然希望在中日之间起到桥梁作用。村田谈到他曾与当时任日本首相的吉田茂讨论过这个问题,吉田茂说:"你讲的与中共的贸易问题,(日本)政府是不好出面的,不过你要干的话,我个人尽力帮忙。"

廖承志见村田省藏时问他:"请问你这次来中国,还有什么要求?"

村田回答:"我最大的愿望是想会见周恩来总理,亲自询问解放后短短的五年间建设现代中国的动力是什么?有什么样的指导精神?又是如何实施这些指导精神的?"当然,他来华还有一个目的,就是要邀请中国贸易代表团访日,以缔结新的中日贸易协定。

于是,由廖承志引荐,周恩来总理接见了村田省藏和日中贸易促进会专务理事铃木一雄。

就在村田省藏访问北京时,我和王效贤、林丽韫等正在担任中日渔业谈判的翻译,集中在新侨饭店活动。1 月 23 日那一天,王效贤告诉我,她去为周总理会见村田省藏做了一场翻译。由于外事纪律的规定,她不便透露会谈内容。但我从她的言谈、表情来推断,村田省藏向周总理提出了异常尖锐的问题。

后来,听说村田果然如此。他向周总理提出的问题有:"《中苏友好同盟互助条约》是以日本为假想敌的,虽然中国对日本人民表示友好,但日本人觉得苏联是不可靠的。""和平共处五项原则的精神是不干涉别国内政,中国共产党是否要对日本输出革命?""有些日本人担心日共是受莫斯科和北京指挥的。""中国强大起来后,是否绝对不会进攻日本?""日本为重建经济,需要美国的资金援助,但这并不等于日本就是美国的附庸,因为国外资金不是用于军国主义复活,而是用于经济复兴?""日台缔结'和约'时,日本尚被美国占领着,不能依据自由意志进行外交,而且日本对新中国抱有'危惧感'。"

如此坦率地向周总理提出问题，在当时确实是闻所未闻。村田省藏虽然对中日关系的重要性有一定的了解，也希望在中日之间起桥梁作用，但他毕竟不了解新中国，而且他的经历使他对新中国存有疑惧。他的疑惧有一定的代表性。他希望通过直接对话加深对中国的了解。为增进中日两国人民的相互了解和相互信任，周总理以他的外交风度和过人的智慧，详尽地解答了村田省藏提出的问题：

一、和平共处五项原则"对日本也完全适用"，革命是不能输出的。

二、中苏条约不是威胁日本和日本人民的，"如果日本政府愿意对外发展和平友好关系，则该条约对中日关系正常化不仅不会有任何障碍，反而会大有益处"。

三、《旧金山和约》，主要责任在于美国，但吉田政府也有一部分责任。日本与台湾省缔结了"和约"，这是对中国内政的干涉。

四、中日之间应平等互惠，"以前日本对待中国是不平等的，但这已成为过去，中国不会对日本进行报复"。

五、中日两国有两千多年的文化、友好的历史。从漫长的历史来看，只要坚持友好，中日邦交正常化一定能够实现。

周总理针对村田提出的问题，以实事求是的态度，有说服力地向村田省藏阐明了中国的方针、政策，明确阐述了新中国谋求中日友好的对日政策，使他加深了对中国的了解。

对于周恩来的"率直而明快的回答"，村田"心情很好"，诚恳地表示回国后要把周总理的话转达给对新中国抱有偏见和疑虑的日本政府和国民。村田还提出：一、希望中国派遣约三十人组成的代表团赴日签订第三次中日民间贸易协定。二、两国互办展览会。三、将来如条件成熟，互设常驻贸易机构和代表。四、"从经济文化交流、两国人民的往来、民间团体的对话开始"，推进中日关系。

周总理表示赞同，认为双方互办展览会"既可以各得所需，又可以通过交易增进友好关系"；互设常驻贸易代表是个"很好的想法"，建议双方基于"平等互惠的立场"研究并实施，而且高瞻远瞩地指出，"这是关系正常化的开端"，从而为民间外交指明了发展方向。村田回国后向鸠山首相汇报访华成果，传达了中国的对日政策，得到鸠山首相支持，日本政府随即多少放松了一些对中日经贸关系的管制。

中日两国之间的理解和沟通，为发展中日关系创造了良好条件。

中国的对日方针是党中央确定的

我国早期的对日方针政策是怎样形成的？这一问题，我是在工作中逐步了解并加深认识的。

我感到，20 世纪 50 年代初，根据毛泽东主席和周恩来总理的指示，并结合当时的国际形势和对日工作的实践，中国逐步地形成了一条对日政策的总方针。概括起来说，就是："发展中日两国人民之间的友好关系，孤立美国，或使日本逐步摆脱美国控制，间接地影响日本人民，给日本政府以压力，迫使日本改变对中国的关系，逐步实现中日关系正常化。"在这一方针指导下，我们主动地开展与日本的民间往来，积累了对日工作的经验，当然在这一过程中也出现了一些问题。

关于中国对日方针的形成，当时在中联部工作的日本问题专家张香山在《中日关系管窥与见证》一书中写道："1954 年底，吉田茂下台，鸠山一郎执政。新上台的鸠山首相表示，要发展同中国的关系。当时中国共产党中央有一个国际活动指导委员会。指导委员会主任是由中联部部长王稼祥兼任的。他看到中日关系有所发展，并且有不少日本人希望到中国访问，想进一步了解中国的情况和对日政策，便提出一个建议：拟通过新华社把周总理 1954 年会见日本国会议员团和日本学术文化代表团的谈话，以及 1955 年 1 月会见村田省藏的谈话摘要发表出来，让日本方面了解中国的对日政策。在和外交部副部长张闻天商讨时，张闻天认为，那两次谈话不是全面地论述我国对日政策的，当时很需要制定一个完整的、全面的对日政策的文件，并建议由王稼祥同志主持起草。

周总理同意后，王稼祥召集对日工作有关部门的负责人共同讨论，大约花了一个月的时间草拟了一份文件，经周总理批示，上交政治局。1955年3月1日，政治局讨论并通过了这个文件。"

"这个文件叫作《中共中央关于对日政策和对日活动的方针和计划》。文件……肯定了前面已提到的对日政策的总方针，表示今后要继续执行这个总方针……这个文件可以说是我们党第一个全面的对日政策的重要文献。它不是仅仅涉及对日外交，而是全面地涉及对日关系各方面的问题。例如文件确定了我国对日政策的基本原则。"在谈到中日关系正常化问题时，张香山说："其中提到赔偿问题、结束战争状态问题现在不宜确定下来，要在两国关系正常化时再来解决这两个问题。"

我体会，这个文件突出地体现了"以民促官""争取与日本政府挂钩"的思想，它强调了通过日本人民要求解决中日间的问题的呼声形成压力，来积极寻求两国政府间的接触和谈判，以逐步实现邦交正常化。换言之，明确地提出了直接与日本政府谈判的设想。过去通过民间团体谈判达成的协定，因为不是政府间协定而没有什么约束力，导致效果不令人满意。今后应当注意日本人民希望解决的一些问题，如结束战争状态、战争赔偿等问题在建交前不宜主动解决；对中日两国人民有利的问题应继续由民间团体谈判；但使我被动而对日本政府有利的问题，应在适当的时候主张两国政府谈判。政府间接触不单是为了解决问题，也可以加大对日本政府的压力。

张香山认为："1955年制定的这个文件，是在我国建国后对日政策中最全面的、经过政治局讨论通过的正式文件。"他说："日本有些中国问题专家批评中国对外政策大都是根据长官意志决定，忽略组织过程。从上述文件制定的整个过程看，足以证明这种批评是不恰当的。"

我感到，后来的中日交往，基本上就是在这一总方针的指导下进行的。

"超党派代表团"和"民间渔业谈判"

*

*

1952 年前后，我国同日本之间的民间往来逐步开展起来，日本代表团冲破种种障碍接踵到中国访问，中国也有少数代表团前去日本。这样，便需要一批口译人员。

今天，我们国家自己的大学已经培养了大批日语人才，但当时的情况与今天不同。并不是说那时懂日语的人凤毛麟角，而是说一大批从旧社会过来的留用人员不是因为"家庭出身不好"，就是因为"本人有历史问题"，不能被安排做外事工作，更谈不上被重用。而我们国家自己培养的年轻一代的日语人才一下子还不能适应工作需要。所以，在那种情况下，被起用的年轻的口译人员，要么是在解放前虽学过日语，但未在敌伪时期做过事，历史清白或清楚的人，要么是 50 年代初从日本回国学习或参加新中国建设的爱国华侨青年。我大概是属于前者。

我被临时借调做口译

就是这样，由于工作上的需要，我这个在《人民中国》杂志社从事笔译的人有时也被接待单位临时借调去做口译。那时，我一心想把分内的笔译工作做好，而万万没有想到自己将来会兼做口译。

说到口译，起初，我仅做一般性的生活翻译，后来慢慢学着做一点场面上的口译。由于我的本职工作——《人民中国》杂志的翻译工作比较繁忙，所以到了后期，接待单位只是在有重要会见或会谈时，才把我借调出来。

我第一次被借调出来做口译，是 1954 年。那一年的 7 月，日本来了个代表团，是由各政党的国会议员组成的，日语叫作"超党派代表团"，总共十六人。他们出席在瑞典首都斯德哥尔摩举行的世界和平会议后，取道苏联前来中国。

那年夏天，北京酷热如煮，窗外不时传来急促的蝉鸣声。

《人民中国》编辑部内一片繁忙。我正在翻译一篇文章，突然接到通知说日本有个代表团要来北京访问，叫我立即去"北极阁饭店"报到，因为客人要入住这个饭店，接待班子也安排在那里。

北极阁饭店我从未听说过。打听了很多人，谁也不知道。最后，终于在叫"东单三条"的一条小街里找到了。六十多年前的北京，除了中外闻名的"北京饭店"外，就没有一家像样的供外宾居住的宾馆。这"北极阁饭店"，以今天的眼光来看，充其量是一个"无星"（不是"五星"）级的极为普通的招待所，设备非常简陋。

接待班子的负责人是孙平化和萧向前。此前，我与他们不相识。在接待班子里，我是新手，一切的一切对于我都很新鲜。我摸不着北，不安和好奇交织在一起。我暗暗想，没有别的，好好学习吧，向老同志、向周围的同志好好学习，如此而已，别无其他。

在西郊机场的第一场口译

代表团乘坐的飞机预定在北京西郊机场落地。那时,北京还没有"首都国际机场"。接待班子里几乎所有的人都去了西郊机场。在候机室举行了简短的欢迎仪式。中方的最高主人是刘贯一，他代表着中国人民保卫世界和平委员会。自然，今天要由他来致欢迎词。

那天去机场迎接的翻译人员有四五个。我想，这一场翻译大概早已安排好由别人来做，因为他们都是"久经沙场"的老手。谁知就在刘贯一站起来要致词的那一刻，萧向前突然对我说："小刘，你上！"

"天哪！"我毫无思想准备，慌里慌张地站到了刘贯一的身旁。我的心"怦、怦、怦"地跳个不停。我从未做过正式场合的翻译，而且是一场即席讲话。我的精神高度集中，主人说一句，我翻一句。当时根本谈不上"字斟句酌"，听到什么话，往下翻就是了。我一面翻，一面觉得腿在发抖，好像腿肚子的筋转到了前面。浑身冒冷汗，就不必说了。

事后冷静下来，回顾我做的翻译，觉得有好多话可以译得更好，怎么当时就没有想起来？这应了那句俗话："事后诸葛亮。"不过，萧向前却给我这个口译界的新兵以鼓励，他说："今天我们发现小刘是个'人才'啊！"

这个代表团，团长叫松浦周太郎，记得他是北海道出身的议员。团员中有改进党的樱内义雄、中曾根康弘和园田直。由于中曾根康弘和园田直在"二战"结束前曾应征入伍，当过军人，加上当时年轻、干练，人们称他们为"青年将校""少壮派"。三十多年后，中曾根康弘做了内阁首相，园田直做了福田内阁的外相，樱内义雄曾做过众议院议长。代表团中还有自由党的西村直巳、右派社会党的今澄勇以及松前重义、堂森芳夫等。日共也有一位团员，叫须藤五郎。

对于我来说，第一次参加外宾接待，印象自然最为深刻。

中曾根康弘当时是这个团里最年轻也是最为活跃的政治家。在廖承志主持的宴会上，中曾根康弘主动站起来，用他的男低音唱了一首日本名曲《荒城之月》，唱得还蛮有味。记得他在北京访问期间，患了感冒，躺在"北极阁饭店"的房间里休息。我跟接待班子的人一道去看望过他。他很感动，一再表示感谢。

印象中，中曾根康弘对我国利用、限制、改造民族资本家的政策颇感兴趣。在天津、上海，他都注意了解中国社会主义改造的进展情况，亲自和出席座谈会的民族资本家代表人物交谈，频频提问，探索并了解第一手材料。我想，日本客人第一次访华，印象总是新鲜而深刻的。几十年后，中曾根康弘对这次访问还念念不忘。我亲耳听他说过，那一年夏天他经苏联到了中国，看见北京街头摆摊卖西瓜的，心一下子放了下来，感觉好像回到了自己的家。后来他多次来中国，经常谈及1954年的那次访华，而且不止一次地对人们说，他也是日中友好的掘井人，是松村谦三的门徒。

日共的那位团员须藤五郎是一位作曲家，担任过宝塚少女歌剧团的音乐指导。须藤平易近人，在乘火车去外地参观途中，有时教我们陪同人员唱日本进步歌曲。人们送给他一个爱称"五线谱"。

这个团来华受到的最高礼遇，是1954年8月3日下午郭沫若以中国人民保卫世界和平委员会主席和中国人民政治协商会议全国委员会副主席的名义会见了他们。同时被会见的，还有日本和平代表团。地点在"和大"的会见厅。陪同会见的有"和大"副主席廖承志、常务委员刘宁一、秘书长刘贯一，还有亚太和会联络委员会副秘书长龟田东伍。

我们正在大厅等待时，郭沫若从容地走进大厅，他的翩翩风度，立刻吸引了我。像这样几乎是零距离地接近郭沫若，对于我还是第一次。

郭沫若听完日方团长的致词后说：最近日本各界人士要求日本立即和我国恢复正常关系的呼声越来越高，这种愿望是可以理解的，并且获得中国人民的理解与重视。目前将中日关系纳入常轨的主要障碍，是日本政府继续追随美国政府而采取敌视六亿人民的中华人民共和国的政策，并公然与台湾地区维持所谓"外交关系"。

在谈到美国的霸权行为时，郭沫若讲了一句话，我的印象特别深刻。

郭沫若说：美国派军舰占领中国台湾，说什么是为了美国的安全。请问别国为了自己的安全，把军舰开到你美国的长岛去，可以吗？

此言一出，我觉得真痛快！我想，大厅内的日本客人由于立场各异，每个人的反应也都各有不同吧。

在谈话中，郭沫若指出，中国一向遵循和平的外交政策。我们主张各国之间的关系，应该以互相尊重领土主权、互不侵犯、互不干涉内政、平等互利和和平共处的原则，作为和平与安全的坚固基础。他说：这些原则，为全世界特别是亚洲各国人民所支持，自然也应该适用于中日两国的关系上。

郭沫若在谈话中，还对日本渔民和渔业界由于美国在太平洋试验氢弹所受到的损害表示同情。

由于当时中国与日本之间围绕着东海、黄海的捕鱼问题存在着纠纷，郭沫若说，我国有关方面正在就中日间渔业问题加以研究。郭沫若指出，在中日之间正常关系尚未建立的今天，特别是美国正以日本为军事基地并驱使台湾当局不断骚扰我国沿海的情况下，中国人民为了国家的安全，就不能不在沿海各地提高警惕。郭沫若希望代表团各位先生向日本真正从事渔业的渔民和渔业界说明这种情况。

担任渔业谈判翻译

没有想到，翌年1月份，我就在北京参与了郭沫若在上面提到的中日民间渔业问题谈判的翻译工作。当时跟我一起调去做翻译工作的，还有王效贤和林丽韫等人。

做谈判翻译，对我来说是破天荒第一次。当时，我们集中到崇文区的新侨饭店，举行谈判和起居都在那里。

双方代表团的情况是这样的。中方代表主要来自水产部和水产公司等单位，主谈是杨煜。实际上，谈判是在周总理和廖承志直接领导下进行的。听说，中国海军司令部参谋长张学思（张学良之弟）也给予了大力支持。中方代表团的事务局长是孙平化。赵安博也参加了谈判。日方代表团的主要成员有村山佐太郎、七田末吉、山崎喜之助。他们代表的是以福冈、下关、长崎为基地的日本近海底拖网渔业公司及协会。日方事务局长是丸龟秀雄，听说他与日本政府的农林水产厅一直保持着密切联系。日方还带了一位翻译，姓安藤。

这次谈判，主要是要解决中日双方渔船在东海、黄海上的捕鱼纠纷和保护渔业资源问题。我们通常说中日两国"隔海相望",这海,就是指东海和黄海。而那里的大陆架,盛产鱼虾,是世界著名的渔场,所以对日本渔民吸引力很大。中日两国渔民集中在这一渔场作业时,经常发生冲突。日本渔船设备好,捕捞技术先进,在海上横冲直撞,不是刮破技术落后的中国渔船的渔网,就是大量捕捞稚鱼,破坏渔业资源,有时甚至闯进中国的军事禁区,连船带人一起被中方逮捕。另外,双方渔船在海上一旦遇到风暴,即使想到对方港口和海岸避风避难,也缺乏联系方法和措施。一句话,两国渔民在东海、黄海和平捕鱼的局面得不到保证。要解决这个问题,就要签订渔业协定。按理说,这件事应该由两国政府直接谈,但当时由于日本政府不承认中华人民共和国,两国尚未恢复邦交,所以就由两国的民间团体——"中国渔业协会"和"日中渔业协议会"出面谈判。不过,彼此心里都明白,双方达成的协议,将牵涉领海和军事禁区,所以都必须得到两国政府的批准。表面看来,是民间谈判,但双方代表团都是由各自的政府做后台的。

谁都知道,谈判牵涉双方利益,难免在谈判桌上唇枪舌剑,各不相让。再加上渔业是一门专业,翻译起来,难度很大。且不说各种鱼的名字,既有学名又有俗名,常常是日语和汉语对不起来。还有一些专用术语,如"拖船""底曳网""延绳钓"等,也闻所未闻,只能"临时抱佛脚",现学现卖。在谈判中,中方指责日方渔船在海上"横冲直撞",我们一时找不到合适的对应的日语词,暂且译作"纵横无尽在海上驰骋",便应付了过去。后来,日方代表团提出"纵横无尽在海上驰骋"在日语中未必有贬义,建议双方把这个词统一译作"无秩序的"。我们当然表示同意。

由于双方的主张和意见分歧太大,谈判进行得很不顺利,时而陷入僵局,时而持续进行,形成了马拉松的局面。双方从 1955 年 1 月开始一直谈到 4 月 15 日才达成协议。最后,在东海、黄海上除军事禁区和渔业资源保护区外,划分了几个渔区,规定了双方渔船进入渔区的数量。双方渔船到对方港口避风避难,也有了明确的规定和措施。

但是，这次的谈判工作我未能参加到底，在双方达成协议之前，我就离开了。进入3月份不久，我被抽调出去为中国贸易代表团访日做筹备工作。3月下旬，我作为翻译人员随中国贸易代表团访问了日本。这是我有生以来第一次出访东瀛。

新中国第一个访日代表团

*

*

新中国成立后第一个派往日本的代表团，不是贸易代表团，而是以李德全为团长的中国红十字会代表团，那是 1954 年 10 月的事。

这件事，还要从代表团成行的背景说起。

记得 1952 年 12 月 9 日我离开大连来北京前，于 12 月 1 日早晨，在我供职的日侨学校办公室，看到报上刊登的一则报道：《中央人民政府有关方面就在中国的日本侨民的各项问题答新华社记者问》。由于我在日侨学校工作，与日本侨民有关，所以，对这则报道格外注意。

中央拟定协助日侨回国计划

后来，我了解到，这则报道来自 1952 年的 7 月那份经毛主席和周总理批准、由廖承志和有关部门拟订的协助日侨归国的计划。

此事的背景是这样的：

1950 年夏，中国红十字会会长李德全出席在摩纳哥城市蒙特卡洛举行的国际红十字会会议期间，日本红十字会会长岛津忠承试探着请求中国红十字会帮助寻找战争期间日本红十字会救护班三百三十三名日本人的下落，同时希望告知在华日侨的情况。李德全回答："此事我第一次听到。这虽然是旧政府时代遗留下来的问题，但我回国后马上进行调查。我愿意按您的希望努力。"李德全回国后向周总理做了汇报。周总理找来廖承志商量解决方策，要求廖承志提出一揽子计划。新华社的那则报道，以中央人民政府有关方面回答新华社记者提问的形式公布了这一计划。

新华社的报道通过北京对日广播一经播出，日本红十字会首先致电中国红十字会，表示"将与日本各界各阶层合作，就解决这一问题立即派遣代表并开始进行其他准备工作"。

所谓"日侨问题"是历史遗留下来的一个问题。1931 年，日本军国主义制造"九一八"事变，炮制了伪满洲国。日本政府一面派员直接控制伪满的军政等要害部门，一面把几十万日本农民组成"开拓团"，派往中国东北各地，进行武装移民。1937 年，日本军国主义制造"七七"事变，扩大侵华战争，又有数十万各类日本人员随军进入中国，支持侵华战争。日本投降后，1946 年时的中国政府曾遣返过三百多万日俘和日侨，而滞留在解放区的约二十三万日本人，则是在中国共产党的努力下，经过国民党统治区被遣返回国的。1949 年中华人民共和国成立后，居留在中国的日本侨民还有约三万四千人。由于当时美国操纵日本与台湾当局缔结了所谓"和约"，中日之间在法律上未结束战争状态，所以，协助日侨归国的问题，双方无法直接对话。现在，日方终于表示愿就此问题与中方接触。

然而，基于当时严峻的中日关系，中方不便跟代表日本政府一方的日本红十字会单独交涉，便提出邀请日中友好协会和日本和平联络委员会参加，从而表明新中国是本着人道、和平、友好的原则和精神来对待这个问题的。后来，中方特别强调这是商谈在华的那些愿意回国的日本侨民的问题，而不是属于一般的"战后遗侨"。

吉田政府迫于日本人民的强烈要求和社会舆论的压力，不得不表示将"积极采取措施，使日侨回国"，并同意日本红十字会、日中友好协会和日本和平联络委员会三团体组成代表团，来中国商谈日侨回国问题。

是协助日侨回国，不是"撤侨"

日本代表团于 1953 年 2 月来华，与中方开始正式会谈。双方代表团团长李德全和岛津忠承首先致词。会谈中有一个焦点：究竟是为了中日友好，中方协助日侨回国，还是日本"撤侨"。廖承志在会上以《协助日侨回国旨在中日人民的友好关系》为题发言，揭穿了日本别有用心的人玩弄的"遣返"诡计，郑重指出："我们现在所进行的是协助愿意回国的日本侨民返回日本，因而绝非'遣返'，其所以发生关于'遣返'的错误说法，一种原因是出于误会，对于这方面的人只要将情况说明，便可以了然；另一种原因则是恶意歪曲事实，企图挑拨和破坏中日人民的友谊。对于这些人，我们必须加以揭露和斥责。这是会有助于增进中日人民的友好的。"

1953 年 3 月 7 日，中国红十字会同日本红十字会、日本和平联络委员会和日中友好协会等三团体就协助居留中国的日本侨民回国事宜达成协议，发表了《关于商洽协助日侨回国问题的公报》。

在进行这项工作的过程中，中国各级政府和各地红十字会做了大量细致的工作，尽可能向日侨提供方便，有的日侨所在单位的负责人亲自到港口送行，使日侨深为感动，许多人临别依依不舍，热泪盈眶。日本派出的三条船是"兴安丸""高砂丸"和"白山丸"，其中以"兴安丸"最大，所以影响也最大。这三条船来往于天津、上海和日本的舞鹤港之间，到 1958 年止，共分 21 次接运了约三万五千名日侨返回日本。

这就是新中国成立后著名的"协助在华日侨回国"。

"地上本没有路……"

中国人民为日侨归国做了大量工作并提供了很大的帮助，为了感谢并作为回报，日中友协等团体从 1953 年 6 月起，开始积极协助在日华侨返回中国，同时调查和收集了 1943 年到 1945 年被日本军国主义者强制劫往日本充当劳工、后折磨致死的中国殉难者遗骨三千多具，分批从日本运往中国。日中友协还倡议从 1953 年 10 月 1 日起开展日中友好月活动，中心活动是"庆祝中华人民共和国建国四周年中央大会"。大会通过了西园寺公一提出的日本邀请中国红十字会代表团和中国人民政治协商会议代表团访日的决议案。

那时，尽管新中国已经成立多年，日本陆续有代表团或个人来华访问，但中国还没有一个代表团访问日本。人们经常议论中国代表团何时才能访日？

吉田政府在接到日本红十字会邀请中国红十字会代表团访日的申请时，竟然予以拒绝，借口是："可能被中共和日本左翼运动利用，影响日美关系。"这激起了日本社会舆论的强烈不满，日本各界人士开展了广泛活动以促成此事。日本政府拖延了二十个月，最后被迫于 1954 年 8 月宣布同意中国红十字会应邀到日本访问。以李德全为团长、廖承志为副团长的中国红十字会代表团一行十人，到 1954 年 10 月才得以成行。

由于这是新中国成立后派往日本的第一个正式代表团，周恩来总理特别重视，并充分估计到了代表团到日本后可能遇到的各种困难，特别是日本右翼势力和蒋介石集团的破坏。因此，在代表团出发前，特地在中南海接见了全团成员。据代表团随员吴学文在《廖承志与日本》一书中回忆，周总理接见全团时做了五点指示：第一，你们是中国派往日本的第一个民间代表团，在今天的复杂情况下，首先要去得成，只要能到达日本便是胜利。第二，代表团在日本只谈友好，不谈其他；此去要成为一个良好的开端，为今后对日本的更多的来往打下基础。第三，在各种场合的发言，要鼓舞日本人民的自尊心，说明我们的和平政策和友好态度；应该通过中国红十字会代表团的访问，表明中国人民对日本不念旧恶，是愿意和日本人民长久友好、和平共处的，说明人民的中国绝不会侵略日本，日本人民应该和中国人民一起来防止战争再起。第四，对在日华侨，告诉他们要爱护祖国，同时也要尊重居住国的风俗习惯和法令，不参与居住国的政治纷争；华侨要团结互助，对暂时跟着蒋介石集团跑的华侨，也不要吵架，要耐心地团结一切可能团结的人。第五，代表团在日本要注意随时了解情况，扩大接触范围；态度要谦虚，不骄傲，不要张牙舞爪，在方针上要掌握"求同存异""细水长流"的精神。

代表团在日本期间，通过近五十次欢迎大会、座谈会、宴会、茶会、记者招待会、播音和电视广播，向日本社会各阶层说明了："中日友好是中国的国策"；加强中日友好关系对于维护亚洲与世界和平十分重要；中国主张在和平共处五项原则的基础上与日本建立正常关系；中日贸易有着光明的前景；中国希望日本成为独立、和平、自由、民主的国家。

最为重要的是，中国红十字会代表团访日，打开了中日民间互访的大门，特别是促进了日中交流的进一步发展。记得廖承志在一次群众性的欢迎集会上讲话时，引用鲁迅那句著名的话，谈中日关系，引起了人们的共鸣，产生了巨大效果：

其实地上本没有路，走的人多了，也便成了路。

不消说，中国红十字会代表团作为新中国第一个代表团访日，在日本产生了极为广泛的影响，在中国对日民间外交中，具有开创性的重要意义。

中国贸易代表团访问日本

*

*

贸易代表团的一名翻译

我生平第一次踏上日本土地，是 1955 年春作为翻译随中国贸易代表团访日。

这一年的 1 月，中日渔业谈判开始后，工作人员就集中到新侨饭店。一个多月后的一天，饭店的一间临时充作办公室的客房里，只剩下孙平化和我二人。平时这里总是人来人往，忙得不亦乐乎，难得像今天这样空闲。

"有一个去日本的任务，考虑也要你去。"在我毫无思想准备的情况下，孙平化突然向我说。

"可是，我还不是共产党员，能去吗？"我半信半疑地问道。

"当然可以去。"

"什么时候去呢？"

"大概是下个月。"

后来我才知道，为了在东京举行第三次贸易协定谈判，对外贸易部等有关单位正在组织赴日的中国代表团，我是作为翻译人员之一，确定了要参加这个代表团的。

说到战后的中日贸易，自然要从第一次中日贸易协议说起。如前所述，第一次中日贸易协议，是高良富、帆足计和宫腰喜助三位日本国会议员冲破日本政府的重重阻挠，绕道西欧，经过苏联，来到新中国的首都北京，于 1952 年 6 月 1 日同中国国际贸易促进委员会主席南汉宸签订的。战后，在中日两国法律上尚处于战争状态的情况下，克服重重困难，签订的第一个贸易协议，其意义是重大的。这个协议规定自签字之日起至同年年底，中日双方采取以货易货方式，各出口三千万英镑。协议的最大特点，是确定了"同类物资交换"的原则。第一次中日贸易协议，虽经两次延长，共执行了十六个月，但由于日方准备出口的全部甲类物资（钢板、建筑和桥梁用钢材等）及大部分乙类物资（纺织机器、船舶等）均在美国操纵的所谓"禁运"物资名单之列，所以仅执行了协议总金额的 5%。

第二次贸易协议，经过中日双方谈判，于 1953 年 10 月 29 日签订。这次协议维持了各方出口三千万英镑的金额，期限到 1954 年 12 月 31 日。第二次协议仍坚持了"同类物资交换"的原则。尽管"禁运"问题未能解决，但日本政府被迫已多少"放宽"了对某些商品的出口限制，使中日贸易有了一些进展。第二次协议在执行的十四个月期间，完成了总额的 38.8%。虽然完成金额不到半数，但比第一次协议总算有了进步。由于日本方面继续限制对中国出口，在中日贸易中自然产生了中方的若干顺差，使两国贸易得不到正常发展。而究其根源，仍然是由于美国设置的"巴统"这一人为障碍作祟，使日方的出口受到很大限制的缘故。

就在第二次中日贸易协议签订的翌日，即 1953 年 10 月 30 日，《人民日报》发表了一篇题为《论中日关系》的重要社论，全面论述了中国对日本的基本方针政策。

记得代表团访日前夕，中苏两国政府于 1954 年 10 月 12 日发表联合宣言，强调指出："中华人民共和国政府和苏联政府对日关系的政策，是根据不同社会制度的国家可以和平共处的原则，并且相信，这是符合各国人民的切身利益的。它们主张同日本按照互利的条件发展广泛的贸易关系，并同日本建立密切的文化联系。同时，两国政府愿意采取步骤，使它们自己同日本的关系正常化。"12 月 21 日，周总理在中国人民政治协商会议第二届全国委员会第一次全体会议上做政治报告时再次指出：

"中华人民共和国政府是代表六万万人的中国的唯一合法的政府。中国政府一贯主张在遵守平等、互利和互相尊重领土主权等项原则的基础上同一切国家建立正常关系。我国是愿意同日本建立正常关系的。如果日本政府也能抱同样的愿望,并采取相应的措施,中国政府将准备采取步骤,来使中国同日本的关系正常化。中国政府主张同日本按照平等互利的原则,广泛发展贸易关系,并同日本建立密切的文化联系。在这方面由于中日两国人民不断努力,已经有了某些成就,今后会有更大的发展。"

当时,国际形势也出现了某些缓和。1953 年 7 月 27 日《关于朝鲜军事停战的协定》的签订,给中日贸易带来一点转机。接着,1954 年 7 月 21 日,在日内瓦会议上达成了在越南、老挝、柬埔寨停止敌对行动的协定,中国提出了和平共处五项原则,万隆亚非国家首脑会议也即将召开。虽然美国对中国所采取的"封锁禁运"政策没有改变,但是,中日贸易的环境开始出现变化。

日本出现松动,中国决定派团

下面再从日本方面来看,进入 1954 年后逐渐发生了有利于中日关系发展的某些变化。曾在战后五次组阁的吉田茂下台,由民主党领袖鸠山一郎组织了新内阁。鸠山内阁在外交上想改变一下吉田内阁"向美一边倒"的政策,试图在对苏、对华关系上能有所突破。鸠山内阁成立的第二天,12 月 11 日,外相重光葵发表声明,表示日本愿意在彼此可以接受的条件下,恢复同苏联和中国的关系。尽管后来在美国的压力下,他又打了退堂鼓。

进入 1954 年,日本贸易界人士来华洽谈业务的情况有所增加。这一年,日本主要城市成立了促进日本同社会主义国家的贸易团体,并由社会各界名流组成恢复日中、日苏邦交国民会议,连续举行大规模的集会和群众性活动。1954 年 9 月 22 日,日本在原有的促进日中贸易组织的基础上，又成立了以村田省藏为会长的"日本国际贸易促进协会"。在这个组织的推动下，日本国会通过了一项邀请中国贸易代表团访日的决议。村田省藏于1955年1月访华，向中国国际贸易促进委员会正式发出了邀请。

这时，日本国内的经济情况有所好转，除贸易外，一切经济指数都超过了战前的最高水平，日本经济处在所谓"神武景气"的前夜。而中国，也于1952年底结束了国民经济恢复时期，工农业生产突破了解放前的最高水平，进入了1953—1957年的第一个五年计划时期。从经济上看，中日两国都具备了开展交流的条件。

在这样一种政治、经济及国际背景下，中国接受了日方的邀请，决定派遣贸易代表团前往日本进行谈判，签署第三次中日贸易协定。

当时，一个代表团要出国时，对出国前的准备工作都极为重视。我们集中到北京东单苏州胡同的一座小楼里进行学习。从此，直到出国前为止，我们每天都在这里上下班。

一天，在这座小楼的一层大厅开全体会议，我第一次见到团长雷任民。他四十岁刚出头，个子不算太高，眼大有神，动作敏捷，看起来很精干。他是对外贸易部常务副部长，也是中国国际贸易促进委员会代主席。听说，他年轻时曾到过日本，在东京法政大学读过书。也许时间隔得太久，他说过去学的日语早已淡忘了。这次全体会议，实际上就是日本人说的"结团仪式"。雷任民在会上讲了话。他是山西人，讲话略带一点口音，节奏比较慢，好像边讲边搜寻最恰当的词语。他说，我们的代表团是新中国成立后第一个访问日本的贸易代表团。他详细地谈了这次访日的任务，明确指出这次去日本，就是要与日方缔结第三次贸易协定，以推动中日关系向前发展。雷任民的精干，还表现在他事前把问题考虑得很细。他说，我们出国以后，工作方法要改变，不能像在国内那样，凡事都经过充分讨论，按部就班，慢条斯理。工作方法可能简单化一些，这一点，请大家原谅。

代表团有两位副团长。一位是党外人士李烛尘先生。他约莫有六十多岁,是一位温厚的老者。据说,他是天津永利化学公司和九大精盐公司总经理,是著名的民族资本家,做过新中国政府第一轻工业部部长。他当时还担任天津工商联合会主席和全国工商联的常委。

另一位副团长是卢绪章。全国解放前,他长期从事党的地下工作。解放后,曾做过中国进出口公司经理,访日时,是对外贸易部第三局局长。他身材魁梧,刚毅忠厚,平时讲话很少。即使讲话,由于他那浓重的乡音,像我这样的北方人听起来感到很吃力。

这是一个庞大的代表团,最初确定的人数是三十九人。除了团长、副团长外,还有一位秘书长谢筱迺(中国国际贸易促进委员会联络部长,括号内均为当时的职务),两位副秘书长:孙平化(中国人民对外文化协会联络部副主任)、张纪明(中国国际贸易促进委员会经济研究室主任)。张纪明同时担任了代表团的发言人。还有一位顾问符浩(中国国际贸易促进委员会顾问)。张纪明和符浩虽然都挂着贸易促进会的头衔,但看来,日本人在当时就知道一位是中国国际广播电台的工作人员,而另一位则供职于外交部。

团员有八位:李范如(中国粮谷油脂出口公司代经理)、倪蔚庭(中国进出口公司副经理)、商广文(中国土产公司副总经理)、冯铁城(中国土产出口公司副经理)、李景唐(中国进出口公司天津分公司经理)、辛毅(中国化工杂品进口公司代表)、詹武(中国人民银行国外业务局局长、中国银行副总经理)、张致远(交通部海运管理总局副局长、中国外轮代理公司代表)。

代表团配备了五位专家:王迪(造船)、张方佐(纺织)、徐学升(电机)、陈冰孝(造船)、俞宗荫(银行)。另外,还配备了张华增、陆绥观等四位秘书和陈抗、丁子修等四位随员。这可以说是一个庞大的阵容。

做好充分的准备

这个代表团的另一个特点是，有四位新闻记者随行。首席是《人民日报》社一位富有经验的女记者汪溪。其他三位是新华社国内部记者任丰平、新华社兼中央人民广播电台记者吴学文和《人民中国》杂志兼《大公报》记者康大川。

由于这是一个大型代表团，而且到日本要进行贸易谈判，自然要考虑配备足够的翻译力量。日语翻译安排了五人，有久经"沙场"的王效贤，熟悉贸易业务的林连德和王兆元，中国国际广播电台的方宜，从事《人民中国》杂志翻译工作的安淑渠和我。此外，还派了一位对外贸易部的英语翻译庄慕兰，以备急需。

我们几个日语翻译集中起来学习的主要内容，一是对日政策，二是贸易用词。孙平化常常到我们这个组来，给我们讲形势和对日政策。记得有一次孙平化专门谈了中日关系"正常化"的问题。他说，我们现在一般不提"建立邦交"，而更多地提"关系正常化"，这是为什么呢？现在，中日两国在法律上还处于战争状态，两国关系是不正常的。只有建立邦交，缔结和约，结束战争状态，两国关系才算实现了正常化。在这个过程中，我们要不断地推动，而每前进一步，都是"关系正常化"的具体体现，直到最后两国恢复邦交。

在集中学习期间，我们花费时间最多的，还是在贸易用词上。林连德由于在对外贸易部专门从事对日贸易工作，他根据平时的积累，自编了一本油印的中日文对照的贸易用词表，发给大家，人手一册。这对我们帮助特别大。这本册子翻开一看，几乎都是陌生的词，什么开L/C、结汇、现货、期货、回头货、贴现、索赔、离岸价格（FOB）、到岸价格（CIF）、托马斯方式、反托马斯方式，等等。

所谓"托马斯方式"，是在战后的中日贸易中曾通用一时的易货办法。

原来，日本政府通商产业省只允许日商采取逐笔易货平衡方式，同中国进行非禁运物资的交易。一次，日中贸易促进会负责人铃木一雄在北京为一位日本贸易界人士——过去在三菱商事共过事，而在战后成立了东京贸易商会的松宫康夫联系了头一笔交易，即由日方先出口北海道的海带，然后在三四个月之后确定进口同等金额的中国豆饼。这个由日本"先出后进"的易货合同获得通产省的批准，这种方式被称为"托马斯方式"。"托马斯"即"TOMAS"，是东京贸易商会的电报挂号。后来，又采取"先进后出"的方式进行交易，即先定中国产品，然后在一到十个月之间确定日本产品，这种方式就被称为"反托马斯方式"或"反向托马斯方式"。我在学习这些贸易用词时，往往并不了解其所以然，而只是囫囵吞枣，死记硬背。这真是"现学现卖"，"临上轿，现裹脚"。

除了贸易方面的专用词外，还要背大量的商品名，其范围非常广泛，包括农水产品、矿物、纤维原料、五金、机器、工具等，背起来，也相当吃力。但最伤脑筋的是那些化工品和化工原料，例如红矾钾、黄血盐钠、二甲基苯胺、磺胺密啶、氯化钡，等等。由于太缺乏这一方面的知识，虽然在死记硬背上花费的时间不少，但效果不佳。

气节教育

代表团的全部人马三十九人先到了广州，住进爱群大厦。我心想，再过几天我们就要到日本，投入紧张的工作，不免有些激动。日本，对于我来说，是个既陌生又不完全陌生的国度。说陌生，是我从未访问过；说不完全陌生，是因为通过以往的工作和接触，对日本有些粗浅的了解。

到广州后，不料发生了一件事：代表团中有个成员打了退堂鼓，自动要求不去日本。为什么呢？因为我们去日本，在当时中日两国关系尚未正常化的情况下，只能经过香港，乘外国飞机，飞越浩瀚的太平洋。那时没有波音747，只有半喷气式飞机，因此从香港到东京，要飞行七个多小时。"不怕一万，就怕万一。"在太平洋上空飞行这么长的时间，谁也不敢保证不发生"万一"。再说，当时海峡两岸的关系，不像现在这样已得到某些缓和，而是一直处于非常紧张的状态。万一飞机发生事故，迫降到台湾，后果是可想而知的。我们大家常常开玩笑说，万一飞机发生了事故，掉在大海里，就喂老鳖；如果迫降到台湾，就视死如归，坚决斗争。大概那位仁兄想到这里，害怕了，便发生了动摇。

于是，在广州，团部对全团进行了一次气节教育。我们翻译组在一起开会，大家表决心。每一个人都表示不怕困难，不怕风险，不怕牺牲，去迎接新的任务。孙平化向大家说："万一飞机被迫降落在台湾，我们就要像电影中的英雄人物那样做到英勇不屈。那些英雄人物已经给我们做出了榜样。"他的话，对我们起了鼓舞作用。

现在出国，情况已大不相同。那时出国，思想工作做得很充分，也很细致。出发前，也会设想各种最坏的情况，认真做好应变准备。从这个意义上说，那时临行前似乎有"壮士一去兮，不复还"的那种"悲壮"气氛。

"民间往来，官方挂钩"——
签订第三次中日贸易协定

*
*

据说，代表团在组团过程中，得到了廖承志和王稼祥的具体指导。那时，中央有一条方针，就是"民间往来，官方挂钩"。因此，代表团成员的名片上也都有意印上官方和民间双重身份，而且把官方头衔摆在前面。

深圳—九龙—香港岛

那时去日本访问，需要从内地先到香港，在日本驻香港总领事馆办理手续。团部决定派先遣人员到香港。先遣人员有孙平化、吴学文和我等几个人。

一天凌晨，天蒙蒙亮时，我们在广州坐上了前往深圳的火车。这是我平生第一次经深圳去香港。从车窗向外望去，一片农田。时而看到农民驱使水牛在耕作，时而看到农村妇女身着黑布衣服，头戴用黑布镶着沿的斗笠，肩上挑着担子，在田间走来走去。火车每到一站，列车员就用普通话和广东话报站名。大约行驶四个小时，便到了深圳。那时的深圳，只有一个不大的火车站，四周全是农村。听说附近有一个小镇，但我从未去过。香港亚洲贸易公司的工作人员早已等候在车站上，把我们接到休息室。中午，就在那里用了餐。每个人碗中盛着在北方不常见的籼米做的米饭，吃起来香喷喷的。上来的几种炒菜，也很可口。就在我们用餐时，亚洲贸易公司的人员把进入香港的手续全部办好了，然后，带领我们过桥，到了香港一侧的罗湖。桥上虽然有几个港方的武装人员，但看来事前早已打好了招呼，我们通过得很顺利。据我观察，亚洲贸易公司人员常年在这里来来往往，彼此很熟，加上有通行证，所以像走平道似的，畅通无阻。

我们从罗湖乘火车去九龙。那时从九龙到香港岛，还没有隧道，需要坐摆渡过海。司机把车直接开到摆渡船上，连车带人一起摆到对岸。我们被安排住在新华社香港分社设在摩星岭的招待所。摩星岭，顾名思义在山顶上，汽车需盘山才能上去，但公路修得很好，不必减速。招待所的条件是高档的，站在阳台上环顾，四周是郁郁葱葱的灌木和色彩斑斓的花草，远处可以望见蓝色的大海。

我们在这里的主要工作是办理去日本的入境签证。新华社香港分社派了一位名叫阿潘的专人，陪同吴学文去日本驻香港总领事馆办签证。当时的领事，就是中日复交后出任日本驻华使馆第一任公使的林佑一。

代替签证的"渡航证明书"

办理手续，首先需要填写表格。表格中有一栏：国籍。我们要填写"中华人民共和国"，但日方坚决不同意。日本要求我们填写"中国"或根本不填写，我们也坚决不同意。当然，填写"中国"也未尝不可，但那时由于日本不承认中华人民共和国，所以就偏要较这个劲儿，逼日本当局同意我们填写"中华人民共和国"字样。至于在表格上不填写国籍栏的做法，我们更是不能同意。如果什么也不填写，就变成了无国籍。这怎能同意呢？我们据理一一驳斥了日方的无理要求。不消说，在这一过程中，我们通过电话不断地向住在广州爱群大厦的团领导请示。而日本总领事馆也不断请示东京的外务省。就这样，双方僵持了好几天，事态毫无进展。

我们分析了当时的形势：现在中国代表团已经由北京启程，到达了广州，先遣人员正在香港办理入境手续；另一方面在日本，广大工商界和各界人士要求日本政府尽早给中国代表团发入境签证。这就对日本政府形成了一种压力。要说着急，双方都着急，但日方比我们更着急一些。就在双方相持不下、互不让步时，有一天，日本驻香港总领事馆突然打来电话找吴学文。对方是林佑一领事，他要吴学文到总领馆来一趟。吴学文当即问他："那个问题，是否有了结果？"对方回答说："所以嘛！"双方再没有说什么，就把电话挂上了。我们立即对日方说的这个"所以嘛！"进行了分析，认为这表明日方已同意我们在国籍栏里填写"中华人民共和国"字样。那位日本领事说的"所以嘛！"是日本人说话时的一种习惯，即爱说半截话，以达到"心照不宣"的目的。"所以嘛！"的意思，说全了，就是"（那个问题已获解决）所以（我才请你来）嘛！"。

吴学文跟阿潘去了日本总领事馆，果然不出所料，日方明确表示同意按中方的要求办理手续。由于我们几个先遣人员第二天上午就要离开香港前往东京，所以约定第二天一大早在日本总领事馆大楼前把办好的手续交给中方。因为还不到上班时间，只能采取这一变通办法。到了第二天我们拿到办好的手续一看，日方发的不是签证，而是另外一张"渡航证明书"。可以说，日方真是煞费苦心：如果发签证，日本总领事馆就必须在中华人民共和国外交部发行的外交护照或公务护照上盖章。由于日本在形式上要表示出它没有承认中华人民共和国，所以就不发签证，而采取了这一办法。但是，不管怎么说，经过一番斗争，我方达到了预期的目的。

这一场斗争的情况也传到了日本，并得到日本主持正义力量的支持。日中友好协会3月24日曾发表声明说："在（中国贸易）代表团入境签证（原文如此）的国籍栏内，我国（指日本）政府填写'中华人民共和国'，是再没有比这更理所当然的事了。（日本政府）从一开头就没有采取这一措施，是令人惋惜的。中华人民共和国在世界上俨然地存在着，这是任何人都不能否认的。我国的贸易机构要会谈的对象是中华人民共和国的贸易代表团，要缔结贸易协定的对象是中华人民共和国的代表团。难道还有比这更明显的事吗？"日中友好协会机关报《日本与中国》在"南船北马"专栏中说，日本政府想用偷梁换柱的手法，把中国贸易代表团成员的国籍变为无国籍，但这一企图遭到了失败。然而，它仍坚持只允许中国代表团在东京、京都、大阪、神户和东海地区活动，这是不应有的限制。

尽管日本政府当时惧怕美国的压力，采取了一些限制措施，但是考虑到自身的利益，又希望改善同中国的关系，所以还是对中国贸易代表团的访日给予了应有的重视。其中一个表现，就是鸠山内阁的邮政大臣松田竹千代破例批准中国代表团可以使用密码电报。这在未建交的国家间，一般来说是不可能的。

代表团下榻"帝都饭店"

中国贸易代表团一行三十几人，是 3 月 29 日乘印度航空公司的飞机到达东京羽田机场的。我们几个先遣人员，乘加拿大太平洋航空公司的班机，比大队人马早到几天，做了一些准备工作。代表团下榻的饭店，叫"HOTEL TEITO"（帝都饭店），位于日本皇宫的护城河附近。饭店的档次不算最高，但设备齐全，而日方把整个饭店都包了下来，所以用起来还是很方便的。据说，这座建筑，战前由帝室林野局使用；战后，曾一度被麦克阿瑟的"盟军司令部"接收。民间贸易的禁令解除后，经过重新装修，它就成为外国商人来日本的住宿地。香港裕丰行的办事处也曾设在那里。到了 60 年代初期，"帝都饭店"被拆除，建成了一座崭新的大饭店——"PALACE HOTEL"（皇宫饭店），档次也大大提高了，当然，这是后话。

我住进"帝都饭店"后发现，这里用于开会的大厅、小厅，都冠以美丽的花草名,如"樱花之间""桐之间""菊之间"等。这座饭店的对面,是消防署,每到夜晚,就能看见闪亮的霓虹灯勾画出的"火之用心"(当心火灾)字样,提醒人们时刻注意防火。每天早晨,我们都到饭厅用早餐。开始几天吃的是西餐,但不知是哪位曾经在日本留过学的同志提出要吃"和食"——日本饭,于是,食堂里增加了"和式"早餐,我也跟着吃起"和食"来。这样一来,不仅每天早晨可以喝上味噌汁——黄酱汤,有时还能吃到过去从未吃过的纳豆——日本豆豉。

代表团抵日后,连续出席了几次日方安排的欢迎会。我们到达的翌日——3月30日晚,日本国会议员促进日中贸易联盟和日本国际贸易促进协会在东京大饭店,联合主办欢迎会;3月31日晚,促进日中贸易地方议员联盟全国协议会、东京都议会议员振兴贸易联盟以及东京都政府在东京目白的椿山庄联合举办欢迎会;4月1日晚,日中友好协会在王子饭店举行欢迎会;4月2日下午,日本国际贸易促进协会和促进贸易议员联盟在东京青年会馆联合主办欢迎会。在会上,日本国际贸易促进协会会长村田省藏致了开幕词,众议院副议长杉山元治郎、中小企业代表丰田雅孝、工会代表藤田藤太郎、妇女代表山川菊荣、文化界代表南原繁也分别讲了话。当天晚上,日本中小企业家举行欢迎会。会上,除了日本经济贸易界和各界知名人士外,出席的中小企业家达六百人之多。

正式的贸易谈判,应该说是从4月1日开始的。这一天下午,中日双方举行了第一次关于贸易协定的协商会议。中方出席者有雷任民团长和卢绪章、李烛尘两位副团长等共十四人。日方出席者有日方为这次谈判成立的联合委员会委员长村田省藏和副委员长池田正之辅等十三人。双方商定,每方推举出两名"运营委员",以便于整个谈判的运作。中方推出的是谢筱廼和孙平化。日方推出的是宇田耕一和山本熊一。双方还商定除了协商委员会外,作为辅助,另外成立四个小组(日方称"小委员会"),并确定了双方的组长人选。这四个小组和组长的人选是:综合委员会(卢绪章、池田正之辅)、输出人委员会(倪蔚庭、丰田雅孝)、结汇委员会(詹武、加纳久朗)和海运委员会(张致远、田岛正雄)。

　　每一个小组，日方都配备了翻译人员，其中有后来成为著名学者的竹内实，还有中西某。此外，日方还请了于恩洋、韩庆愈等几位华侨青年协助工作。我们的翻译人员也都配备到各个小组里。最初，我被分配在输出入委员会当翻译，但很快就换到结汇委员会。结汇，涉及金融问题，我一窍不通，只好硬着头皮翻译。当时在这个小组里，双方的主张分歧较大，主要表现在中方要求双方的国家银行，即中国人民银行和日本银行直接结汇。日方认为这样做有困难，因此，加纳久朗在发言时一再面露难色。但在结汇小组里，日方有一位社会党人士木村禧八郎，是日本著名的经济学家，他的观点与日本政府和加纳的不同，而更接近中国的主张。后来，日方提出了一份文字稿，表示在此范围内可以达成协议。会后，我把它译成中文，交给了银行家詹武。詹武在他的房间里，当场提笔修改。经他一改，原来的外行话，全都变成了专门术语，而且文字也简练了。我打心眼儿里佩服，深感自己还有很大的差距。

在"八芳园"与日本政要会见

　　在帝都饭店，我被分配与王兆元住在一个房间里。这个房间，实际上是中方代表团的"事务局"，日方送来的资料和纪念品以及其他杂物都堆放在这间房子里。平时，我除了到结汇委员会里做翻译外，还搞事务局的工作。因为事务工作很杂，常常要搞到深夜才能上床休息。有时，到了晚上，华侨饭馆派人送来锅贴等可口的食物，当作夜宵。身居海外的华侨对于祖国亲人的到来，由衷地高兴，他们总想为我们做一点什么，哪怕是很小的事。而我们见到远离祖国的爱国华侨，也感到格外亲切。到了深夜，我们可以吃上盒装的冒着热气的锅贴，心里很温暖。虽然爱国华侨送来的是几顿夜宵，但那里面包含着何等深厚的情谊！这些夜宵固然解决了我们的"肚子"问题，但更为重要的是在精神上给了我们很大的慰藉！

在中国代表团到达日本前，日本各界就纷纷要求以某种形式同代表团进行接触。因此，在贸易谈判之外，还安排了许多其他活动。

一个重要活动，是雷任民等代表团的几位领导在东京一家著名的日式饭馆"八芳园"，会见了通商产业大臣石桥湛山、经济企划厅长官高碕达之助和执政的自民党干事长岸信介等人。这次活动，是由久原房之助任会长的恢复日中、日苏邦交国民会议的事务局长马岛僴安排的。应该说，日方在会见的形式上颇费了一番脑筋：采取了由民间团体出面宴请，官方人士参加的方式。当时双方具体谈了些什么，我已不记得。印象中似乎没有谈什么实质性的问题。不过，有一点我记得很清楚，那就是石桥湛山说不要错过发展日中友好的这一"千载难逢"的好机会。

代表团在日本访问时，我就听说鸠山首相表示愿意会见中国派来的第一个贸易代表团。日方把会见的地点，安排在名胜游览地箱根。但此事没有实现。我当时听说主要的原因是我们希望地点能安排在东京。由于那时我们缺乏经验，认为在箱根会见，表明日方有意把这一活动的性质降低为非正式的。其实，在什么地方会见，可以完全不去管它。在首相的疗养地见面，也是合乎情理的。后来，有同志在回忆录中写道，与鸠山首相的会见未能实现，是"由于日方安排首相会见的时间是在中国代表团刚从关西到箱根，双方来不及调整日程，致使这次会见未能实现"。但我所听到的原因，有如上述。不过，此事确实是"一件美中不足的憾事"。

日方还为代表团安排了许多参观项目，如参观小型汽车展览会、中小企业出口产品展览会等。但由于受到美国的压力，一些原来准备请中国代表团前去参观的大工厂，纷纷取消了邀请。代表团还应邀出席了一些专业的座谈会。特别饶有兴趣的是，虽然我们是贸易代表团，但日本文化艺术界和新闻界人士强烈要求同代表团有关人士举行座谈。在这一方面，随团的中国记者显得特别活跃。在日方安排下，代表团除了东京外，还访问了大阪、京都、神户和名古屋。为了在东京继续准备贸易协定文本的工作，卢绪章副团长率九名团员——其中包括我本人先期从京都直接回到了东京。

力争日本政府提供保证

双方的谈判花费了很长时间，前后经历了一个多月。这次谈判是以1953 年的第二次贸易协议为基础的。但是，谈判中反映了双方都有一种愿望：如果继续签订民间贸易协定，而得不到政府的支持和保证的话，要想进一步扩大贸易是不可能的，因此都想把民间贸易协定尽快地过渡到政府协定，以使中日贸易能早日正常进行。

根据我的体会，中国方面当然是做了两手准备：最好能争取签订政府间贸易协定；如不可能，也要尽量使这次签订的协定能与日本政府挂钩。当时，日本方面有些人在这个问题上抱乐观态度，他们认为尽管中间会遇到一些困难和曲折，但最后总是可以缔结政府间协定的。然而，事情并不那么简单。

谈判中，有些问题比较容易达成协议，例如，以平等互利和同类物资相易的原则开展贸易；在协定有效期内每方输出和输入总额各为三千万英镑；相互在对方国家单独举办商品展览会，等等，就是属于这一类。但是，在另外几个问题上却遇到了困难。例如，双方通过两国国家银行结汇以及互设享受外交特权的贸易代表机构等问题，就直接涉及两国政府，甚至直接涉及外交上的相互承认，所以日方一直下不了决心。在美国不断施加压力的情况下，日本不敢也不可能越过美国同中国发展关系，因此，在"官方挂钩"这一点上就不可能有什么突破。

关于谈判中遇到的上述两个困难问题，经过磋商，双方同意在贸易协定中以如下的表述写进条文：

第五条　双方交易的支付和清算事宜，将由中国人民银行同日本银行签订支付协定，开立清算账户办理之。

在两国国家银行间未签订支付协定前，双方交易暂以英镑现金支付。

第十条 双方同意：相互在对方国家设置常驻商务代表机构；中国方面的常驻商务代表机构在东京设置，日本方面的商务代表机构在北京设置；双方的商务代表机构的人员享有外交官待遇的权利。双方并同意努力促其尽早实现。

第十一条 双方努力促请本国政府尽早就中日贸易问题举行两国政府间的谈判，并签订协定。

以上三条条文表明，中日之间第一次把两国国家银行进行结汇、互设享有外交特权的常驻商务代表机构以及由两国政府签订贸易协定的问题写进了中日民间贸易协定之中。应当说，这是一个重要的进展。但是，这一切还不是现实，仅仅是双方努力争取的目标。但这些目标能否成为现实，问题不在于中方，而完全取决于日本政府的态度。正因为如此，中国代表团要求日本政府提供保证。

鸠山首相说："可以，就那么办吧。"

据透露，日方代表团为了取得鸠山首相的支持，也动了一番脑筋。日方的谈判代表之一，也是日本国会议员促进日中贸易联盟代表理事的池田政之辅事前了解到鸠山首相的日程和行踪，于4月27日去往国会大厦内的总理大臣室门前等候鸠山首相的到来。他等候没有多久，幼时患过小儿麻痹症的鸠山首相坐着轮椅来到总理大臣室门前。池田抓住这个机会快步走向鸠山，大声说："总理，您对协定给予支持和协助吧？"鸠山回答说："可以，就那么办吧。"当时的情况就是这样匆匆忙忙。也许池田事前已跟鸠山通过气，所以二人的谈话就这么匆促，这么简单。如果事实果真如此，应该说是不够严肃的。但是，对于中方来说，只要日本政府能提供保证，就不必管日方内部是怎样谈的。日方根据鸠山的表态，与中方商量要采取某种形式来解决这个问题。中日双方谈定用村田省藏和池田政之辅二人的名义给雷任民团长写一封信，表明鸠山对第三次中日贸易协定已表示予以支持和协助，而中方则以雷任民团长的名义复信，表示收到了村田和池田二人的信。这两封信函，作为协定的组成部分——附件，在签订中日贸易协定时互相交换。

大的原则定下来以后，双方代表团举行了全体会议，确定于5月4日举行签字仪式。中方由团长、副团长、秘书长、副秘书长和团员共十四人签字。日方由日本国际贸易促进协会和日本国会议员促进日中贸易联盟组成的谈判代表共十三人签字。除了贸易协定和附件外，双方还谈定联合发表中华人民共和国访问日本贸易代表团和日本国际贸易促进协会、国会议员促进日中贸易联盟《关于贸易谈判公报》。《公报》中有一段关键的话："双方认为，此次所签订的贸易协定，在两国政府的支持和协助下，将会顺利地执行。双方还认为：要使中、日两国间的贸易关系能够正常地发展，必须由两国政府就中日贸易问题进行商谈，并签订协定。双方将为此努力促请本国政府尽早实现。"这样，就把皮球踢给了日本政府。

不消说，《公报》和协定以及作为协定附件的信函这三种文本，在全体会议上都过了一遍。因为实质性的问题早已解决，所以只是进行了文字上的推敲。记得，协定草案第九条关于双方互办商品展览会的地点写的是"中国北京和上海""日本东京和大阪"；第十条关于争取互设常驻商务代表机构的地点，写的也是"中国北京""日本东京"字样；第十三条，关于签字的地点，是"日本东京"。雷任民团长建议把"中国"和"日本"字样统统删去，因为北京和上海在中国，东京和大阪在日本，这是常识，不必一一注明。

这次双方要签署的协定，不言而喻是民间性质的。按理，可以不称为"协定"，而称为"协议"。但是，为了使这一文件跟政府挂得紧一些，硬是不称"协议"，而称为"协定"。然而，它毕竟还不是政府间的正式协定。这样，就产生了一个问题：如同上述，原来日方有些人曾乐观地估计有很大可能签订政府间协定，因此，日方事务当局根据日本代表团领导的指示，事前就把贸易协定的封面印好，而且烫金印上了"日本国与中华人民共和国贸易协定"字样。但是，到了最后时刻，双方确定仍是民间协定，就不能不重印封面。当时已临近签字时间，两位日方事务局人员好容易在深夜的东京，找到了一家小印刷厂，但不巧，铅字不齐，他们费了很大力气总算解决了这个问题。等到把全部文件印好，已经是签字当天的凌晨了。

签字仪式上悬挂两国国旗

5月4日，签字仪式在东京新落成的产经会馆举行。会场正面中央悬挂着中日两国国旗。大厅中央平时可举行圆桌会议的席位，今天撤去一半，形成了马蹄形，中国代表团在悬挂着五星红旗的那一侧落座，日本代表团坐在另一侧。仪式由日方的平野义太郎主持。签字后，村田省藏和雷任民讲话。他们在讲话中都对签订第三次中日贸易协定表示热烈祝贺，并且指出这一协定能否完满执行，关键在于日本政府的态度。雷任民团长说："事实证明，中国政府对中日贸易一贯采取积极负责的态度。贵国政府的鸠山内阁总理大臣对这次签订的中日贸易协定表示支持和协助，我认为这对顺利实现第三次贸易协定是有益的。我们希望早日看到采取有效的具体措施，并欢迎尽快得到实现。""我们根据协定的规定，有责任推动两国政府尽早就两国贸易问题进行政府间磋商，以便缔结政府间协定，使中日贸易正常化，并充分发挥其潜力。"

日方担任翻译的是竹内实，中方是我。起初我在团内主要做小组谈判的翻译，间或为副团长做过临时性的翻译。后来，有一次在东京，全团出席日本经济界举行的欢迎宴会，由孙平化向日本朋友介绍代表团成员，他突然把我叫起来做翻译。没想到，我一开口，场内便活跃起来。大概因为我对于在场的好多日本人来说是生面孔，再加上我声音洪亮，译出的日语也许比较规范，便引起了人们的兴趣。我记得，雷任民当时看到这一情景，不知发生了什么事，诧异地问身旁的另一位翻译同志。他弄清楚后，情况就开始发生了变化，从此我担任了主要翻译。

说起翻译，应该说，我们同日方的翻译人员合作得很好，在工作中从日方的翻译人员那里学习了很多东西。像竹内实就很有经验，他翻译得很活，也很流畅。有时，我有些难词未译好，日方的译员就主动好意地告诉我。像"千载难逢"一词，我就未译好，日本朋友事后告诉我一个相对应的译法，使我至今不忘。但是，日方代表团临时请来的译员中也有人曾在旧中国学过老北京话的。且不说这些人满口京腔，京味儿十足，更令人哭笑不得的是用词很陈旧。在新中国，人们早已习惯的用语和表达方法，他们不熟悉，所以就很难确切地传达意思。例如把"希望中日两国早日恢复邦交"说成"盼望着中日两国趁早恢复邦交"；把"希望大家在时间允许的范围内，尽情交谈"，说成"现在，还剩下一些时间，希望大家打开话匣子吧"。遇到这种情况，我们心中虽然觉得好笑，但在那样严肃的场合，也只好使劲忍着。

周总理关心代表团安全

代表团胜利地完成了任务，就要回国了。根据周总理的指示，代表团不乘坐外国航空公司的班机飞经香港回北京，而改乘苏联货船回国。不消说，苏联船是国内代为联系的。我记得，为了此事代表团随员陈抗曾多次到过苏联驻东京的代表处。当时，日苏尚未建交，苏联在日本尚未建立大使馆。

周总理之所以指示我们改乘苏联货船，是因为不久前前往印尼参加万隆会议的中国先遣人员遭到国民党特务分子的暗算：他们在香港乘坐的印度航空公司的"克什米尔"号飞机飞临太平洋上空时，定时炸弹爆炸，全体人员不幸遇难。我们代表团在日本访问的初期，万隆亚非会议还没有举行。赴万隆的先遣人员不幸殉难的消息,我是随卢绪章副团长由京都返回东京后从收音机里听到的。因为早就知道周总理要出席万隆会议,所以我们立刻想到了周总理的安全。日本的广播电台每隔一小时报一次新闻。我争取每次都收听。播音员报告新闻时,最后总是要加一句:"据悉,周总理似乎没有乘坐这架飞机。"直到确认周总理确实没有乘坐那一架飞机,我们才把心放下。

代表团在离开日本前,于5月6日,在我们下榻的帝都饭店"樱桃之间"举行了记者招待会。雷任民团长先向报界发表了谈话,他着重地谈了这次中国贸易代表团访日的总印象、收获以及对今后中日贸易发展前途的估计,并感谢日本各界,包括经济界、贸易界的友好接待和新闻界的大力支持。雷团长还宣布代表团将于今天从横滨乘坐苏联船"取道萨哈林(库页岛)回国"。"萨哈林"?这是团长的口误,应该是"海参崴"。但是,我事前不知道代表团的行程,因为代表团的行程在未公布以前,对团内的一般人员也是保密的。果然到了记者提问时,日本记者提出的第一个问题就是代表团为什么要取道"萨哈林"回国?前往"萨哈林"不知有何任务?这时,不知代表团中的哪一位,递了一张条子给团长。看来,团长也发现刚才说错了,于是他机智巧妙地做了更正:"我们要取道海参崴回国,而不是萨哈林。是翻译把地名译错了。"我想,在这种时候我们做翻译工作的应从大局出发,极力维护团领导的威信,特别是在国外,更应如此。于是,我在翻译时,便毫不犹豫地主动承担责任说:"刚才是我译错了,不是萨哈林,而是海参崴。"日本记者再也不提什么问题了。

我们告别了东京,也告别了前后住了将近四十天的帝都饭店。饭店的服务人员自发地到门外,列队欢送代表团。我们与他们朝夕相处,受到了他们无微不至的关照,充满着对他们的感激,他们对我们也依依不舍。在欢送的人群中,我看到了这家饭店的从业人员工会的旗子,还看到一块牌子,上面用中文写着:"感谢贵代表团下榻我们的饭店,我们衷心希望有机会再见。"在欢送人群高唱《东京—北京》的嘹亮歌声中,我们乘坐的汽车徐徐地离开饭店，前往横滨港。

我们乘坐的苏联船是货船，船名叫"多布罗路霍夫"号。当时，根本不可能有客轮在日本和苏联之间航行，更不可能有中国的船只。为了接待代表团，苏联船员们腾出了他们的房间。我们对他们的好意是很感谢的。

"多布罗路霍夫"号驶出横滨港后，大约过了一天多，要穿过津轻海峡，进入日本海。当我们乘坐的苏联船在津轻海峡行驶时，不知从哪里飞来一架美国军用飞机，在上空盘旋多时，进行挑衅。由于是低空飞行，可以清楚地看到驾驶员的身影。这也是东西方冷战的一个缩影吧。

代表团到达海参崴后，休息、参观数日，便乘火车取道绥芬河，到达哈尔滨。我们住进南岗一所招待所，进行总结。当我们回到北京时，已是初夏季节了。

毛主席纵论中日关系

*

*

"我们属于同一个人种"

1955 年 10 月 15 日，因毛主席要会见日本国会议员代表团，我突然接到外办的通知，要我去做翻译，我便来到了红墙内毛主席的住所——中南海。

"热烈地欢迎你们，我们都属于同一个人种。"毛主席操着浓重的湖南口音说。

我生平第一次坐在毛主席的对面，为他做翻译。毛主席的湖南话，我实在是听不太懂。我感到心在怦怦地跳。其实，"人种"一词，在日语中也应该直接译作"人种"，但我忽然想起"种族歧视"一词在日语中译作"人种差别"。我想把"人种"译作"种族"，但在慌忙中，却译成"民族"。由于过分紧张，一上来就把毛主席的话译错。

多亏了周总理。那天出席作陪的周总理听出了我的翻译错误，马上纠正说："不是'民族'，而是'人种'。"我更加紧张了。

廖承志看到这一情景，立即坐到毛主席身旁，微笑着说"我来，我来"，就自告奋勇地担任了这一场重要会见的翻译。我感到不好意思，但心情轻松得多了。

有色人种跟白色人种同等贵重

那是 1955 年 10 月 15 日下午 5 时，毛泽东主席在中南海接见以上林山荣吉为首的日本国会议员访华团的全体成员。我陪同代表团一走进会见厅，委实吃了一惊。那一天出席作陪的，除了周总理外，还有全国人民代表大会常务委员会委员长刘少奇，副委员长宋庆龄、李济深、沈钧儒、郭沫若、彭真、陈叔通以及国务院副总理陈毅等。

会见厅里安放着一张长桌，上面铺了一块白色台布，看上去，简朴、大方。中方领导人坐在外侧，日本客人在内侧落座。我被安排坐在上林山团长的旁边。

这个访华团是应中华人民共和国全国人民代表大会常务委员会刘少奇委员长和彭真秘书长的邀请，前来中国访问的。这一年的 9 月 15 日，少奇同志和彭真同志曾联名向日本众参两院发出邀请，请他们派团参加10 月 1 日的国庆六周年典礼。访华团在北京参加了国庆典礼后，还到一些地方进行了参观访问。

会见一开始，毛主席先向日本客人让香烟。团长说："谢谢，我不会吸。"毛主席风趣地说："不吸烟？好。你的道德比我高尚。"说罢，自己点了一支香烟。然后，讲了上述关于"人种"那一段话。

毛主席说："我们都属于有色人种。有色人种是被人家看不起的。最大的'缺点'就是有色。有些人喜欢有色金属而不喜欢有色人种。据我看，有色人种相当像有色金属。有色金属是贵重的金属，有色人种至少与白色人种同等贵重。有色人种同白色人种一样都是人……世界上所有的人，不管他是什么肤色，都是平等的。我们两个民族现在是平等了，是两个伟大的民族。你们这个民族是很好的民族。日本人，谁要想欺侮他们，我看是不容易的。你们现在有很多地方比我们高明，你们是工业化的国家，而我们现在还是农业国，我们正在努力。"

毛主席一开始讲的这一段话，显然是针对当时美国在日本仍设有军事基地、对中国进行军事封锁的事实而说的。毛主席的幽默、风趣，使场内的气氛一下子和缓了许多。

访华团的成员，包括了日本的各个主要政党，既有执政党的国会议员，也有在野党的国会议员。日本人把这个代表团称为"超党派的代表团"。上林山荣吉代表全团讲了话。他的讲话不长，但事前写好了稿子。上林山的讲话，是由我当场翻译的。他感谢毛泽东主席在百忙中抽出时间接见他们，并赞扬了新中国在短短6年中所取得的巨大成就。他还表示，两国议会的交往，必将对发展中日友好和增进两国人民的相互理解"有所裨益"。

我一面做翻译，一面注意毛主席的表情。我看到毛主席聚精会神地听取上林山团长所讲的每一句话。上林山团长的话音刚落，毛主席说："客人来看主人，是客人看得起主人，做主人的应该感谢客人。今天来的客人是我们的邻舍，左邻右舍，是很接近的一个邻舍。日本朋友到中国来，从你们日本家里到我们家里来看一看，我们应该感谢。以后我们要多来往。世界上没有只由一方面感谢另一方面的事情。如果只有一方面感谢另一方面的事情，那就不好了。相互有好处，相互有帮助，相互应该感谢。"

"我们顶过美国的肚子"

读完了名单，毛主席脸上露出满意的微笑，继续他的讲话：

"我们两国有个共同的问题，就是有一个国家压在我们的头上。你们以为中国是独立的国家，是不是？中国现在没有完全独立，和你们的情况一样，你们也不是完全独立的，这是共同点。现在我们的台湾还没有解放。美国的手很长，他抓住我们的台湾，也抓住日本、菲律宾、南朝鲜（韩国）。亚洲这样大的地方它都想抓。这件事情终究不能持久的。

这里是我们的地方，这里的事情应当由我们的人民来管。现在我们要求它放手，把手拿走。放手以后，我们再来拉手。它欺侮我们，不承认我们，说我们不算一个国家。我们承认它，它倒不承认我们，因此连累了你们，使得你们现在也很难承认我们。其实日本人民大多数是承认我们的，由于美国的手，使你们感到时间还没有到。这件事情，总有一天要得到解决的。日本、美国以及其他一些国家，都会承认我们的。我们也不着急，你们不承认我们，我们就不能吃饭睡觉了吗？我们还是可以吃饭睡觉的。你一百年不承认我们，一百零一年总要承认我们的。"

我全神贯注地听毛主席讲话，同时也认真地听廖承志的翻译。廖承志翻译的日语不仅流畅，而且很传神，该俏皮的地方俏皮，该严肃的地方严肃，使日本客人能感受到毛主席的讲话既有很深的哲理，又风趣、幽默。

毛主席接着说："我们头上的手是一定要顶走的。中国人民头上的手，日本人民头上的手，菲律宾、南朝鲜以及一切被压迫国家人民头上的手，总有一天要顶走的。所以这一点我们是谅解你们的，根本不责备你们没有与我们建立国交。过去你们承认蒋介石，我们外交部曾责备过你们。但我们对整个日本民族是谅解的，中国人民愿意你们的力量更加强大起来，把美国的手顶走。我们顶过美国的肚子。"

廖承志翻译到"顶"的地方，稍有些踌躇。毛主席忽然发现自己在讲话中用的"顶"这个字，可能不好翻译，便问坐在旁边的廖承志："'顶'字怎么翻译呀？不好翻吧？"说罢，自己笑了。廖承志微笑着说："可以翻。"

于是，毛主席继续说下去。"抗美援朝把美国顶了一下，它想跨过鸭绿江，我们把它顶回到三八线。这对日本有好处。我们在台湾问题上，总有一天也要把美国从台湾顶走的。这对我们有好处，对你们也有好处。祝你们每一个斗争能使你们的民族独立增加一分，每一个斗争能使你们的民族权利增加一分。这对你们有好处，对我们也有好处，所以我们也要感谢你们。能够独立自主，是自己应该做的事情。中日关系要赶快改进。过去我们一般中国人是不喜欢日本人的，现在我们很喜欢你们，看见日本人很高兴。是不是你们过去占了便宜而现在吃亏了？你们过去没有占便宜，现在也没有吃亏。你们民族为恢复民族独立的斗争，是一年一年、一天一天地发展的，这是可以看到的。你们独立了，还有很多国家要受到影响。"

毛主席说到这里，很自然地转换了一个话题："我们之间是没有什么紧张的，你们感觉怎么样？"

毛主席说："也许你们没有来中国的时候，觉得中国是共产党国家，而共产这个事情，有人说好，有人说坏，也许脑子里面有一些紧张。中国对你们是不是有礼貌？是不是欢迎你们？是不是对你们提出许多责难？我想，也许你们没有来的时候是这样猜的。现在你们可以看出来了，因为你们已经来了十多天了。还可以再看一个时期，中国人民是不是对你们友好，是不是对你们提出责难。我们对你们没有提出什么苛刻的条件，没有什么可紧张的。不要那么紧张，紧张了，不好过日子，还是缓和国际紧张局势好。再说，我们之间的社会制度虽然并不一致，但这个不一致并不妨害我们相互的尊重和友谊。过去的老账并不妨害我们，今天制度的不同也不妨害我们。过去的事情已经过去了，主要是将来的问题。"

毛主席说：我想去日本、美国看一看

在这次会见中，毛主席在谈到每个民族都有自己的长处，应当相互学习时，我第一次直接听到毛主席本人说他很想到日本，甚至到美国去看一看。毛主席说："世界各个民族都是向前发展的，都有它的长处，如果没有长处，它就要消灭了。在这一点上，我们都是有色民族，本来就是要互相尊重的。我们中国的缺点很多，一直到现在，还是经济落后、文化落后的国家。这点，你们比我们强，几十年内你们能够由农业国变为工业国，所以你们有很多东西是我们应该学习的。我们现在还是个农业国，正在努力把这落后状态加以改变，由落后的农业国变为工业国，由文化落后的国家变成有现代文化的国家。这个方面，作为朋友来说，你们是可以提出批评的。讲一讲你们的意见，指出我们有哪些缺点，这不是什么干涉内政。""在这上面提提意见，我们外交部长是不会有意见的，你们有什么意见尽可以讲。很抱歉的是，我比你们落后，你们比较了解中国的情况，我就不了解你们的情况，我是落后分子。哪一天有机会我还想学一学，还想到日本去看一看，把中国人民的友谊表示表示。地球转得很快，太阳刚出来一会儿就落啦。我也想到别的国家去看一看，甚至还想去美国看一看，把中国人民的友谊表示表示，但现在却没有希望实现。"

这一天，担任记录的是陈抗。只见他头也不抬，聚精会神地记笔记。毛主席又点燃了一支香烟，继续说下去。

"各国的事情要由各国自己管，这是个真理。美国的事情由美国自己管，我们不管它，但美国现在管得太多了。你们这个民族过去犯了个错误，但却因祸得福，卸掉了包袱，你们主动了。你们现在有资格来说美国人，也可以说法国人，也可以说荷兰人，也可以说比利时人，也可以说葡萄牙人，也可以说英国人，你们现在是处于很好的地位。你们参加了万隆会议，这不是偶然的。你们在万隆会议上的态度是好的，你们现在没有包袱了。我们中国过去也犯了个错误，过去的政府都是腐化的，清朝政府、北洋政府、蒋介石政府都是这样腐化的政府，因此影响中国到现在还是这样一个落后的农业国家。在这一点上，我们现在是比较注重的，因为我们感到过去这一点做错了。现在我们抬起头来了，也有资格说人了。我们工业的落后现在正在克服，过去农业生产很低，比你们低得多，现在也在开始转变。我们在目前还是有许多缺点的。牛皮是不好吹的，苍蝇还是不少。希望你们保持现在的主动地位，搞好你们的事情，发展前途是光明的。你们每一个胜利都对我们有帮助，都值得我们感谢。美国现在尽犯错误，它排斥日本民族，奴役日本人民，杀害我们的生命，这是一个问题。我们两个国家，需要相互帮助，你们帮助我们，我们帮助你们，完全没有界限的。互相之间也不捣乱，我们不捣乱你们的事情，你们也不要捣乱我们的事情。各办各的事情，在友好的关系底下办事，对你们有好处，对我们也有好处。"毛主席阐述的各国必须平等互利、互不干涉内政的道理，极富有说服力。

这一天，毛主席的兴致特别高。他还旁征博引，运用辩证法深入浅出地论述了应当如何对待核武器和世界大战以及世界和平的问题，真可以说是纵论天下，无所不谈。毛主席说："所谓天下大事，就是解放、独立、民主、和平友好、人民进步。天下大势，'分久必合，合久必分'。中国有本小说叫《三国演义》，一开头就是这两句话。这也是过去我们犯错误的一条，因为老是'分久必合，合久必分'，就搞不成什么事情了。"由于日本人对中国古典小说《三国演义》非常熟悉，所以当毛主席谈到这里时，表现了很大的兴趣。

"将来世界上的事情里面，和平友好是基本的"

客人们继续听毛主席谈下去："我们可以说一句，将来世界上的事情里面，和平友好是基本的，世界大战这个东西意思不大。说打仗我们就一定害怕，这也不见得。丢原子弹谁也害怕，日本人怕，中国人也怕，所以最好还是不打，尽一切力量争取不打。如果人家一定要打，有什么办法呢？如果他们要打，原子弹已经放在你头上，那么一炸，炸一个大窟窿，从中国炸进去，从美国炸出来。这个地球不大，据我知道地球直径只有25100多华里，就是12500多公里，打了窟窿有什么了不起呢？到那个时候，我看他们的事情就不好办了。你们没有殖民地，我们也没有殖民地。我们都不怕丧失什么东西，所以打世界大战只对他们不利。他们非常怕共产，第一次世界大战打出个苏联共产，第二次世界大战打出许多国家共产。从历史上看，共产是世界大战打出来的。打仗，人民的精神就紧张，紧张的结果，就另外想出路。人并不是一生下来，他母亲就嘱咐他搞共产，我的母亲也没有要我搞共产。共产是逼出来的，七逼八逼就逼上了梁山。另外，还有一些非共产的民族独立国家，如印度、印尼及亚非的一些国家，也是世界大战打出来的。这个道理，我同尼赫鲁总理讲过。我说，你们印度、印尼也是世界大战打出来的。我讲的这些话不是造谣，两次世界大战就得到这么些结果。你们不相信可以去调查，世界上确实有个苏联，确实有个中华人民共和国，还有独立的印度等等国家。所以，你们没有办法讲我是扯谎的。虽然我不是个历史学家，但历史却明明摆在那里。当然，世界大战还是不打好。"

毛主席紧接着说："他们也许会讲：你们拿共产吓唬我们，威胁我们，进行颠覆活动。我们并不威胁他们，我们只是不要打世界大战……"

毛主席的谈话，最后落到中日关系的未来上。毛主席说："第二次世界大战以后，把我们的关系改变了。刚才已经讲到，你们是处于很好的地位，处于理直气壮的地位。过去你们欠过人家的账，现在你们不再欠账了，而是有人欠你们的账。你们现在很有政治资本，我们也有政治资本，向美国讨账。它欠了我们的账，这一点，我想我是根本没有讲错的。你们现在是轻松愉快了，与第二次世界大战时不同了。理，抓在你们手里，是不是？对不对？对你们过去欠的账再要来讨，这是没有道理的。你们已经赔过不是了。不能天天赔不是，是不是？一个民族成天怄气是不好的，这一点，我们很可以谅解。我们是你们的朋友，你们对中国人民看得清楚，不是把你们当作敌人看待，而是当作朋友看待的。我很直爽地谈，我们应该想尽一切办法，让美国的手缩回去，它的手太长了，美国很不应该。你们日本人经过了多少年以后，这个问题就可以解决了。我们要互相帮助，互通有无，和平友好，文化交流，建立正常的外交关系……当然，这并不是能强制建立的。战犯问题提得早了一点，把正常的外交关系恢复了，就尽可能争取迅速地解决这个问题。这道理很简单，我们并不需要扣留这批战犯。扣留他们有什么好处呢？日本有人把政治问题说成是技术问题，说中日并没打仗，为什么是战争状态呢？但从法律上说，中日就是处于战争状态。你们把恢复中日关系放在第一条，这是很好的。根据人民的利益要求，应尽早建立正常的外交关系。文化交流，现在就可以做啦！日本歌舞伎剧团来了，它的演出很好，我去看了，很高兴，对促进两国人民的谅解有帮助，在艺术上对我们也有所帮助。我们可以相互地取长补短，相互帮助。好，今天就谈到这里吧。"

毛主席自始至终，谈笑风生。我没有想到毛主席的接见，时间这样长。光是他的谈话就长达一个半小时，再加上翻译，总共三个小时。但是毛主席丝毫没有倦意，仍然兴致很高。

日本客人不想再占用毛主席的时间了，他们道谢后，结束了这次气氛融洽的会见。

中南海紫光阁的日本客人

*

*

在毛主席会见后的第二天——1955 年 10 月 16 日晚，全国人民代表大会常务委员会刘少奇委员长在中南海紫光阁举行盛大宴会，欢送代表团一行。因为代表团翌日清晨将离开北京回国。

调来北京工作后，在我印象中，少奇同志较少会见一般来访的日本朋友。也许是由于分工的原因，少奇同志会见的日本人士较多的是日共领导；后来在担任全国人大委员长期间，他有时也会见日本国会的朋友。我本人通过做翻译工作，与少奇同志接触，共有两次。一次是在为日共总书记德田球一举行的追悼大会上，另一次就是接待日本国会议员团时。

团长为什么要第二次祝酒？

我接到外办通知，来到紫光阁。宴会，就安排在这里。

这一天，主办方没有准备休息室。主人来到后，利用等待客人的时间，三三五五聚在一起闲谈。那天晚上我主陪少奇同志，就站在他近旁，以便日本客人到达时能马上投入工作。彭真走过来，跟少奇同志打招呼。也许彭真通过接待这批日本国会议员，想起了当年抗日战争时的一幕幕情景，他不无感慨地对少奇同志说："当年，日本人可是神气得很，他们自以为了不起，趾高气扬，瞧不起中国人。"彭真边说边做了一个动作，模仿当年日本人居高临下，蔑视一切的神态，接着说："但是，现在情况变了。这一次来的代表团，跟我们谈得很好。这表明，中国已经不是过去的中国了。"

客人到后，便直接入席。主桌的后面，立着一扇漆雕的屏风。屏风前，摆放着一盆常青树，生机盎然。

少奇同志这一天穿了一身深色的中山装，显得很庄重。他作为东道主，首先站起来致词。

"我代表中华人民共和国全国人民代表大会常务委员会，对于各位应邀来参加我国六周年的国庆典礼，并且在观礼以后前往我国各地进行了友好的访问一事，表示诚挚的感谢和热烈的欢迎。现在，在各位朋友即将离开我国返回日本的时候，我趁这个送别的机会，说几句话。"

宴会厅里，事前就准备了两个话筒，少奇同志站在内侧讲话，我站在外侧进行翻译。

少奇同志继续说："日本国会接受我全国人民代表大会常务委员会的邀请，派遣代表团前来我国，这还是第一次。我认为这是具有建设性的意义的，它将给今后中日两国议会代表团的互相访问，树立良好的开端。"

少奇同志接着谈了中日两国关系从战前到战后发生的根本性变化，指出在两国都受美国侵略、处境相似的情况下，两国人民应当相互同情，相互支持。他说："中日两国是近邻，有着长久的和平相处和相互友好的历史。虽然最近若干年以来的中日关系是不愉快的，但是这已经是过去了的事情。正如毛泽东主席所说的一样，自从第二次世界大战结束以后，国际情况已经有了很大的变化，中日两国所处的地位也已经有了根本的变化。现在美国侵占了我国领土台湾，而日本至今也还没有完全摆脱美国的占领状态，我们中日两国同样是被人侵略的。在这种意义上说，我们的处境在这一点上是有某些相似的。因此，我们中国人民对于日本的感情也就发生了变化。中国人民对于日本人民为完全摆脱外国的占领状态和祖国的完全独立所做的努力，是衷心地同情的。"

针对日本政府当时的对华态度，少奇同志强调中国政府愿意早日实现中日关系正常化，并作为双方的共识，应当努力促进尽早实现两国政府的外交谈判。他说："我们是盼望着我们的近邻日本，能够早日成为一个独立、和平、富强、繁荣的日本。我们相信具有民族自尊心历来作为一个伟大的独立国家而存在的日本，是一定能够完全摆脱在第二次世界大战以后所处的那种困难的地位的。我们愿意同我们的邻国日本早日建立正常关系，我们愿意在这样的基础上，实行互相尊重领土主权、互不侵犯、互不干涉内政、平等互利、和平共处的五项原则，以巩固和发展我们相互间的友好关系。这将使远东和平获得保证，使世界和平也获得巩固。"

少奇同志说："我很高兴各位朋友有一种同我们一致的看法。这就是为着我们两国邦交的恢复，应该努力促进中日两国政府间的外交谈判早日实现。现在中日两国间有很多问题未能获得解决，原因就是中日两国间的正常关系未能建立。只要中日两国间正常关系问题能够解决，其他许多问题，都会逐步地获得解决。"

"不过这并不是说，在中日关系正常化这一问题尚未获得解决以前，中日间的其他问题就都搁置下来。不是的，我的意思绝不是这样。相反地，我们应当使中日两国间的各种来往，不论是议会代表团的，还是人民团体的、贸易的、文化艺术的各种来往活动，都继续地更多地进行，以便经过这些来往，增进两国人民的相互了解，促进中日两国关系正常化的早日实现。"少奇同志的这一段话，把中日两国政府应争取实现的大目标——促进中日关系早日正常化，与这一目标在实现之前应大力开展民间往来这两者之间的辩证关系，讲得一清二楚。

少奇同志说："我知道诸位都是热心于中日友好的，都是愿意早日看到中日两国恢复正常关系的。只要我们有决心，有这一真诚的愿望，我相信一定可以克服任何障碍和困难，使我们的共同目的能够早日实现，因为这是中日两国人民的共同愿望。"

在结束讲话时他举杯提议："为祝贺诸位归途一路顺利，祝贺各位身体健康，祝贺中日两国人民的友谊日益增进，祝贺中日两国真诚关系早日建立，干杯！"

上林山荣吉团长站起来，走到话筒前致答词。我发现他没有讲话稿，是临场即兴发挥。他说：

"刚才刘少奇先生对我们致了充满友谊的欢送词，我们非常感激。我对他的恳切谈话表示感谢。"

"今天承蒙刘少奇委员长在党政事务的百忙中，设宴招待访问贵国的日本国会议员团，我们很高兴地出席了这个宴会。"

"议员团的成员于昨天会晤毛主席、周总理、刘少奇委员长等，从各位先生的谈话中听取了非常有益的，也可以说是有历史意义的意见，我们对此感激尤深，今天晚上继续出席这个盛大的宴会，我们找不到什么语言来表达我们的感激心情。我们这次在中国停留将近一个月，学习了许多东西，并进一步扩大了我们的眼界。我们就要回国了。"

听得出团长讲话的声音里充满着感情。他说："我们参观了贵国各方面的情况，并同贵国政府的许多负责人晤谈，昨天晚上我们谈到了贵国的十种优点，今天晚上不再重复了。"说到这里，他加重语气说："我们只有一句话要说，这就是我们爱中国，我们不愿离开中国，我们由衷地感谢你们。"最后，他说："我请大家为日中友好、日中贸易的扩大、日中邦交正常化和世界和平干杯！"

我感到，中国方面对这批日本国会议员代表团的来访，是极为重视的。这一点，也反映在那天晚上中方出席者的阵容上。全国人大常务委员会副委员长出席的有：宋庆龄、李济深、沈钧儒、郭沫若、彭真、陈叔通、赛福鼎，几乎可以说是全员出席。在宴会上，我看到出席的委员多达三十多位。此外，还有中国人民外交学会会长张奚若、中国红十字会会长李德全、中国国际贸易促进委员会副主席雷任民。

宴会始终洋溢着热烈友好的气氛。也许，上林山团长受到这一气氛的感染，情绪高昂，难以自控。祝完酒，坐下后，好像他突然发现，刚才祝酒时忘记祝中国领导人身体健康，这样在外交上有失礼貌。于是，便向坐在身旁的少奇同志表示，他想再讲几句话。少奇同志表示欢迎。

上林山团长站起来，举杯说："方才我已经说过，我们这次受到中国政府负责人和全体中国人民的衷心欢迎，因此，在我们将要离开中国的时候，不禁感到十分惜别，不愿离去。我们只有由衷地表示感谢。最后请为毛泽东主席、刘少奇委员长、周恩来总理的健康，为全中国人民的巨大的繁荣干杯！"

说罢，他满脸笑容，好像对这一补救很满意的样子。对于上林山团长的第二次祝酒，很多人可能认为是他热情使然，但我认为真正的原因很可能是对他第一次即兴讲话的疏漏做了一次重要的补救。

日本有些代表团访华，最后总是要求能有一个成果。作为代表团访华的成果，双方商定以中华人民共和国全国人民代表大会常务委员会秘书长彭真和日本国会议员访华团团长上林山荣吉的名义发表《联合公报》。

我参与了文本的翻译工作，并到外文印刷厂进行校对等工作，直到付印。

"以民促官"

我正在印刷厂校对文本时，突然接到电话，要我去做《联合公报》签字仪式的口译工作。我原以为只负责文本的文字翻译、校对和印刷即可，所以只穿了一身作业服。穿这一身便服，是不能登"大雅之堂"的。怎么办？回宿舍去换，已经来不及了。

真是"天无绝人之路"，幸好外交学会的黄世明也在外文印刷厂搞校对，他知道我急需换一套好衣服，便毫不犹豫地把自己身上的中山装脱下，要我换上。这样，参加外事工作的"仪表"问题算是解决了。我心里想："真乃'天助我也！'"

我心中充满着对黄世明的感激之情，带着印好的中日文文本，赶到中南海紫光阁时，已是 10 月 17 日下午 7 时，距离签字的时间，只有半个小时了。

7时半，在紫光阁举行了签字仪式。刘少奇委员长和几位副委员长、委员以及副秘书长参加了仪式。

彭真和上林山荣吉分别在《联合公报》上签字，并交换了文本。

这次的《联合公报》，是以毛主席会见代表团时所谈的内容为基础，经过双方交换意见而拟定的。双方取得的共识，共有七项：

一、中日两国应该为实现邦交的正常化积极努力。

二、在贸易关系上，由于巴黎统筹委员会的规定，日本对中国的禁运物品越来越多，这种情况必须予以变更，并且必须以迅速废除它为目标而努力。

三、把在中日两国首都举行的商品展览会作为常设的机构，以处理有关双方贸易的联络事务，两国应对双方所派遣的人员互相予以应有的保护等。

四、两国间的文化交流，对于促进中日两国和平友好是有帮助的，今后两国应该努力使它更加增进。

五、中日两国应该积极地照顾双方侨民，使他们能够自由地来往本国。

六、中日间过去曾互相送还过死亡者的遗骨，今后双方应该继续把双方死亡者的遗骨尽速送还其本国。

七、中国方面表示，处理战犯是属于中国主权的事，并且将于最近期间把处理战犯的结果公布。

我认为，《联合公报》的七点，体现了共同推动日本政府早日实现中日关系正常化的精神，还集中地体现了"以民促官"的精神。第二点提出在贸易上必须迅速废除巴黎统筹委员会的规定，实际上，就是为了打破美国对中国的禁运封锁，使中日贸易能取得更大的发展。这一点，连同第三点的把商品展览会作为常设机构来处理有关双方贸易的联络事务等，我认为就是这一年春天中国贸易代表团访日时所做的种种努力的延续。我还注意到，在处理日本战犯的问题上，我们强调了中国的主权，这是非常必要的。因为日方通过各种途径多次向中方提出释放战犯的要求，所以，我们必须表明我们不是根据日方的要求，而是根据国家主权自主处理这个问题的。

日方在机场突然宣读《联合公报》

翌日——10 月 18 日清晨，我陪同代表团来到北京西郊机场。廖承志亲自到机场送行。在代表团登机前，上林山团长突然拿出《联合公报》的日文本，宣读起来。这是事前未经商量的。看到这一情景，廖承志灵机一动，示意要我宣读中文本。庆幸那一天我身上带着《联合公报》的中日文本各一份。怎么那么巧啊！如果未带，肯定就要"抓瞎"了。

我想，日方在机场上的这一突如其来的举动，表明大概就是想用这种形式公布《联合公报》吧。

通过这次接待工作，我获得了许多感受。总的看法是，全国人大借国庆六周年的机会，主动邀请日本国会议员代表团访华，做了大量工作，从而进一步推动了中日两国关系的发展。《人民日报》发表的社论，对此做了高度的评价。社论说："中日两国关系上的这个发展是两国人民几年来共同努力的结果。它对于促进中日关系的正常化、加强我们两国人民的友谊，有重大意义。应该说，《联合公报》的发表，对于巩固远东和平也是有重要贡献的。中国人民热忱欢迎两国关系的这种发展。"

当时，日本处于美国的控制下，日本的执政者一味追随美国，采取敌视新中国的政策。中国从亚洲的和平与安全考虑，希望能推动日本早一天摆脱美国的控制，并实现中日关系正常化。这是完全符合中日两国人民的共同利益，也是符合亚洲各国人民的利益的。依我看，中国方面对这次日本国会议员团的来访，寄予了一定的希望。上述《人民日报》

社论就说道：代表团"在他们短短的访问期间，看到了中国人民要求和平、要求改善两国关系的真诚努力。在欢送他们回国的时候，我们希望为了两国人民的利益，为了和平，他们将在日本人民的支持下，有力地推动日本政府，从而为中日关系正常化建立一个新的起点。"

谁是我们的敌人，谁是我们的朋友

*

*

1961 年 10 月 7 日。

北京，秋高气爽，阳光明丽。上午 11 时许，一长列小轿车鱼贯穿过新华门，驶进中南海，在勤政殿前停下。

从车里走下来的，是参加我国国庆活动后留在北京访问的日中友好协会会长黑田寿男和由他率领的日中友好协会访华团成员，还有以日本专修大学教授三岛一为首的日本民间教育代表团的朋友们和正在中国磋商《毛泽东选集》第四卷译文的安斋库治、浅川谦次以及常驻北京的、被称为"民间大使"的西园寺公一。

毛主席今天要在勤政殿会见日本朋友。

身材魁梧的毛主席这一天身着深灰色中山装，站在门口迎接日本客人，廖承志依次向毛主席介绍来访者。毛主席把目光投向每一位日本朋友，用他那只大而柔软的手与客人握手，询问他们的名字和职业，有时还问是否第一次来中国？毛主席与来华翻译《毛泽东选集》的安斋库治握过手后，与浅川谦次握手。这时廖承志向主席介绍说，他也是为了翻译《毛泽东选集》从日本来的。毛主席认真而仔细地听着介绍，并一直注视着浅川。毛主席听完介绍后，两次用力握了浅川的手。教育代表团中有一位客人告诉毛主席自己是搞儿童文学的，毛主席听了，风趣地说："那你是安徒生的朋友喽！"那位日本客人异常兴奋，说："今天见到毛主席，这是我人生戏剧的最高潮。"

朋友有真有假

　　勤政殿的客厅很大，正面挂着一面巨大的五星红旗，宾主站在旗下合影留念。大厅里，地上铺的是红地毯，上面规则地摆着一些藤椅和藤茶几。毛主席随手拿起茶几上罐装的熊猫牌香烟向二十四位日本客人每一位都让了一支。客人当中有人不吸烟，但这是毛主席的盛情，难得啊，便把毛主席亲手递来的香烟珍藏在上衣口袋里。当毛主席把香烟让给他所熟悉的西园寺公一时，西园寺抱歉地做了一个手势，说："我不会抽。"毛主席用幽默的口吻说："噢，你很讲卫生！"大厅内，气氛十分和谐、融洽。

　　"欢迎你们，热烈地欢迎你们。"毛主席操着湖南话向客人表示欢迎，并示意请大家坐下。但毛主席自己却没有落座，他继续站着讲话：

　　　　你们是真正的朋友。日本除了亲美的垄断资本和军国主义军阀，广大的日本人民都是我们真正的朋友。你们也会感到，中国人民是你们的真正朋友。朋友有真朋友，有假朋友。通过实践，可以辨别谁是真朋友，谁是假朋友。

　　我边翻译边想，这番话显然是针对当时的国际关系和日本情况而说的，而且坚持了一贯的阶级分析方法。我顿时想起《毛泽东选集》第一卷首篇那著名的第一句话："谁是我们的敌人？谁是我们的朋友？这个问题是革命的首要问题。"

　　毛主席接着说："有些人不理解，中日两国人民为什么这样亲密？中国和日本过去不是打过仗吗？他们不懂得人民同垄断资本和军阀是要区别的。"即使对日本的"垄断资本"，毛主席也要加以区别，把他们区别为"亲美的"，还是"不亲美的"。总之，是团结绝大多数，最大限度地孤立一小撮。

"物以类聚，人以群分"

20 世纪 60 年代初期，围绕中日两国的国际形势是相当严峻的。人所共知，美国一直推行着称霸世界的战略。由于那时国际上敌视中国势力的无理阻挠，中国在联合国的合法席位一直没有得到恢复。不仅如此，在国际上，敌视中国的势力阴谋制造"两个中国"或"一中一台"。1957 年在北京发表了"美帝国主义是日中两国人民的共同敌人"的著名演说的日本社会党委员长浅沼稻次郎，1960 年 10 月在东京被日本右翼分子刺杀身亡。1961 年黑田寿男率团来华访问时，恰逢浅沼被刺一周年。这一年，日本政局也发生了变化，在日本人民反对日美安保条约斗争的浪潮中，岸信介内阁垮台，由池田勇人出任首相，组织了新内阁。由于战后几任的日本保守党的执政者追随美国的政策，致使中日两国关系始终未能实现正常化。面对这一内外形势，在日本列岛，北自北海道，南至冲绳，要求中日友好，要求早日实现中日邦交正常化，要求恢复中国在联合国合法席位的国民运动此起彼伏。日中友好协会还在日本全国举行了"日中友好月"活动。

毛主席针对当时的国际形势和中日关系，强调中日两国人民必须团结起来，全世界人民必须团结起来，并指出国际上的反华势力结成伙伴，他们不希望看到人民的团结。

毛主席说："现在，我们两国人民都受帝国主义的压迫。不仅你们受压迫，我们也受压迫。这就是美帝国主义的压迫。我们在国际舞台上还没有发言权。日本已经加入了联合国，我们还没有加入。

"你们国家的领土，被美国占领着。那就是冲绳。不是吗？"

毛主席看到日本客人都点头表示同意，便接着说：

"或者说是半占领。日本有美国的军事基地。我们国家的领土台湾也被美国占领着。由于这样一种共同的遭遇，使中日两国人民团结起来。

是不是这样？是谁把我们团结起来？难道不是美帝国主义吗？"

日本朋友异口同声地回答："是的。"

"正因为这样，你们来北京，我们很高兴。只要是你们来，不管是谁，我们国家都欢迎。但是，你们那里，情况就不一样了。那个责任不在你们，而在美帝国主义，在它的朋友——日本的垄断资本。除了他们以外，日本人民都是我们的朋友。但在中国，也有一部分人反对你们，那就是蒋介石集团。在贵国，就是岸信介·池田集团。他们是好伙伴。中国有一句古话'物以类聚，人以群分'……"

由于毛主席的湖南口音太重，再加上给毛主席做翻译总不免有些紧张，我没有听懂这句成语。幸亏廖承志帮了我一把，他看到我的窘态，立即用道地的日语把这句成语译了出来。这句成语，日语的意思是"同类呼友"。听了这句成语，日本朋友立刻领会了毛主席的意思。

"很明显，"毛主席继续他的谈话，"岸信介、池田和蒋介石是好朋友。我们跟你们是好朋友。我们要扩大这个团结的范围。"

说到这里，毛主席把双臂张开说："我们要同东南亚，同整个亚洲、整个非洲、整个拉丁美洲除了帝国主义者走狗以外的所有的人携起手，团结起来。我们也向他们积极地做工作。向一切有机会做工作的国家做工作。我们要向亚非拉所有国家的人民做工作。我希望你们也这样做。"

客人们赞同地深深点了点头。

毛主席加强语气说："总之，就是要团结全世界除了帝国主义和各国反动派以外的所有的人，其中也包括团结西方国家的除了帝国主义者及其走狗以外的人。要向人民宣传，要多做工作。并不是说二十五亿人的觉悟都很高。人民的觉悟是逐步提高的。"

斗争有高潮，也有低潮

说到这里，毛主席环视了一下在座的客人，着重地谈了日本人民的斗争和前途。"贵国人民的觉悟也有一个过程。去年有过一次很大的高潮，反对美帝国主义、反对垄断资本的一个大的高潮。到了今年，出现了一些低落。这是可以理解的，用不着悲观。斗争是波浪式地发展的。你们看，高潮，低潮，再一个高潮，低潮……"

毛主席边说边做了一个波浪状的手势，继续说："就是这样，波浪式地前进。现在看起来是处于低潮，但这表明你们正在酝酿掀起一个新的高潮。斗争的道路是曲折的，但日本人民的前途是光明的。"

这时，毛主席把话锋一转，向客人介绍了中国革命的经验。他说，"中国革命的道路也是一条曲折的道路。经过无数次的曲折，高潮，低潮，再一个高潮，再一个低潮；胜利，失败，再胜利，再失败。但是，最后的胜利一定属于人民。

"我本人原来是个小学教员。那个时候，我不知道世界上有共产党，也没有准备参加共产党。但是当时人民受压迫，在当时的环境逼迫下，诞生了共产党。起初，党员只有几十个人。1921年党的第一次代表大会时，只有十二个代表。当时人们瞧不起共产党，说'什么共产党啊，尽吹牛皮，成不了气候'。这十二名代表，有两个人后来当了汉奸，陈公博和周佛海。周佛海是日本留学生。另外，还有一个托派，刘静仁，此人在北京。他到欧洲见过托洛茨基。还有一个张国焘，他是叛徒，现在在香港。有几位牺牲了。剩下的，一位是董必武副主席，另一个就是我。

"1921年当时，党员人数很少。关键是能不能团结群众。关键是党有没有一条正确的政治路线。如果你们要研究中国革命的经验，我劝你们研究失败的经验。当然，成功的经验也需要研究。这样，就可以进行比较……在座的有历史学家、教育学家、文学家和中国历史的研究者，研究中国历史就是要研究这一曲折的过程。"

毛主席讲完了这一大段话后，环视了日本客人说："你们有什么问题，请提出。只由我一个人讲，不民主。"说罢，毛主席在藤椅上坐下，点了一支香烟。

"是满洲，不是美洲"

黑田寿男团长站起来，他要代表日方致词。毛主席看他站起来，忙说："请坐下讲。"黑田寿男说："毛主席是站着讲的，所以，我也要站着讲。"毛主席脸上露出会意的微笑，点了点头，没有再坚持。

黑田寿男首先对毛主席的接见和讲话表示衷心的感谢，然后讲了一席长篇的话，他说：

"我们大家衷心祝贺中华人民共和国建国十二周年国庆节。刚才，我们聆听了毛主席关于国际形势和中国革命的讲话。现在，全世界人民为了争取和平与独立，正在同以美帝国主义为首的战争势力进行着斗争。作为这一斗争的一个组成部分，日本面临着怎样的情况，我想谈一谈这个问题。

"诚如您所知，去年岸信介政府企图加强《日美安保条约》时，日本人民奋起展开了规模宏大的斗争。反对《日美安保条约》的斗争，坚持不懈地一直持续到了今天。现在跟当时比较，斗争的潮头似乎低了很多，但是它酝酿着随时都会掀起新高潮的势头。进入今年以后，反对《日美安保条约》的斗争同反对《防止政治性暴力行为法》的斗争和维护生活与权利的斗争汇合起来了。例如本月5日，日本全国动员了一百五十万人民掀起了第五次全国统一行动，在东京，有一万多名工人和群众举行了集会和示威游行。这一运动肯定还会高涨起来。现在，条件正日趋成熟。

"作为我们日本人来说，现在正面临着美国在远东一手挑起新战争的危险。这里，我想特别讲一讲日本的处境。自从举行了肯尼迪·池田会谈之后，池田政府在美帝国主义指示下，强制推行加强防卫力量的政策，日本走的道路比去年日本人民反对《日美安保条约》当时更加危险了。再说，日本已成为美帝国主义的军事基地，因此，随时都会被直接卷入战争。现在的情况是，《日美安保条约》的危险性，比去年日本人民反对它的时候更增大了。因为日本人民很了解这一点，所以，日益加强了必须反对这个条约的决心。"

在黑田讲话的过程中，毛主席多次点头说："对，对。"当黑田说到美日加紧准备战争、远东地区出现危险局势时，毛主席插话说，"这就是说，他们向西推进，向朝鲜、（中国）台湾、向 manzhou……"

由于毛主席的湖南口音太浓重，我没有听懂 manzhou 是什么意思，听起来好像是 meizhou（美洲）。在那一刹那间，我曾想过是否是"美洲"？但从前后的意思来判断，我否定了这个想法，因此不敢轻易开口翻译。就在我犹豫不定的时候，在场的廖承志用日文提醒我是"美洲"（America）。看来，廖承志也把"manzhou"听成了"meizhou"。

毛主席听到"America"后，马上纠正说，"不是 America，而是 manzhou。"这时我才弄懂是"满洲"。于是我译作"中国的东北"。其实，"满洲"一词本身并无贬义，在 19 世纪二三十年代，我们党在东北的组织也曾用过"满洲委员会"的称呼，只是后来由于日本在我国东北地区建立了伪"满洲国"，所以一听到"满洲"一词便觉得很不习惯。而且在当时的情况下，想不到毛主席会用"满洲"一词。这是我这次为毛主席做翻译当中遇到的又一个困难。

听了毛主席的分析，黑田团长说："是的，是这样。"他接着讲了他未讲完的话："面对着这样的形势，作为日本人，必须反对日本垄断资本复活军国主义，而且还必须同在它的背后施加压力的美帝国主义进行更加强有力的斗争。

"贵国也正在为解放台湾而进行着斗争。在联合国，美帝国主义正在阻挠中华人民共和国恢复它的正当席位。

"我们日中两国人民过去作为朋友共同进行了斗争，今后我们愿意加强友谊和提携，继续共同进行斗争。这就是热盼日中友好和日中恢复邦交的日本人民的衷心愿望。以上是我代表日方所作的简短致词。"

毛主席深深地点了一下头，说一声"好"，表示赞同和欣赏他的话。

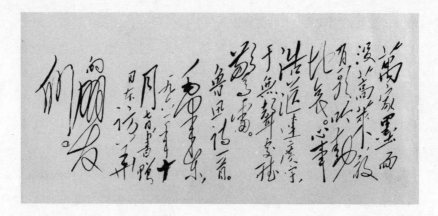

◇ 毛主席书赠日本友人的鲁迅诗

然后，毛主席站了起来，走向黑田寿男，与他紧紧地握了手。大家以为会见到此全部结束。

毛主席赠送亲笔挥毫的鲁迅诗

但谁也没有想到，就在这时，毛主席把手伸进了自己的上衣口袋，掏出了已经折叠好的宣纸，并亲自把它展开。只见那上面是毛主席的亲笔挥毫：

> 万家墨面没蒿莱，
> 敢有歌吟动地哀。
> 心事浩茫连广宇，
> 于无声处听惊雷。

鲁迅诗一首。毛泽东，
一九六一年十月七日，书赠日本访华的朋友们。

◇ 黑田团长接过毛主席的手迹

毛主席的字，坚定、有力、洒脱、自如。看来，是在前来会见这批日本客人前才写的。"十月七日"的"十"字，原来写的是"九"。看得出，毛主席在那上面又重笔写了一个"十"字。

毛主席指着这首诗说："在中国还处在黑暗的时代，中国伟大的革命战士、文学战线的领导人鲁迅先生写了这首诗。诗的意思是在黑暗统治下，人们看到了光明。你们这次到中国来，我们感谢你们，全体中国人民感谢你们。我没有什么送给你们，就写了这首鲁迅先生的诗，把它送给你们。诗共有四句，你们请赵安博先生翻译一下。不，诗不好翻译，就请郭沫若先生翻译吧。"

在毛主席讲这一番话时，日本客人都围了过来，目不转睛地看毛主席挥毫的鲁迅诗。黑田团长代表大家从毛主席手里接过了这份珍贵的礼物，并表示衷心的感谢。

最后，毛主席说，请向日本人民问好。说罢，毛主席把客人一直送到勤政殿的大门外，并同每一位日本客人握别。

毛主席沐浴着秋日柔和的阳光，缓缓地举起右手，为客人送行，他一直站在那里，直到所有的车辆走远为止。

"万家墨面没蒿莱"那首诗，原来是鲁迅1934年在上海书赠一位日本友人的。这位友人名叫新居格,是一位评论家。当然,这次毛主席把这首诗书赠日本客人时,新居格早已病故,但据新居夫人说,她丈夫在世时,非常珍视鲁迅亲笔写给他的这首诗。他把诗裱好,挂在书房里,以便经常诵读,缅怀鲁迅,激励自己。

郭沫若接到毛主席的指示后,立即把鲁迅这首诗译成日文并附上了日语的解释。不仅如此,他还步原韵挥毫一首诗,当面送给了黑田寿男:

> 迢迢一水望蓬莱,
>
> 聋者无闻剧可哀。
>
> 修竹满园春笋动,
>
> 扫除迷雾唤风雷。

为何突然要见日本朋友？

*

*

1964 年 1 月 27 日下午 7 时许。

人民大会堂北京厅。

当我接到通知赶到时，国务院外办日本组负责人王晓云已经在北京厅等我。那天，是他通知我来做翻译，说毛主席晚上要在这里接见日本朋友。

毛主席要接见谁呢？

为什么这么突然？

在人民大会堂里，北京厅不算太大，厅内的布置也很一般。我看到，服务员已按会见的要求，把十几个单人沙发摆成了半圆形。中间毛主席要就座的沙发后面，还放了一把为翻译准备的椅子。

过了一会儿，中方参加陪见的康生、廖承志和吴冷西来到了北京厅。三位日本朋友也陆续到达。一位是当时正在北京访问的日中贸易促进会理事长铃木一雄，另一位是常驻北京的西园寺公一。对于我来说，他们都是熟面孔。只有日共中央机关报《赤旗报》的驻京记者高野好久，我跟他不熟，但也曾见过面。

毛主席要发表讲话

大家刚落座，毛主席就从隔壁的房间走进厅里，微笑着跟大家热情地打招呼，请大家就座。按照事前的安排，日本朋友坐在毛主席的右侧，中方的陪同人员则坐在左侧。

"最近，日本全国掀起了大规模的反对美帝国主义的群众斗争。我支持你们。你们的斗争是正义的。"毛主席一面把视线转向在座的日本朋友，一面缓缓地谈了起来。

"《参考资料》报道说，在最近举行的日美经济贸易联合委员会会议上，日本八幡钢铁公司的代表把美国提出的要求顶了回去。这表明，不仅是日本各阶层人民，其中包括中小企业者，他们都在反对美国的压迫，连垄断资本也反对美国的控制啊。"

毛主席停顿了一下，接着说："今天我请你们来，是要发表一篇谈话。"

这时，我才知道毛主席为什么今天晚上突然要会见日本朋友。

就在这一刹那，我想起最近一个时期来，报纸上大量报道了日本人民在全国范围内掀起声势浩大的反美斗争的消息。从 1 月 16 日起，日本人民以旬日为期展开了规模宏大的示威运动，抗议能装载核武器的美军 F-105D 型飞机进驻东京附近的横田基地。前一天——1 月 26 日，十万日本群众包围了横田美军基地。在此前后，设有美军基地的板付、佐世保、吴港、岩国以及大阪、名古屋等三十几个地方的群众也举行了抗议集会和示威游行，从而构成了"1·26"全国统一行动。当时的形势，就像《人民日报》所报道的那样："风雷动地，万众奋起，一场新的反美爱国斗争正在席卷日本全国。"

毛主席把脸转向我，递给了我一张纸，说："你翻译给他们听。"

这是一篇事前已经印好的毛主席的谈话全文，它像是一份刚刚打印出来的清样。

这是一份中文稿，没有译成日文。我一面看着中文，一面翻译：

日本人民在 1 月 26 日举行的反美大示威，是一次伟大的爱国运动。我谨代表中国人民，向英勇的日本人民，致以崇高的敬意。

最近，日本全国掀起了大规模的群众运动，反对美国F-105D型核飞机和核潜艇进驻日本，要求撤除一切美国军事基地和撤走美国武装部队，要求归还日本的领土冲绳，要求废除《日美安保条约》等等。所有这些，都反映了日本全体人民的意志和愿望。中国人民衷心地支持日本人民的正义斗争。

日本在第二次世界大战以后，在政治上、经济上、军事上一直受美帝国主义的压迫。美帝国主义不仅压迫日本的工人、农民、学生、知识分子、城市小资产者、宗教界人士、中小企业家，而且还控制日本的许多大企业家，干预日本的对外政策，把日本当作附庸国。美帝国主义是日本民族的最凶恶的敌人。

日本民族是一个伟大的民族。它是绝不会让美帝国主义长期骑在自己头上的。这些年来，日本各阶层人民反对美帝国主义侵略、压迫和控制的爱国统一战线不断地扩大。这是日本人民反美爱国斗争胜利的最可靠的保证。中国人民深信，日本人民一定能把美帝国主义者从自己的国土上驱逐出去，日本人民要求独立、民主、和平、中立的愿望，一定能够实现。

中日两国人民要联合起来，亚洲各国人民要联合起来，全世界一切被压迫人民和被压迫民族要联合起来，一切爱好和平国家要联合起来，一切受美帝国主义侵略、控制、干涉和欺负的国家和人士要联合起来，结成反对美帝国主义的广泛的统一战线，挫败美帝国主义的侵略计划和战争计划，保卫世界和平。

美帝国主义从日本滚出去，从西太平洋滚出去，从亚洲滚出去，从非洲和拉丁美洲滚出去，从欧洲和大洋洲滚出去，从一切受它侵略、控制、干涉和欺负的国家和地方滚出去！

在美国军事占领日本的情况下，毛主席一向非常重视日本人民高举民族的旗帜，在国内结成最广泛的反美统一战线，而这一战线里还应当把分化出来的有反美倾向的垄断资本家也包括进来。与此同时，在国际上也要结成最广泛的反美统一战线。这一点，从毛主席的上述谈话中完全得到了体现。

我是在事前未拿到稿子的情况下，边看中文边译的，在用字遣词上，来不及仔细推敲，所以译出来的日文，自己也觉得不甚满意。我心里想，如果当时手中有一份译好的日文稿，也许会翻译得更顺畅一些。

毛主席看我译完，便询问在座的日本朋友：“对这个谈话，有没有意见？”

三位日本朋友互相谦让，谁也不肯抢先讲话。我知道，这是一般日本人的习惯。看到这一情形，还是按排列顺序，铃木一雄采取主动，代表大家说：“非常感谢毛主席。我们完全同意。”

毛主席看到客人没有意见，便把脸转向中方的陪见人说：“没有意见，那就这样发表吧。”说罢，毛主席起身，跟大家握别，进到了里面的屋子。

《人民日报》安排在头版头条

毛主席发表谈话，支持日本人民伟大的爱国斗争，这是一件大事，第二天要见报。会见结束以后，康生和吴冷西留下来，商量怎样安排报纸的版面。我在一旁听他们商量，才知道那一天法国已经承认中华人民共和国，中法决定建立外交关系。他们商量，毛主席发表谈话和中法建交这两条消息怎样摆？哪一条摆在前，哪一条摆在后？他们在一张纸上画来画去。画好了版样，要拿去直接请示毛主席。他们二人先互相推让了一下。最后，还是二人一起进到里屋。过了一会儿，康、吴二人从里屋出来，对廖承志说：“就这样定了。”

翌日，看到《人民日报》，在第一版头条位置刊登了毛主席的谈话。横贯全版的大字标题是：

《毛主席就最近日本反美大示威发表谈话　中国人民支持日本人民

◇ 1964 年 1 月 28 日《人民日报》头版部分内容

伟大的爱国斗争》

标题下，还醒目地用黑体字印了两行摘要：

"毛主席在接见日本朋友时说，日本民族是一个伟大的民族，是绝不会让美帝国主义长期骑在自己头上的。中国人民深信，日本人民一定能够把美帝国主义者从自己的国土上驱逐出去，日本人民要求独立、民主、和平、中立的愿望，一定能够实现。"

整个消息几乎占了全版的三分之一位置。

中法建交的消息，就安排在这一消息的右下方，字数很少，总共才四行。标题的字号也小一些。

中法两国决定建交，在当时也是一件举世瞩目的大事。在中华人民共和国成立十五年后，西方的一个大国，终于同社会主义中国建立了外交关系，它标志着法国突破了美国的控制，从而使人们看清美国已不像当年那样能随意摆布它的盟国，而法国的独立性也表现得越来越明显。

与此同时，中法建交也标志着中国国际地位的进一步提高。当然，围绕着中法建交，一度盛传中国会在"两个中国"的问题上，向法国让步，但中国始终坚持了原则，从而用事实攻破了西方的种种可笑的臆测。

毛主席穿的是大头皮鞋和棉袜子

毛主席会见的那一天，西园寺公一由于谦让，当时没有讲话，但是，后来他在《人民中国》杂志上发表了一篇文章，从中可以看出，那次会见，给他留下极为美好的深刻印象。西园寺公一在文章中写道：

> 当时见到的毛主席，神采奕奕。他自始至终笑容满面，兴致勃勃地跟我们谈话，我感到很高兴。
>
> 每一次见中国的领导人，我总是感到他们非常谦虚，而且很朴实。我这一次见到毛主席，也深切地感到这一点。他绝不说那些强加于人的话，而是动不动要谦虚地问一句："你是怎么考虑的？"再说，毛主席穿的鞋和袜子，给我的印象实在是太深了。鞋，是样子不美观的大头褐色皮鞋。袜子，大概是棉的。看起来，很结实，颜色属于不华丽的茶色系统。我看到这双鞋和袜子，立刻在脑海中浮现出一幅景象：毛主席在农村跟农民愉快地谈话。毛主席相信群众，深入到群众中间，跟群众坦诚交谈，而人民群众也热爱和信任毛主席。我认为，毛主席是跟所谓的个人迷信毫无缘分的。

关于中国对中法建交的报道安排，西园寺公一在《人民中国》杂志上饶有兴趣地描写道：

> 中法复交的消息在巴黎和北京同时公布的那天早晨，日本的通讯社、报社和广播电台纷纷给在北京常驻的我打来电话。他们几乎

异口同声地问我一个问题:"北京的表情如何? 是不是满街都悬挂着法国国旗?"一句话,就是想了解北京庆祝中法复交的那种节日般的气氛。

然而,我不能不使他们失望。1 月 28 日的北京,既没有法国国旗,也没有节日气氛。北京乃至全中国,以颇稳重的姿态接受了中法复交这一具有历史意义的事实。他们绝没有高兴得忘乎所以。

中国非常清楚地知道,中法复交意味着美国"封锁中国"的政策再次受挫。中国也清楚地知道,中法复交是对美苏合作的沉重的当头一棒。然而,中国真不愧是中国,它以脚踏实地的,而不是故弄玄虚的态度,接受了这一事实。报纸的版面安排,雄辩地说明了这一点。

说实在的,中法复交的消息公布的翌日早晨,也就是 1 月 28 日,我也认为《人民日报》一定会把它登在头版头条位置上。但是,头版头条位置,却用很大的篇幅刊登了昨晚毛泽东主席接见日本亚非团结委员会常务理事、日中友好协会副会长、日中贸易促进会理事长铃木一雄君和我——日本亚非团结委员会常务理事、亚洲及太平洋区域和平联络委员会副秘书长,以及《赤旗报》驻京记者高野好久君三人时发表的谈话……

在这一消息的下方,以极为简单明了的形式刊登了中法两国关于建立外交关系的联合公报。

关于中法复交的消息,28 日这一天只此一条。

29 日的报纸刊登了两条报道,一条是外交部发言人发表的正式声明,重申台湾是中国领土,绝不允许制造"两个中国"。另一篇是《祝贺中法建立外交关系》的社论。

这绝不是说,中国对法国承认中华人民共和国表示冷淡。我认为,这表明中国的坚强决心,那就是中国虽然庆贺中法建交,把它看作是同美帝国主义的战争政策和侵略政策进行斗争取得的一个胜利,但要争取实现世界和平,就不能陶醉于这样一个小小胜利,还要更进一步加强这一方面的斗争。

现在，再回到毛主席发表的谈话上来。那次会见结束以后，我一直注意日本的反应。日本共产党机关报《赤旗报》2月1日发表了题为《中国人民对日本人民的鼓舞和期望——毛主席的谈话》的社论。社论说：毛泽东主席赞扬日本人民反对美帝国主义的爱国斗争的谈话，表现了中国人民同日本人民之间的战斗友谊和团结，并大大地鼓舞了日本人民的斗争。社论指出，日本共产党要高举反对美帝国主义的旗帜，努力建立团结各阶层爱国人民的强大的统一战线。我们必须同国际反帝统一战线的组成部分——世界一切被压迫人民和国家携起手来。日本的一切爱国和主持正义的人民应当积极投入这场斗争。

"日本人民不怕鬼了！"

*

*

"中间地带"

1962 年 1 月 3 日晚，毛主席会见日本禁止原子弹氢弹协议会理事长安井郁。当时被接见的还有安井郁的女儿。在北京常驻的西园寺公一和他的夫人西园寺雪江被邀请来陪见。

会见开始后，毛主席首先谈了日本的形势，然后对国际形势做了简明而透彻的分析。

安井郁聚精会神地听取后，请毛主席谈谈西欧特别是西德的情况。

毛主席向安井郁着重介绍了对中间地带的看法。毛主席说："西德的地位在很大程度上同日本相似，但是西德人民没有日本人民这样的反美、反帝、争取民主和平的强大潮流。西德垄断资本想勾结美国，又想抗拒美国，这点同日本相像。我们把这些地方都称作中间地带。社会主义阵营算一个方面，美国算另一个方面，除此以外，都算中间地带。但是中间地带国家的性质也各不相同：有些国家有殖民地，如英、法、比、荷等国；有些国家被剥夺了殖民地，但仍有强大的垄断资本，如西德、日本；有些国家取得了真正的独立，如几内亚、阿联（'阿拉伯联合共和国'的简称。1958 年 2 月 1 日，由埃及、叙利亚合组的泛阿拉伯国家。1961 年宣布解散。但至 1972 年止，埃及依然自称'阿拉伯联合共和国'）、马里、加纳；还有一些国家取得了名义上的独立，实际上仍然是附属国。

◇ 毛主席会见安井郁

中间地带国家各式各样，各不相同，但美国统统想把它们吞下去。"

　　毛主席接着又作了进一步发挥，谈了世界上的几对矛盾。他说："美帝国主义及其走狗是压迫者、剥削者、欺侮者。美国在中国、在日本、在各国的忠实走狗和美国一起，是矛盾的一个方面；另一个方面是全世界人民，包括工人阶级、农民、城市小资产阶级、革命的民族资产阶级、革命的知识分子。英国和法国是帝国主义，但它们是大帝国主义想吃掉的中等帝国主义国家，同美国有矛盾，日子也很难混，可以作为人民的间接同盟者。日本的松村谦三、石桥湛山、高碕达之助等人，他们不大喜欢美国，同池田（勇人）等有区别，可以作为人民的间接同盟者。"

　　说到这里，安井郁向毛主席提出了一个问题："请问阿尔及利亚能否跟法国达成和解？"

　　那时，阿尔及利亚为反对法国的殖民统治，为争取民族独立，已经坚持了多年的抗法战争，而这一点是当时国际问题的一个焦点。

　　我记得，毛主席略加思考后，对此明确地作了否定的回答。

"每人送一本《不怕鬼的故事》"

毛主席在谈日本人民的反美斗争时说："感谢日本朋友，感谢为反对帝国主义及其代理人的压迫和剥削而斗争的一切朋友，因为你们的斗争就是我们的斗争。我们处于同样的地位。美帝国主义欺负日本人，欺负中国人，可以说，全世界大多数人民都受到美帝国主义的压迫和欺侮。"

结束会见前，毛主席又主动地就日本问题谈了自己的看法。他说："很高兴看到日本人民进行着反对帝国主义压迫、反对垄断资本压迫的斗争。日本人民反《日美安保条约》和反政治暴力行动法的斗争，一个浪潮接着一个浪潮地发展，真令人高兴。祝日本人民的斗争在 1962 年有进一步的发展。我有一个直接的感觉，从 1950 年开始，我差不多每年都见日本朋友，感到日本朋友近几年的精神面貌同 1957 年以前有很大改变。在头几年，从你们脸上看到有忧愁，有困惑，斗争的气概受压抑，不敢表现出来；以后，特别是 1959 年、1960 年以来，情况不同了，日本人民起来了，不怕美国了。美国压在你们头上，过去你们谨慎小心，近几年你们同它斗起来了。到中国来的日本朋友精神面貌的变化，反映了日本人民斗争情绪的增长和实际斗争的发展。"

说到这里，毛主席又补充了几句："日本人民大胆起来了，不怕鬼了，就是说不怕美帝国主义这个鬼了，不怕岸信介这个鬼了，不怕池田这个鬼了，日本人民的斗争信心加强了。我们出了一本书叫《不怕鬼的故事》。"

毛主席看了一下作陪的廖承志，问道："有没有日文的？"

廖承志回答："有。是我们的外文出版社翻译出版的。"

毛主席说："每人送一本。"

《不怕鬼的故事》是在毛主席提议下编撰的一本册子，1961 年初由人民文学出版社出版问世。编者是中国科学院文学研究所。由所长何其芳撰写的那篇序言，也是毛主席亲自指导和修改的。《不怕鬼的故事》

共收录了七十篇文言体的中国历代故事，像是一本寓言集。编者的意图是说明世界上一切帝国主义和反动派都有两面性，既有"纸老虎"的一面，又有"真老虎"的一面，对它们既要有"不怕"的气概，又要有认真对待的态度。我参与了这本书的日文版的翻译工作。

　　宾主起身后，安井郁一再向毛主席表示感谢，并同中方主人一一握别。

日本社会党是个"奇怪"的党

*

*

1962 年元旦，由铃木茂三郎率领的日本社会党第三次访华代表团到达了北京。1 月 12 日晚上，毛主席在中南海会见了这个代表团。那一天，我是跟代表团一起前往中南海毛主席的住所的。

毛主席说日本社会党有战斗性

宾主在松软的沙发上坐定后，毛主席讲话，赞扬了日本社会党，说日本社会党不同于西欧的社会党，很有战斗性，是一个"奇怪"的党。我知道，毛主席的意思是说日本社会党在反对美帝国主义方面态度坚决，旗帜鲜明。

团长铃木茂三郎向毛主席介绍了他们在日本同美国进行斗争的情况。他在谈话中，提到美国新任驻日本大使赖肖尔。

赖肖尔长期从事日本等远东问题的研究，同日本的渊源很深。他不仅出生在东京，还娶了一位日本夫人。青年时代，他在哈佛大学学习过中国和日本历史。1933 年到 1938 年留学法国。回国后，曾任哈佛大学教授。20 世纪 60 年代初，日本人民掀起了全国规模的反美斗争的高潮。肯尼迪为了缓和日本人民同美国之间的尖锐矛盾，经过精心挑选，派赖肖尔到日本任大使。铃木茂三郎说赖肖尔到任后在日本的工会界、知识界中间不遗余力地开展工作，展开了猛烈攻势，企图软化和瓦解反美社会运动。

毛主席听得很有兴趣，特别是赖肖尔这个名字，对于毛主席也许是陌生的，便询问在座的廖承志："赖肖尔，这个名字怎么个拼法？"我知道毛主席在学习英文，询问英文拼法一点儿也不奇怪。

廖承志立即用英文字母拼好，写在一张纸头上。但为了慎重起见，又问了在座的另一个同志，确认无误后，便把那一张纸递给了毛主席，并说："赖肖尔这个名字，拼法很怪，他可能不是盎格鲁－撒克逊的后裔。"毛主席接过纸头，看后，点了点头。

"靠看书打仗，是打不赢的"

接着，毛主席向客人讲述了中国革命的历程。他谈到中国革命的各个历史时期参加革命的人数，特别谈到了现在年轻的党员大量增加。这时，毛主席回过头来问我："你是哪一年入党的？"我回答："1956 年。"毛主席说："他就是新中国成立后入党的。"

代表团中有一位国会议员，名叫石桥政嗣，是社会党内著名的军事问题专家。他向毛主席提出了一个问题："毛主席善于用兵作战，领导中国革命取得了胜利。请问毛主席读了哪些兵书？是不是读了《孙子兵法》？"

毛主席听罢，微微一笑说："我这个人，不是看书打仗。靠看书打仗，是打不赢的。我是一面打，一面学。"石桥又问："您读没读过克劳塞维茨的著作？"毛主席回答说："以前没有读过，但后来读了。克劳塞维茨有一个著名的论点，就是'战争是政治的延续'。"

我庆幸以前在什么地方读过日文书，上面介绍过"战争是政治的延续"这一论点，所以当即把这句名言译了出来。

我做了这场翻译，直接听了上面那段对话，似乎对毛主席所说的"在游泳中学游泳""在战争中学战争"的思想有了进一步的认识。

毛主席书赠曹操诗

*

*

　　1964 年秋我作为常驻记者到日本后，曾几次前往坐落在东京丰岛区中落合的前首相石桥湛山家采访，看到客厅里的显著位置悬挂着毛主席手书的曹操诗《神龟寿》，即《龟虽寿》。

　　每每看到这幅珍贵墨迹时，我就想起 1963 年石桥湛山出任日本国际贸易促进会总裁后，9 月作为日本工业展览会总裁携带夫人一道来北京，主持展览会的开幕式。10 月 5 日晚，石桥在北京饭店宴会大厅举行了盛大招待会，祝贺展览会顺利开幕。周总理应邀出席，并发表了热情洋溢的讲话。那天晚上，我被安排担任了这场活动的翻译。

　　我知道，这之前的 10 月 1 日晚，在天安门城楼上，石桥湛山和夫人曾受到毛主席的亲切会见。

石桥湛山一贯反战反侵略

　　石桥湛山，人称报人出身的学者首相。他 1884 年出生于东京，1907 年毕业于早稻田大学文学部哲学科，曾先后在《东京每日新闻》社和《东洋经济新报》社任职。1925 年任《东洋经济新报》主干，1941 年任社长。战前，他以该刊物为阵地，挥动利笔，向日本的扩张主义势力及其理论发起了不懈的攻击，写过大量反对日本军国主义侵略扩张的文章和经济评论。1912 年，28 岁的石桥发表"满洲放弃论"，公开谴责日本政府侵略中国东北是愚蠢、危险的行为，认为这不仅违反了道义原则，而且从经济合理主义出发也得不偿失。这一论证严密的文章当时在社会上引起很大的反响。他还在其他文章中，对所谓日本"领土狭小，人口过剩，资源贫乏，满蒙是日本生命线、国防线"等谬论，进行了深刻的批驳。第一次世界大战爆发后，日本政府派兵攻占青岛，夺取德国在中国的权益。对此，石桥坚决反对，连续发表了《论不可占领青岛》《再论不可占领青岛》等文章。大隈内阁迫使袁世凯签订"二十一条"后，石桥立即撰文反击，认为条约的签订，对日本是一次根本性的大失败，对日本国民也是一个重大的损失，强烈要求日本政府抛弃帝国主义。对日本出兵西伯利亚，干涉苏维埃革命，石桥也明确表示了反对立场。

第一次世界大战后，日本加紧对中国实行经济渗透和军事干预，激起中国人民的坚决抵制和反抗，对此石桥深表同情。石桥在这一时期发表的文章中，抨击日本政府的侵略政策，指出日本的侵略行径与沙俄侵略中国没有本质区别，要求政府撤回驻外军队，立即放弃在华特权，将占领地归还中国。1927 年到 1928 年间，为了阻挡北伐军，田中义一内阁以保护日侨为借口，三次出兵山东，制造"济南惨案"，干涉中国内政。石桥在措辞严厉的文章中，谴责日本政府发动国民不愿进行的战争，称支持日本政府出兵的民政党是杀人帮凶，其罪与政府相等。1931 年 9 月 18 日，关东军发动了蓄谋已久的"九一八"事变，武力侵占中国东北。日本政府开动所有宣传机器，为侵略行为涂脂抹粉。在法西斯势力甚嚣尘上的白色恐怖下，石桥不为所动，在事变发生后的第九天，发表了题为《解决满蒙问题的根本方针是什么》的文章，明确指出，"满蒙"终究是中国的领土，日本想用武力解决"满蒙"问题，显然不可能达到目的。1937 年 7 月 7 日，日本发动全面侵华战争，在国内迅速建立起军部法西斯专政，实行白色恐怖，自由发表言论已不可能。尽管如此，石桥也未趋炎附势，而是以婉转的方式，对这场战争提出批评。纵观石桥在战前三十余年的活动，可以认为，他是一贯坚持反战、反侵略活动的新闻记者，其主持正义，不畏权势，处逆流而不失节的斗争精神，难能可贵。

日本 1945 年战败、国土尽成废墟时，石桥湛山反倒乐观地鼓励日本人"勇敢站起来"，并且期望日本勇于认错，和平结束战争。1945 年，石桥湛山发表社论《开始更生日本，前途一片光明》。

坚持主张中日友好

石桥战前的进步活动，使他在战后博得了很高的威望。1945 年，他参加了自由党的筹建工作，后出任第一次吉田内阁藏相。但是，1947 年5 月，石桥在整肃中突然被占领军当局革除公职，理由是他在战前发表过内容不当的文章，这显然缺乏根据。实际上是因为他担任藏相时，对美国占领军当局的指令不唯命是从。从此，日本的政治舞台上失去了石桥的身影，直到 1951 年 6 月解除整肃，他才结束了"没有监狱的监狱"生活。

石桥恢复公职后回到自由党内，1953 年任鸠山派自由党政策审议会会长，因受吉田茂排挤，于 1954 年 11 月与鸠山一郎一起退出自由党，与以重光葵为首的改进党合作，组成民主党。同年 12 月，吉田茂下台，鸠山一郎组阁，石桥入阁担任通产相。第二次鸠山内阁期间，实行了自由党和民主党的统一，成立了自由民主党。

鸠山首相兼自民党总裁执政两年，在实现日苏邦交后，于 1956 年11 月 5 日正式提出辞职。围绕下任总裁即首相一职，自民党内各派系展开了建党后首次大混战。自民党总裁选举，第一次投票因候选人得票均未过半数，只得再次进行表决。最后，石桥湛山以七票优势战胜岸信介，当选为自民党第二任总裁，并继任首相，于 1956 年 12 月 27 日成立石桥内阁。石桥上任后，在外交政策方面，由于日苏已实现邦交，石桥便把重点放在改善对华关系上。他对发展日本与新中国的关系有自己的观点，对右翼势力的恐吓和攻击毫不畏惧，对日中两国的民间贸易活动表示了支持态度。他组阁前，在 1955 年春以雷任民为团长的中国贸易代表团访日时，曾以通产大臣的身份冲破美日顽固势力的阻挠，在东京"八芳园"会见了雷任民等代表团领导人。当时，我作为译员也在场。

可惜的是，石桥只担任了六十三天的首相，就因病辞职，匆匆告别了政坛。在历届首相中，像他这样主动放弃政权的实属少见。

由于石桥对中国人民一贯友好，病愈不久，便为实现日中邦交而奔波。1959 年夏，在日中关系因日本政府的敌视而陷入僵局时，石桥写信给周恩来总理，要求访问中国。同年 9 月，石桥应邀来到北京。他是战后访问中国的第一位日本前首相。访华期间，石桥与周总理、陈毅副总理进行了亲切的交谈，并受到毛泽东主席、刘少奇副主席的接见。1963 年 9 月，石桥再次访问中国。他利用自己巨大的政治影响力，多次撰文阐述恢复日中邦交的积极主张，直接批评政府在对华问题上采取的错误立场。石桥的这些主张，对促进恢复中日友好关系产生了重要的影响，但也遭到一些人的反对，右翼势力甚至骂他是共产党的走卒，对此，石桥根本不屑一顾。石桥的努力没有白费，1972 年，中日两国恢复邦交，石桥在有生之年实现了夙愿，分享了中日恢复邦交的喜悦。

1973 年 4 月 25 日，石桥逝世，终年八十九岁。周恩来总理致电表示哀悼，电文中说："石桥先生是日本有远见的政治家，多年来为日中友好事业做出了重大贡献。现在，石桥先生为之奋斗的中日邦交正常化已经实现，中日两国人民将永远纪念石桥先生。"

"老骥伏枥，志在千里"

前面说过，1963 年 10 月，毛主席在天安门城楼会见了石桥湛山夫妇。我猜想，毛主席之所以会见石桥湛山，是因为他深知石桥是日本一位有识之士，战前一贯反战、反侵略，战后坚持主张与中国改善关系；同时也深知石桥是一位在自民党内有胆识、敢于激流勇进的政治家。他担任首相仅两月有余，还未来得及建立政绩就因病主动辞职，但他在日本树

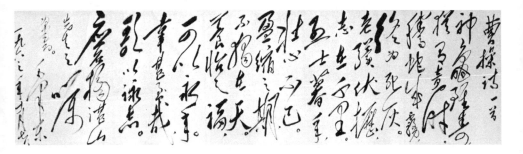

◇ 毛主席手迹

立了重视政治良心、淡泊名利、爽快隐退的风范，给日本政坛吹进了清新的气息。毛主席赞赏和鼓励石桥先生老当益壮，希望他"老骥伏枥，志在千里"。

会见时，石桥向毛主席求索墨宝。毛主席欣然答应，并于 10 月 7 日挥毫写下了曹操那首著名的《龟虽寿》，送给石桥湛山。我在东京石桥湛山家中看到镜框里镶的，便是那次毛主席送给他的墨迹。曹操的《龟虽寿》极具朴素唯物论色彩而又积极进取。听说，毛主席对这一作品情有独钟，极为欣赏，甚为推崇，认为它"直抒胸臆，豁达通脱"。我不谙此道，更不敢妄加评论，但从笔势看，毛主席对《龟虽寿》烂熟于心，笔意顺畅，点画雄浑，墨迹酣畅。

忽然收到北京的信函和电报

不想，此事还有后话。

2011 年 5 月的一天，我收到外文出版局一位从事美编的老同事吴寿松寄来一本他的回忆录《往事钩沉录》，内有一篇文章《记外文出版社出版毛主席手书〈神龟寿〉诗的前前后后》，回忆了他 1973 年 11 月准备编辑一本豪华版的大型画册《毛主席为日本朋友题辞》时的情景。我在翻阅此书时，意外地发现文中竟然提到了我：

"有一天，我在日文翻译部办公室无意中看到一份日本报纸上的一张图片，把我紧紧吸引住了。那是日本前首相石桥湛山暨夫人在自己家中客厅里的合影，而客厅墙上挂了一张巨幅的毛主席手书《神龟寿》诗的行草墨迹。我如获至宝，便将这份报纸借来，用放大镜细细欣赏。原来在曹操诗的后面还写着：'应石桥湛山先生之嘱为书。毛泽东，一九六三年十月七日。'""我是毛泽东主席的崇拜者，平生最最喜爱毛主席诗词……我从许多渠道搜集到了毛主席诗词各式各样的墨迹照片，其中有许多别人从未见到过的，我都有，但我从未见过毛主席手书曹操诗的墨迹……我想，这幅毛主席的手书在国内外鲜为人知，而它却是挂在日本前首相的府邸里的，我该采取什么办法，通过什么途径，才能把它翻拍下来弄到手呢？"

"如果是平白无故，想到日本首相家去翻拍毛主席墨迹，显然是异想天开。由于我有了出版社的正式选题，以公家名义，工作需要名义去进行，便是理直气壮，师出有名。

"当时我认识刘德有同志。他从五十年代初期就在《人民中国》（日文版）杂志社工作，日语翻译水平很高。'文化大革命'前，他被新华社调往驻东京记者站工作，还是记者站的负责同志。我就凭着同刘德有的多年同事关系，又以出版社工作需要的名义，于1974年1月12日写了一封信邮寄到东京给刘德有，请他派一位摄影记者到石桥湛山先生家中把毛主席手书曹操诗墨迹拍下来，把照片连同底片寄回国。1月14日，我又亲自到西单电报局发一封电报去催促。没想到刘德有真的照我们的要求，完成了拍摄任务，不出一星期，1月21日我便收到东京寄来的毛主席手书曹操诗的墨迹底片，我当时的兴奋心情难以描述。我记得当天便向领导上汇报，另一方面急将底片送暗房放大印出照片。这张墨迹照片在国内是独一无二的，多么珍贵！我暗自骄傲地庆幸自己……

"《毛主席为日本朋友题辞》出版之后，因为其中有罕见的毛主席手书曹操诗的墨迹一页，许多同志争相索要。""毛主席手书曹操《神龟寿》诗单页，我从印刷厂讨来好几十张，自己珍藏着并送人。""我就不记得有没有送给刘德有同志。"

　　我现在可以遗憾地告诉吴寿松同志："我没有收到。但，您作为一名忠于职守的美编出色地完成了任务，令我感到十分高兴。"

国庆夜天安门城楼上的会见

*

*

一张珍贵的照片

说到天安门城楼上的会见，我身边珍藏着一张毛主席在天安门城楼上与日本前首相片山哲亲切握手的照片。

毛主席身穿淡灰色的中山装，微笑着。片山哲穿的是一身浅色西装。他喜形于色，笑容满面，向毛主席致意。穿着深色中山装的我，站在他们两位中间，手持一个小本子和一支圆珠笔，正在做翻译。大概是受周围气氛的感染，我也情不自禁地眉开眼笑。

那是 1959 年 10 月 1 日晚，正值中华人民共和国成立十周年国庆，天安门广场在举行大规模的群众性联欢晚会。

这一年 2 月，我为了"接受贫下中农再教育"，下放到山西省洪洞县的马头人民公社劳动。进入 9 月，突然接到原单位发来的电报，要我火速回北京。我不知发生了什么事。回到北京后，才知道任务之一，就是要担任国庆十周年活动的翻译工作。照片上的我，头发很短，那是因为我在下放期间为了洗理方便把头发"彻底"剃光了。

很快地，外交部礼宾司给我办理好并发来了登天安门城楼用的证明卡。证明卡的封面上印有国徽，国徽下面有两行字："1949—1959 庆祝建国十周年"。翻开来，右页贴有我免冠半身照片（这张照片是下放前照的），姓名栏和单位栏分别写着："刘德有""翻译组"，编号是 243。左页的"注意事项"栏写着："1. 只限本人使用，请勿转借。2. 非经

◇ 1959 年 10 月 1 日，中华人民共和国成立十周年国庆夜，在天安门城楼上，毛主席与日本前首相片山哲亲切握手。中为译员——刘德有

发证机关特许，请勿携带武器。3. 如有遗失须立即向发证机关声明。"

我按礼宾司通知的时间，来到天安门，出示证明，登上城楼。

在天安门城楼上，我看到许多重要外宾。礼宾司的同志给我指定一个地方要我待命，并说领导人要接见日本客人时，就通知你。一会儿，果然通知我：毛主席要接见片山哲。礼宾司的同志把我带到毛主席跟前。这时，日本客人也到了毛主席身边。片山哲是作为日本各界庆祝中华人民共和国成立十周年代表团团长接受毛主席接见的。被接见的日本朋友还有跟片山哲一道来访的"恢复日中邦交国民会议关西分会"会长小畑忠良和《朝日新闻》论说委员会顾问白石凡。中方陪见的有陈毅副总理。毛主席的这次接见是礼节性会见。那张照片，就是那一历史瞬间的记录。

片山哲其人

片山哲，1887 年出生，和歌山县人，毕业于东京帝国大学法学部。他是一位基督教徒，战前就从事社会民主运动，主张"政治上民主主义，经济上社会主义，国际上和平主义"。1926 年社会民主党成立时任书记长，1930 年当选为众议员。战后，1945 年日本社会党成立时任书记长（委员长空缺），翌年任中央执行委员长。1947 年 4 月，在民主、国民协同两党的合作下，成立了以社会党为中心的联合政府，片山哲任首相。由于他是战后作为一位社会党人士出任首相的，所以引起了各方的注意。他于次年辞去了首相职务，1950 年又辞去社会党委员长，任最高顾问。1953 年任拥护宪法国民联合会议长。

据我所知，片山哲并非第一次见毛主席。1955 年 11 月 28 日，毛主席就曾会见过率领日本拥护宪法国民联合会访华的片山哲等人。当时，毛主席说，中国政府将允许日本战犯的亲属来华探望，并将释放战犯回国。日本国内的战犯亲属得知这一消息后至为感动。那一次，除毛主席外，片山哲还同周总理等中国国家领导人进行了会谈，并与中方发表了关于发展中日文化交流的公报。我还知道，片山哲爱好中国古典文学，特别喜爱白乐天的诗。1956 年 12 月，片山哲出版了《大众诗人白乐天》一书。郭沫若为此书作序，肯定片山哲对白居易的评价正确，并赞扬他向日本人民介绍作为民众诗人的白居易，说：社会活动家的片山哲对白诗深深地发生共鸣，表明他希望日本人民获得幸福与和平，同时表明日本各阶层人民希望"毅然有所自立"。1960 年 5 月，片山哲又出版了《大众诗人白乐天》的续篇，并以照相制版的形式收录了郭沫若亲笔写的感想。郭沫若认为此书的出版"是很有意义的工作，不仅增加了两国之间的文化交流，而且在消散遮蔽明月的乌云上是有大作用的。更深入地了解白乐天，也就能更深入地了解中国人民"。

记得国庆十周年的那个夜晚，就在毛主席会见片山哲的同时，天安门广场的联欢活动已经开始，一百五十万首都群众尽情歌舞狂欢。会见毕，我从城楼上望去，广场上是一片人的海洋，欢腾的海洋。人们伴随着扬声器播出的优美歌曲，载歌载舞。忽然间，"噼噼啪啪"地响起了焰火的声音。节日的礼花凌空竞放，首都的夜空打扮得五彩缤纷，绚丽夺目，雨后的云层也被映成了灿烂的彩霞。四面八方的探照灯的强大光柱好像把天空变成一把"绫罗伞"，礼花在其中飞舞。

就在这时，毛主席由休息厅迈着矫健的步伐走出来，站在城楼上仰望夜空，观看焰火。他缓缓地举起了右手。那一刻，我正站在城楼的栏杆旁。夜幕下，灯光中浮现的毛主席的高大形象，久久地留在我记忆之中。

"不必悲观，前途是光明的"

1964 年的 7 月 10 日下午。

穿着一身深灰色中山装的毛主席出现在人们面前。

毛主席要在人民大会堂会见日本社会党系统的五个代表团。他们是日本社会党代表团佐佐木更三一行六人；日本社会主义研究所代表团曾我佑次一行十一人；日本社会党北海道本部代表团荒哲夫一行四人；社会党众议员冈田春夫；社会党众议员黑田寿男、石野久男、参议员矢山有作等三人。一次会见五个日本社会党系统的代表团，据我所知，过去未曾有过。

陪同会见的乔冠华、赵安博等早已等候在那里。

客人进大厅时，毛主席站在门口，同他们一一热情握手。宾主坐定后，毛主席以亲切的口吻，开始了他的讲话。

"欢迎朋友们。热烈地欢迎日本朋友们。我们两国人民要团结起来，反对共同敌人。在经济方面，互相帮助，改善人民生活。在文化方面，也互相帮助。在经济方面、文化方面、技术方面，你们的国家比我们国家发达，所以，我想你们对我们的帮助比我们对你们的帮助要多一些。"

接着，毛主席说："下面，要谈谈政治问题。在政治方面，我们是不是就可以不互相支援呢？是不是就要互相对立呢？是不是就要像十几年前那样互相对立呢？对立的结果，对你们，对我们，都不好。也可以从反面来说，对你们，对我们，都曾有过好处。二十年前的对立，教育了日本人民，也教育了中国人民。"

没想到毛主席在谈政治问题时讲了日本"皇军"的"反面教员"作用。

为什么说"感谢"日本"皇军"？

毛主席说："我曾经对日本朋友讲过这样一件事。日本朋友们说，'皇军'侵略中国，很对不起。我说，不。如果没有'皇军'占领大半个中国，中国人民就不会团结起来，跟他们进行斗争。中国共产党就不可能夺取政权。因此，对于我们来说，日本的'皇军'是很好的'教员'，也是你们的'教员'。"

毛主席反话正说，要"感谢"日本"皇军"。这样的表述，我过去闻所未闻，真可谓是"语出惊人"。乍一听，心里未免一惊。但仔细体会，这句话包含着深刻的哲理，充满着辩证法：任何事物都是"矛盾双方的对立统一"，"矛盾的一方"都会在一定条件下"向它的反面转换"。"皇军"这个教员充当了"反面教员"。

"结果，日本的命运怎么样了呢？"毛主席说，"不是被美帝国主义控制了吗？同样的命运在我们的台湾也可以看到，在南朝鲜、菲律宾、南越、泰国也可以看到。美国的手伸到了我们整个西太平洋地区，也伸到了东南亚。美国的手伸得太长。第七舰队是美国最大的舰队。美国有十二艘航空母舰，第七舰队就有六艘，占了一半。美国还把第六舰队派到地中海。1958年，我们炮轰金门的时候，美国大为惊慌，把第六舰队的一部分调到东方来。美国在控制欧洲，控制加拿大，控制除了古巴以外的整个拉丁美洲。现在，他们的手伸到非洲，正在刚果进行战争。不知你们是不是怕美国？"

由于毛主席向客人提出了一个问题，坐在前排中央的佐佐木更三借此机会表示要代表访华的五个团体致词。毛主席说："请。"

佐佐木说："您在百忙中会见我们，讲了有益的话，非常感谢。毛主席非常健康，正在为中国的社会主义跃进，为全世界的社会主义事业而日夜奋斗，对此表示敬意。"毛主席插话说："谢谢。"

佐佐木接着说："今天我们听到毛主席讲了非常宽大为怀的话。过去，日本军国主义侵略中国，给你们带来灾难，我们感到很抱歉。"

毛主席说道："我们不谈过去了。过去的事，从某种意义上说，是好事情，对我们有帮助。你们看，中国人民不是夺取了政权吗？日本的垄断资本和军国主义也帮助了你们。成百万、成千万的日本人民不是觉醒了吗？其中也包括曾经在中国打过仗的一部分将军。这些人如今已经成为我们的朋友。一千一百多人（指中国释放的日本战犯）回到日本后写来了信，除了一个人外，其他人都对中国友好。就是这样，世界上的事情很奇怪。"说到这里，毛主席问："那个人叫什么名字？"

赵安博回答："叫饭守，现在做大法官。"

毛主席说："在一千一百多人当中，只有一个人反对中国，同时也反对日本人民。我认为，这件事值得很好地加以考虑。"

因为佐佐木的话没有讲完，毛主席请他继续讲。

"日本人不怕美国，要跟它斗争"

佐佐木更三接着说："刚才，毛主席问我们怕不怕美国？现在，中国已经完成了社会主义革命，正在为彻底实现社会主义而进行工作。但，日本的情况是今后要进行革命，要搞社会主义。要使日本革命取得成功，事实上必须要打败控制着日本的政治、军事和经济的美国，因此，我们不仅不怕美国，而且必须跟它进行斗争。"毛主席高兴地插话说："你说得好！"

佐佐木继续说道："这次我们到中国来，同周恩来总理、廖承志先生、赵安博先生以及中国的其他朋友，围绕着日中两国的亚非形势和世界局势，以及世界的帝国主义和新老殖民主义等问题交换了意见，有所收获，并且取得了很多共识。回国以后，我们希望能促进日本的社会主义的发展，加强日中两国的合作关系。"

"这很好。"毛主席说。

佐佐木更三补充道："日本社会党和日本的人民大众认为日本是亚洲的一员，因此必须同有着很深关系的中国保持密切的关系。"

毛主席表示赞同说："一定这样做。要相互合作。全亚洲、非洲、拉丁美洲的人民都在反对美帝国主义。在欧洲、北美、大洋洲也有很多人反对帝国主义。帝国主义者也反对帝国主义。戴高乐反对美国就是一个很好的证据。我们有一种看法，那就是现在的世界有两个中间地带。亚洲、非洲、拉丁美洲是第一中间地带。欧洲、北美、大洋洲是第二中间地带。日本的垄断资本也属于第二中间地带。日本的垄断资本，你们反对，但是，他们也对美国不满。现在，他们当中的一部分人公开反对美国。另一部分人依赖美国。依我看，随着时间的推移，这一部分当中的许多人也要把骑在他们头上的美国人甩掉。因为日本的确是一个伟大的民族……如果日本能完全独立，同全亚洲、非洲、拉丁美洲以及欧洲要求反对美帝国主义的人们建立友好关系，解决经济上的问题，互相往来，结成兄弟般的关系，那是最好的。"

在这一段谈话中，毛主席阐述了他的"中间地带"理论，根据当时的国际形势阐述什么是"第一中间地带"，什么是"第二中间地带"，并表达了希望日本完全独立，永远放弃战争、与中国以及世界各国进行友好往来与合作的愿望。

"一个要控制，一个就要反对。"

在会见中，佐佐木更三提议请每一个团的一位代表发言。于是，黑田寿男讲话。他说，"我与其说是提出问题，倒不如说是介绍一下日中友好运动的情况。"毛主席说："请。"

黑田详细介绍了日本人民的反美斗争和日中友好运动的发展情况后说："我国人民对中国有一种特殊的亲近感。这是促进日中友好和争取恢复日中邦交的巨大力量。日本人对于美国、英国和苏联没有那样的亲近感。但对于中国有特殊的感情。"

毛主席显得很高兴，他目光炯炯，说道："中国人民也一样。我们能同日本人民的代表亲近，感到高兴，而且我们对两国的关系寄予关心。你们一定看到，你们在中国无论走到哪里，中国人民对你们都是友好的。中国人民知道，时代变了，情况变了。中国的情况，日本的情况，世界的情况都变了。昨天，在这个房间我接待了几十位亚非的朋友，其中十五位是非洲的黑人和阿拉伯人。还有十五位是亚洲的朋友。另外有一位是澳大利亚的朋友。今天，你们有三十位，昨天是三十一位，其中还有一位是日本朋友。"毛主席指了指在座的西园寺公一说："就是他。"西园寺会意地点了点头。

毛主席接着说，世界上现在有三个国家"攻击我们，它们是美国、英国和苏联。你们说奇怪不奇怪。苏联过去跟我们友好。但是，1956年苏共'二十大'以后，关系不好了。后来，关系越来越不好。在中国的一千多名苏联专家全部撤走，几百个合同全都撕毁了。他们首先公开反对中国共产党。既然他们反对我们，我们就要跟他们论战。他们现在要求我们哪怕是三个月也好，停止公开论战。我们对他们说，三天也不行。我们说，我们过去打过二十五年仗，其中，国内战争和中日战争二十二年，朝鲜战争三年，加在一起二十五年。我这个人，本来不晓得怎样打仗。我过去的职业是小学教员。谁教给我打仗的呢？第一是蒋介石，第二是日本的'皇军'，第三是美帝国主义。我们要感谢这三位教员。打仗，并没有什么奥秘。我打了二十五年仗，没有负过伤。关于打仗，从完全不懂到懂，从不会到会。既然要打仗，就要死人。在这二十五年中间，我们的军队和中国人民死伤了几百万、几千万。那么，是不是中国人越打仗，人就越少？不是的。你们看，我们有六亿多人口，太多了。打笔墨官司，公开论战，不会死人。我们打了几年笔墨官司，没有死一个人。

我们说，我们准备再打二十五年笔墨官司。我们委托罗马尼亚代表团把我们的意思传达给苏联朋友。罗马尼亚代表团是到中国来做工作的，要我们停止公开论战。听说，现在罗马尼亚跟苏联也开始打笔墨官司了。问题在于一个大国要控制许多小国。一个要控制，一个就要反对。这就跟美国要控制日本和东方各国，而日本和东方各国就要反对的那种情况一样。世界上有两个大国很要好。一个是美国，一个是苏联，它们想统治全世界。我不赞成。也许你们赞成？你们让它们统治？"

毛主席表现出在大是大非的原则问题上一步也不退让的气概。

"我这个臭不可闻的菩萨也香了"

在这次会见中，毛主席不仅谈了中国革命的曲折历程，而且谈了他自己是怎样从有神论者变为无神论者的，以及他的很多亲人在革命斗争中是怎样惨遭反动派杀害的。

老资格的社会党人士细迫兼光在发言中着重谈了自己的身世。细迫的谈话很幽默、风趣，他说："由于我战前就参加斗争，我有长期被日本政府关在监狱里的经历。把我这样的好人关进牢里，连患病的妻子我都不能照顾。对于这样的坏政府，我不能像毛主席那样采取宽大的态度。"显然，他是换一个角度表示他不能理解毛主席所说的日本"皇军"是"反面教员"这一论点。

接着，细迫兼光说："这一次，我们是乘'燎原'号到中国来的。在中国，政府的要人和人民一道来欢迎我们。我希望日本也能早日由政府和人民一道来欢迎中国友人。"

毛主席问："船是到上海吗？"

"是的。"细迫回答。他接上面的话茬继续讲下去："如果不早日打倒像日本政府那样的坏政府，建立人民的政府，是不可能实现真正的友好的。我不能宽恕迫害过我的政府。我虽然已经上了年纪，我想在我的遗嘱中告诉孩子要打倒那样的坏政府。"

毛主席问："你今年多大岁数？"

听细迫回答说六十七岁，毛主席便说："你比我年轻嘛！你活到一百岁，一切帝国主义都要灭亡。你们憎恨日本政府和日本的亲美派这种心情，跟我们过去憎恨国民党政府和亲美派蒋介石是一样的。蒋介石是什么人？他曾经跟我们合作，进行过北伐战争。这是从 1926 年到 1927 年的事。到了 1927 年，他开始屠杀共产党员，镇压了拥有几百万人的工会和拥有几千万人的农会。我说蒋介石是教给我们打仗的第一位教员，就是指这个时候说的。这个时候的仗，打了十年。我们从没有军队，到拥有三十万军队。后来，我们自己犯了错误，那不能算在蒋介石的账上。我们失掉了南方的全部根据地，不得不进行二万五千里长征。现在在座的人，参加过长征的有我和廖承志同志。剩下的军队有多少呢？从三十万人减少到两万五千人。我们为什么要感谢日本的'皇军'？因为日本的'皇军'来了，我们同日本的'皇军'打仗，就再一次同蒋介石合作。打了八年仗，两万五千人的军队发展成为一百二十万人的军队，并且有了一亿人口的根据地。所以，没有不感谢的理由。"

毛主席说到这里时，年轻的曾我佑次要求讲话。他说："我想，请您介绍一下革命政党的建党和党风问题。我们现在正在同社会党中央里的改良主义者和结构改革论者进行斗争。"毛主席插问了一句："你们的代表团一共多少人？"

"总共十一个人。从我们年轻人来看，我们感到年老的社会党干部和国会议员的行动很迟钝。"

毛主席听了，便说："说年老也包括我了？"于是，引起了人们愉快的笑声。曾我接着说："我请求毛主席给我们谈一谈中国共产党的干部作风和党风的问题。"

"这个问题，我比较熟悉。"说罢，毛主席向客人详细地介绍了中国共产党的建党历史，"像我们这样年纪大的人，参加过孙中山先生领导的 1911 年的资产阶级民主革命。我当过士兵。从那个时候起和那以后，我学习过十三年。六年学习的是孔老夫子，七年学的是资本主义。我搞学生运动，反对过当时的政府。但是，那个时候还没有准备建立政党。不了解马克思，也不知道有个列宁。因此，没有准备建立共产党。我曾经信奉过唯心主义，信奉过孔老夫子的教导和康德的二元论。后来，形势发生了变化，1921 年成立了共产党。当时，全国有党员七十名，选出了十二位代表在 1921 年举行了第一次代表大会。我是代表之一。代表当中，还有两个人。一个是周佛海，另一个是陈公博。这两个人都脱离了共产党，参加了汪精卫政权。另外一个人是托派，现在还在北京。十二个代表当中，我活着，那个托派活着。第三个活着的，是董必武副主席。其他人有的牺牲了，有的背叛了。从 1921 年党成立以后到 1927 年北伐，只考虑干革命，但是到底怎样干革命，方法、路线和政策都不懂。后来，虽然是初步的，懂了一些。这是在斗争中学习的。例如土地问题，我花了十年时间研究了农村的阶级关系。关于战争，也花了七年时间进行研究，又打了十年仗才学会的。党内出现右派的时候，我是左派。党内出现‘左倾机会主义’时，我被说成‘右倾机会主义’，谁也不睬我。我一个人被孤立。当时，我打了一个比方，一个很灵验的菩萨被扔进茅厕里，硬是给你搞臭。后来，在长征路上，我们开了一个叫遵义会议的会议。我这个臭不可闻的菩萨也香了。”

　　我第一次听毛主席亲口对日本客人谈他这段遭遇，而且做梦也想不到能从毛主席口中听到这样的比喻。我不禁感到意外，心中未免有些吃惊。

　　毛主席说：“后来，又搞了十年，从 1934 年到 1944 年，我们采取了整风的方法。这个方法，就是‘惩前毖后，治病救人’‘团结—批评—团结’的路线。我们对那些犯了错误的同志进行说服。这样，在 1945 年上半年举行的党的第七次代表大会上，党的思想得到了统一。因此，在美帝国主义和蒋介石进攻我们时，只用了四年时间，我们就把他们打败了。你刚才问我关于党的作风问题，我认为最重要的，是政策——政治方面的政策、军事方面的政策、经济方面的政策、文化方面的政策以及组织路线，即组织方面的政策。光有口号，而没有具体的和过细的政策是不行的。"

要有正确的路线、方针、政策

　　毛主席结合自己的经历，又做了进一步的阐述。他说："我的经历就是，从不自觉到自觉，从唯心主义到唯物主义，从有神论者到无神论者。如果说，我从一开始就是马克思主义者，是不正确的。如果说，我从一开始就什么都懂，那也是不正确的。我今年七十一岁了。好多事情还不懂。每天都在学习。不学习，不调查研究，就不可能有政策，就不可能有正确的政策。由此可见，我并不是从一开始就很完美。我曾经信奉过唯心主义和有神论，也打过好多败仗，也犯过不少错误。这些败仗和错误教育了我，别人的错误也教育了我。不是别人，而是过去整过我的人教育了我。是不是把这些人都扔出去不管了呢？不是的。我们团结了这些人。例如，陈绍禹即王明，现在还是中央委员。他相信修正主义，住在莫斯科。又例如李立三，你们也有认识的，他现在也还是中央委员。就我们党来说，历代的领导人都犯过错误。第一代，陈独秀后来叛党，成了托派。第二代，向中发和李立三是'左倾机会主义'。向中发背叛了党，逃跑了。第三代陈绍禹，他统治的时间最长，四年。为什么南方的根据地全部丢掉，使三十万人的红军变成了二万五千人？就是因为他的错误路线。第四代是张闻天……然后，就轮到了我。我讲了这些话，要说明什么呢？上面说的那四代领导人，处在那样危险的环境，我们的党是不是就崩溃了呢？没有崩溃。因为人民要革命，大多数干部要革命。如果有符合实际的比较正确的政治方面的政策、军事方面的政策、经济方面的政策、文化方面的政策、组织路线和政策，党就能够前进，就能够发展。如果政策错误，不管你那个党是不是叫共产党，就一定要失败。现在，世界上有相当多的共产党被修正主义的领导人控制着。世界上，有一百多个共产党，现在分成两类。一类是修正主义的共产党，另一类是马克思列宁主义的共产党。修正主义骂我们是教条主义。在我们看来，修正主义的共产党不如你们。你们反对结构改革论，但他们却赞成结构改革论。我们跟他们是话不投机，但跟你们就能谈到一起。"

佐佐木更三先生看毛主席的话告一段落，便说："您在百忙之中给我们谈了有意义的话，很感谢。"

毛主席也发现自己讲得长了些，略表歉意地说："讲了好长时间？有两个多钟头吧？"

这时，细迫兼光接毛主席的这句话说："感谢您给我们讲了有意义的话。上一次，我跟铃木茂三郎先生一起来访的时候，毛主席说没有读过《孙子兵法》。日本有一句谚语，叫作'读《论语》而不懂《论语》'。因为毛主席英明，即使不读兵书，也懂兵法。我们不能跟毛主席相比，听了毛主席的话，我想即使不读马克思主义的书，也能从我们周围的许多老师那里进行学习。"

由于细迫先生提到了学习问题，毛主席又作了发挥："特别是美帝国主义和日本的垄断资本是你们的好教员。因为他们能使你们考虑问题，开动脑筋。但是马克思主义的书，还是要读几本。修正主义的书、唯心主义的书、美国的实用主义的书也要读。不这样，就不能比较。你们如果不读结构改革论的文章和书，就不会懂得什么是结构改革论。什么是结构？结构就是上层建筑。上层建筑的第一项，根本的、主要的是军队。改革军队，怎样改法？意大利人发明了这一理论，说什么要改革结构。意大利有几十万军队和警察。怎样来改革？第二是国会。今天，在座的有很多是国会议员。在国会里，实际上政府和垄断资本的代表占大多数。如果你们占了多数，他们就要想办法了。修改选举法啦，等等，要想出很多办法……我跟你们一样，不相信结构改革论，也不相信三国条约。全世界有百分之九十多的国家的政府在条约上签了字。只有几个国家的政府没有签字。有的时候，多数是错误的，少数是正确的。四百年前，哥白尼在天文学的领域，说地球是转动的。当时在欧洲没有人相信。但是，意大利物理学家的伽利略相信这个学说。其结果，就跟你（指细迫先生）一样，被关进牢里。他是怎样出狱的呢？他是签了字，说地球不是转动的，才出了狱。他一出狱，就说地球还是转动的。"

这时，毛主席又看了看细迫先生，说："你没有签字，所以你比伽利略好。你说你未能照顾妻子的病，这种事情多得很。"

毛主席停顿了一下，似乎要控制自己的感情。他深情地说："我弟兄三个，其中有两个被国民党杀害了。我的妻子也被国民党杀害了。我的妹妹也被国民党给杀害了。侄子也是给国民党杀害的。儿子，在朝鲜被美帝国主义炸死了。我的一家人，几乎都被消灭了。但是，我却没有被消灭。剩下的，只有我自己。中国的家庭，被国民党消灭的，不计其数。有的，全家都被消灭了。因此，你（指细迫先生）不必悲观，前途是光明的。"

"都是怀着'社会主义好'的信念回国的"

*

*

1965 年 8 月 26 日下午，毛主席在人民大会堂会见专程来我国参加中日青年友好大联欢的二十三个日本青年代表团。

在这前一年——1964 年的 9 月我作为《光明日报》记者已经到东京常驻。1965 年的 8 月，赶上我回国"休假"，所以，正好在北京，参加了翻译工作。那也是我最后一次为毛主席做翻译。接到通知，我赶到人民大会堂，才知道那一天的接见活动是这样安排的：代表团团长和主要成员在一个厅里等候，先接受领导人接见，而其他成员四百多人则在外面的大厅集合，准备合影留念。

主要领导人全都露了面

我真没有想到中国领导人这样重视中日青年大联欢。使我惊讶的是，同毛主席一道出现在接见厅的，有刘少奇、周恩来、邓小平、彭真、贺龙、郭沫若、刘宁一。我的感觉是，除了朱德外，党和国家的主要领导人都来了。

毛主席的右侧坐的是在北京常驻的日共中央书记处书记砂间一良和他的夫人砂间秋子。那一天，在京的日本和平人士西园寺公一和《赤旗报》特派的摄影记者田村茂以及这一家报纸的驻北京记者高野好久也在座。

因为主要的客人是日本青年，毛主席向他们扼要地讲述了中国革命的历史进程。

那一天，领导上安排由我来做翻译。赵安博坐在我后面，帮助我发现翻译上的问题，如果我有译得不当之处，便于纠正。我记得，当时还有一位做记录的女同志也坐在我身后。

毛主席讲完了话，请在座的日本朋友讲话。据我观察，由于日共驻中国的代表砂间一良在场，他不说话，其他日本人谁都不敢先开口讲话。

场内沉默了片刻。还是砂间一良先开了口。他问毛主席身体好吗？

"还好。"毛主席回答。

我译作"mama desu"。

大概是毛主席听到"mama"这个字音，就模仿说："马马虎虎。"

中国方面的陪见人当中发出了愉快的笑声。

我听到毛主席说"马马虎虎"，连忙用另一个词又译了一遍。

按理，这是一个难得的机会，日方本来可以讲得更多一些，但砂间一良没有再讲下去。我想，这也许反映了当时两党之间的微妙关系，或者是因为他事前未经请示讲话口径，不便多讲。

由于日方无人讲话，便结束了会见。毛主席同党和国家其他领导人站起来，要到旁边的大厅去照相。

我刚一站起来，身后那位做记录的女同志小声向我说，她有几处没有听清毛主席的话，要求我根据翻译的笔记告诉她，以便补上。看来，她也不熟悉毛主席的湖南口音。

我告诉她，有一处毛主席讲的是"我们经过三年多的解放战争，把国民党军队打败，取得了全国的政权，……"

这时，赵安博对我说："这一句话，你刚才翻译的不确切。不应当译作'打败'，而应当译作'消灭'。"

没想到毛主席在一旁听到赵安博的话，马上对赵安博和我说："敌人还没有完全消灭，蒋介石和一部分人跑到了台湾嘛！"

毛主席的纠正，说明他一贯坚持"敌人还存在"的思想，不同意"完全消灭了敌人"的看法。

大厅里的几百名日本青年都已经在阶梯上站好。毛主席同其他几位领导人刚走进大厅，青年们就热烈鼓掌，有的人还激动地用中国话高呼"毛主席万岁！"，但是，大家仍排着队，站在原位上。

毛主席和刘少奇、周恩来等领导人往前一走，有几个日本青年情不自禁地从台上跑下来，他们边跑边伸出手，要求同毛主席握手。毛主席同跑在前面的几个日本青年握了手。原来还站在台上的青年们看到这一情形，也纷纷跑下台来，于是，场内秩序大乱。看来，警卫人员没有思想准备，他们赶忙上前去进行劝阻，并引导他们回到原来的位置上。

到摄影时，我注意到由于灯光照明太强烈，毛主席似乎感到光线刺眼，从表情上可以看出他对强烈的灯光，很不以为然。

我记得，那一天中方在场的陪见人还有廖承志、南汉宸、杨海波、章蕴和胡启立。

"想起了很多很多……"

1997 年 7 月 23 日，我在《光明日报》上偶然看到一位名叫多田正子的日本女士的一篇回忆文章，谈到 1965 年 8 月的那次访华。从这篇文章中，我们可以看出当时日本青年要访问社会主义中国遇到了多么大的困难，也可以看出这位日本青年访华前后的思想变化以及那次中日青年大联欢所产生的积极而深远的影响。多田正子写道：

> 我的第一次中国旅行是 1965 年 8 月……那时日中邦交还没有恢复，在人们的心目中，中国是很可怕的社会主义国家，只是日本的共产党员或思想进步的个别知识分子应邀去的特殊地方……那时资本主义与社会主义打冷战，我们的护照一直没批下来，我们就去外务省示威游行，在课长室的门口坐下不动，坐了一个上午，一直等到下午才批下来……8 月 12 日我们离开羽田机场……先到香港……

然后经过了广州、杭州、上海，于 22 日到了北京。旅途很长，在火车上我们又说又笑，都成了好朋友。

26 日下午，日方导游说："今天有好事，请坐车。"他不讲我们去哪里，有什么好事。我们糊里糊涂地坐车到了人民大会堂。进屋后不久，以毛泽东为首的国家领导人一个一个地进来接见我们，然后与我们一起照了相……当时是"文化大革命"前夕，国家领导人都健在，有毛泽东、刘少奇、周恩来、邓小平、彭真、贺龙等。今年（1997）2 月份去世的邓小平当时才六十一岁，简直像青年似的。当晚，彭真在人民大会堂宴会厅招待我们，那天的请帖至今还在我手里，虽然它是印刷的，可是很好地放在信封里，上面写着我的名字。

我认为我们一百多个学生，不管是农民的子弟还是资产阶级的子弟，都是怀着"社会主义好"这一信念回国的。

去年夏天我又到了北京旅行，旧地重游，去了紫竹院公园。……我们进门后，问工作人员有没有 1965 年日中两国青年栽的树木。没想到，他们知道："友谊林吧？有啊，那边！"……那里大概有十几棵树，都比我想象的大，有大碗那么粗。斗转星移，三十一年了，树已长大，成了一片好树林。在这里，头上是一片蓝色的天空，微风习习，令人无限感慨：我快要六十岁了，在这些岁月里，发生过多少事情？……我坐在那里，想起了很多很多……

周总理与日本友人

*
*

周恩来总理是当代中国诞生的一位具有深远国际影响的伟大外交家。他思想深邃，胸怀博大，才能非凡，风度超人，为新中国的外交事业创立了丰功伟绩。周总理在外交上不断有新的创造，辅佐毛主席在外交工作中坚决贯彻执行了党的外交路线和方针政策。

在中日两国关系正常化的过程中，周总理呕心沥血，做了大量艰苦细致的工作。特别是在中日两国关系尚未正常化时，通过开展长期的民间外交，不仅使两国终于在 1972 年 9 月恢复了邦交，而且更重要的是在两国人民的心灵中播下了友谊的种子，使它发芽滋长，根深叶茂，长久地在两国关系中发生作用。

会见南原繁和大内兵卫

1955 年 6 月 9 日下午，我接到国务院外办通知，说周总理晚上 10 点钟要在紫光阁会见东京大学前校长南原繁和法政大学校长大内兵卫。

当时，日本有一个由十几位学者组成的代表团正在中国访问。代表团是在日本学术会议会长茅诚司率领下在苏联访问三周后，来中国进行访问的。邀请单位是中国科学院。

不过，团员中有两位——南原繁和东北大学武藤教授晚到了几天。这是因为他们专程到苏联伊万诺沃地区，访问了关押在那里的日本战犯收容所的缘故。

南原和武藤两位先生由莫斯科飞抵北京西苑机场，是1955年6月6日下午。中国科学院秘书长陈康白和康大川带着我去机场迎接。

从机舱走出来的南原繁显得很精神，他个子不高，戴一副眼镜，头发几乎全白，一派学者风度。武藤教授年纪比南原繁小一些，他身体略胖，脸上总带着微笑。他们虽然长途跋涉，一路辛苦，但丝毫没有疲惫的样子。

他们跟代表团一行人被安排住在北京和平宾馆。当时，和平宾馆在北京并不是一流的。按理，这样重要的代表团应当住进北京饭店。但那时北京的宾馆、饭店极少，大概安排起来有困难，所以，只好委屈这些大学者。为此，我们心里总觉得过意不去。后来，到了9日，北京饭店腾出了房间，他们才从和平宾馆搬出，住进了北京饭店。

南原繁抵京当晚，廖承志专程到宾馆来看望。那时，廖承志担任中国人民保卫世界和平委员会副主席，在前一年10月，作为战后第一个访日代表团——以李德全为首的中国红十字会代表团的副团长，曾访问过日本。廖承志精通日语，完全能够直接对话，所以无须翻译。据南原繁说，他在苏联访问期间，苏联外长莫洛托夫曾会见过他。本来预定由布尔加宁或赫鲁晓夫会见，但由于他们二人已去南斯拉夫开会，所以改由莫洛托夫会见。南原繁向廖承志提出希望在代表团访问北京期间，能见到周恩来总理。廖承志答应做出安排。

6月9日，我们接到国务院外办通知，说周恩来总理晚上10点钟在紫光阁会见。我们立即把这一消息通知了代表团。

南原繁抱歉地对康大川说："非常感谢中方的这一安排。周总理会见时，只由我和大内兵卫先生参加，其他人就不参加了。因为他们都是搞科学的，只有我和大内先生是研究政治学的。"

听了南原繁的话，我们替那些不参加接见的人感到惋惜——这是多么难得的机会啊！但是，日方有日方的考虑，在当时的中日关系下，日方作为科学代表团，可能要对外做出不介入政治的姿态。再说，代表团中有不少人是日本国立大学的现职教授，在日本是"国家公务员"。日本政府有规定,"国家公务员"不能会见尚未建交的"红色中国"的官员。然而,南原繁早已由国立的东京大学退休,而且本人一直就是研究政治学的,大内兵卫则是日本研究马列主义的著名学者,似乎只由他们二人参与"政治活动"才显得更"自然"一些。我们当然尊重日方的意见。

南原繁和大内兵卫在陈康白秘书长、康大川和我陪同下,乘车按指定的时间来到中南海紫光阁。我们看到廖承志和那一年春天率领中国贸易代表团访日的雷任民已经等候在那里。他们是来陪见两位日本客人的。担任翻译的赵安博也已经在那里等候。

一般情况下,周总理总是比客人早到一会儿,但这一天晚上也许总理有别的事,没有到。那时我就听说周总理习惯于晚上工作,我想肯定是有了脱不开身的重要的事要处理。廖承志便先跟日本客人寒暄起来。

我利用等总理的工夫,环视了紫光阁内的布置。正面是一道镶嵌着花卉图案的古色古香的屏风,左右两旁各摆着一个精致的镂空大花瓶。大厅中央按"口"字形摆放着几套沙发,一眼看去,色调淡雅,舒适大方。厅内的整个布置,与这座古老的宫殿式的建筑显得很协调。

周总理的魅力

不一会儿,身着灰色中山装的周总理从大厅右面的门里快步走了进来。他那两道浓眉下的眼睛,射出炯炯目光,极具魅力,一下子就把人们吸引了过去。他以他惯常的右臂稍屈的姿势,略带歉意地大步走近两位日本客人。我简直看呆了,当我意识到的时候,总理已经站在我们面前。

周总理礼貌地让客人入座。他请日本客人坐在居中的大沙发上,南原繁在右,大内兵卫在左。总理本人则坐在右侧的单人沙发上。南原繁后来在一篇文章中写道:"在中国,无论走到哪里,待客都有中国固有的礼节,尽管国家的政治制度发生了变化,但礼节却没有变。"

南原繁是第一次同周恩来总理见面。在谈到周总理的印象时,南原曾写道："他是眉毛浓黑的白皙绅士。年纪大约在五十五岁上下。我简直不敢想象他从年轻时就是一位革命斗士，赴汤蹈火，摸爬滚打过来的。听说，他曾在日本留学一年多，但主要是在法国锻炼出来的。他落落大方，举止高雅，聪明理智，具有强韧精神。现在，他在新中国，不仅是与毛主席、朱德将军并列的三位领导人之一，而且同印度的尼赫鲁总理一道，成为亚洲乃至世界和平政策的推进力量。"

赵安博坐在周总理的旁边，担任这一场会见的翻译。赵安博年轻时曾在东京第一高等学校学习过，由于爆发了日本侵华战争，便毅然回国，去延安参加了革命。他曾经在王震领导的三五九旅工作过，还担任过延安日本人工农学校的副校长。全国解放前，赵安博转到东北解放区，做管理日侨的工作。新中国成立后，调到中央联络部任局长。在中日复交前初期的民间往来中，赵安博常常为毛主席、周总理会见日本朋友担任翻译工作。周总理会见大山郁夫时就是赵安博做的翻译。

然而，对于我来说，这是第一次经历周总理会见日本客人。我被安排坐在赵安博身后，学习如何做这样重要场合的翻译。这确实是一次极为难得的见习机会。

周总理这一天晚上谈的问题很广泛。他从中日两国的文化学术交流谈起，向客人介绍了中国工业的发展情况，并谈了中日贸易关系。接着谈了两国的政治关系。周总理着重阐明了中国对中日关系正常化的原则立场。自然，也谈到了台湾问题。在谈话中，他还讲了中国对朝鲜问题和印度支那问题等国际问题的看法。南原繁和大内兵卫在会见中还插问了几个问题，周总理都一一做了回答。

关于和平运动的问题，周总理说："南原先生说得对，国际上需要和平，需要持久的和平。亚非会议本着这样的方针发表了公报，宣言中的十项和平原则是根据五项和平原则发展来的。我想你们二位会赞成的，日本政府也赞成了，因为日本政府派遣代表参加了会议。中国用事实证明了这一点，朝鲜停战、印度支那停战就是。中国主张继续从朝鲜撤退中国人民志愿军，只要美国同一切外国军队从朝鲜撤退。旅大地区的苏军根据去年中苏协议的规定，在 5 月底全部撤退完毕。"

周总理在向客人谈台湾问题和中日关系问题时说："我声明过愿意跟美国坐下来谈判，甚至争取在可能条件下，和平解放台湾。我们用实际行动证明了愿意和世界各国永久地和平共处。现在虽然和日本的战争状态尚未结束，跟日本尚未签订和约，但我早就声明过，如果有可能的话，可以和日本签订互不侵犯条约。……甲午战争到第二次世界大战结束，经过了 50 年，时间比较长，但从两千年的历史看来，这只是一瞬间，而且这已经过去了。应该使两千年的长时间的友好发展下去。"

"拥有这样的政治家的人民是幸福的"

按照日本的习惯，会见要人的时间不能过长，过长了，就会失礼。日本客人知道，周总理日理万机，加上当时正值深夜，他们很想见一个小时左右就告辞。因此到了 11 点钟，客人就要起身。但是，总理诚恳地挽留，客人们惶恐而又感激地坐下，继续交谈。周总理主动向客人征询他们这次访华有何感想和意见。客人们谈了他们来中国后感到困难的是有些简化字不认识。他们认为，日中两国应该统一简化字。周总理向客人们介绍了中国文字改革的情况，他说中国已经公布了几批简化字，这对普及教育很有意义。关于中日两国统一简化字问题，他赞成由两国学者共同研究。

在会见中，我感到周总理的讲话不仅逻辑性强，有条理，又深入浅出，而且发音也清楚，容易使人听懂。

会见一直持续到午夜 12 时半。实际上已经是翌日的凌晨，不能再谈下去了。客人向总理告辞，总理把日本客人一直送到门口，握手告别。

周恩来总理不知疲倦地工作到深夜，而且彬彬有礼，诚挚地与日本朋友交谈，把工作真正做到了日本人的心里，这一切使我深受感动。南原繁后来写道："我很早以前，就通过周总理的演说和文章，注意了解他的思想，但是亲自听了他的讲话，我感触最深的是他的真诚。""一国的总理，在内外政务非常繁忙的情况下，为了我们日本的学子，竟在深夜谈了几个小时。总理渊博的知识和超群的见识自不待说，就是他作为一个人的诚实，也使我深受感动。而且我想，拥有这样的政治家的人民是幸福的。"

　　汽车驶过已经沉睡了的北京街道，回到下榻的北京饭店时已是凌晨1点了。

妙答日本记者提问

*

*

继 1955 年 6 月周总理会见南原繁等日本学者之后，我有幸又一次获得机会，在最近距离目睹了总理的风采。

那是 1955 年 8 月 17 日下午，周总理在中南海紫光阁会见日本新闻广播界访华代表团的时候。

这个代表团，是应中国新闻工作者联谊会的邀请到中国来进行访问的。当时在《人民中国》编辑部工作的我，临时被调去做接待工作。

记得，代表团住的是崇文门内的新侨饭店。接待单位还在饭店里开了一间房，做联络和工作人员休息用。代表团的全程陪同，是新华社记者吴学文。翻译人员，除了我外，还有两位刚从北大毕业的年轻人。对于我来说，这是第一次接待日本新闻广播界代表团。

这是新中国成立后来访的第一个日本新闻广播界代表团，团长是《产经新闻》社副社长横田实，成员包括了当时日本主要新闻单位的代表，其中不乏资深记者、报社的专栏作家、编辑局长、社论委员，这些人有的在日本颇有名气，一句话，有相当层次。

对于这个代表团来访，我感到中国报界的领导吴冷西、邓岗等人很重视。新闻工作者联谊会决定由广播事业局国际部副主任张纪明和吴学文负责接待。

当时新中国成立刚刚六年，外界对新中国普遍不了解，甚至存有偏见。特别是来自资本主义国家新闻机构的人更是如此。这个代表团的成员对旧中国有所了解，但他们都是第一次访问新中国，开头几天言行比较谨慎。据我观察，这个团还有一个特点，就是他们的新闻观点跟我们不同。可以说，他们对我们所介绍的正面情况和各方面取得的进步往往兴趣不大。毋宁说，他们对我们国家还存在的落后面和缺点以及暂时的困难更感兴趣一些。代表团中，除了有不多的几位成员对我们表示友好和亲近外，个别人还常常提出一些怪问题，讲一些不入耳的话。我在陪同客人参观访问过程中，深感日本新闻广播界代表团确实不好接待。

据团长横田实介绍，日本各大媒体对这次代表团的访华十分重视，要求视察"共产党中国"的现实，更重要的是争取会见周恩来总理。可以说，这是代表团此次访华的一个重要目的。

他们想通过会见周总理，了解新中国的大政方针，特别是中日关系问题。为此，他们做了两手准备，搞了个"双保险"：最好能见到周总理；如果会见有困难，能得到周总理的书面回答也好。他们事前用书面形式提出了五个问题。

吴学文把日本记者提出的问题交给我翻译成中文。这些问题交上去以后，我们一直等待着周总理会见代表团的消息。

8 月 17 日上午得到通知：周总理下午要会见代表团。吴学文和我二人陪团到中南海紫光阁时，身着深灰色中山装的周总理和中方陪见人员——中国红十字会会长李德全，中国人民保卫世界和平委员会副主席廖承志，中国国际贸易促进委员会副主席雷任民，中国人民外交学会副会长乔冠华，外交部部长助理陈家康、新闻司司长龚澎，《人民日报》副总编辑杨刚，中国新闻工作者联谊会副会长吴冷西、梅益、王芸生和副秘书长张纪明等都已经到达。日本客人根本没有想到中方会有这么多各方面的要人陪见，这样的一个阵容，使他们感到惊讶。

那一天担任翻译的赵安博也早已经在那里等候。落座时，我被安排坐在赵安博身后。我坐在这个位置，是那一年的 6 月周总理会见南原繁等人之后的第二次。这一次跟那次不同，代表团的人数多，情况更复杂一些。尽管不是我直接给周总理做翻译，但一种光荣感和紧张感油然而生。

周总理坐下后，发现旁边小茶几上事前安装好的话筒，电线未整理好，显得杂乱一些。他立刻起身把眼前凌乱的电线整理了一下。后来，我看到《每日新闻》社的橘善守在他写的一篇报道中提到这件事，对周总理的细心敬佩不已。

周总理的书面回答

在周总理讲话之前，张纪明和吴学文把周总理对代表团所提的五个问题的书面答复发给了客人。

周总理首先对代表团的到来，表示欢迎，并说你们事前提出的问题，我已经做了书面答复，而且发给了你们，你们可以看一下。

客人们仔细地阅读周总理的答复：

问：中美大使正在日内瓦举行会谈，我们觉得它将促使国际紧张局势进一步地趋向和缓，周总理的看法如何？

答：中国希望在日内瓦举行的中美大使级会谈能够取得积极的结果。中国方面正在为此努力。我们认为，如果双方都具有和解的精神，并且在对等的基础上做出相应的努力，中美会谈将有助于中美关系的改进和国际紧张局势，首先是远东局势的进一步和缓。

问：苏联的政府机关报在去年12月份曾经发表评论说，苏联和中国认为《旧金山和约》是侵犯日本人民利益的，然而，《旧金山和约》并不成为调整对日关系的障碍。它曾引起日本人民的注意。对此，周总理的意见如何？

答：《旧金山和约》是一个违反国际协议和危害日本民族利益的条约。它是在排斥中国、拒绝苏联合理建议和违反印度、缅甸等亚洲国家的意志的情况下签订的。中国人民坚决反对这个条约。但是，中国人民对《旧金山和约》的态度，并不妨碍促进中日关系正常化直至缔结中华人民共和国和日本之间的和约。

问：日本和蒋介石之间的"日华条约"是不是中日邦交正常化的根本障碍？

答：日本政府不同中国人民自己所选择的中华人民共和国政府签订和约，却同中国人民所唾弃的蒋介石集团签订所谓和约，中国人民不能不感到愤慨。现在还有人不想真正改变这种情况，却企图附和所谓"两个中国"的做法，这也是中国人民坚决反对的。因此，任何对于中日关系正常化的真诚努力，都应该导致"日蒋条约"的废除。尽管存在着"日蒋条约"，但是为了促进中日关系的正常化，中国政府仍然采取了一系列的步骤。遗憾的是，日本政府至今还没有做出相应的努力。如果日本政府具有同样的诚意，那么，实现中日关系正常化的途径是可以寻找得到的。

问：周总理曾说期待鸠山首相或他的代理人访问中国，是否可以预想它将成为中日恢复邦交的开端？

答：各国政府领导人员之间的直接接触是有助于增进彼此的了解的。但是，在目前中日关系的情况下，中日两国政府领导人员互相访问的时机也许还不成熟。因此，在松本七郎先生和田中织之进先生问我是否欢迎鸠山首相来中国访问的时候，我一方面表示欢迎，另一方面指出，鸠山首相派他的代表来中国访问也许是更现实的。如果这件事能够做到的话，那对于改进中日关系将会是有利的。

问：周总理在前几天的人民代表大会上提议建立一个包括美国在内的亚洲集体安全保障体制，我们认为这是确立世界和平的极重要的方策，因此希望能听到更具体的意见。

答：本年7月30日我在第一届全国人民代表大会第二次会议上所作的发言中说："为了实现印度政府首先提倡的集体和平，中国人民希望亚洲和太平洋地区的国家，包括美国在内，签订一个集体和平公约，以代替目前存在于这个地区的对立性的军事集团。"

应该说明，为了响应印度尼赫鲁总理首先提出的建立集体和平、扩大和平地区的主张，早在 1954 年的日内瓦会议上，我就曾经说过："中华人民共和国政府认为，亚洲国家彼此之间应该进行协商，以互相承担相应的义务的方法，共同努力维护亚洲的和平和安全。"我们并曾经声明，我们这一主张不排斥亚洲以外的任何国家。其后，中国同印度和缅甸一起倡议的和平共处的五项原则和亚非会议一致通过的促进世界和平和合作的宣言，又进一步为建立集体和平和扩大和平地区开辟了道路。我们关于亚洲和太平洋地区的国家，包括美国在内，签订一个集体和平公约的主张，就是根据这一系列的形势发展而提出来的。

我们所主张的这一个集体和平公约是完全符合《联合国宪章》的规定的。它的目的不是要在各国间制造分裂和对立，而是要谋求各国之间的和平相处和友好合作，以代替目前存在于这个地区的对立性的军事集团。我们相信，这一主张的现实性，将会随着有利于世界和平的形势的发展而更加明显。

过了片刻，周总理环顾一下日本客人，然后习惯地把手一摊说："你们还有什么问题，我愿意回答。"

有问必答，应对自如

这些日本记者意外地听到周总理这样说，顿时喜形于色。横田实团长首先代表全团讲话，感谢周总理拨冗会见代表团。他说，我们衷心希望加强中日两国人民的友好和促进中日两国关系正常化。我们认为，中日两国的友好关系非增进不可。这一次我们到了中国以后，这种想法更加加强了。但是日本人当中还有一部分人对新中国有误解，我们回国后要努力摒除这种误解，增进中日两国国民的友好。接着，横田实向周总理提出了一个问题："请问，您认为促进中日关系正常化的关键何在？"

"关键在于两国政府都应当根据人民的利益，进行独立自主的外交，来改进中日两国的关系。"周总理斩钉截铁地回答。

共同社外信局长久我丰雄就这一点补充提出问题，说："中国方面曾多次对改进中日两国关系采取积极的友好的态度，而日本政府却采取消极的态度。因此，从周恩来总理在全国人民代表大会第二次会议上的讲话和 8 月 16 日外交部发言人的声明看来，中国方面似乎对日本政府有所不满，而且以较强烈的态度表现了出来。请问是不是这样？"

周总理说："我同意这种看法。"

久我在这里提到的周总理的讲话，是指 1955 年 7 月 30 日周总理在全国人大二次会议上谈到国际形势和我国的外交政策时说的一段话。周总理指出："第二次世界大战已经结束了十年，中日两国之间的战争状态却至今没有解除。自从 1954 年 10 月中国和苏联发表了关于对日本关系的联合宣言以后，中国政府又采取了许多促进中日关系正常化的步骤。可是我们从日本政府方面所得到的反应却并不都是朝着这个方向的。"

久我提到的"中国外交部发言人的声明"，则是指周总理会见他们的前一天，我国外交部发言人针对日本外务省在所谓"撤退留在中国大陆的日本人问题"上，毫无根据地指责我国政府并提出片面的无理要求而发表的声明。这个声明说："在平等互利、互相尊重独立和主权的基础上，促进中日两国关系的正常化，以实现中日两国的和平友好，是中日两国人民的共同愿望。两年多以来，中国政府已经一再采取了促进中日关系正常化的步骤，日本政府至今不但没有做出相应的努力，反而想利用日本侨民回国的问题，转移舆论的注意，以掩盖它对促进中日关系正常化的消极。"

周总理接过刚才久我提出的问题，回答说："中国人民和政府两年来向日本人民和日本政府伸出友好之手。我们相信绝大多数日本人民正如中国人民一样是要求中日两国友好，要求两国关系正常化的。但是，日本政府的表示却并不都是这样。特别是最近，日本政府采取了不是诚意的态度，这是中国人民不能满意的。"周总理停顿了一下，加重语气说："不满意是有的，但并不妨碍我们继续为促进中日两国关系正常化而努

◇ 周总理会见日本新闻广播界代表团

力，尤其是并不妨碍我们为中日两国人民友好关系而努力。"

　　周总理一向对日本情况了如指掌，他一针见血地指出："日本方面可能有人觉得，中国方面急于使中日两国关系正常化，因此日本政府可以多提一些无理的要求，与中国政府为难。但这种想法是错误的。问题不在于谁急谁不急，而在于应该不应该促进中日两国关系正常化。中国政府之所以致力于改进中日两国关系，是因为这样做对中日两国人民有利，对远东和世界和平有利。目前中日两国之间的战争状态还没有结束，这对于两国人民、远东和世界和平都是不利的。中日两国关系的正常化，是对中国和日本两方面都有利的事情，应该双方来做，而不应该只看作是一方面的事。"

　　横田团长说，这一点我与周总理完全有同感，作为日本的新闻广播界人士，可以多做应该做的事。

　　接着，《朝日新闻》一位享受"局长待遇"的记者门田勋提出了一个问题。门田勋平时寡言，但有时说出话来，让人捉摸不透。他说，中国外交部发言人声明中谈到日本赔偿问题，希望周总理对此加以说明。

周总理说："外交部发言人声明中提到了中国人民在日本军国主义侵华战争中遭受巨大的损失。关于这一点，日本政府从未做过交代。相反的，从日本当局的许多言论看来，倒好像中国欠了日本许多东西，应做什么交代似的。中国外交部发言人提出这一点，说明中国人民有权要求赔偿，应该引起日本政府注意。"

关于赔偿问题，日本方面一向很关心。日本的执政者内心里希望中国不要提起这个问题。我听了周总理这一席话，感到回答得非常策略。周总理既没有说一定要求日本赔偿，也没有说"放弃"要求赔偿，而是强调了要求赔偿是中国人民的权利。这样，就使中国在这个问题上既做到留有余地，又使日本当局一下子摸不清中国方面的最终态度。

个子矮小、会说中国话的《每日新闻》社社论委员橘善守提出了一个极为尖锐的问题。他说，周恩来总理在书面答复第三个问题时说，"任何对于中日关系正常化的真诚努力，都应该导致'日蒋条约'的废除"，请问这是否可以理解为："日蒋条约"的废除，不一定是促进中日两国关系正常化的前提，而是促进中日两国关系正常化的目标和结果？

周总理仔细听取了橘善守提出的问题，略加思考后，只说了三个字："差不多。"

第二天新华社消息见报时，没有照用周总理说的"差不多"三个字。据我所知，这一天周总理会见日本记者的消息，是吴冷西亲自执笔写的。周总理答复时说的"差不多"三字，我认为既巧妙，又简明扼要，但吴冷西在落成文字时，写作"大体上可以这样理解"。按我的理解，这是口语和书面语的不同，但两者的意思则是完全相同的。

《读卖新闻》编辑局次长高木健夫问：周恩来总理在全国人民代表大会第二次会议的发言中建议缔结亚洲和太平洋地区的集体和平公约的问题，不知这个建议的具体化怎样？

周总理回答说："关于缔结亚洲和太平洋地区的集体和平公约问题，要根据形势的发展才能具体化。可以设想召开这样的会议，参加者不仅有亚洲各国，还有太平洋沿岸的各国，包括美洲和大洋洲的国家。要召开这样的会议，关键在于中美关系和中日关系的改进。这就需要有关方面的共同努力，经过协商途径，逐步解决目前存在的国际争端。这样，缔结亚洲和太平洋地区的集体和平公约的希望是存在的。"

听了周总理的一席话后，横田实表示，日本人非常赞成召开这样的会议，来缔结亚洲和太平洋地区的集体和平公约，可以说日本人是全体一致支持的。周总理边听边点头，表示赞赏。

由于是新闻广播界的代表团，有几位代表在发言中都谈到中日两国新闻界的友好往来对于增进中日两国人民友好和促进中日两国关系正常化是有意义的。周总理表示，希望日本新闻广播界代表团这次访华能在这方面起到良好的作用。

当时中日关系尚处于不正常状态，到那时为止，还没有一个中国记者访问过日本。

横田实团长感谢周总理在百忙中接见他们，并进行了长时间的讲话。他认为，中日两国新闻界的友好来往对增进两国人民的相互理解和促进两国关系正常化是有好处的。他说，这次日本新闻广播界访华代表团回国以后，将发表访问新中国的观感，相信对促进中日两国国民的友好一定会有帮助。我们希望中国新闻界派代表访问日本的事能早日实现。

周总理希望代表团回日本后能对在中国的所见所闻，做出全面的、善意的、带有批评性的报道，以增进中日两国人民的相互了解。周总理最后祝代表们在促进中日两国人民友好合作和中日两国关系正常化方面有新的成就。

这一次会见，时间很长，从下午5时30分到7时15分，将近两个小时。会见的过程，宾主有问有答，互有交流，显得很活泼，效果也极好。待我们走出紫光阁时，已经是暮色苍茫了。

会见后，我想，今天日本记者当面向周总理提出的那些问题，都是日本方面非常关心的，但大致上没有超出书面提出的五个问题的范围。尽管周总理通过书面已全面地回答了日本记者提出的问题，但对于记者来说，不能满足于书面答复。无论是新闻价值，或是作为记者的追求，都莫过于能当面采访周总理。如今周总理不仅会见了他们，而且仔细地一一回答了他们提出的问题。他们不仅获得了殊荣，而且也满载而归。自然，每一位日本记者都感到非常满意。

会见结束时，代表团成员个个满面笑容。横田实团长对陪同人员说，他早就渴望见到周恩来总理，今天实现了这一愿望，备感兴奋，他确实感受到周总理是一位伟大的政治家。他原以为在得到周总理的书面答复后，再会见也是礼节性的，没想到周总理还主动要我们再提出问题，真是意外的收获。周总理关于日中关系的讲话，有原则也有灵活性，令人佩服。

"浅沼稻次郎的血不会白流"

*

*

1959 年 3 月 15 日，周总理在紫光阁会见日本社会党书记长浅沼稻次郎时，我想起了三天前他在政协礼堂的那次震惊中外的著名讲演。

使华盛顿和东京为之震撼

"……台湾是中国的一部分，冲绳岛是日本的一部分。尽管如此，它们和本土分离了，这是因为美帝国主义的缘故。美帝国主义是中日两国人民的共同敌人。我们为反对美帝国主义而斗争。"

我刚刚把浅沼稻次郎的这段话译成中文，政协礼堂里的近两千名听众立刻爆发出长时间的热烈掌声。

然而，听众怎能知道这段话的最关键的那一句——"美帝国主义是日中两国人民的共同敌人。我们为反对美帝国主义而斗争"，是浅沼稻次郎在讲演中，现场发挥临时加上去的。这句话，在当时中日民间往来中，应该说是政治上最高的调子。最引人瞩目的是，它出自原本属于日本社会党右派领袖之口。说实在的，当时我简直不敢相信自己的耳朵。

讲演会结束，从政协礼堂向外走。走在前面的浅沼稻次郎先生那高大魁梧的身影映入了我的眼帘。刚才讲演时他那独具特色的沙哑的声音，仍萦回在我的耳际。我想起了日本民众送给他的爱称："人间火车头"。我一回头，见到萧向前。他是这次接待浅沼稻次郎率领的日本社会党访华团的负责人之一。萧向前喜形于色地对我说,"真不简单,浅沼稻次郎明确地讲了'美帝国主义是日中两国人民的共同敌人',真是想不到。"我告诉他,"那一句话,日文原稿上本来没有,是浅沼稻次郎临时加上去的。""是吗?"萧向前也大吃一惊。

这是 1959 年 3 月 12 日晚上的事。

后来,萧向前在他的回忆录《不寻常的谈判》中写道:"浅沼先生站在'政协'礼堂的讲台上发表了震撼时局的重大演说,听众是北京各界、各阶层的群众代表,其中也有青年工人和学生,共有一千余人参加,把政协礼堂挤得满满的。当浅沼先生讲到'美帝国主义是日中两国人民的共同敌人'时,话音刚落,场上就响起暴风雨般的掌声,长达两三分钟之久。浅沼先生以其魁伟的身材和独特的嗓音给听众留下了十分深刻的印象。"

吴学文也曾在《风雨阴晴》一书中著文说:"这是一篇具有巨大影响力的演讲,它使华盛顿和东京为之震撼。"

以浅沼稻次郎书记长为团长的日本社会党访华团是 3 月 5 日到达北京的。这一次我没有参加接待班子。只有代表团在北京的几项活动,我是临时被调去参加的。那一天,我接到通知,要我去担任浅沼稻次郎讲演时的翻译,我便按指定的时间去了接待办公室。浅沼的讲话,已经有了一个中文的初译稿。我对照着日文原稿,做了一点润色。

到讲演时,我站在浅沼的右侧,他读一段日文稿,我读一段中文稿。根据平时做翻译的经验,不管讲话人有无讲稿,我必带小笔记本和笔,以便讲话人一旦脱离讲稿时,不至于手忙脚乱。浅沼在讲话刚开始时,是按讲稿讲的。但是,读过几小段后,在谈到美国在亚洲制造紧张局势,并要求它撤除在外国建立的军事基地时,他顺着讲话的气势,讲了上述"美帝国主义是日中两国人民共同的敌人"那句话。我一听,这是新加上去的内容,便用早已准备好的笔在译稿上简要地记了一下,并按此译出中文。

浅沼的讲演,用很大篇幅抨击了日本政府的亚洲政策,着重揭露了岸信介内阁要修改《日美安保条约》的企图，指出由于岸信介内阁采取敌视中国的政策，使日中关系进入了非常困难的局面。他强烈要求岸信介内阁改变政策，使日中关系早日正常化。

在中日关系上，浅沼认为，中国提出的政治三原则（不敌视中国；停止搞"两个中国"的活动；不阻挠中日两国关系正常化）是正确的，他说日本社会党主张中国只有一个，台湾是中国领土的一部分，台湾问题是中国的内政，应该废除"日蒋条约"。在演说中，浅沼还介绍说，日本社会党将掀起强大的国民运动，以粉碎日美安全体系，争取恢复日中邦交。最后，他回忆了两年前访华时毛泽东主席会见和谈话的情景说："我来中国看到正在与自然做斗争、争取胜利的中国人民，对此表示敬佩。"

驳斥自民党的抗议

就在浅沼稻次郎发表讲演的第二天，自民党干事长福田赳夫受岸信介首相的指使，连忙打电报给浅沼稻次郎，向他提出抗议，说什么据新闻报道，你在北京表明了"美国是日中两国的共同敌人，社会党要同美帝国主义进行斗争"的态度，如果属实，则不能不说这是从正面敌视友邦美国，是从根本上否定日本所坚持的国际立场。从你的地位来说，它对国内外产生的影响很大，对此不能不表示极大的遗憾。鉴于上述报道的严重性，我要求你明确地说明事情的经过，同时希望你充分考虑有关国际问题的言行所产生的影响，须特别慎重。

针对这一"抗议"，社会党代理干事长成田知已在东京立即向报界发表谈话，说自民党干事长竟然突如其来地对另一个政党的代表团发出抗议电报，这是极为轻率的，是对社会党内部事务的粗暴干涉。成田谈到浅沼关于"美帝国主义是日中两国人民的共同敌人"的讲话时说：台湾处于美国的控制之下，美国在日本设有军事基地，这是事实。美国威胁着远东的安全，这也是事实。他强调说，由于上述事实，日本和中国遭受着"共同的危害"，这些都是实际情况。成田认为，浅沼书记长是根据社会党的政策和自己的信念讲的话。他强调社会党坚决支持浅沼书记长的言行。

在这前一天，浅沼稻次郎在北京会见随团的日本记者时，也驳斥了自民党干事长的"抗议"。他指出，"我说'美帝国主义是日中两国人民的共同敌人'，不是指美国人民，而是批评美帝国主义政策的发展本身。从坚持社会主义的立场来说，在国内同资本主义斗争，在国际上同帝国主义斗争，这是理所当然的，用不着别人来批判。"

我曾想过，为什么浅沼稻次郎在讲演中临时加进了讲稿中本来没有的那句关键的话呢？

当时，日本政府正在同美国加紧策划修改《日美安保条约》，而社会党正加强同日本工会总评议会及其他工会组织和各民间团体之间的联系，以便有组织地开展阻止日美修改安保条约的斗争。浅沼通过这次访华，更加下定决心，要实现社会党的这一目标。这就是他在北京讲出那句关键的话的背景。

周总理会见浅沼稻次郎

在浅沼发表那次讲演的三天后，周恩来总理会见了由他率领的社会党访华团及随行记者。

我和林丽韫担任了这场会见的翻译。我们俩坐在周总理和浅沼稻次郎的后面。根据事前商量好的分工，林丽韫主翻周总理的话，我主翻浅沼稻次郎的话。

宾主坐定后，一上来，周总理问了铃木委员长好，浅沼表示感谢，并说我这次的讲演看来在日本新闻界炒得很厉害。

周总理风趣地说：（随代表团来华的日本）新闻记者跟你们一致吗？

他们是不是在吵架？现在，你们正在访华，所以在推动恢复邦交和中日友好这一点上，大概是一致的吧？

浅沼说：两年前我们代表团访问中国时，为了恢复日中邦交，发表了《张奚若、浅沼共同声明》。

周总理对此表示了肯定，他说：那是一份具有历史意义的文件，至今仍留存着。它是人民外交的成果。

浅沼说：从那以后，我们一直为恢复日中邦交而努力。然而，由于日本保守政府的不友好政策，使日中关系陷于中断，对此我们感到遗憾。社会党决定，即使国与国之间没有外交关系，我们也要从国民外交的立场出发，推进友好关系向前发展。我们就是根据这一决定，到中国来访问的。

说罢，他拿出铃木茂三郎委员长给周总理的一封信。周总理接过后，交给林丽韫当场翻译。然后说：对于两年前浅沼先生访华的看法，我完全同意。这一期间，中日关系陷于中断，是令人遗憾的。我们对社会党代表团为恢复日中邦交而努力表示欢迎。我希望《张奚若、浅沼共同声明》能够发展，也希望你们的这次会谈能进一步发展。你们（指民间）谈，比我们总理或外长谈，更方便一些。

浅沼说："我认为必须首先解决邦交，建立友好关系。我们这次访问中国，日本的报界宣扬说，国民外交的窗口打开了，从而寄予了很高的期待。我期望着我们推行的国民外交在你们的协助下，能得到发展。"说罢，浅沼向周总理提出了几个问题：一、希望在和平共处五项原则和万隆十项原则的基础上，中日关系能实现正常化。二、如果日本废除了同美国的军事同盟，中苏友好同盟条约中的军事条款是否会自动消除？三、日本社会党反对把核武器运进日本，并主张整个亚洲应变成非核武装地带。四、除了这些政治问题外，还有发展经济、文化、技术交流等问题。

中国人民支持浅沼讲话

周总理说：浅沼书记长所说的这些问题，从政治上看，都是极为重大的问题。这对恢复中日邦交，也是重要的。他说："我在回答浅沼先生的问题前，对你 3 月 12 日所做的演讲表示感谢。我认为，这篇演讲代表了日本绝大多数人民的愿望。我知道，社会党倡议的运动特别是恢复中日邦交和粉碎日美安全条约的运动，正在高涨。这一运动，对改善中日关系具有决定性的意义。浅沼先生说，为恢复中日邦交需要掀起运动，中国人民表示支持。你演说的那一天，张奚若会长已经表示了支持，我现在代表中国政府表示支持。我们把你那篇演讲看作是打开中日两国间停滞状态的重要文件。"

周总理说："关于那篇讲演，我想讲一两点意见。因为浅沼先生大致上都讲了，所以我和外长没有必要再讲。但是，在座的还有（日本）新闻记者，我要谈一谈中国政府是怎样考虑的。问题是日本的自由民主党那些掌权的人。从新闻报道看，有必要对他们提出警告，他们没有放弃敌视中国、制造'两个中国'的阴谋。最重要的是，他们阻挠中日恢复邦交。社会党要促进，而他们却在阻挠。报纸说，成田代理书记长抗议自民党福田干事长非难浅沼先生的演讲，说那是对社会党的干涉。为什么要干涉其他政党呢？福田先生的态度是很明显的。他们害怕中日关系的发展。我感谢浅沼书记长的演讲。因为由于福田提出非难，暴露了他们的本质。"

周总理接着说："下面，我要谈中日关系，否则日本报纸会说中国干涉你们的内政。我要说的，不是日本的内政，而是中日关系的问题。关于这个问题，刚才浅沼先生问了我。看来，福田干事长也想让我说一说。所以我要在各位（日本）新闻记者面前把这个问题讲清楚。"

于是，周总理就中日关系正常化的问题——缔结和约；保障日本的独立与和平的问题——详细地阐述了中国政府的看法。周总理说："你们反对修改《日美安保条约》并要求废除它，与此同时，我们要解放台湾，反对美国干涉中国内政和对中国进行武装侵略。在达到这个目的时，才有可能建立和平的集体安全保障体制。你说美帝国主义是中日两国人民的共同敌人，我赞成。在这一点上，浅沼先生说的是正确的。福田干事长当然要反对。因为他想借美国的力量，复活军国主义。但是，大部分日本人民是反对的。我们支持日本人民的感情。我们对美国人民是友好的，我们反对的是美国的侵略政策。在政治问题上，我们的意见几乎相同。"

浅沼稻次郎说："刚才周总理夸奖了我的演讲。我们经常说，在日本国内，我们与资本主义进行斗争；在国际上，同帝国主义进行斗争。实际上，我们正在进行着这样的斗争。而这个帝国主义，当然是美帝国主义。尽管日中两国人民努力开展国民外交，但是由于执迷不悟的（日本）保守内阁，中日尚未恢复邦交，这是令人感到遗憾的。我衷心希望日中两国关系能早日实现正常化。这次我们到中国来，好像使中断了的关系多少打开了一点窗户。"

周总理肯定这次人民外交的目的达到了，是成功的。

浅沼倒在日本右翼分子的凶刃下

浅沼稻次郎的演讲，在中国得到了人民群众的广泛支持。代表团所到之处，无论是在工厂、农村，都受到了热烈欢迎，很多人拥上前来，争着跟浅沼握手，或请他签名留念。

因为此事在日本反响较大，那一段时间我一直注意看报纸。浅沼稻次郎回国后，受到右翼分子的威胁和恐吓。3月24日，在东京新桥车站前广场举行"社会党访华团报告演讲会"时，大日本爱国党等十几个右翼团体进行捣乱，他们打出横幅，上写着"消灭中共爪牙社会党"，他们还扔燃烧筒，扯碎社会党旗，气焰嚣张地大闹了一通。尽管如此，浅沼稻次郎仍大无畏地继续发表他的演讲。他说："今天的演讲会，是为了发展国民外交，以恢复日中邦交。你们进行捣乱，使我想起'满洲事变'（即'九一八'事变）前夕跟着军部跑的那些人的行径。让我们为排除这些捣乱，争取日中恢复邦交而前进！"他的演讲，受到群众的鼓掌喝彩。

1960 年 10 月 12 日下午 3 时许，浅沼稻次郎出席了在东京日比谷公会堂举办的自民党、社会党和民社党三党党首演讲会。这次演讲会是为迎接即将到来的大选而举行的。浅沼稻次郎的演讲排在第二位。他在演说中，义正词严地强烈谴责日美军事同盟条约，要求日本成为完全独立的国家。他说，美日安全条约问题是日本最重要的问题。由于（日本）政府强行修改安全条约，使备尝驻扎外国军队之苦的日本不得不允许美军继续使用日本领土。这是日本历史上未曾有过的不平常情况。他说："日本的宪法明确规定，日本应当放弃战争并且不应当保持任何战略军事力量。根据宪法的这项规定是不准日本同外国缔结任何军事同盟条约的。政府缔结新军事条约的行为，显然严重违反我国的宪法。"

浅沼说："为了成为完全独立的国家，日本应当要求美军撤退，要求把美国占领的全部地区归还日本。为了摆脱美国的占领，日本应当成为中立国家。"他还指出，同美国缔结军事同盟将增加战争的危险，根据条约规定的义务，日本必须承担增加军事开支的义务。他强调说，日本应当首先割断同美国的军事联系。

在谈到日本同中国的关系时，浅沼要求必须废除"日蒋条约"，并说："日本同有六亿人口的中国没有外交关系，这是很不自然的。中国只有一个，台湾是中国的一部分。日本必须尽早使日中邦交正常化。""但是屈从美国的池田内阁在今年秋季的联合国大会上投票反对中国进入联合国。在联合国中，中立国家都转而支持中国进入联合国，忽视这些国家的动向是不明智的。"他说，如果日本这样做，将成为亚洲的孤儿。

在浅沼演讲过程中，一批混入会场的右翼分子不时地大声叫喊，还

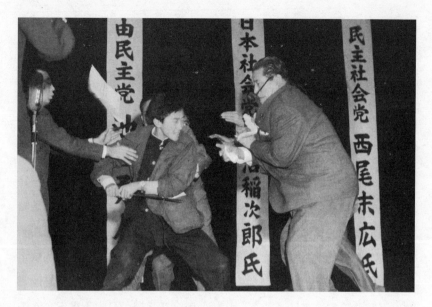

◇ 浅沼稻次郎遇刺现场

散发了上千张传单，使得全场听众有时几乎听不见浅沼讲话的声音。

正当浅沼稻次郎说到"甚至在自由民主党内部，也有像石桥湛山和松村谦三这些了解中国问题的领袖。我党愿意同这些使日中关系正常化的保守党人合作"时，前大日本爱国党和"全亚洲反共青年联盟"成员的右翼分子持刀直奔台上，在众目睽睽下，对浅沼稻次郎下了毒手。

那一年浅沼稻次郎才六十一岁，他在法西斯暴徒罪恶的匕首下倒下了，但他临终前的声音反映了广大日本人民保卫民族独立、维护民族尊严的坚强意志。

"浅沼先生的被刺绝不是一个偶然的事件"

日本一位政治评论家指出，浅沼稻次郎的被害，说明日本的右翼势力看到日本人民反对《日美安保条约》的斗争不断高涨，加深了危机感。

同时，浅沼在北京的演讲也一直是他们的"眼中钉"。这位评论家对于浅沼稻次郎后来的积极变化给予很高的评价。他说，本来浅沼的思想属于社会党内的右派，很长一段时间在左翼阵营里人们称他为"堕落干部"，但是在日本国内外形势发展，日本民族处于危机时，他升华了自己的思想，甚至超越了所在党的立场，把当时最重要的政治课题，凝聚为"美帝国主义是中日两国人民的共同敌人"这样一句话说了出来，这表现了他不愧是一位熬过战前黑暗政治的、群众运动的杰出领导人。

周恩来总理 10 月 13 日致电日本社会党本部吊唁浅沼稻次郎被害。唁电称浅沼稻次郎先生"是日本卓越的爱国者，也是中国人民尊敬的朋友"，并说："正当日本人民反美爱国的正义斗争取得了极大胜利、日本大选即将来临之际，浅沼先生的被刺绝不是一个偶然的事件，它是美日反动派向日本人民发动新的进攻的一个严重信号，但是，美日反动派的这种卑鄙行径，只会使自己更加丧失人心，只会激起日本人民更大的愤怒，并且促使日本人民在更广泛的范围内团结起来，进行斗争。"

的确，日本右翼分子杀害浅沼稻次郎的卑鄙行径燃起了千百万日本公众心头的怒火，唤起了更多群众的觉醒。在那些日子里，日本各地人民连续举行抗议示威。仅 10 月 15 日一天，日本四百万工人在八百个地方举行声势浩大的大罢工，抗议美日反动派杀害浅沼稻次郎，要求废除《新日美安保条约》，要求池田内阁立即引咎辞职。正像 10 月 20 日日本社会党为浅沼稻次郎举行葬礼那一天《人民日报》发表的社论所说的那样，这表明浅沼先生的鲜血是绝不会白流的。

在日本，一切主持正义的人们把浅沼稻次郎说的那句名言加以归纳，称为"浅沼精神"。

"为什么要修改民族英雄的话？"

*

*

1961 年 10 月 4 日下午 5 时半许，周总理在西华厅会见了由黑田寿男会长率领的日中友好协会代表团。我被临时调去做翻译。

就在这次会见中，周总理用了很长时间谈了浅沼稻次郎先生的那篇著名演说。周总理在分析了中日两国人民都受美帝国主义的侵略政策和战争政策之害后说：我不能不谈日本社会党的浅沼先生留下的那句话"美帝国主义是日中两国人民的共同敌人"。这句话是正确的、英明的。浅沼先生这句话的正确性，日本人民用他们的行动证明了。无耻的敌人暗杀了浅沼先生，浅沼先生牺牲了。这表明谁是日本人民的敌人，谁是日本人民的忠实儿子，谁是日本人民的代表人物。"美帝国主义是日中两国人民的共同敌人"，这句话现在已成为浅沼先生的遗言。今后形势的发展，将证明浅沼先生的话永远是颠扑不破的，永远会放射出光芒。中日两国人民今后的行动，将越来越证明浅沼先生的英明和正确。

浅沼那句话是他自发下的论断

说到这里，周总理把话一转说：听说，在日本朋友当中有人要追究浅沼先生是在什么样的情况下讲出那句话的。在座的各位跟浅沼先生都很熟，或者是一个党的同志，应该比我更了解他。我同浅沼先生，只是在他访问中国时，接触过几次。我们应当尊重为日本民族的解放而奋斗的烈士的遗言。更何况他的话是正确的。浅沼先生的那句话，是他在北京的一次演讲中自发地下的论断。有人说，浅沼先生是受了中国的影响。影响是有的。但是，更大的影响是美帝国主义给他的。如果美帝国主义不敌视日中两国人民，浅沼先生就不会毫无根据地讲那个话，那个话也不会产生影响。两年后的今天，那句话在西太平洋仍具有很大的影响。如果说有中国人民的影响，我认为那是因为美帝国主义敌视中国人民，中国人民反对它的缘故。

周总理说：正如刚才黑田先生所说那样，美帝国主义不仅敌视中国人民，而且敌视日本人民。正因为浅沼先生看到了这一点，才说了那个话。如果说浅沼先生讲的话是中国方面强加给他的，那是对日本伟大的民族英雄的侮辱。中国人民尊重代表一个国家的人物。怎么能够把自己的意见强加给别人呢？例如像今天这样，我跟各位谈话，可以彼此交换意见，但你们讲什么话，我们怎么能强加给你们呢？因此，说中国人民强加给浅沼先生的说法，是对我们双方的侮辱。我们为了爱护民族英雄，不能不对此进行反驳。所谓"强加于人"，一定是美帝国主义和日本反动派造出来的。这种"强加于人"的说法，也是对日本社会党的侮辱。因为浅沼先生的报告在他回国后已经得到了批准。

美国改变政策才能修改浅沼的话

周总理说：在日本，还有一种意见，主张修改浅沼委员长讲的话。但是，事实证明他讲的话是正确的。民族英雄讲的正确的话，为什么要修改呢？

周总理不无讥讽地说：如果说到修改，有一个方面有这个权利，那就是美帝国主义。这就是说，美帝国主义接受浅沼先生的主张，放弃战争和侵略政策，撤除在日本的美军基地，归还冲绳，废除《日美安保条约》，把台湾归还中国，缔结日、美、中、苏的互不侵犯条约，如果这些都实现了，到那时就能够修改"美帝国主义是日中两国人民的共同敌人"这句话。因此，这一修改，应该由美帝国主义自己来做。

周总理接着说：另外，还有一个方面有权利修改这句话。那就是通过中日两国人民的斗争，美帝国主义的政策在东方失败，美国人民起来把现政府改变为与中日两国人民友好的政府，那句话就可以修改了。

周总理停顿了一下说：这两种可能还没有变成现实。第一个可能性，是美帝国主义改变政策，现在还没有任何迹象。第二种可能性，斗争还没有把美国逼到这一步。因此，现在浅沼先生的遗言是符合实际的，这证明了浅沼先生的话是正确的。那句话，有一半跟我们有关。美帝国主义侵略着中国，所以中国人民反对它。因此，我们坚决支持那句话。另一半，关系到日本人民，应当由日本人民做出判断。但是，那句话的正确性，由你们去年以来的行动得到了证明。周总理说，不仅如此，美帝国主义是全世界爱好和平的人民的敌人。不结盟国家会议宣言所说的新殖民主义，就是指美帝国主义。

说到这里，周总理环视了日本客人说，对于浅沼先生的那句话，听说在日本社会党和日本人民中间正在进行讨论，所以我作为朋友从友好的角度讲了这些话，可能讲得长了一些。

接着，周总理说：反对帝国主义，反对殖民主义，对于日本人民来说，就是直接反对美国的侵略和占领制度。正因为日本社会党高举这一光荣的旗帜进行了斗争，所以它在日本人民当中的声望在提高。浅沼先生也为此而牺牲了，因此其影响也是大的。现在社会党议论修改它，我认为有害无益。我作为日本社会党的朋友这样想，不知你们的想法如何？周总理自问自答地说：为什么浅沼先生被刺，而其他人没有被刺？那是因为浅沼先生站在反对美帝国主义的前列，而其他人没有这样做。既然如此，到了现在却去争论浅沼先生的遗言，这是基于怎样的考虑呢？我不能理解。

周总理强调说，即使将来美帝国主义被迫改变了政策，或者它在政治上失败了，浅沼先生的讲话精神仍然是正确的，绝不能说是不正确的。

因此，我个人的看法是：不要去争论浅沼先生的话正确与否，而应当研究怎样去解释和实践他的话。浅沼先生的话是抽象的，因此要在具体的斗争中，研究具体的政策和策略。这就是说，在反美斗争中，要研究中日两国人民应当反对什么，从哪里去反对。我认为，日中友好协会和日本人民是不是需要研究具体的政策和策略？社会党是不是也需要研究这样的具体政策和策略？

周总理在结束他的讲话时说：从现在日本的处境来说，日本要摆脱美帝国主义的控制，成为不结盟国家，也就是我们常说的成为中立国家，需要长期的奋斗。浅沼先生、社会党以及其他进步党派为此进行了斗争。摆脱美国的控制，除此之外，是解决不了问题的。这就是我今天想跟各位谈的。

周总理的智慧和政治上的高度敏感

代表团成员穗积七郎听了周总理的话后，说了一段话。他说：浅沼反对美帝国主义的讲话，作为日本的社会主义者来说，是理所当然的。因此，社会党的每一个机关都批准了浅沼率领的第二次访华使节团的报告。后来，也许有那么一两个人对此进行了批评，但如果有这种人，那也是个人行为，而党的决定没有变更过一次。此外，我党对日中问题的方针从没有动摇过，也没有变更过。如果有那么一两个人在党内动摇，提出批评，我们有信心在党内加以克服。

穗积说：今年年初，党代会决定派出第三次访华使节团。今年6月，在中央委员会上再次确认，并且决定要促进恢复日中邦交，努力争取亚洲的和平。不仅如此，党内机关决定的第三次访华使节团的基本方针是，确认第一、第二次访华的成果，并进一步发展这些成果。这就是说，不要后退或停滞不前。实际上，我们党站在不承认《日美安保条约》的立场上，为反对美帝、反对美军基地、反对复活日本军国主义而进行着斗争。但是，正像周总理所说的那样，浅沼的那句话短而抽象，在许多方面还有不充分的地方。因此，我们要进一步使其具体化。实际上，从浅沼讲话到今天为止的两年半期间，美帝国主义的政策又有了重要的发展。因此，我认为第三次使节团应当指出美帝国主义政策的一个一个的具体事实，并在日中之间进行讨论，进而加以克服。我认为，最理想的是第三次访华使节团以此作为焦点，同中方进行充分的详细磋商，并把取得一致的看法具体地加以表述。我们抱着这一心情，希望能早日派出第三次访华使节团。希望届时中方能给予欢迎和协助。

周总理回答说：可以。如果以友好和确立共同的斗争任务为基础，进行更深入的讨论，我们随时都欢迎。

由于周总理做了上述积极的表态，黑田寿男团长说，周总理在百忙之中抽出这么长的时间给我们讲了话，我们表示感谢。

在通常情况下，会见到此就该结束了。但这时，周总理眼睛忽的闪亮了一下，好像想起了什么，从容地说道："我补充一下穗积先生的话。说浅沼先生的那句话抽象，是指它把许多具体的事实做了概括，而不是批评浅沼先生的讲话。敌人是具体的啊！从很多具体的事实抽象出来的结论，反过来可以促进具体的斗争和具体的实践。如果把'抽象'做这样的理解，那么我赞成。"

穗积马上说："我也是以完全相同的意义讲的。"

周总理这一重要"补充"，充分表现了他政治上的高度敏感，思维的异常致密，并表现了他的机警和智慧。显然，周总理从穗积的发言中敏锐地觉察到"抽象"一词，有可能被别有用心的人利用。而这一点，围绕着浅沼稻次郎的那篇演讲在日本正在引起的争论尤为关键。周总理立即抓住这一点，不失时机地补了一段话，令人感到他不愧是一位杰出的外交家。

"中国何时进行核试验？"

*

*

1964 年 5 月 16 日上午，新华社国际部的吴学文打来电话告诉我，周恩来总理要会见日本共同社专务理事岩本清，要我立即到新华社来。

我从机关要了汽车，马上到新华社。

吴学文简单地向我介绍了岩本清的情况。在此之前，我对岩本清的情况一无所知。岩本清是日本的一位老报人，1926 年由东京帝国大学法学部政治学科毕业后，就进入了共同社（全称为"共同通讯社"）的前身——国际通讯社。当时进国际通讯社要具备两个条件，一是懂外语，二是能够安心在海外常驻。这两个条件，岩本清都具备。入社后，他被派到该社的大阪支社经济通讯部工作。就在这一年的 5 月，国际通讯社与东方通讯社合并，成立了非营利的报界联合体——"日本新闻联合社"。1933 年 2 月，岩本清被调回新闻联合社东京本社，5 月就被派到纽约做特派记者。1936 年初，新闻联合社与电通社合并，成立了社团法人同盟通讯社。岩本清被任命为该社驻纽约支局长。1937 年回国后，任外信部部长。从 1942 年直到日本投降为止，岩本清做过同盟社驻华中总局局长、该社南方总社次长兼驻马尼拉支社长。1945 年 10 月，同盟社解散。11 月，社团法人共同通讯社成立。翌年 6 月，岩本清兼任了该社的涉外部部长，负责与驻日美军司令部联系。后来，他担任过总务局长和编辑局长。1952 年元旦凌晨，苏联部长会议主席斯大林给岩本清编辑局长发来了"致日本人民元旦贺词"，当时，成为世界性的大新闻。1959 年 12 月，由于前任专务理事松方义三郎辞职，岩本清便由常务理事升为专务理事。

1964 年春天，岩本清安排了一次国外旅行，计划访问四个国家——美国、苏联、英国和中国。他 4 月 8 日晚离开东京，历时 40 天，于 5 月 18 日回到了日本。这一次他到国外旅行的目的，是要拜访各国具有代表性的通讯社，并同这些通讯社的领导人会谈，以进一步加强日本共同社与它们之间的合作关系。与此同时，他也要亲自考察一下各国的情况和国际形势，以便掌握日本特别是共同社如何去适应形势发展的要求。当然，另一个任务便是视察共同社设在各地的分社，慰问在那里坚持工作的特派记者。

北京，是岩本清这次国外旅行的最后一站。这也是他战后第一次访问新中国。他受到了新华社吴冷西社长及其他社领导的热情欢迎。岩本清认为，共同社和新华社这两个大通讯社都在亚洲，一个代表日本，一个代表中国。这两个国家在历史上虽有很深的渊源，但社会制度不同，现在两国关系尚未正常化。在这种情况下，共同社和新华社应当加强合作。他同吴冷西社长就此坦率地交换了意见，而且就两社之间互相交换新闻稿和图片达成了协议。岩本清与吴冷西社长还就中日互换记者问题，交换了意见。

在中南海西花厅的会见

在岩本清要离开北京的头一天，也就是 5 月 16 日他接到通知，周总理要接见他。在此之前，他曾向新华社提出要见周总理，并交来了他准备提问的几个问题。和西方一样，日本的报界有一个习惯，就是派出社长或编辑局长访问某一个国家时，千方百计要求那个国家的领导人接受采访，然后，在报上发表一问一答的访问记。这种形式很受读者欢迎。在日本，加入共同社的地方报纸很多，所以，共同社就利用编辑局长访华的机会，提出了会见并采访周总理的要求。

会见是在中南海西花厅进行的。吴学文和我陪同岩本清到达时，周总理和陪见的廖承志、吴冷西社长、邓岗副社长以及外交部新闻司司长龚澎已经在那里等候了。我担任了那一天的翻译工作。

宾主坐定后，在轻松的气氛中，周总理先向岩本清了解了共同社的一些情况。岩本清介绍了共同社概况以及与新华社的交流情况。当谈到共同社的前身——同盟社时，周总理的思绪似乎飞向抗战时的延安，说抗日战争时期延安有个小组专门抄收同盟社的新闻稿，然后译成中文供领导参考。会见开始后的三十分钟里，话题差不多都集中在共同社的问题上。由此可见，周总理对日本情况的关心。接着，谈话进入了一问一答。

岩本清提出的第一个问题是关于日中关系问题。岩本清说，第二次世界大战结束后已经快二十年了。但是，日中两国至今尚未实现邦交正常化。我想请总理谈一谈对日中关系正常化前途的估计。

周总理仔细地听完了岩本清的提问后，回答道：中国政府同意包括日本执政党在内的一些朋友提出的积累方式。积累方式应该是一步一步向前进的。如果受到外来势力的阻挠，进一步，退两步、三步，那么事态就会恶化。应该继续向前进，这样，到了一定的时候就要采取果断的政策，下决心恢复邦交。

周总理说到这里，对他的话又做了进一步的阐述。他说，所谓果断的政策，就是时机成熟时，要有一个质变，这就是说还要在形式上恢复正常的国家关系。虽然问题并不简单，但是，日本政府必须明确地坚持一个中国，承认中华人民共和国是代表中国人民的唯一合法政府。日本不能同时跟中国和蒋介石集团建立外交关系。所谓果断的政策，就是指这一点说的。周总理接着说，日本政府当局有人说，"中国是一个，台湾是中国的内政，局外者不应该说三道四"。我赞成这个想法。我认为这反映了大多数日本国民的声音。我相信，而且希望不管有什么阻挠，日中邦交总有一天是要恢复的。

"谢谢总理给做了明确的回答。我想向总理再请问一个问题，那就是关于日中贸易问题。在当前日中关系尚未正常化的情况下，不知日中贸易的前景会怎样？"岩本清问。

周总理说，我认为，中日贸易还处于初级阶段。但是，今后会在平等互利、互通有无的基础上越来越发展。如果把中日两国的合作扩大到亚洲、非洲，中日贸易的前途将是非常广阔的。在原料开发、产品的生产和供给、发展工业、提供机器设备、扩大市场、积累资金、技术合作等方面，互相可以合作的事情很多。这是第二次亚非会议的重要议题。日本向第一次亚非会议派遣了政府代表，我想第二次会议日本不会置身于会议之外，而不去参加。因为这是各国领导人以万隆会议的精神，来讨论共同发展与合作的绝好机会，而不是推行殖民主义。

岩本清提出的第三个问题是关于中苏关系的："在日本，人们很关心中苏对立问题。我想请总理给介绍一下这一方面的情况，如果可以的话。"

周总理就这个问题只是简要地做了回答。他说，中国共产党和苏联共产党之间的争论不是一个党和一个党之间的争论，而是许多党和许多党之间围绕着马列主义原则问题的重大争论。这一争论总有一天会在马克思列宁主义的基础上得到解决。至于什么时候解决，那要看争论的发展情况。

"日本人关心的另一个问题，是中国在今年秋天能不能加入联合国，不知中国是怎样估计这一形势的？"岩本清向总理提出了第四个问题。

"在今年秋天的联合国大会上，恢复中国合法席位的问题会出现一些变化，但是还不能取得绝大多数国家的支持。"周总理回答说，"因为美国会阻挠这一趋势，它很可能会利用一小撮追随者采取新的花招。也有可能采取这样一手，就是一方面承认我们代表中国人民，而另一方面制造所谓'台湾地位未定'的借口，企图把台湾从中国分割开来，继续把它留在联合国里。这是我们坚决反对的。"

"中国总有一天是要拥有核武器的"

岩本清提出的第五个问题，是关于中国开发核武器的问题。当时，中国还没有进行核试验，但是外电盛传中国正在加紧做核试验的准备。岩本清问周总理，中国何时进行核试验？

周恩来总理首先阐述了中国对于核武器的基本立场。他说，中国一贯倡导并强烈主张全面禁止和彻底销毁核武器。因为我们认为这是全世界人民的要求。但是，目前还做不到这一点。核武器还被两三个大国垄断，它们把它作为威胁别人的手段。我们必须拥有对抗他们的手段，但最终的目标是实现全面禁止核武器。说到这里，周总理郑重地回答岩本清说，至于中国什么时候拥有核武器，作为一国的总理，即使能计算出来时间也不能说。我只能说，只要全世界还不能禁止和废除核武器，那么中国总有一天是要拥有核武器的。

"周总理，据说您在访问非洲时曾经说过，'过去跟蒋介石先生进行过两次合作。我们不认为他会甘心于美国的统治。'请问总理，是否存在新的一次国共合作的可能性？"这是岩本清提出的最后一个问题。

周总理回答说，我在非洲的谈话是就历史讲的。第一次，是跟孙中山先生领导的局部地区的革命政府实行的合作。第二次，是跟国民党的全国性的政府实行了合作。现在，形势发生了根本性的转变，是共产党领导了全国。但是，我认为有进行合作的可能性。这是因为大家都知道南朝鲜的李承晚和南越吴庭艳的例子，在他们之后上来的人也根据美国的意愿换了马。

会见进行了约两个小时，岩本清对与周总理的这次会见非常满意。他认为，周总理的谈话不仅时间长，而且很深入。

据吴学文回忆，岩本清"满意地走出西花厅回到北京饭店。为准确而迅速地将这次会见新闻发回东京总社，他和我（吴学文）核对了采访记录，然后专心致志地写起新闻稿来"。吴学文说："这位老记者、共同社的领导者，在这样重要的采访中，没有带助手，谦虚地与中国记者核对采访记录，并亲自敲着英文打字机，争分夺秒地向总社发稿，其崇高的敬业精神令人敬佩。"

我为岩本清的成功采访而喝彩。尽管他问周总理中国何时进行核试验，没有得到直接答复，但他的提问在时机上是抓得好的。在他提问的五个月后，1964 年 10 月 16 日，中国第一颗原子弹在中国西部地区爆炸成功。岩本清超前报道了中国政府关于核武器问题的政策主张，这对日本及世界了解中国也是很有益的。

"此时无声胜有声" —— 记松村谦三连续访华

*

*

1959 年 9 月中旬的一天，我正在"接受再教育"的山西洪洞县的地里干活，突然接到原单位发来的电报，要我立即返京。我不知发生了什么事情，连忙赶回北京。返京后才知道，是为了参加建国十周年的外宾接待工作和准备迎接松村谦三一行。

长崎"国旗事件"

松村谦三选择那个时候访华，与当时的中日关系密不可分。新中国成立后，中日两国关系虽然一直处于不正常状态，但是通过两国人民的努力，1952 年 6 月高良富等三位日本国会议员访华，与中方签订了第一个中日民间贸易协定。之后，中日两国的民间贸易逐步开展起来，呈现出发展的势头。

但是，1958 年 5 月长崎发生的日本右翼分子污辱中国国旗的事件，彻底破坏了中日两国间已经出现的友好气氛。这一事件的原委是这样的：5 月 2 日下午 4 时半许，日本两名暴徒闯进长崎市内滨屋百货商店四楼展出中国邮票和剪纸的会场，扯下了中国国旗。会场主持人立即将暴徒扭送至长崎市警察局，但警察局却不把五星红旗视为中国国旗，仅以"损害器物"为由，当晚将暴徒释放。中国政府当即向日本政府提出严重抗议。这一事态，使中日两国间好不容易建立起来的交往渠道几乎全部中断，剩下的只有中国方面向日本中小企业提供"照顾物资"这条细小的渠道。长崎"国旗事件"的发生绝不是偶然的，而是当时的岸信介内阁追随美国，对中国采取敌视政策的必然结果。

面对这一严峻的形势，从 1959 年起，日本一些有远见的政界人士忧虑中日关系的现状，开始展开活动，以谋求改善中日关系。在这种情况下，第一位到中国来访问的有影响的日本政界人士，便是前首相石桥湛山。那是 1959 年 9 月的事情。紧接着，就在当年 10 月，松村谦三应周恩来总理的邀请率团来华。

周总理在大厅门口亲自迎接

从中日关系后来的发展来看，周恩来总理当时邀请松村谦三访华，具有特别重要的意义。

由于当时的日本首相岸信介表示要"与共产主义对抗到底"，对中国采取所谓"静观"态度，并企图不顾一切地修订《日美安保条约》。在这种情况下，执政的自民党内有些人对松村访华感到困惑，认为这是一种冒险行为，表现十分冷淡，因此松村谦三这次来华显然不可能有太大的动作，只能采取一般友好访问的形式。虽然日本各阶层人民对松村一行的访华寄予了较高的期望，但松村本人仅仅希望通过他的访问，向中方说明日本的立场，也摸一摸中国的底，以便找到打开中日关系僵局的某种契机，而根本没有打算同中国发表"共同声明"或"协议"之类的文件。

中国方面对于松村谦三的这次访问十分重视。在代表团到达北京的第三天 —— 10 月 21 日，周总理在人民大会堂上海厅举行了欢迎酒会。中国方面的重视程度，还可以从出席这次酒会的人士囊括了与日本有密切关系的中国政界、经济界、文化界、卫生界、新闻界等各方面代表人物这一点，窥见一斑。

日本客人走进上海厅时，周总理站在大厅门口，亲自迎接。孙平化向周总理一一作了介绍。我站在一旁做翻译。由于我被下放山西劳动，好久没有为周总理做过翻译了，所以在大厅门口做迎接客人的翻译时，难免有些紧张。

那天晚上举行的虽然是欢迎酒会，但采取的是宴会形式。周总理首先站起来讲话。他没有拿讲话稿。做翻译，最忌讳的是脑子里有杂念，有了杂念，思绪一定会混乱。我努力控制自己的情绪，逐渐地感到好像没有先前那样紧张了。周总理说：松村谦三先生是继石桥湛山先生之后到中国来访问的。松村先生同石桥先生一样，都主张中日两国人民应该携起手来，共同为远东和世界和平，共同为促进中日两国人民的友好关系而努力。我们希望松村先生这次到中国来能多留一些时间，多同中国各方面的朋友谈一谈，多到各个方面各个地方去看一看，这样就可以更好地了解新中国，从而更有助于我们两国人民为远东和世界和平做出自己的贡献。

松村谦三致答词。他也没有拿讲稿，即兴讲了三十分钟。松村说："日中两国之间过去不幸发生了许多问题，这使我们深为遗憾。今天，我可以说，日本没有一个人愿意再重复过去的错误。日本国民希望走和平的道路。日本应当在和平的环境中随着亚洲的繁荣而生存下去。我愿意代表日本国民表达这种愿望。日本应当竭尽全力赶上世界和平的潮流。"

松村谦三赞扬新中国的发展。他说："中国人民规模宏大的建设，以及历史上从未有过的民族振兴，是历史奇迹。在和平环境下，如果这一宏伟的建设能持续二十年、三十年，那么毫无疑义，它将改变世界的历史。这将有助于亚洲人民的自由与世界和平。"

松村还表示，他这次访华抱有多种目的。他首先希望能同中国各方面人士交换意见，其次是要看一看新中国的大规模建设，看一看中国的古代文物。他说，作为一个老汉学家，希望游览名山大川，作为一个曾经多年做过农业工作和教育工作的人，还希望了解中国的农业和文化教育工作。松村说："一句话，我的最大目的是，通过这次访问，希望能够达到双方真正的理解和亲善。"

松村谦三这次访华，周总理总共与他进行了四次会谈。这些会谈，有的采取了会见全团的形式，有的则是"一对一"的单独会谈。每次会谈，时间都很长，有时竟谈到深夜。我印象最深的，是那次在前往密云的列车上进行的单独会谈。

别开生面的"车中会谈"

清晨，从北京出发的专列向距离京城西北八十公里的密云水库疾驰。

那是 1959 年 10 月 25 日。

头一天，我接到通知：周恩来总理要陪同松村谦三一行参观密云水库的建设工地，国务院外办安排我担任此行的翻译。上车前因为没有人交代我当天工作的细节，所以我心里想，等列车抵达密云后，周总理将出面陪同客人参观，那时，我一定要把这场重要的翻译工作做好。然而，我怎么也没有想到周总理会利用这趟列车往复的几个小时，在车中同松村先生进行一次别开生面的会谈。

这趟专列从北京出发时就挂有一辆公务车。列车启动后不久，我陪同松村来到这节车厢。车厢内布置得像一间客厅，秋日柔和的阳光透过车窗射进来，显得明亮、温馨。我看到周总理已经等候在那里。根据双方约定，中方陪同人员只有廖承志，而日方没有安排陪见人员。这是一次深入的会谈，日方后来把这次会谈称为"车中会谈"。

会谈的中心，是如何改善中日关系。总的来说，会谈是在友好的气氛中进行的，但在原则问题上又各不相让，双方把该说的话都说了。整个会谈，我认为周恩来总理发挥了主导作用。

周总理对松村谦三不顾高龄为改善中日关系率团来华给予肯定，并

◇ "车中会谈"

对他战后出任农林大臣时实现日本粮食的自给自足表示赞赏。

在谈到中日关系时，周总理说，中日两国人民不仅要在和平共处五项原则的基础上谋求改善两国关系，而且要逐步恢复两国的正常关系，实现互不侵犯。周总理说：我们认为，中日两国恢复了正常关系之后，可以缔结互不侵犯条约，而且可以把互不侵犯条约的范围扩大到远东、整个亚洲及太平洋。周总理强烈谴责了岸信介内阁当时推行敌视中国的政策，指出日本有一小撮人包括执政的一些人，敌视中国，参与制造"两个中国"，阻挠发展中日两国人民的友好关系。

松村谦三表示赞同周总理对中日关系的总的看法，并认为"完全是正确的"。他说，日中两国有两千年的友好传统，两国人民不应当处于现在这样的不幸状态。我们应当恢复友谊。他还说，现在世界吹着和平的风，我们愿意同中国一道为世界和平做最大的努力。但是，松村却极力为岸信介辩护，说他没有敌视中国，并说周总理指出的那些情况是一定会改变的。针对这一情况，周总理说："即使松村先生等友好人士对中国再表示理解，再表示友好，那也是代表个人。而岸信介是日本的总理大臣。一国的负责人对中国采取敌视政策，情况就不同了。"

在谈到《日美安保条约》时，周总理严正指出，岸信介内阁修改条约将使美国继续在日本保留侵略亚洲各国的军事基地，因此，修改条约不仅是日本国内的问题，也是国际问题。周总理说，战后，日本处于半占领状态，建立了外国军事基地，并受到不平等条约的束缚，这是不幸的。中国人民对日本人民的不幸表示同情。现在，日本人民要求摆脱这一束缚，反对修改并要求废除《日美安保条约》的斗争日益高涨。中国人民同情并支持日本人民的这一斗争。因为中国人民担心在美帝国主义统治下，日本有可能进一步成为美国的军事同盟，进而复活军国主义。

然而，松村却说修改《日美安保条约》是为了把"不平等条约改为平等条约"，并不像中国所想象的那么严重。松村竟搬出《中苏同盟互助友好条约》，说"中国缔结这一条约也不是真心要同日本打仗。修改《日美安保条约》也跟这相类似，只要和平共处的动向和新的和平运动发展了，《日美安保条约》即使存在，也会变成一纸空文"。

台湾问题，是双方会谈的另一个重要问题。周总理指出日本确有一小撮人企图染指中国领土台湾。中国反对制造"两个中国"或"一中一台"，反对搞"台湾独立"。松村则极力回避问题的实质，说台湾是日本因战败而"放弃"的，怎样处理台湾问题，应由获得的一方自己去解决，而不要向日方提出。

据我观察，日方的态度是：在谋求改善日中关系时，作为第一步，想恢复贸易，但又生怕涉及废除"日蒋条约"这一尖锐的政治问题，因此极力主张所谓的"政经分离"。周总理针对日方提出的这一论点指出，在发展中日两国人民的友好关系中，有可能随着中日关系的改善，使一度中断的中日贸易关系得到恢复，两国的文化交流也可以得到进一步的发展。我们必须促进这一关系的发展。这就是政治。有人把政治和经济分割开来，这是奇谈怪论。我们邀请松村先生到中国来访问，这也是政治。因为人与人的关系，本来就是政治的关系。

我在工作中感到，松村谦三的首次访华，无论从中方或日方来说，都想把它作为一次重要机会，表明自己的立场、了解对方意图、增进相互理解，并借以探索打开中日关系的僵局、谋求改善中日关系的可能性。

根据双方达成的谅解，松村在结束访华时既未发表公报，也未发表会谈纪要。但这并不意味着会谈没有取得成果，而是双方有意这样安排的。有人曾经引用白居易的诗句说"此时无声胜有声"，我认为这是很恰当的。通过双方的共同努力，松村的这次访华为后来签署廖（承志）高（碕）贸易协议和互换记者协议，并使中日关系一举从民间往来向半官半民阶段过渡，奠定了重要基础。

不仅要看到今天，还要看到明天

应周恩来总理的邀请，松村谦三第二次访华，是在1962年9月。中国方面同第一次一样给予了高度的重视。代表团一行到达北京的第二天，即9月15日晚，周恩来总理和陈毅副总理举行了欢迎宴会。周总理即兴发表了热情洋溢的讲话。

他说："松村谦三先生踏上中国国土的时候，正是中国的中秋佳节，因此愿以中国的一句话'花好、月圆、人寿'欢迎松村谦三先生及其一行。月圆象征着团圆，亚洲人民应该团结起来，并且应该团结在亚洲、非洲、拉丁美洲的大家庭里。"周总理说，中日两国人民应该友好相处，而且应该世世代代友好下去。他赞扬松村谦三不仅愿意努力促进中日两国人民的友好团结，而且愿意努力为两国人民后代的友好打下基础。

说到这里，周总理意味深长地强调说，我们应该把眼光放得远一些，对于松村先生的这次访问，我们不仅应该看到今天，还要看到明天。

听了周总理这一席话，松村谦三很高兴。他向周总理打了个招呼，便站起来讲话。由于他没有讲稿，我只好当场即兴翻译。我注意听他讲的每一句话，听得出他的话里充满着感激之情："我们这一次到中国的第一天，适逢中国的中秋节日，我们很高兴能赶上这样一个吉祥的日子。刚才周恩来总理讲了'花好、月圆、人寿'这样的热情话，我也希望日中两国的关系永远能够像中秋明月那样圆满和明亮。"松村强调说，我这次来中国访问，就是要和周总理、陈毅副总理交换意见，以便为改变目前日中两国的这种局面和促进两国的亲善关系奠定基础。他说，我们在东方的两个兄弟国家应该建立起真正的兄弟关系。

松村这次访华时，日本内阁已经更迭，岸信介在日本人民一片反对声浪中下台，继而上台的是池田勇人。

松村谦三这次来华后，周总理同他进行了三次会谈。这三次都是我担任的口译。

日方的底牌依然是：虽谋求进一步发展日中贸易，但经济要与政治分开，即坚持所谓的"政经分离"方针，以回避中日关系的根本问题——政治上不敌视中国，不搞"两个中国"。

9月19日下午举行的第一次会谈历时三个小时。周总理在会谈中阐明了中国的原则立场。他针对日方坚持的"政经分离"的观点说，政治和经济是不可分离的，因此在谈经济问题之前，必须先谈政治问题，并强调指出中国一贯主张的"中日关系三原则"是不变的。周总理还指出，日本在联合国继续采取敌视中国的政策，池田内阁的做法跟岸信介内阁没有两样。

松村谦三极力说明池田内阁不同于岸信介内阁，它对中国采取的是向前看的态度。这次他到中国来访问，也得到了池田首相的同意。当时传说，池田首相曾对松村谦三说道："我的脸朝向美国，而您的脸要朝向中国。"在会谈中，松村还为日本政府的立场进行了辩护，说日本并没有对中国实行敌视政策。日本之所以实行那样的政策，是由于它属于"自由主义"阵营的缘故。

"政经分离"与"政经不可分"之争

9月17日举行的第二次会谈，从下午4时一直进行到晚8时。会谈中间，服务员还送来了一次点心。连续四个小时的会谈，对于上了年纪的松村老先生来说，确实是很不易。

这次会谈，日方原先的设想是政治问题已在第一次会谈中谈过，这次则专门谈经济问题。但周总理一开头便严正指出，昨天日本广播协会（NHK）的一条消息说什么中日双方在第一次会谈中就"政经分离"达成了协议。这是不符合事实的。中国方面主张政治、经济不可分离这一点丝毫没有变化。于是，周总理又就中国提出的政治三原则进行了详细的阐述。特别是花了很长时间谈了如何处理日本同台湾地区的关系，并耐心阐明中国反对制造"两个中国"和搞"台湾独立"的原则立场。

这次会谈有一点是极为重要的。那就是周总理就当时的中日关系提出了完整的观点和表述：

中日两国关系应建立在前述政治三原则基础之上，两国的政治关系和经济关系既要能结合起来发展，也要能平行发展，而且这两方面要能够相互影响、相互促而不是相反。中日两国首先是两国人民可以采取渐进的积累方式把两国的政治关系和经济关系发展起来，以利于实现两国关系正常化。

我认为，周总理提出的这一表述，是坚定的原则性与高度的灵活性相结合的典范。它既坚持了中国一贯的主张和原则立场，又照顾到日本的处境，充满着辩证法。例如：一、中国坚持了政治三原则和"政经不可分"的原则，但同时又说"政治关系和经济关系既要能结合起来发展，也要能平行发展"，并指出这两者要"相互影响、相互促进而不是相反"。二、日方在会谈中一直提出要实行"积累方式"发展中日关系。对此，周总理说，你们叫"积累方式"，我们叫"渐进方式"，意思是一样的。周总理在上述完整的表述中，把日方的说法也吸收进来。三、周总理强调双方要通过"积累方式"即"渐进方式"把政治和经济这两方面的关系发展起来，"以利于实现两国关系正常化"。这样，周总理就把中日双方努力的方向，即应达到的目标——"实现两国关系正常化"点明了，把问题的核心说得一清二楚。

"己所不欲，勿施于人"嘛

在这次会谈中还有一个插曲，那就是松村谦三总想给外界造成一种印象，似乎中国方面完全同意了日方的主张。对此，周总理明确地说："我是中国共产党人，松村先生是日本自由民主党的成员，我们对问题的看法怎能都一致呢？不一致是自然的，不可能全都一致。在这个前提下，中日两国实行和平共处，发展两国的友好关系，我们是在这一点上达成了一致意见。"周总理态度明确，毫不含糊，一是一，二是二，丁是丁，卯是卯，在原则问题上绝不暧昧。真不愧是周总理啊！

松村谦三在会谈中表示担心中国强大后，会成为威胁。他说："中国这样发展下去，会变成一个很大的国家……在日本有人看到中国人口多，担心'黄祸'。"

松村谦三说到"中国会变成很大的国家"时，日语用的是"恐ろしく大きな国になる（osorosiku ookina kuni-ni naru）"。我想，在外交场合，翻译要严密、准确，不能马虎，就机械地按日语字面把这句话译为"中国会变得可怕的大"，也许日语的"恐ろしく大きい"只意为"很大"，而没有"可怕的意思"，我却把它译为"可怕的大"。

这样就引出了周总理的一段阐明中国奉行和平外交政策的话。他说：中国即使发展了，强大了，也不会变得可怕。"中国在历史上深受帝国主义的害，怎能把痛苦强加于人呢？'己所不欲，勿施于人'嘛！"

由于我的翻译不甚恰当，竟使会谈稍微偏离了方向。正因为这是一场重要场合的翻译，我深感自己的责任。不过，当时我闪过一个念头，很不严肃地安慰自己，我暗暗地想：由于我的翻译不准确，反而引出了周总理关于和平外交政策那一段富有哲理和说服力的话，这岂不是"歪打正着"吗？当然，这样想，很不应该，也是不够严肃的。

在会谈中，周总理进而针对"黄祸"论说，这是完全不可想象的。

说这种话的人是欧洲人，而不是亚洲人。在几百年前，当时的蒙古（贵族）军队曾经侵略过日本，那是历史上的事情，但是侵略军不是失败了吗？侵略者是不会成功的。日本军国主义从 1894 年到 1945 年侵略了中国，但最后也失败了。在亚洲，历史上的蒙古（贵族）军和日本军国主义都失败了。我们怎么会去侵略日本呢！"黄祸"这种说法，是欧洲人为了破坏亚洲的团结讲的话。

政治问题谈过之后，进入了经济问题，议论的中心议题是如何在当时已有的友好贸易的基础上进一步扩大中日贸易。经过讨论，双方确定了几条原则："以货易货""综合贸易""延期付款""长期合同"（为期五年）。

在这次会谈中，双方商定对于上述原则事项，由廖承志和高碕达之助协商解决。这就是后来在发展中日关系中起了重要作用的"廖高备忘录贸易"的起源。

双赢的"口头表述内容"

预定 9 月 19 日举行第三次会谈。会谈前一天的晚上，我们把中方根据第二次会谈的情况草拟的会谈纪要译成日文，19 日上午，由孙平化带着我把这份纪要送给日方，征求意见。

会谈纪要的内容大体如下：

> 周恩来总理和陈毅副总理同松村谦三先生进行了友好而坦率的会谈，双方确认：
> 一、中国方面重申政治三原则和贸易三原则继续有效。
> 二、中日两国虽然社会制度不同，但必须遵守相互尊重主权与领土完整、互不侵犯、互不干涉内政、平等互利、和平共处的五项原则。

三、恢复中日邦交，发展两国的经济、文化关系，增进两国人民的
　　友好合作，是中日两国人民的共同愿望，双方应采取渐进方式
　　和积累方式，促进这一愿望的实现。政治和经济是不可分的。
　　两国的政治关系和经济关系既要能结合起来发展，也要能平行
　　发展。双方要通过渐进方式和积累方式在发展政治关系的同时，
　　发展经济关系。这两者的关系要相互促进而不是相反。

四、根据中日两国人民增进友好合作的愿望，在目前情况下，中日
　　贸易除了继续以民间的个别贸易和中小额贸易这两种形式进行
　　外，还可以考虑采取以货易货、延期付款、综合贸易、签订长
　　期合同等方式，来发展贸易。

　　这里，把上面多次出现的"中日贸易三原则"做一简要的说明。池
田内阁成立后，周恩来总理于1960年8月为改善被岸信介内阁破坏的
中日贸易关系提出了三项原则：1. 缔结政府间协定；2. 在缔结这一协定
前，只要双方表示友好，可以签订民间合同；3. 对有特别困难的日本中
小企业在贸易中可个别照顾。周总理还强调指出，中日贸易三原则必须
和中日关系政治三原则相联系。

　　尽管中方的上述方案反映了双方会谈的实际情况，同时也把周总理
的完整表述包括了进去，但日方没有同意发表这一方案。这是因为松村
谦三担心会被外界误解为这就是中日共同发表的"联合声明"，同时也
担心对外造成日方已接受中方提出的"政经不可分"的主张。日方认为
文字表述越简要越好。后来，几经周折，日方提出了一个对案：

一、中国方面重申坚持政治三原则和贸易三原则，并表示政治和经
　　济是不可分的，而且这一切都继续有效。

二、双方表示了进一步促进贸易发展的愿望。双方一致同意采取渐
　　进的和积累的方式谋求两国关系包括政治关系和经济关系在内
　　的正常化。

日方提出这一对案后，心里一直不托底，生怕中国方面不接受。但是，这一天下午 4 时前，日方接到了中方通知：4 时半周总理会见松村谦三一行。这样，日方才松了一大口气，判断中国方面基本上同意了日方的对案。

会谈开始。寒暄过后，松村谦三首先感谢廖承志为起草会谈的"文字表述"所做的努力，并说"下一步，我建议请高碕达之助来中国谈具体问题"。于是，周总理指着廖承志说："廖承志和松村先生是中日双方的总联络人，因此这是他应该做的事。"

松村说："这么说，我们二人今天是做了第一项工作了？"

周总理说："这项工作已经取得了成功。会谈的内容双方将用口头发表，但是为了不引起误解，我同意整理出文字的表述，长短可以不拘。我同意这个'文字表述'供双方口头发表用。"接着，周总理宣读了这份"文字表述"：

> 周恩来总理、陈毅副总理同松村谦三先生于 16 日、17 日、19 日进行了友好、坦率的会谈。
>
> 中国方面重申坚持政治三原则、贸易三原则和政治、经济不可分的原则，并且认为这些原则继续有效。
>
> 双方表示进一步促进和发展贸易的愿望。
>
> 双方一致认为，应该采取渐进的和积累的方式，谋求两国关系包括政治关系和经济关系在内的正常化。

这一文字表述是双方协商的产物，它照顾了中日双方的具体情况，既体现了中国方面最起码的要求，又体现了日方能够做出让步的最大限度。不消说，由廖承志出面同日方多次磋商"文字表述"的工作和文字的表述内容等，都是在周总理的直接指导下进行的。然而松村听周总理宣读后仍担心这个"文字表述"会成为"联合声明"，便再一次叮嘱这是要口头发表的。周总理明确地说，这不是"联合声明"。

会谈后，中日双方的新闻媒介都把这一"文字表述"作为"消息"予以公布。

当晚，松村谦三在民族文化宫举行答谢宴会。周总理和陈毅副总理等约一百人应邀出席。

松村谦三说，我认为这次访问是有意义的，并指出他同周恩来总理和陈毅副总理举行的会谈，为中日两国亲善奠定了基础，开辟了道路。他说，我们这次应邀访华可以说是不虚此行，我们将抱着很大的喜悦满意地返回祖国。

周总理在宴会上即席讲话。他在讲话中仍然把中方在第一次方案中提出的关于中日关系的全面观点作了完整的阐述。

我想，这样做是完全必要的。因为这样就使人们对中国的主张以及会谈中涉及的核心问题能有一个全面的了解。

周总理在阐述了全面观点以后说："在这个意义上说，松村谦三先生及其一行来中国访问，是做出了贡献的，我们对此表示欢迎，表示支持。"周总理祝松村先生在今后的努力中，能够使中日两国人民的往来更加密切，使中日两国的关系能朝着一个新的方向发展。

经过双方的努力，如同松村所说那样，他的第二次访华为后来的中日关系的发展"开辟了道路"。就在松村访华后不久，1962年10月26日高碕达之助率领的一个包括二十二家大厂商代表共四十二人的大型代表团到北京。双方根据周总理和松村会谈确定的原则，就扩大中日长期贸易问题进行了具体商谈。贸易会谈很快达成一致，1962年11月9日廖承志与高碕达之助在北京签署了《中日长期综合贸易备忘录》。双方达成了一项为期五年（1963—1967）的长期贸易协议，并商定关于协议的具体执行每年要洽谈一次。

迈出实质性的一步

　　周恩来总理邀请松村谦三第三次访华，是在 1964 年 4 月。通过松村这次访华，中日关系从"民间往来"向"半官半民"迈出了实质性的一步。

　　这次松村访华的背景是这样的：1963 年，当 LT（廖·高碕）贸易进口总额达到一亿美元时，双方开始议论应该在北京、东京互设贸易办事处，互派代表常驻对方国家，以便加强联系，推动工作。与此同时，中日双方都深感为了增进相互了解，有必要互换记者，并且开始了这一方面的酝酿。就在中日关系日趋好转并不断向新阶段迈步时，松村再次率团访问了中国。不消说，他这次访华也得到了池田首相的支持。

　　当时，中日之间尚未通航，往来一般都要经过香港地区。但是，松村谦三不愿意绕道香港，他想直接从日本到北京来。因此，松村一行乘轮船"玄海丸"从门司启航直达秦皇岛。

　　松村抵北京后，周总理同他进行了长达五个多小时的政治会谈。松村还同廖承志就互设 LT 贸易办事处和交换记者问题充分交换了意见，并圆满地达成了协议。4 月 20 日在北京，廖承志与冈崎嘉平太互换了《廖承志办事处和高碕办事处关于互派代表并互设联络事务所会谈纪要》。《纪要》规定，中方在日本设立廖承志办事处驻东京联络处，日方在中国设立高碕事务所驻北京联络事务所，双方各派首席代表一人，代表二人，随员二人，共五人。

　　与此同时，廖承志和松村谦三还互换了《廖承志办事处和高碕办事处关于中日双方互换新闻记者的会谈纪要》。这一《纪要》规定，双方各派出通讯社、报纸、电视台记者八人（后改为九人）常驻，互派记者的具体事宜均由双方联络处负责办理。

　　中日双方互设办事处和互派记者，是中日两国关系进入一个新阶段，即从民间往来到半官半民阶段的重要标志。

池田内阁当时在美国、中国台湾地区和日本国内右翼势力反对的情况下迈出这一步，实属不易。这件事本身表明日本统治阶级内部已经开始分化。日本政府之所以能迈出这一步，固然与整个国际形势的发展分不开，但中国国际地位的不断提高，中国对日方针、政策的正确，特别是周恩来总理本人作为无产阶级外交家运用高超的斗争艺术，起了极为重要的推动作用。我们同时也应该看到，这也是日本广大人民和有识之士长期努力的结果，其中包含着松村谦三的政治远见和他所付出的心血。但是，总体上来看，是周总理遵照毛主席的部署，准确地把握和分析形势，发挥主导性，抓住战机，成功地把中日关系一步一步从民间往来推向半官半民阶段，从而为后来中日关系的全面正常化奠定了重要基础。

LT 贸易的诞生

*

*

松村向周总理推荐高碕达之助

鸠山内阁时出任过经济企划厅长官、岸信介内阁时担任过通商大臣的高碕达之助，继松村谦三之后，于 1960 年 10 月和 1962 年 10—11 月曾两次来华访问。通过这两次访问，高碕达之助与松村谦三一道为开创 LT 贸易做出了重要贡献。

说起高碕达之助的访华，还是松村谦三亲自向周总理推荐的。以下是事情的经过：

1959 年 10 月，松村访华，周总理陪同他乘火车前往密云水库，在车中举行会谈时，松村向周总理推荐了高碕达之助。

周总理说："过去，日本有一位叫村田省藏的人，他为改善中日两国的关系，曾做过努力。他为人正派，说话算数。他坚持日本的主张，但同时也能很好地听取中国的主张。如果他还活着，两国的关系不会像现在这样。很可惜，他已经故去……"

松村说："我也认识村田先生。他的情况，正像你所说的那样。但是，不能说现在日本就没有像村田先生那样的人。能够继承他的人，多的是。"

"有谁呢？"周总理问。

"虽然大有人在，但我现在马上能想起的是高碕达之助君。高碕君，您在万隆会议时见过他。高碕君是经济方面的专家。近年来，他作为政治家也参加了国政。对于中国，他通过'满洲'时代有很深的理解。像他这样的人能够继承村田先生的事业。"

周总理向松村谈了万隆会议时见高碕时谈话的情况，并说高碕达之助和另一位日本代表藤山爱一郎当时关于日中关系所作的诺言未能实现。

松村说："高碕君虽然未能实现诺言，但那不是高碕君和藤山君的罪过，是日本的政治形势使然。后来的内阁没有履行他们二人许诺的事，这是毫无办法的，绝不是高碕君的问题。"

周总理说："高碕先生来信说，他希望访问中国。"

"你们请他来，绝不会有错。"

就在松村谦三离开北京时，廖承志带着周总理的邀请信前往机场，交给松村说："这是一封邀请信，请交给高碕先生。"

据孙平化回忆，这封邀请信写的是希望高碕达之助在第二年春暖花开的时候来华访问。高碕本想在 1960 年 5 月专程来访，但是，因为岸信介内阁中的某几个人以及自民党外交调查会会长贺屋兴宣等人的反对而未果。这一年，由于岸信介内阁企图在国会强行通过新的《日美安保条约》，遭到日本各界人民的强烈反对。日本人民掀起的声势浩大的统一行动席卷全国。四面楚歌的岸信介内阁终于宣布垮台。7 月 17 日，池田内阁成立。新内阁的政策趋向，使人们看到日中关系松动的一线希望。在这种大背景下，为使日本的大商社也能直接参加中日贸易，高碕达之助于这一年的 10 月率领日本实业界人士组成的代表团一行十四人来到中国。高碕先生的二女儿为了照顾父亲，也参加了代表团。

高碕问周总理："您怎么认识我？"

周恩来总理与高碕达之助第一次见面，是在 1955 年 4 月万隆会议时。当时，周总理是与随行的陈毅外长和廖承志一道，与高碕达之助会见的。这也许是中日官方的首次高端接触。所以，关于高碕的访华，还要从万隆会议说起。

高碕达之助是日本政府出席万隆会议的首席代表。在万隆会议前，周总理与高碕从未见过面。在会议期间，他们有一次正式会见。据高碕回忆，周总理一见到他，就亲切地说："高碕先生，我很早以前就认识你。"

高碕本想先说几句"初次见面"之类的客套话，但一上来，周总理就使他感到意外。高碕不解地问："你怎么认识我？"

"战后，你曾在我国东北……"

"噢，你说的是那个时候的我。"

高碕在日本占领我国东北时，曾是当年"满洲重工业开发会社"的总裁和日本人经营的"鞍钢"的老板。日本投降后，他为国民党留用，我党接管后又留用了一段时间。在这次会见中，周总理邀请高碕访问中国，并说："请你到东北来看一看重工业，特别是钢铁和汽车工业的情况。"

高碕回答说："我很高兴。我很想去看一看。"

1960 年 10 月，高碕达之助率团前来中国访问。

根据国务院外办的安排，我被临时调去担任了宴会和会谈的翻译。10 月 11 日晚，周总理在人民大会堂设宴欢迎高碕达之助一行。

周总理身着大家熟悉的灰色中山装，他讲话时，首先对于能在北京与万隆会议的同事和朋友高碕达之助先生久别重逢和欢聚，表示非常高兴。同时，他还对随同高碕先生来的日本经济界人士到中国参观访问，表示欢迎。

周总理说："正如高碕达之助先生昨天到达北京时所说的，战后十五年来，中日两国关系处于不自然的状态中。但是，这个责任不在中国方面。中日两国人民是愿意彼此友好的。中国人民所担心的是日本少数统治者依靠外来力量，企图复活日本军国主义，危害远东和平。但是，我们相信，具有民族独立传统、民族自尊感和和平愿望的日本人民，是反对日本军国主义复活的，是愿意恢复中日两国正常关系的。日本人民的这些愿望是与中国人民的愿望相同的。我们很高兴地看到中日两国人民之间的友好关系正在一天天扩大，友好来往正在一天天增加，这将大大有助于远东、亚洲和世界的和平。中国方面愿意根据和平共处五项原则和万隆会议十项原则，来恢复中日两国的正常关系，促进中日两国人民的友好合作。"

周恩来总理重申了改善中日两国关系的起码条件。他说："这些条件是：一、不应互相敌视，中国并不敌视日本，日本也不应敌视中国；二、中国承认日本，日本不应追随美国，参与搞'两个中国'的阴谋；三、不应阻挠而应促进中日两国关系朝着正常化的方向发展。中日两国人民都有这样的愿望，因此，两国当局应该根据这三个起码条件来改善中日两国的关系。"周总理最后表示，欢迎高碕先生以个人身份在万隆会议十项原则的基础上，来探讨改善中日关系的一切可能的办法。

接着，高碕达之助站起来讲话。他说："自从万隆会议后，五年来，我一直期望访问中国，现在这个愿望终于实现了，这将使我终生难忘。"

他说："今天上午游览了北京的市容，同我二十年前看到的北京比较，中国人民在他们卓越的领导人领导下做出了令人难以置信的事情，使我感到非常惊讶。从这里，我们可以看到只有有了好的领导，才能建设好的国家，这是我们日本应该考虑的。"

高碕说："刚才周恩来总理说到，中日关系处于不正常的状态，使我对这一情况由衷地感到遗憾。特别是我参加了签订万隆会议十项原则，更使我感到责任重大。周恩来总理刚才说的中日两国处于不正常状态的责任不在中国方面，我是完全同意的。我愿意代表日本人民说，这也不是日本人民的责任。这个责任究竟在什么地方，这是我要和周恩来总理推心置腹地探讨的。我们这次来中国访问的全体成员都愿意为寻找消除遮盖在中日关系上的乌云而努力。我愿意今后把余生用在改善中日关系上。"

翌日——10月12日上午10时，周总理在中南海紫光阁单独会见了高碕达之助。日方的翻译是随团来华的大久保任晴。这次会谈，持续了四个半小时，直到下午2时半。会谈的中心，自然是如何改善中日关系问题。尽管双方意见存在着分歧，但在建立日中友好关系这一点上是一致的。由于高碕一行还要到中国东北地区参观访问，因此周总理跟他约定，等他们从东北回京后再谈。

高碕一行在东北先后访问了哈尔滨、长春、沈阳、鞍山和旅大，主要参观了一些工业设施。

周恩来总理第二次会见高碕达之助，是高碕由东北参观访问回京以后，时间是 10 月 23 日下午。陈毅外长陪同会见。这一次的会谈是上一次会谈的继续。

高碕这个人倒是很坦率，有什么说什么，不隐瞒自己的观点。在会谈中，高碕从他的立场出发，说了一些话，他说："我对贵国的政治制度，即共产主义是不赞同的。我们要继续搞我们的资本主义。我们不能脱离美国搞日本的事情。我们在那一场战争中，败给了美国。我们既不是败给了中国，也不是败给了苏联。由于美国采取宽大措施，援助了日本，所以我们日本人在战败当时才能过上那样的生活。我们只能感谢美国，而不能敌视它。"高碕的这些意见和看法，我们当然是不能苟同的。

但是，双方在改善中日关系方面也取得了一些共识：

一、要为实现邦交正常化共同努力。

二、要逐步推动两国关系正常化。

三、互相尊重社会政治制度的差异，互不干涉内政。

四、发展民间的人员往来，增进相互理解。

五、努力推动尽早实现两国政府首脑会谈。

周总理请高碕谈谈访问东北的观感。高碕着重谈了两点：

第一，新中国成立后，在这样短时期内，工业取得这样大的发展，令人感到是"一大惊异"。虽然有苏联的援助，但作为过去在"旧满洲"生活过的我来说，是想象不到的。

第二，所到之处，各个工厂和市里的负责人无一例外地谴责美帝国主义和日本反动派修改《日美安保条约》，加强军事同盟，以攻击中国。

而这一点，我们日本人没有一个人是这样想的。

高碕说，鞍山钢铁厂在这么短短的几年里产量增加了五倍，这真是了不起的成就。孩子们目光闪烁、快乐明朗的表情，使他目睹了中国领导人的杰出的领导能力。

周总理说，不，不，高碕先生，您是中国的好朋友，所以您也不要客气，用实业家的眼光谈谈我们的缺点。

于是，高碕达之助说："我是一个在资本主义制度下生活过来的人，对于我所看到的事进行评论，也许会有错误。我认为，从政治上、政策上看，那样有条不紊地实现了工业上的管理，是个伟大的成功，但是从经济上、技术上看，我有一些看法。

"第一，长春汽车厂年产三万辆卡车，其设计全部是使用汽油发动机。而中国的汽油是进口的，中国缺乏石油。为什么不使用经济上划算的柴油发动机？

"第二，鞍钢的生铁生产是理想的，但是钢材特别是薄板的生产，其技术尚未达到生产规格产品的地步。不知鞍钢的连续热轧线圈设备是否在运转？我们这次没有看到。我在汽车厂看到鞍钢制作的热轧线圈，如果那不是进口的，而是鞍钢生产的，那么我愿更正我的讲话。

"第三，除了纺织厂以外，任何一个工厂，其职工人数约等于日本相同工厂的两倍，甚至一台车床有两三个工人在工作，也许他们是学徒工。

"第四，大连造船厂有一艘一万三千四百吨、一万三千马力的货轮，五十八天就下水了。下水后，近一年停靠在码头上，由于没有舾装，所以就不能航行。这是由于配套的工厂不发达，什么都要靠本厂自给，或者主要的部分需要依靠国外提供的缘故。

"第五，我看到，中国的工人和市民都一色地穿蓝布衣服。贵国有一句古语'衣食足，知礼仪'，应当向人民提供充足的衣食，再搞工业化。现在，应当从根本上考虑这个问题。"

周总理听后，表示感谢，并建议他参观人民大会堂和三门峡水库以及武汉长江大桥。

周总理"将"了日本政府一"军"

当晚，中方举行宴会欢送高碕达之助一行。陈毅副总理是今天宴会的主人。周总理出席了宴会。身着浅色西装的陈毅副总理首先代表中方致词。他说："高碕达之助先生是周恩来总理和我本人在万隆会议期间认识的，并且进行了合作。这次又在北京见面感到非常高兴，对高碕达之助先生为中日两国关系的改善而努力表示热烈的欢迎。"

陈毅副总理说："日本各阶层数百万人民进行了二十多次的统一行动，为反对《日美安保条约》和要求日本独立而斗争，中国人民十分同情和支持这个正义斗争。中国人民认为日本人民的这些行动和要求走独立、民主、和平、中立的道路是很好的事。但是，日本政府的行动却越来越追随美国的侵略政策，这不得不使我们感到遗憾，使我们不得不为日本人民的前途以及远东和世界和平表示忧虑。"

陈毅副总理对七十五岁高龄的高碕达之助愿意以他的余生为中日两国邦交的正常化而努力，表示尊敬。陈毅副总理相信"这种努力是符合日本人民利益的，也是符合远东和全世界人民的利益的。这是正义的愿望，是正义的行动，是一定会获得成功的"。

这一天身穿墨色西装的高碕达之助致答词时，对陈毅副总理的盛情招待以及周总理出席欢送宴会表示衷心感谢。他说："五年前，我在万隆会议期间同周恩来总理、陈毅副总理相处的情景历历在目。这次承周恩来总理的盛情邀请，去东北参观访问后有两件事使我们感到惊讶，第一，中国在极其短暂的时期获得惊人的成就。现在抚顺煤矿产量比十五年前提高了四倍，鞍钢的产量比当时提高了五倍，这是我们难以想象的。依靠什么取得这些成就呢？值得我们深思。第二，十五年前我们看到中国小孩的面部表情是忧郁的，可是现在完全变了，我看到小孩愉快的笑脸。我认为，孩子是表现人民心灵最好的镜子，它反映了中国人民愉快的生活。我深深感到这些成就的取得和人的变化的原因是：卓越的领导人的正确领导方针和全中国人民团结一致努力工作的结果。今天，中日两国关系处在不正常的状态，这是可悲的事实。但是，我保证，我将把我的余生为恢复中日两国友好关系而努力。"

翌日——10 月 24 日，日方举行告别宴会。

高碕达之助作为宴会的主人首先致词说："我们衷心感谢周恩来总理热情的款待。我们踏上中国的国土进行访问已经两个星期。我们在东北亲眼看到中国工业发展的情况，和各界人士接触，推心置腹地交谈了日中两国关系问题，收益很大。中国工业发展的情况，完全超出我们在日本的想象，我们感到非常吃惊，我将把我们亲眼看到和听到的这些事实告诉我的日本的同事。"

接着，高碕谈了两国关系。他说："现在我们日中两国的邦交还没有正常化。为了探讨这个问题，我曾和周恩来总理进行了七八个小时的交谈，在交谈中我得到了很大的启示。同样，我在中国各地也听到了同样的话，这对我有很大的参考价值，促使我深思。我认为，这个原因是，双方对彼此的真实情况缺乏了解。如果可能的话，希望有更多的中国人士访问日本，更多的日本人士继续访问中国，这样就能进一步加强彼此的了解，这样，也许是加强日中两国友好关系的捷径。"

高碕最后请大家举杯：为早日建立日中友好关系、为中国日益繁荣干杯。

周恩来总理这一天穿了一身深色中山装，他与陈毅副总理打了一个招呼后，站起来代表中方讲话。他说："我很高兴地参加高碕先生的告别宴会，对于主人的盛情邀请，表示感谢。"

周总理说："高碕先生到东北参观了一些地方，明天又将去洛阳、三门峡等地参观访问。你们在参观中确实看到了中国解放十一年来所取得的一些成就。这些成就表明了中国人民只有用'大跃进'的速度来建设祖国，才能摆脱长期落后的状况。但是，我们的成就究竟是有限的，为了摆脱长期落后的状况，我们还需要进行长期的努力，需要国际的和平环境和国内的团结一致。我们对高碕先生在个人交谈中，坦率地对中国建设工作提出的意见表示感谢。"

周总理接着有针对性地指出了阻挠中日关系正常化的责任究竟在何方，他说："我们同意双方进行相互访问、友好往来、相互交谈，这对于促进两国人民的相互了解大有好处。但是，中日两国人民更关心的，是如何逐步恢复中日两国正常关系的问题，目前，这个问题的解决遇到了阻碍。我曾经说过，这个阻碍的责任不在中国方面。我并且坚决相信，日本绝大多数人民是愿意促进两国友好、实行和平共处、改善两国关系的。但是，阻碍两国关系正常化的责任究竟在哪一方面呢？这不单是来自两国以外的外来力量，而且在日本方面也有一小撮人到今天还在阻碍中日关系正常化。这一小撮人是现在日本的执政者。我们中国政府的领导人，一向都是主张恢复中日邦交、同日本友好来往、和平共处的。我请问，日本今日的当权者能不能采取同样的主张呢？我看在座的日本朋友谁都不能保证。这是我愿意向在座的愿意促进中日友好的日本朋友率直地说出的。"

周总理在这里向日本政府"将"了一"军"。但，他把话锋一转说："我对高碕先生愿意以他的余生为恢复中日邦交、促进中日友好而努力的愿望表示欢迎。我相信，这种良好的心愿在广大的日本人民和中国人民的支持下，是一定能够实现的。"

"从两头挖隧道，至中间携手"

高碕达之助继 1960 年 10 月战后第一次访华之后，1962 年 10 — 11 月再次访问中国，这一次访华是他根据周恩来总理与松村谦三 1962 年 9 月商定的原则而进行的，这次访问，是开辟中日间新的贸易途径的一次重要访问。

◇ 廖承志、张奚若等在机场欢迎代表团

这一次，高碕达之助率领的是一个庞大的日本经济界代表团，他们于 10 月 28 日抵达北京。

为什么说这是一个庞大的代表团呢？因为这个代表团共由四十二人组成，主要成员包括日本政界的重要人物竹山祐太郎、野田武夫、松本俊一（曾任驻苏大使）以及经济界著名人士冈崎嘉平太和二十二家企业的大老板。

翌日—— 10 月 29 日，周恩来总理、陈毅副总理与高碕达之助举行会谈，并设宴欢迎代表团一行。

周总理在宴会上首先讲话，他对高碕达之助和由他率领的代表团表示热烈欢迎之后说："正如高碕先生所说的，他这次来我国访问是要继续实现松村谦三先生留下的任务。在上次松村先生访问中国的时候，中国方面重申了政治三原则、贸易三原则和政治经济不可分的原则，并且认为这些原则继续有效。当时双方都表示了进一步促进和发展中日贸易关系的愿望。双方还一致认为，应该采取渐进和积累的方式谋求中日关系包括政治和经济关系在内的正常化，也就是我们表达了中国人民的愿望，松村先生表达了日本人民的愿望，使双方达成了政治谅解，希望高碕先生这次能够在这个政治谅解的基础上，进一步促进和发展中日贸易关系。一切事物的发展大多是由小而大、由少而多逐渐地积累发展起来的，一件新的有发展前途的事情在开始的时候大多是简单的，而在最后完成的时候却常是巨大的。中日贸易的发展应该用渐进的、积累的方式进行。毫无疑问，中日贸易的发展前途非常广阔，中日两国互通有无的需要是很多的。但是，在世界上，在日本，确实还有一部分人不愿意看到中日两国人民友好，因此，我们要对他们提高警惕。中国人民对于中日两国人民的友好和中日两国贸易的前途，是有信心的。中日友好的道路还会有曲折，但是，我们应该披荆斩棘，不把障碍看在眼里，为中日两国人民世世代代的友好而努力前进。"

周总理请大家举杯，为高碕先生的长寿，为在座的日本朋友的健康，为中日人民友好，为中日两国贸易的发展干杯。

这一天，高碕达之助穿了一身深色西装。他讲话时，对代表团中的日本政治、经济、新闻界人士在中国受到的款待，表示衷心的感谢。

高碕主要讲了他这次访华的目的。他说："我来中国访问的目的就是要实现上次松村先生在中国访问时，同中国方面就两国贸易关系所达成的协议的。松村先生已同我谈到周恩来总理在他的讲话中所宣读的那些话。虽然有一部分人在破坏这种关系，但是日中两国深厚悠久的关系是任何力量也破坏不了的。我和松村经常谈到，要把各自的余生用在促进中日邦交正常化方面，'在此以前，两人都不要死去'。日中贸易的发展应逐步进行，像挖隧道一样，我们从日本方面挖，中国从中国方面挖，大家用同样的速度，挖到中间携起手来。"

"从两头挖隧道，至中间携手"，这一形象比喻，意思很明白，是说中日关系要实现正常化，就像双方相向挖隧道，总有一天会挖通，并在中间胜利"会师"。

中国典故"廉颇与蔺相如"

11月1日，周总理会见了高碕达之助和全团人员。

记得这一次，周总理同客人进行了长时间的谈话。周总理说：中日之间的贸易不可能一开始就搞得很大，今后可以逐步扩大。中日关系的改善，也可以采取积累方式。中日两国虽然社会制度不同，但我们两国要互不侵犯，要共同为亚洲的和平而努力。周总理特别谈到了甲午战争以来的中日关系史。他说，自从甲午战争以来，日本军国主义侵略我国，给中国人民的生命财产带来了巨大损失。特别是自"九一八"事变以来，我国蒙受了更大损失。但是，这八十年如果同中日友好的两千年相比，时间要短得多。中日两国应当友好相处，共同为亚洲的和平与繁荣而努力。周总理还说，中国强大了，不是为了侵略别人，而是要防止别人的侵略。我们中日两国应当建立睦邻友好关系。

说罢，周总理特意把脸转向随高碕来访的冈崎嘉平太，说："冈崎先生，你以为怎样？"

冈崎由于被突然提问，没有思想准备，稍微迟疑了一下，但马上回答总理说，我从学生时代起就一直想，日本和中国应当携起手来，为亚洲各国的独立，为提高它们的文化和消灭贫困而努力。日本和中国必须友好相处，这将造福两国人民。说到这里，冈崎引用了中国的一个典故。他说，中国的战国时代，赵国的宰相蔺相如和廉颇将军不和，但他们为了国家的利益，最后和好了。为了日中两国人民的利益，日中两国应该友好相处。

为什么周总理在会见时，特意把脸转过来，问了冈崎嘉平太呢？这要从1962年9月松村谦三第二次访华谈起。周总理在中南海紫光阁会见这位有远见的日本政治家松村谦三时，我清楚地记得当时松村向周总理推荐过冈崎嘉平太。松村谦三说，也许中国方面还不熟悉冈崎先生，但他是一位对改善日中关系很热心的人。冈崎先生有一种别人所不具备的本领，那就是他能使濒临破产的公司起死回生。他曾经出任过一度陷于破产境地的池贝铁工所的总经理，终于使它兴旺发达起来。1961 年，全日本航空公司又把他请出来担任总经理，使这家公司也摆脱了困境。松村强调说，冈崎先生今后可以协助他为改善中日关系进行工作。

虽然这是一段小插曲，却令我十分敬服周总理超群的记忆力，两年前的事还记得清清楚楚。

更为重要的是：周总理在会见全团时之所以与冈崎嘉平太进行了这一段对话，是因为两个多月前松村谦三亲自向周总理推荐过冈崎。我想，周总理以这样的形式表示了对松村推荐的呼应，同时也表示了他对松村这位老朋友的尊敬。由此可见，周总理是多么的重信义、重友情，而又礼貌周到。

冈崎嘉平太非常重视周总理与他的那次对话。他后来在文章和谈话中多次提到这件事。冈崎在"水筹（Misuzu）书房"出版的《我们生涯中的中国》一书中说，那晚，他被周总理突然一问，"委实吓了一跳。因为我丝毫没有思想准备。我突然想起《十八史略》中的一段故事。我回答说，日中两国在亚洲的关系，很像战国时代赵国的蔺相如与廉颇的关系。后来，刘德有君对我说：'当时，您的回答很妙。'我感到，周总理的想法绝不是要以日本为敌，而是首先要使亚洲好起来"。

后来，1984 年 11 月 4 日冈崎嘉平太在给我的一封亲笔信中写道："我感到世界形势越来越险恶。越是在这样的时候，我越想起 1962 年秋第一次访问贵国在国务院通过尊见的翻译聆听周恩来总理谈话的那天晚上……周总理既宽容又合情合理和注重大义的思想，我们日本人是否已经充分地响应和报答了呢？"

LT 贸易正式问世

周恩来总理与高碕达之助会谈的中心是今后如何扩大中日贸易。

周总理说："上次您来中国，我请您参观了东北的工业，您说'衣食足，知礼仪'。我们现在粮食还有困难，……要增产粮食，就需要肥料。农业需要农业机械。我们希望从日本进口。正像上次您所说的，中国的生铁生产已经走上了轨道。但是，镀锌板和马口铁不能自给，希望日本能提供这些产品和特殊钢。"

周总理说："作为结算的方式，由于中国缺少外汇，付现款有困难。可以以货易货，你们出口肥料，我们出口大豆。日方要求的家畜饲料，也可以提供。贵国要从国外进口一千一百万吨煤，你们可以用中国的煤。听说，你们还进口两千一百万吨铁砂，如果开采海南岛的铁砂，你们可以就近进口。"周总理说："我们也想从欧洲买一些东西，但那要付外汇或黄金。因此，如果日本能提供，中国就可以出口煤、铁砂，也可以出口工业用盐。这样，贸易就能发展。"

高碕认为，中方的提议都是可行的，但他担心中国单方面不履行合同，因此强调绝不能够出现这种情况。

不言而喻，高碕的来访和谈判，是有官方背景的，这实质上就是日本政府通产省与中国政府外贸部之间的一次重要接触。会谈在诚挚的友好的气氛中，较快地达成了一致，取得了实际成果。

1962 年 11 月 9 日，在周恩来总理和陈毅副总理出席签字仪式的情况下，廖承志与高碕达之助签署了《中日长期综合贸易备忘录》。

《中日长期综合贸易备忘录》的签署，意味着开辟了中日间新的贸易途径：著名的 LT 贸易——取廖（Liao）、高碕（Takasaki）英文拼音的第一个字母。LT 贸易，与此前已经存在的友好贸易相辅相成，并肩前进，成为"车子的两轮"，在战后中日关系史上留下了珍贵的记录，而高碕

◇《中日长期综合贸易备
忘录》签字现场

达之助是 LT 贸易日方主要的创始人之一。

双方商定协议的期限，第一步为期五年（1963—1967），这一期间的年均贸易额为三千万英镑；对于协议的具体执行情况每年洽谈一次；只要双方同意，可以延长期限；中方对日出口煤、铁砂、盐、大豆、玉米等，日方出口钢材（包括特殊钢）、化肥、农药、农业机械、成套设备等。

应当强调的是，还有一个通过个别协商取得的特别重要的成果，那就是：根据周总理、松村政治会谈所确定的原则，双方一致确认，商业合同虽由日本厂商同中国有关贸易公司签订，但两国政府要给予保证。中国从日本进口成套设备（实际上，就是工厂），延期付款，卖方要使用日本官方的输出入银行资金。这一举措的重要意义在于这是在中日贸易中我国从日本引进新技术、进口成套设备的开端。

上述具体成果表明，经过共同努力，双方扎扎实实地向两国贸易正常化、签订政府间贸易协定前进了一步。周总理对此给予了较高的评价，认为备忘录贸易协议，已接近我们所提的"贸易三原则"的第一项原则，即政府间协定了。

中日双方还各自指定了政治方面的联系人，中方为廖承志，日方为松村谦三；经济方面的联系人，中方为廖承志、刘希文；日方为高碕达之助、冈崎嘉平太。中方成立廖承志办事处，日方成立高碕办事处，负责处理备忘录贸易诸项事宜。从此，"廖高备忘录贸易"，即"LT贸易"正式问世。

"要有很好的火车头和司机"

签字仪式结束后，高碕达之助举行了告别宴会。

高碕首先讲话。他说："今天签署的日中贸易备忘录，不仅使日中两国经济贸易关系在平等互利的基础上有了一个良好的开端，而且是恢复日中邦交的巨大纽带。备忘录是在日中两国互相取得谅解和一致的基础上签订的。在这样一个基础上，日中贸易的火车头开动了。但是，火车的开动必须要有很好的火车头和很好的司机，如果没有很好的司机驾驶，火车就要出轨。参加这次签字工作的都是火车司机，因此，我们的责任很重。好的火车司机是不会把方向搞错的，如果搞错了方向就要发生撞车事故或出轨。正确的方向是什么呢？那就是周恩来总理说的平等互利。双方在平等互利的基础上互相信任，这就是火车司机最重要的方向。在我们实现备忘录所规定的内容时，还会有巨大的困难等待着我们。我们的周围还有暴风雨，我们不仅要有正确的方向，而且还要有克服和战胜暴风雨的勇气。"

他说："我们两国的贸易是在尊重经济原则上进行的。也就是说，日中双方出售的商品价格，不低于国际市场价格，也不高于国际市场价格。我认为，今后，我们两国人民都必须努力做到价廉物美。"

接着，高碕达之助颇有感慨地说："两年前我访问过中国，这次在未来中国之前，听说中国由于粮食极为缺乏，遭到很大的困难。但是，我到中国后，无论在什么地方，我所看到的中国人民是那样的舒畅、明朗，小孩是那样的天真活泼，我看到这些景象感到非常高兴。五十年前，我访问过上海；二十五年前，我访问过上海；中国解放后，我又访问了上海。我看到消费、娱乐的上海如今变成了一个生产的城市，我感到中国的前途是非常广阔的。"

高碕最后激动地说："我要鞭策我这老躯，我要再活十年，直到亲眼看见日中邦交的恢复。"

由于高碕过于激动的缘故吧，他讲完话，返回自己的位子时，一下子坐到了我原先坐的椅子上。我也没有注意，就顺势坐在高碕的位置上。我刚一坐下，周总理就发现了这个"错误"，提醒我说："你请高碕先生坐过来。"我这才发现自己的纰漏，很不好意思地立刻把位置换了过来。

周总理致答词。他说："感谢高碕先生盛情的招待，感谢他充满感情和具有信心的讲话。同时，我对中日双方在贸易上达成的初步协议，表示祝贺。"

周总理说："这次高碕先生和他率领的代表团在短短的访问期间，做了有益于发展中日贸易和改善中日关系的工作。这次双方谈妥的贸易，是在上次松村先生同我们达成的政治谅解的基础上，根据平等互利的原则进行的民间性的贸易。刚才高碕先生说得对，平等互利是达成这次贸易协议的原则。只有在解放了的中国和第二次世界大战后的日本之间，才有可能进行这种平等互利的贸易。在战前，日本对中国的贸易是殖民主义的贸易，那种关系早已结束了。今天，中日双方是处在平等的地位，互通有无，互相根据需要来进行贸易的。这就有利于中日两国贸易的发展，有利于中日两国人民友好关系的发展，有利于促进中日两国关系的正常化。"周总理接过高碕达之助在讲话中强调的"平等互利"的观点，全面地阐述了中国对于这个问题的看法，并明确地区分了旧中国和新中国与日本进行贸易的根本区别。

接着，周总理讲了今后备忘录贸易与过去就存在的友好贸易之间的关系，并与高碕讲的"火车头和火车司机"这一生动比喻相呼应，阐明了中国方面的态度。他说："近几年来，双方为中日贸易的发展又开辟了一条新的平等互利的途径。这次签订的文件只是一个新的开始，我们还可能遇到许多许多困难，特别是日本方面将要遇到困难。但是，我们相信，高碕先生和他所率领的代表团中的四十多位日本朋友回国以后，一定会排除一切困难，来实现这个有利于双方的协议。刚才高碕先生用火车司机来比喻这次贸易的开拓者，我们希望，这次在协议上签字的日本方面的高碕和中国方面的廖承志这两位火车司机，能够共同努力，把这个中日贸易的列车开好，为中日两国人民世世代代的友好，为中日两国关系的正常化，从而为保卫远东、亚洲和世界的和平做出贡献。"

"如果可以'假辞职'……"

就在这次宴会上还有一个插曲：高碕达之助在席间交谈时向周总理说："我们很想邀请周总理到日本去访问。不知是否有此可能？"

"邀请周总理访问日本"，这可是个大事！我边做翻译边想，高碕在席间提出这个问题显得太突然。我眼望着周总理，不知他将怎样回答？

周总理感谢高碕的好意，说："我是很愿意访问日本的，但我是现任总理，所以这是不可能的。法律上有'假释'，如果总理能实行'假辞职'，我就可以去访问了。"说罢，二人都愉快地笑了。

是的，在中日两国没有复交以前，现任总理怎能访问日本呢？那是不可能的。

然而，我在为周总理做口译的许多场合，感到周总理对于他青年时期为救国救民、寻求真理曾访问过的日本，时而流露出怀念和怀恋之情。

那是 1970 年 4 月松村谦三最后一次到中国来访问，周总理要会见代表团一行，在人民大会堂福建厅等待客人。由于我回国休假临时参加接待了工作，当时也在现场。周总理知道我新近从日本回来，就问了一些日本情况。我简要地做了介绍后，他对 20 世纪 60 年代初东京修起的密布如网的高速公路以及这些高速公路在耸立的高楼大厦半腰的窗户外通过等情况，很感兴趣。周总理还关切地问我琵琶湖的情况。琵琶湖位于周总理年轻时曾经住过的京都附近，我想周总理一定到过那里，便向他汇报现在琵琶湖已成为"观光"地，而且部分地方被污染。当时我们国家不像今天这样通过实行改革开放,观光事业有了大发展,所以"观光"这一说法还不流行,听起来使人感到比较耳生。我使用了生僻的"观光"一词,使周总理产生了误会。周总理把"观光"听成了"光光",便惊讶地问我:"怎么?湖水都光了?"我连忙解释说不是"光光",而是变成了旅游胜地。周总理听罢,会意地笑了。

后来 1972 年 9 月中日复交时,我还在日本做记者。听说,周总理在北京曾问过田中首相:"上野公园的精养轩还在否?樱花是否像旧时一样年年盛开?"颇有旧地重游之念。由此可见周总理的对日情怀。中日复交前由于不具备访日的条件,无法访日。建交后,有了这个条件。如果《中日和平友好条约》很快就签订,周总理便有可能访问日本,但遗憾的是这个条约的谈判因遇到日本国内外部分势力的阻挠竟拖了六年之久,直到 1978 年才签订,而周总理已于 1976 年与世长辞,这实在是莫大的憾事!

这里,我想再介绍一个插曲:在高碕举办的这次答谢宴会结束前,周总理看到我由于不停地做席间谈话的翻译,未能吃上饭,便关照服务员给我包了几种小点心和菜肴带回家做夜宵。那时,正是三年自然灾害期间,供应比较紧张,周总理生怕我回家后弄饭有困难。总理想得多周到啊!他首先想到的是别人,想到的是做具体工作的普通工作人员。我和妻子至今念念不忘周总理的关怀。

宴会之后,我随周总理在北京饭店的走廊上走,以为今天的翻译任务全部结束。不想,周总理跟我说:"我还要单独跟高碕先生谈一谈。"于是,周总理就同高碕先生一道来到一个房间,又进行了深入的谈话。记得当时周总理与高碕谈了日本政府追随美国阻挠恢复中国在联合国的合法席位的问题。周总理说:1955 年万隆会议时,你同藤山爱一郎一道出席。当时你对我说日本最近要加入联合国,希望中国届时不要反对。当时,我说在中国恢复联合国的合法席位时,日本也不要阻挠。你说,没有问题。可是日本继续进行阻挠。最近日本驻联合国大使冈崎的讲话是不好的。哪怕日本弃权也好嘛!然而,日本却追随美国进行反对。

高碕极力为日本政府进行辩解，说中国不理解日本的处境，云云。同时他一再为美国敌视中国的行径进行开脱。

这次，周总理和高碕二人又谈了近四个小时，结束时，已经是半夜12点了。

中日贸易大有发展前途

*

*

发展经贸关系与国际合作

1964 年 4 月 23 日，周总理在人民大会堂会见日本关西经济友好访华代表团。

代表团团长是菅野和太郎，毕业于京都帝国大学经济学部，专攻财政学，曾当选日本国会众议员，并担任过经济企划厅长官，是学者型的官员和政界人士，在关西一带的经济界颇有影响。他的这次访华是高碕达之助推动实现的，他带来的十五名团员都是日本关西地区有实力的经济界人士。

会见时，周总理向客人着重谈了中日关系和中日两国发展经济贸易往来的几个问题。

周总理说：团长先生提出了一个重要的问题，就是中日两国应该如何友好相处、如何进行合作的问题。中日两国如果真正友好相处，友好合作，不仅有利于中日两国的完全独立，有利于两国人民，也有利于维护亚洲和世界的和平。这对于我们两个民族和两个国家，都是一个远大的理想。

接着，周总理说：我们知道日本经济的发展，不光是靠国内，同时也要靠国际市场。诸位是从关西来的，那里的对外贸易占日本整个对外贸易的很大比重。所以你们是很重视对外贸易的。中国经济的发展，主要依靠自力更生，但是要使经济技术达到现代化水平，也需要进行国际合作。

周总理强调说，要实现国际合作，就需要确立几个比较长期有效的原则。周总理讲了四点：

第一，国际间的经济合作，包括贸易往来和技术合作等，要在平等互利的基础上进行。只有这样，才有广阔的发展前途。

第二，中日两国和平共处、友好合作发展的可能性是大还是小？周总理说，这一发展前途是无限的，尽管现在还是有限的，今后在真正平等互利的基础上进行合作，几十年以后，就一定会大大超过现在。这是从长远的眼光看的。

第三，中日两国发展经济合作是不是可靠？是不是冒险？周总理说，中日两国经济关系的发展是可靠的、有保证的。

第四，中日两国经济贸易关系发展下去中国是不是有支付能力？周总理说，现在中国是作为一个国家来同日本的企业做买卖的，所以中国方面的支付能力是很雄厚的。关于中国经济合作的问题，还应当把眼光放得更远些。

周总理释疑解惑

周总理深知在日本有人担心发生类似长崎国旗事件那样的事，从而取消合同，使中日贸易近乎全面中断，一句话，就是顾虑中国是否守信。针对这一情况，会见时周总理花费了很长时间，摆事实、讲道理，谈了长崎事件发生的原委以及中方的原则立场。这一点，给我的印象特别深刻。

周总理说：长崎事件不是孤立的问题。这个事件，反映了当时的中日关系。当时中日贸易是根据贸易协定进行的。贸易协定虽然不是官方的，但实际上得到了日本政府的批准，也就是半官方的。因为每年有一个半官方的贸易协定来维系双方的贸易活动，所以政治上如果发生问题，就会影响合同的执行。当时，中日贸易是同政治联系在一起的，两国互办商品展览会也是在这个基础上进行的。我上一次同松村谦三先生也谈了，我说日本在 1956 年第一次来北京举办展览会的时候，村田省藏先生在北京饭店举行招待会，我出席了。北京饭店大厅里挂了很大的一面日本国旗，横跨整个舞台，给我的印象很深。这是新中国成立后中国人民第一次看到日本国旗。当时中日还没有建交，日本政府承认台湾当局，尽管如此，我们还是友好地处理了这个问题，没有提出意见。这件事说明中国人民是愿意同日本人民友好的，对日本国旗是尊重的。当时，我参加招待会，不是作为个人，而是作为一国的总理出席的。但是，1958年中国在长崎举办了一个很小的手工艺展览会，会场挂了一面很小的中国国旗，却遭到日本暴徒的侮辱。日本政府对这个事件不负责任，也不道歉。这两件事情对比起来，不能不引起中国人民很大的愤慨。同时，日本政府对第四次贸易协定中几个关键性的问题也不给予批准，使贸易协定不能成立，因此相应地使有关协定的合同和钢铁合同也不得不取消。以上当然是直接的原因，还有一个间接的原因，那就是岸信介内阁不仅在经济上，还在政治上敌视中国。岸信介政府的行动，使中日经济贸易关系不能发展。后来，松村、高碕、石桥（湛山）等几位先生相继访华，要求改变当时的情况，他们做了努力，并取得了成果。同时，池田先生执政，日本的内阁也起了变化。我把过去的情况向团长先生说明，不是中国方面不守信用，错误不在我们这一方面。

菅野和太郎通过此次访华得出的结论是，日中贸易大有发展前途。据说，他还把访华观感和结论写成报告，提交给池田首相。

关于周总理的几个细节

*

*

看日本纪录片《日本的钢铁业》

我从 20 世纪 50 年代初开始做对日工作，有机会在工作中多次接触到周恩来总理。他的言传身教，使我深受教育，真是一生都受用不完。周恩来总理在外事工作中以及在许多方面给我留下的珍贵回忆，使我永远难以忘怀。

记得，在 20 世纪 60 年代初，有一天下午，外办王晓云打来电话，要我去中南海周总理的住所——西花厅。我们在中南海西门见面后，他带我进去。这时我才知道是在西花厅为周总理放映 16 毫米的日本纪录片《日本的钢铁业》，要我去做翻译。

战后，日本的钢铁生产发展很快。日本战败后的 1946 年粗钢产量为五十五万吨，十年后的 1955 年也只能生产九百四十万吨。从 1960 年到 1970 年的十年间，日本新建了八个像君津钢厂那样的大型钢厂，都是年产一千万吨的。这一时期日本钢产量由两千二百万吨增加到九千三百万吨，十年内翻了两番多。产量提高如此快的一个重要因素，是大胆引进了国外先进技术。

1955 年我随中国科学代表团访日时曾参观过历史悠久的八幡钢厂，那时，炼钢还靠平炉。后来从 20 世纪 60 年代到 70 年代我在日本做记者期间多次采访新建的钢厂，深感日本的钢铁工业发生了深刻变化，最突出的是钢铁技术革新，日本成功地引进了氧气顶吹转炉，高炉容量也越来越大，而且从生产到管理，全面使用了电脑，实现了高效率、低消耗、低成本。

日本先进的钢铁工业技术，当时对我国很有参考借鉴价值。周总理要通过影片了解日本钢铁工业的变化和先进技术。

我被安排坐在周总理旁边。由于我事前没有看过这部影片，而且很多钢铁方面的技术用语，对我来说是生疏的，所以翻译起来，不那么如意，因此至今深感内疚。

电影结束后，周总理马上要到另一处参加活动。外面，气温低，稍冷。邓颖超从里屋取来大衣，要总理穿上。总理说："不用啦。"

但邓颖超执意要总理穿上，总理不再坚持。在西花厅目睹的那温馨情景，至今历历在目。

"周总理握手时注视了我眼睛"

以礼相待，平等待人，是周恩来总理的外交风范之一。

我注意到周总理会见外宾，除非万不得已，每次都会提前到达现场等候客人。我曾经在日本常驻过，也到过世界许多其他国家访问，通常的情况是造访的客人要在客厅等待主人。往往要坐上片刻，主人才出现在客人面前。周总理却不是这样。

如果周总理因有特殊情况，不能按时到，也要通过秘书，事前通知接待单位，等总理到达会见地点后，再请外宾来，而绝不让客人等他（除极特殊的例外情况）。客人来到时，他亲自走到门口迎接，并一一握手。周总理同客人握手也很认真，他总是一面握手，一面注视对方的眼睛，从不敷衍了事。这样，就使客人感到自己受到尊重，心里很高兴。有的曾经跟周总理握过手的日本客人，过了很多年后还跟我说："我永远不会忘记那次握手，周总理握手时注视了我眼睛。"

在人民大会堂未建成前，有几次国庆酒会是在北京饭店的西楼大厅

◇ 周总理在日本工
业展览会上

举行的。参加酒会的外国客人很多，排成了长长的队伍入场。尽管客人很多，周总理也总是站在门口，热情地同每一位客人握手。遇到东南亚一些国家和南亚来的客人，便按他们的习惯，行合十礼。对伊斯兰国家的女宾，尊重她们的习俗，点头示意，从不握手。

说到以礼相待，平等待人，有一件事令人难忘。1963年10月，日本在北京举办了大规模的工业展览会。10月5日晚，日本前首相、代表团团长石桥湛山在北京饭店西大厅举行答谢宴会。由于宾主人多，约有一千人，大厅里摆了几十张圆桌，满满当当的，因此那些座位被排在后面的人无法看到前面。

石桥湛山致词后，周总理发表了热情洋溢的讲话。我做完翻译后，没有想到周总理手持酒杯，转到每一张桌去祝酒。他与日本朋友一一碰杯，有时还跟他们简单地交谈几句。周总理走到哪里，哪里就是一片欢腾，每一位日本客人都为周总理的热情好客、彬彬有礼而深受感动。当时陪同周总理祝酒的日方事务局局长押川俊夫说："由于我一点思想准备也没有，所以当时心里有点慌。周总理不仅跟我们碰杯，而且还同我们一起唱《东京—北京》，唱完后，还把歌单要去。那个激动人心的情景，我一辈子也不会忘记。"

　　就在那一天上午，日本工业展览会在北京展览馆开幕，周总理专程到会场进行参观。周总理的到来，引起了一群日本记者的注意。他们想方设法要靠近总理，提出问题，直接进行采访。保安人员考虑到总理的安全，不希望记者随便接近总理。在日本记者中有一位女记者，鼓足勇气，凑上来，向周总理提出了一个问题。我满以为在这种情况下，总理不会理睬。谁知周总理很有礼貌地仔细地回答了那位记者的提问。周总理回答问题时，其他日本记者也围了上来，他们对于能直接采访周总理而感到特别高兴。

　　参观结束以后，日本事务局的朋友拿来一本留言簿，请求周总理在上面题词。周总理很有礼貌地说，我回去以后题，题好后，派人送来。周总理题好字后，果然在第二天派人送给了日方。周总理的题词对日本工业展览会作了全面的评价：

　　　　我认为，日本工业展览会在北京的开幕获得了成功。这个展览会表明日本的工业生产和科学水平最近几年来有了不少提高。这是值得我们学习的。日本工业展览会的开幕，有利于中日两国人民的友好往来和中日两国关系的改善，对亚洲与世界的和平将做出贡献。

　　围绕着松村谦三访华，也有几件事表明周总理在外事场合，是多么的注意礼节。

　　记得松村谦三率团第一次访华，是在 1959 年 10 月。周总理在人民大会堂设宴款待松村谦三一行后，亲自陪同他参观了刚刚建成的人民大会堂。我在做翻译的过程中深感周总理非常细心，他不时地提醒我照顾好上了年纪的松村老先生。例如，上下楼梯时，关照我要扶好松村不要使他摔倒。

　　松村谦三第五次访华，亦即他最后一次访华，是在 1970 年的 3、4 月间。当时松村谦三已八十七岁高龄，思维能力远不如从前，与别人谈话时，常常是答非所问，有时则语无伦次，不知所云。4 月 19 日下午，周总理在人民大会堂福建厅会见松村一行。我正好因为休假,从东京的新华社分社回到北京,参加了那一次的接待工作。会见开始不久,松村突如其来地讲了一番话,不仅文不对题,而且不知所云。当时在座的日本朋友真是为松村老先生捏了一把汗,中日双方人士都不知总理会作何反应。然而,出乎意料,周总理完全体谅松村老先生,非但没有责怪他,反而神态自若地继续自己的谈话。

会见结束后,总理又亲自搀扶着松村谦三,把他送到福建厅外。周总理这一宽宏大量、礼貌待人的态度,使在场的众多日本客人大受感动。

"我们已经不能再见到他了"

就在松村谦三最后一次访华时,还有一件事使我感到周总理是多么的礼貌周到和缜密细致。

松村谦三那次来访,带来了日本最有影响力的大报《朝日新闻》的社长广冈知男。广冈社长的目的是要单独采访周总理,以便在《朝日新闻》上刊登独家新闻。

从代表团一行3月下旬抵达北京到4月19日周总理决定会见全团为止,一直未能安排单独会见广冈社长。《朝日新闻》社为此事非常着急,曾通过该社常驻北京记者秋冈家荣向我透露说,《朝日新闻》社对周总理单独会见广冈社长非常重视,尽管在广冈社长访华期间该社社主上野先生逝世了,但仍决定广冈社长不回日本。我及时地把这一情况向有关方面作了反映,但《朝日新闻》要求的单独会见始终未能安排上。

这样,广冈社长只能随全团接受周总理的会见。出乎意料的是,就在这次会见开始不久,周总理在谈话中特意提到广冈先生。周总理非常自然而又亲切地把目光转向广冈社长说,今天在座的有《朝日新闻》社的广冈社长,我的谈话,同时也是对你的谈话。显然,这是周总理对广冈知男表示的特别关照。但是,事情到此并未终结。

又过了一年半——1971年10月28日，周总理在北京接受了由当时的《朝日新闻》社编辑局局长后藤基夫率领的记者组的单独采访。那时，我还在东京做新华社常驻记者，我在《朝日新闻》上看到了周总理回答该社记者组提问的独家新闻。

从这篇报道可以看出，周总理的细致和周到，他把广冈社长前一年访华的事联系了起来。

这一天，周总理一上来就提到广冈社长和松村谦三。周总理说："贵社的广冈社长去年春天曾跟已故的松村谦三先生一道来访，但我未能跟他单独会见。现在，我是跟代表你们社长广冈先生来访的后藤编辑局长会见，回国后，请向广冈社长转达我的问候。谁都没想到松村先生会逝世，我们已经不能再见到他了。"

事隔二十五年后的1996年12月，我在东京见到《朝日新闻》社顾问中江忠利先生（他在后藤基夫之后，也曾任过该社编辑局长和社长）。他回忆了1971年随后藤编辑局局长访问中国会见周总理时的情景。他说当时正值中国要恢复在联合国合法席位的前夕，也是日中复交的头一年，所以，"那次会见是历史性的。周总理在那次会见时，还特意提到广冈社长和松村谦三先生"。

周总理的礼貌周到、缜密细致，收到了极好的效果，既弥补了广冈社长未能单独采访周总理的遗憾，又充分地表达了周总理对广冈社长和《朝日新闻》社的尊重。

"伟大领袖"

1969年召开中国共产党第九次全国代表大会时，与往常一样，在北京成立了大会文件的翻译班子。我在参与这项工作时，有幸多次接触到周恩来总理，他的谆谆教导，至今铭记在心。

1968年秋，我由新华社东京分社临时调回国内，在总社东方组工作。

1969年3月初，组内负责人通知我参加"九大"文件的翻译班子工作，为此要集中起来。

所谓"集中"，就是为了会前保守住大会文件的秘密，参加翻译文件的人员都要与外界隔绝，不回家，不打电话，不写信，不与亲友接触。我们的文件翻译工作，安排在新华社院内西北角条件较好的住宅楼里；住宿，则安排在新华社的独身宿舍里。各语文组的翻译工作人员，都是从各单位调集来的。领导上决定，日文组由我和林丽韫负责。

在翻译大会文件的过程中，总会遇到不少疑难问题。这些问题，如果没有权威的解释，就很难进行翻译。大会筹备处设有专门机构解答翻译中提出的质疑。但，即使如此，仍有一些问题解决不了。为此，周总理在百忙中抽出时间亲自听取翻译班子的汇报，并解答了特别疑难的问题。

记得在大会开幕以前，周总理听取了三次汇报。第一次，是在人民大会堂，翻译班子的各组都派代表参加。日文组参加的是我。

大厅里的座位，排成口字形。前排是沙发。后排是普通的椅子。我考虑到自己不过是一个"普通的"翻译，就自觉地坐在后排的"普通"椅子上。坐定后，大家都注意到前排陈伯达旁边的沙发是空的，没有人坐。这时，周总理环视了一下周围，看到几年前曾多次给他做过翻译的我，便指着空沙发说："日文翻译，到前面来坐。"无疑，周总理认出了我，但一时可能未想起我的名字。

当时，由于翻译班子刚刚搭起来，各组都感到人手不足。因此，这次会议首先集中研究的，自然是继续调进干部的问题。日语组当时急需调进能够润色日文译文的高水平的日本专家。在会上汇报时，我谈了这个要求。

"有合适的人选吗？"周总理问。

我回答："有一位在外文局工作的日本专家。"

"他叫什么名字？"

"叫川越敏孝。"

"哪几个字？"

我一个字一个字向周总理做了汇报。

周总理边听边写。写完，交给我一张纸条，上写着调川越敏孝到翻译班子工作的批示。这实际上就是一次现场办公。周总理体察我们翻译班子的困难，当即解决了日文组的一大难题。

就在这次会上，其他语文组的同志提出了《九大政治报告》中多次涉及的"在无产阶级专政下继续革命"这一提法如何翻译的问题。周总理要坐在他身旁的康生来回答。康生操着一口山东腔，不无得意地做了一番"阐述"。

第二次，是在西郊宾馆。听取翻译组汇报的，是周总理和其他领导人，但回答问题的，主要是周总理。

这一次，英文组的同志提的问题比较多。有人问，党章草案中"中央政治局委员由中央委员会产生"的"产生"二字怎样理解？是否是"选举产生？"，周总理做了肯定的回答。他说："当然是通过选举！"其实，英文组提出的这一问题，也是我们日文组和其他语文组碰到的。因为仅从字面上看，由于草案中没有写明"选举产生"，在"文革"的那种"不正常"的政治气氛中，很容易使人产生误解，认为今后可能不再"选举"，而很可能由上面来指定。周总理的明确回答，解除了大家的误解。

英文组提出的另一个问题是"毛泽东思想"的英文译法。人们知道，惯用的译法是"Mao Tsetong thought"。由于当时人们特别强调宣传"毛泽东思想"，甚至有人主张将"毛泽东思想"改称"毛泽东主义"，因此英文组的意见是将"毛泽东思想"的习惯译法改为"MaoZedong Thought"。这就是说，把"思想"由小写的"thought"改为大写的"Thought"。周总理表示同意。

中国人名、地名的英文拼写，当时由于刚刚在中国推行"拉丁化拼音"，因此也出现了新问题。例如，"北京"按以前的韦氏拼法，习惯地写作"Peking"，而现在按"拉丁化拼音"应改为"Beijing"。到底是用韦氏拼法，还是使用"汉语拼音"，当时在国内外很混乱。

英文组同志在会上提出，按韦氏拼法，当时定为"接班人"的林彪的名字应拼作"Lin Piao"，"周恩来"应拼作"Chou Enlai"。如果按汉语拼音，则应分别拼写为"Lin Biao""Zhou Enlai"，究竟怎样拼写为好？

周总理听罢，稍加思索后，只对林彪的拼法表了态，说："就按汉语拼音拼写。"而对自己的名字只字未提。

我当时暗暗地想，如果是别人，一定会对自己名字的拼写法表个态，但周总理没有这样做。仅从这一点，也可以看出周总理为人谦虚以及他政治上非同一般的成熟度。

第三次，是在钓鱼台。那天晚上，已经很晚了。日文组，除我外，林丽韫也参加了汇报。

我们进屋后，看到周总理已在那里等候。陈伯达、江青等人也在场。

看来，江青并不清楚"九大"文件翻译班子以及具体的翻译情况，周总理向江青简要地做了介绍。随后，江青面向翻译班子的同志们突如其来地操着她那独特的尖细声音说了一句："大胆，谨慎！"这使我顿时想起样板戏《智取威虎山》中二〇三首长的台词。说罢，江青吃起服务员专给她送来的山东煎饼来。

由于翻译组各组遇到的疑难问题不一样，所以，其他组提出的问题，往往在日文里不成为问题；而日文组提出的问题，又常常是其他语文组不感兴趣的。

那一天，周总理正好坐在我和林丽韫对面。我和林丽韫商量，把我们的疑难问题提出来，当面直接请示周总理。

当时日文组遇到的问题是，"伟大领袖毛主席"的"领袖"一词的译法。尽管日语中也有"领袖"一词，但它有"头头"的意思，不甚庄重，因此，在日语中我们一向译作"指导者"。然而，这样一来就遇到了一个问题，那就是一般的"领导人"，日语也译作"指导者"，两者如果都是"指导者"，就没有区别了。在当时那种极"左"思潮影响下，翻译界也受到感染和影响，选择译词时尽可能地拔高，而且拔得越高越过瘾，所以我们提出的解决方案是把"伟大领袖"译作"伟大的最高指导者"，即以"最高指导者"区别于一般的"指导者"。

周总理听了我们的意见，略加思考后说："不要。因为已经有了'伟大的'，就不要再用'最高'了。"

这样，"伟大领袖"这一词组的日语翻译，一直到今天都在沿用周总理确定的"偉大な指導者"（伟大的指导者）。

现在想起来，当时极"左"思潮泛滥成灾，周总理能不为其所左右，始终把握分寸，不能不令人感到由衷的敬佩。

日本文艺界敬仰周总理

*

*

周总理说：“年轻时我也演过戏。”

在中日关系正常化前的民间往来中，日本的文化代表团和文化艺术界人士来访的较多。周总理抓住一切可能的机会，同他们接触、交谈。

记得 1960 年 10 月，日本俳优座、文学座、民艺、葡萄之会和东京艺术座等五家话剧团联合组团到中国来访问演出。时值日本人民掀起规模宏大的反对《日美安保条约》斗争之后，而且五个剧团合成一个团访华演出，在日本戏剧史上是从未有过的。周总理不仅观看了他们的演出，而且出席了 10 月 8 日下午在中山公园为日本话剧团举行的游园会。我接到通知后，即来到中山公园。

园内摆着许多铺有白布的桌子。我看到一些日本演员和中国演员坐在一起，边饮茶，边交谈。不一会儿，身着深色中山装的周总理来到日本演员当中。人们欢腾了，园内的气氛顿时活跃起来。周总理边与日本客人打招呼边坐下。围着周总理坐下的日本著名演员有主演《女人的一生》的杉村春子和主演《夕鹤》的山本安英。今天她们二人为了表示对周总理的尊敬和喜悦心情，都穿了一身“和服”。著名导演和演员千田是也和他的夫人岸辉子，以及另一位著名导演村山知义也坐在周总理近旁。我看到外面还围了一圈人，其中就有中国著名演员于是之。周总理亲切地与日本朋友促膝交谈，就像老朋友拉家常。他说，年轻时我也演过戏。今天见到各位，感到很亲切。日本有这么多的话剧演员到中国来演出，还是第一次。我认为，中日戏剧交流具有重要意义。

后来，日本著名儿童剧演员伊藤巴子女士，在1965年4、5月间随同日本几个话剧团联合组成的"访中日本话剧团"来北京演出。团长是著名话剧演员泷泽修。伊藤巴子等人5月2日在人民大会堂荣幸地受到周恩来总理的亲切接见。5日晚上，周总理观看了他们的演出。通过那次访华，伊藤认识了中国戏剧界的很多朋友。在后来的岁月里，她不遗余力地为发展中日戏剧交流奔波，并为此经常访问中国，与中国戏剧界人士建立了珍贵的友谊。她现在是日本"话剧人社"理事长。她告诉我，她正在认真思考一个很严肃的问题：日中友好事业需要培养接班人，同样的，日中文化交流事业也需要培养接班人。她说："在国际形势不断变化的今天，通过戏剧加深双方理解的同时，我们面临一个……共同发展两国戏剧事业的课题。这些课题已超出我们这些民间人士的力量范围，我常有力不从心的感觉。然而，我们必须坚持，将自己小小的力量汇集成一股迈入21世纪的更大洪流。"她说："文化和艺术的交流，是建立在人与人相互信任的基础上的。为了打开对方的心扉，必须首先敞开自己的胸怀。只有这样，彼此才能更加接近对方的心灵深处。"伊藤认为："有一件工作非常重要，虽然经过我们这一代人的努力，却仍未完成，需要下一代继续努力。我们要将一百年前开始的日本侵略中国的历史告诉下一代，教会年轻人特别是日本的年轻人，怎样以坦诚的目光正视历史，认识事实。时代不断地推移，我们这一代、我们的下一代乃至下下一代，都需要正视历史。如果我们不能从历史中汲取教训，不能正确地对待历史，便无法跟上21世纪的步伐，无法把握新时代的脉搏，一旦失去了'历史'这一基础，日本与中国的友情和信赖关系便根本不可能存在。"

记得还有一次，周总理在中南海会见日本文化代表团。我去做翻译，看到代表团成员中著名的女作家有吉佐和子穿了一身美丽的和服，很引人注目。会见中，她向周总理讲述了中国文化对她的影响，并说她非常喜欢看中国戏剧。于是，周总理便向她推荐越剧《红楼梦》。总理说：《红楼梦》是中国四大古典小说之一，它描写的是一对青年男女反抗封建制度束缚，争取婚姻自由的故事。越剧《红楼梦》在北京公演，很受观众欢迎，可惜现在不演了。不过，听说你们还要到上海去，我告诉他们专门为你们演一场。总理立即向工作人员作了布置。日本客人喜出望外，一再向总理表示感谢。

接见完毕，合影留念时，按名次排列，有吉佐和子女士本应站在距离周总理稍远的位置，但她激动不已，一下子站在周总理旁边，照相机的快门立即把这一难忘的时刻记录了下来。

"你们选择的道路是正确的"

我不会忘记 1957 年 5 月 9 日周总理在中南海会见日本考古代表团和日本话戏剧家代表团时的情景。

我坐在周总理身旁做翻译时发现这一次的会见不同于往常，主要是周总理主动向客人了解日本情况。周总理按照座位的排列次序，依次向客人提出问题，亲切交谈，气氛显得轻松、活跃。就这样，大约过了半数人，周总理把目光移到一位三十出头的女性身上。她是这个代表团中唯一的女性，日本"新制作座"的创始人真山美保。她既是一位演员，也是一位剧作家。据说，"新制作座"当时才成立六年。

周总理在会见前就了解到"新制作座"是日本一个新型的剧团，因此便从这里问起："听说你以一种新的想法创立了一个新的剧团？"

"是的。我发现艺术来源于群众，并在群众中发展壮大，便放弃了使我长大成人的东京而下到地方，深入到每天都在辛勤劳作的民众中去，为他们创作剧本，演出，并征求他们的意见。我的想法是生活在人民群众之中，与人民群众一起创造艺术。"真山美保回答了周总理的提问。

"你是跟人民群众生活在一起吗？"

"是的，一年中的大部分时间我几乎都生活在纺织厂、矿山、造船厂或其他工厂里。要不就生活在农村、渔村和山村里。"

周总理又问："你的作品主题是什么？"

"大多是反映工人和农民的苦恼的。还有一些是反映女工生活的作品，这样的作品是为了鼓励她们奋斗成长。目前在日本有许多人正为受社会的歧视而苦恼。这些事想起来就让人难过。"

"的确是这样。不过，观众的情况怎样？"

"这要看剧场的规模，多时超过两千人，平均为八百人至一千人。"

周总理进一步问道："你们采取什么样的方式组织观众，又是怎样决定公演的形式呢？"

真山美保介绍了"新制作座"在演出前深入工厂、农村、山村、渔村、学校进行宣传、售票和组织观众的情况。

周总理问："所有的剧团成员都参加这些活动吗？"

"是的，演员们都要深入到群众中去开展这一活动。"真山回答。

"你们靠什么生活呢？"

"靠门票就足以维持了。"

"什么援助也不要？"

"不要。"

听到这里，周总理满意地笑了。他猛地拍一下膝盖，兴奋地说："太好了，实在是太好了！你们选择的道路是正确的。你们今后也许会遇到困难，但请你们一定要坚持下去。因为你们的艺术是'在人民群众中产生，在人民群众中发展'。"

后来真山美保在一篇回忆文章中写道：听了周总理的话和鼓励，"我的眼泪唰的一下落了下来，直到那时为止，即使在我的祖国日本，也从未得到像周总理这样的承认和理解。有人一直在嘲笑我，说什么剧作家真山青果的女儿究竟喜欢什么……还说我根本不了解群众的内心深处，在城市公演过少等。

"我喜爱富有朝气的劳动群众，喜爱忠诚老实的人，也喜爱贫苦的人。我只相信他们的眼泪。我认为，我从一开始就没有打算为那些把话剧看作是项链、是装饰品的人创作和演出。

"从二十多岁起我就一直认为，无论受到怎样的中伤，都不要改变自己的态度和思想。这几年，我顶住了难以忍受的侮辱，也曾为无人理解而苦恼过。但我还是在群众的深情厚爱下挺过来了。而在遥远的异国且是大国之中国的首都北京，却得到了周恩来总理热情而有力的鼓励，这是我连想也未曾想过的。

"在剧团创立初期，我曾苦于没有任何可资借鉴的样板，只能靠双手摸索着前进。就是在那段困难时期，我偶然看到了毛泽东主席在延安时的讲话记录。我惊奇地发现，那里边讲的情况与日本的情况多么相像啊！于是，我把它当作了自己的教科书。"

这一次的谈话使真山美保坚定了"新制作座"的发展方向和前进的道路。真山说："我与周总理的谈话虽然仅此一次，但从那以后，无论什么时候，只要想起周总理的话语，就能体会到他那颗炽热的心。"

"我那次与周总理会面看起来一切出于自然，其实周总理事前一定做过一番细致的调查研究。即使如此，周总理提问时惊人的机敏和问题的尖锐仍令我终生难忘，回味无穷。"

1994 年 4 月，我作为文化部副部长率中国文化代表团应真山美保女士邀请，访问了在东京八王子的新制作座剧团。剧团院内有几株樱花树正含苞待放。往年这个时候就可以欣赏到盛开的樱花，但那一年的花期似乎迟了几天。在我们要启程回国前夕，真山美保女士和新制作座剧团的朋友们特为我们举行了赏樱欢送会。尽管未能看到樱花烂漫的景色是个遗憾，但真山美保女士的一片热情，使我们心中感到了温暖，她的一席话，更给我们留下了难忘的印象。她说：樱花的特性是开时一下子盛开，使你忽然觉得眼前一片明亮，灿如云霞，妩媚多姿。但，花期一过，花瓣如雪，纷纷飘落，毫不留恋。盛开的樱花固然绚丽多姿，但满地的落花雪也异常美丽，令人心旷神怡。她说：周总理年轻时来日本寻求真理，常到京都岚山，并留下了赞美樱花的诗篇。我想，周总理的一生，就像那美好的樱花性格。

日本的"白毛女"

*

*

中华人民共和国成立初期摄制的电影《白毛女》（田华饰演喜儿），20 世纪 50 年代初，在尚未建交的日本产生了积极影响，日本朋友通过努力，创作出了芭蕾舞剧《白毛女》，促进了中日两国人民的友好和相互理解，后来在 20 世纪 70 年代又通过中国上海芭蕾舞团在日本演出《白毛女》，大大推动了中日邦交正常化的进程。

从 1949 年 10 月中华人民共和国成立直到 1972 年 9 月中日关系正常化为止，在长达二十三年的岁月里，中日两国在法律上一直处于战争状态。其间，日本政府一直追随美国，敌视中国，抓住所谓的"日蒋条约"不放，而广大日本人民则反对这一错误政策，要求改善日中关系，早日实现邦交正常化。毛主席和党中央确立了区别对待、寄希望于人民、民间先行、以民促官的原则，与日本开展了包括文化交流在内的广泛的民间友好往来与交流。通过《白毛女》进行的文化交流，就是民间先行、以民促官，最后推动实现中日建交的一个典型事例。

影片《白毛女》轰动日本

如前所述，1952 年 5 月，在当时极端困难的情况下，日本有三位国会议员——高良富、帆足计、宫腰喜助冲破日本当局的阻挠，转道莫斯科来到北京访问，并与中国签订了第一个民间贸易协定。他们离开中国时，中国贸促会主席南汉宸赠送了一部 16 毫米的影片《白毛女》作为给日中友好协会的礼物，据说是以周总理的名义赠送的。

这部影片带回日本后，却遇到了麻烦。高良富、帆足计等人到了东京羽田机场，海关说"16 毫米胶片不得带进日本"，便把这部影片扣留在日本政府大藏省内，过了两个多月后，才放行，而且附加了一个条件：不得公开放映。日中友好协会拿到影片《白毛女》后，便在集会上放映，还举行"《白毛女》上映会"，使日本民众第一次看到新中国的影片。据不完全统计，从 1952 年秋天到 1955 年 6 月，在日本观看影片《白毛女》的观众达二百万人次。1955 年 12 月 6 日，电影《白毛女》终于在东京的新宿、池袋、上野等八家电影院正式公开放映。尽管观众的反应不一，但总的说来，影片深深地打动了日本人民的心。

在日本，《白毛女》第一次被搬上舞台，人们一般都认为是芭蕾舞剧，其实不然。1954 年 10 月，日本一家民间的话剧团"演集剧团"在名古屋市上演了歌剧《白毛女》。这是日本第一次把《白毛女》搬上舞台。那一年的 9—10 月，日中友好人士在日本举办了"日中友好月"，日本各地举行了各种活动，上演歌剧《白毛女》便是其中之一。当时执导的松原英治在《导演手记》中写道："《白毛女》里的喜儿在被封建社会所压迫的中国，是个典型的佃农的女儿，她是一位代表当时中国人民悲惨状态的人物。但是，不仅仅在中国，在日本现在还有多少人处于跟她一样的遭遇。这就是说，白毛女在日本也有。真到有一天这个社会不再有白毛女，那就是我们渴望的和平的到来。

"这部作品，表现了这样的主题：过去的封建殖民地社会把受苦受累的人变成鬼，但是，新的民主社会却把鬼变成人，我衷心地盼望着它能激起大家打破封建制度和真正维护民主的自觉。我们要表明一个愿望：要跟白毛女一样哭泣，一样受苦，一样憎恨，一样斗争，最后，一样欢乐，一样实现解放。"

然而，真正意义上把《白毛女》介绍给更广大的日本民众的，是 1955 年松山芭蕾舞团上演的芭蕾舞剧《白毛女》。

◇ 松山树子首次把《白毛女》搬上日本
的芭蕾舞舞台

在此三年前的 1952 年秋天，松山芭蕾舞团团长清水正夫在东京江东区的一个小会堂看了电影《白毛女》。他深受感动，便极力推荐给夫人、著名芭蕾舞演员松山树子。松山说："这是我第一次看中国电影。我不停地流泪，尤其对喜儿深感同情……在当时的日本，把中国的戏剧及歌剧搬上舞台是非常困难的。但是，在我丈夫等人的大力帮助下，我有了信心，我决定上演了。"

在中国方面提供剧本、乐谱以及舞台剧照等大力帮助和日本朋友的艰苦努力下，花费了一年多的时间，松山芭蕾舞团的二幕芭蕾舞剧《白毛女》，终于在 1955 年 2 月 12 日晚在东京日比谷公会堂首演，并获得了巨大成功。那天，天气寒冷，眼看要下雪，但是，剧场门口挤满了观众，场内座无虚席。观众大部分是年轻的学生和工人。松山树子回忆道："观众的目光投向了我的全身，我拼命地跳。大幕一落，雷鸣般的掌声响彻整个剧场。'再来一个'的喊声此起彼伏。灯光亮了，向观众席望去，看到前排观众眼里闪着泪光。有些人紧紧握着手帕，还在抽泣。谢幕时，在观众的喝彩声中，演员们排成一排，他们按捺不住激动的心情流下了热泪。"

后来，我收到清水正夫先生给我的一封信，谈到了他们的艰苦历程。

他写道，1955 年 2 月，"松山芭蕾舞团在东京日比谷公会堂第一次演出芭蕾舞剧《白毛女》。当时，要出售票，需要缴纳税款，因为没有钱，就把松山芭蕾舞团的土地作为担保，押到麹町税务署，这样，他们才'郑重其事'地在四千六百张票的背面盖上了章。当时的税率是票价的 50%……

"就在这一年的 5 月，松山树子作为日本代表团成员出席在赫尔辛基的世界和平大会，代表团每个人要负担四十万日元，由于没有钱，我把父亲赠给我的一所小学——它是我的母校——的校园（七百多平方米）的土地以极低廉的价格卖给了东京都当局，总算凑够了钱。松山树子便从羽田机场乘上双引擎飞机，绕道印度，经巴黎，到达了赫尔辛基，在那里她见到了中国代表团团长郭沫若先生。应郭先生的邀请，当年的 9 月，松山访问了北京，出席了国庆节的活动。在北京饭店西楼举行的国宴上，松山树子第一次荣幸地见到了周总理。周总理把三位'白毛女'（唱过歌剧的王昆、演过电影的田华、跳过芭蕾舞的松山树子）找到一起合影留念，并对松山说：你是喜儿回娘家。"

三个"白毛女"

有一位出席那天宴会的人士，后来再现了当时动人的那一幕：

1955 年 9 月 29 日，中华人民共和国国庆节晚宴在北京饭店的大厅举行，周恩来总理以及许多国家领导人出席了宴会，气氛很是隆重。松山也出席了宴会。

宴会不知不觉进入了高潮，周恩来总理突然对外国记者团说："现在宣布一件重要事情。"

在场的人不知何事，气氛一时有点儿紧张。只见周总理领着中国歌剧和电影《白毛女》的扮演者王昆、田华来到松山面前，突然停了下来。

周总理向松山伸出手说："诸位，今天日本的'白毛女'松山树子女士光临，而且这里还有中国的'白毛女'，我荣幸地把她们介绍给各位。"

周总理的介绍引起了全场的热烈掌声，然后他把王昆和田华介绍给松山树子。周总理说，田华是电影"喜儿"，王昆是歌剧"喜儿"，松山树子是芭蕾舞"喜儿"，你们是中日友谊的象征。三个"白毛女"一见如故地交谈起来。周总理也很高兴地提议来一张合影，在场的摄影师不失时机地拍下了中日"白毛女"欢聚一堂的历史性镜头。

多年后，松山树子回忆这段历史时，印象仍然极为深刻。松山说她是第一次遇见这种热烈场面，真是又惊讶又感动，"从第一次访华那天起，中国就成了我'心中的故乡'"。她说也就是在这次会上，周总理还对她的芭蕾舞团发出了邀请，说："下次带着《白毛女》，大家一起来。"

毛主席说："你们是老前辈"

1957年12月，松山树子的丈夫清水正夫为芭蕾舞团访华先期访问中国。这位身兼一级建筑师的清水正夫若干年后在给我的信中写道，那是"我第一次访问中国，从飞机上看到……刚竣工不久的武汉长江大桥，我便下决心今后要在以往的日中友好运动的基础上再通过芭蕾舞艺术，在日中两国间架起一座哪怕是很细的但绝对不会被切断的桥梁。当时泪水模糊了我的眼睛，使长江大桥也看不清了。请您不要笑话我。我那时很年轻。现在尽管我已到了杨白劳的年纪，但我的决心却依然不变"。

1958年3—4月间，松山芭蕾舞团访问中国，在北京、重庆、武汉、上海巡回演出，取得了巨大成功。观众踊跃，一票难求。

进入20世纪70年代以后，国际形势发生了巨大变化。1971年春，我国成功地开展了"乒乓外交"，打开了中美关系的大门。这一年的10月，中国恢复了在联合国的合法席位。在日本国内，要求早日实现中日关系正常化的呼声越来越高涨。

在这一大形势下，1972 年 7 月 10 日，通过周总理的亲自安排，中日友协秘书长孙平化率领上海舞剧团，应日中文化交流协会和《朝日新闻》社的邀请，在日本进行了为期一个多月的演出。剧目之一，就是中国版的芭蕾舞剧《白毛女》。当时，我正在日本做常驻记者。

就在上海舞剧团到达东京的三天前，亲美反华的佐藤荣作下台，田中内阁成立，田中首相积极表示他要为中日复交而努力。

在上海舞剧团访问演出时，松山芭蕾舞团的上上下下，对我们的演出和生活给予了无微不至的关怀和帮助。特别是清水的独生子、在日本演出《白毛女》时的大春扮演者清水哲太郎和另一名主要演员外崎芳昭，在上海舞剧团每场演出时都装扮成剧中角色，分站在舞台两侧待机，防备发生什么不测或演员临时伤病不能上场时，能够及时掩护和帮助，以保证演出的顺利进行。周总理知道后，深受感动，反复强调要感谢清水正夫、松山树子和松山芭蕾舞团的深情厚谊，感谢他们为发展中日友好默默无闻地做的工作和他们的平凡而伟大的贡献。周总理还特别提到，最先把中国歌剧《白毛女》改变成芭蕾舞并搬上舞台、最先对芭蕾舞进行改革的不是我们，而是松山树子和松山芭蕾舞团，只凭这一点，我们就应该向他们学习并且表示感谢。

据我所知，1964 年松山芭蕾舞团第二次访华演出时，全体人员受到毛主席、周总理和朱德的接见。在会见时，毛主席讲的第一句话，就是"你们是老前辈了！"。

文化交流是外交的"一翼"，通过《白毛女》开展的中日文化交流，不仅促进了两国人民的友谊和相互理解，而且更重要的是为改善和发展战后中日关系，为解决战后的一大悬案——中日两国建交发挥了独特和重要的推动作用。

邓小平发自肺腑的赠言

＊

＊

"左派不抓，右派就要抓。"

"在日本，我认为重要的是抓民族的旗帜。左派不抓，右派就要抓。"

1961 年 11 月的一天下午，在人民大会堂宴会厅，作为主人的邓小平总书记向坐在他身旁的日共《赤旗报》代表团团长土岐强说。

显然，邓小平是针对日本当时的实际情况讲的。1960 年，日本全国曾掀起一浪高过一浪的反对《日美安保条约》的斗争。但是，后来斗争出现了低谷。尽管如此，美国军事占领日本的基本事实没有改变。在日本，民族矛盾依然存在，民族解放依旧是日本人民的重要课题。先进的政党，只有高举民族的旗帜，才能动员和团结日本的绝大多数人。说到家，是由谁来争取群众的问题。左派不去争取，右派必然去争。

当时我作为译员虽然如实地把这句话翻译了过去，但由于我阅历浅，听了这句话，体会不深。后来随着时间的推移，我越发感到，这确实是一位久经斗争考验的革命家经过深思熟虑得出的看法和发自肺腑的赠言。

这是我生平第一次为邓小平做翻译。

在"史无前例"的狂飙刮起以前，我还为邓小平做过一次翻译。那是 1963 年 12 月 26 日上午，邓小平以代总理的身份，在人民大会堂会见了日中文化交流协会理事长中岛健藏及其夫人中岛京子。同时参加会见的，还有日中文化交流协会事务局长白土吾夫，日中友好协会事务局长长谷川敏三、文化部主任浅野芳男，日本著名女作家松冈洋子，日本摄影家代表团团长木村伊兵卫等人。

那个时候，邓小平一般不会见日本文化界人士。对于中岛健藏来说，这可能是他唯一的一次与邓小平的会见。

小平同志，留着人们熟悉的平头，穿着一身浅色的中山装，容光焕发地健步走进会见厅。中岛健藏身着深色西装，偕同夫人，与初次见面的邓小平代总理亲切握手。

小平同志请中岛先生夫妇坐在正面的长沙发上，而他自己坐的是左首的单人沙发。由于事隔四十年，具体的谈话内容，印象已经很淡漠了，但我记得邓小平向客人谈了国内外形势，也谈了日中两国人民团结的重要性。

1964年2月11日出版的日中文化交流协会机关刊物《日中文化交流》第78期上，刊登了这次会见的照片。

1964年9月，中日两国首次互派新闻记者。我被派往东京常驻，直到1978年6月，任期届满回国。在这近十五年中，中国国内经历了十年的"文化大革命"，邓小平和其他许多革命老前辈在这一场劫难中的遭遇，不必细说。

"我们不能自己把手脚捆住。"

"文革"结束后，邓小平复出。就在我回国那一年——1978年的12月，党中央举行了十一届三中全会。在邓小平主持下，我国实现了拨乱反正，党的工作重心由抓阶级斗争转变为抓经济建设。这是党的工作重心的一次带根本性的转变。我回国后，在新华社总社待了一段时间后，又调回我原先工作的单位——外文出版局。

1979年2月下旬，日本共同社社长渡边孟次率领该社代表团访问中国，其主要目的，是要采访邓小平副总理。小平同志于前一年10月应日本政府的邀请，曾访问日本，并与福田赳夫首相互换了《中日和平友好条约》的批准书。接着，1979 年 1 月中美建交，小平同志又访问了美国。当时在国际上，中越边境形势等问题成为人们关心的焦点。

共同社代表团是应新华社总社的邀请前来中国访问的。新华社考虑到我不久前刚从东京分社回国，而且熟悉共同社的人员，便从外文出版局临时把我调出来，帮助做翻译工作。2 月 25 日晚，朱穆之出面，在珠市口丰泽园设宴为渡边孟次一行接风。出席作陪的有新华社社长曾涛、副社长穆青以及外交部的钱其琛等人。2 月 26 日上午，我陪同团员石原荣夫去龙须沟和天坛参观。下午，确定邓小平同志要会见共同社代表团，我便与新华社一位做记录的同志前往人民大会堂新疆厅。

下午 4 时，邓小平在大厅里迎接渡边一行。

小平同志穿了一身深灰色的中山装，显得很有精神，他把渡边团长让到右侧的单人沙发，自己坐在左侧的单人沙发上。这是为了小平同志便于听翻译的话。渡边团长提的问题，主要都集中在中越边界形势上。当然，也涉及了中日关系、中国实现四个现代化以及其他一些问题。

在谈到台湾问题时，小平同志明确地说：台湾的统一，我们尽可能争取通过和平的方法。中国不能"神经衰弱"，如果"神经衰弱"，和平谈判就不可能，统一也就不可能。中美两国建交时，美国要求中国放弃使用武力，我们始终拒绝。我们不能自己把手脚捆住。中国人有两只手。既然是人，任何人都不能把一只手捆住。那是不行的。如果在台湾问题上，把一只手给捆住，就妨碍了用和平方式解决这个问题。那样，他们就有可能变得毫无顾忌。

当时，中国国内刚刚改革开放，穿西装的人极少。我虽然刚从新华社驻东京分社卸任回国，也脱掉了西装，换上中山装。那天去做翻译，我还穿了一双翻皮大头皮鞋。当然，大头皮鞋没有锃亮的尖头黑皮鞋显得"精神"和"雅观"。我本人虽未在意，但新华社派出的记录员觉得那大头皮鞋似乎与领导人会见的气氛有些不够协调，便提醒我："下次换一双黑皮鞋吧。"

看了那天拍摄的会见照片，果然我的那双大头皮鞋很打眼，显得不甚"雅观"。这就迫使我这个不太讲究穿着的人也去认真考虑一下换皮鞋的问题。

"'叛徒''工贼''内奸'的罪名是不实的"

大约过了三个月，1979 年的 5 月，日本另一家大新闻机构——时事通讯社也组织了以大畑忠义社长为首的代表团来中国访问。他们也要求会见并采访邓小平。我又一次被临时调去工作。这是我"文革"后第二次为邓小平做翻译。关于那一次的情况，我想抄录一段当时的日记：

1979 年 5 月 16 日

8 时半出发，9 时许，到人民大会堂接见厅。

9 时半，邓小平同志到。

10 时开始，邓小平同志接见日本时事通讯社代表团。

邓小平同志回答了日本朋友提出的问题：

1. 关于调整四个现代化计划；

2. 中苏关系；

3. 中越关系、中老和中柬关系；

4. 中国国内问题，其中包括所谓"自由化"问题和刘少奇问题。

邓小平同志在回答最后一个问题时说：关于刘少奇，给他加的三个"罪名"——"叛徒""工贼""内奸"，经查明是不实的。但他犯有错误，也可能是比较大的错误。对于这个问题要实事求是。他是重要人物，他的问题是重要问题，因此，不能匆忙地做出结论。

晚，代表团在北海公园"仿膳"举行告别宴会。新华社社长曾涛、副社长刘敬之等人出席。

时事通讯社社长、代表团团长大畑忠义在讲话时说，代表团这次访华有三大收获：

1. 时事通讯社与新华通讯社互换了加强合作、无偿地交换新闻和新闻图片的备忘录；

2. 结识了很多知己；

3. 会见了邓小平副总理。

我的日记中虽然没有记载，但邓小平副总理在会见日本客人时还谈了国民经济的调整问题。他指出，所谓调整，是调整农业和工业、工业内部的比例关系，这将有助于经济有计划按比例地发展，有助于加速四个现代化的实现。

"生于忧患，死于安乐"

*

*

见过陈毅副总理的日本人都说，他是一位"豪放磊落""爽直痛快"的人。

陈毅副总理辅佐周恩来总理，承担了大量外交和外事工作。在我的印象中，从 20 世纪 50 年代到 60 年代，他不知疲倦地会见了一批又一批来华访问的日本政界、经济界、文化界、新闻界人士。我有幸多次为他担任翻译工作。我在为他做翻译时，也深感他就是这样一种性格的人。

日本人不忘过去，才能跟中国真正友好

1960 年 6 月 6 日上午，陈毅副总理会见以著名作家野间宏为团长的日本文学家代表团。

这个代表团是在日本人民掀起反对《日美安保条约》的斗争高潮中应邀访问中国的。成员中包括副团长龟井胜一郎，团员松冈洋子、竹内实、开高健、大江健三郎和白土吾夫。当时我被临时调出来做口译。

虽然此事距今已过六十多年，但给我留下的印象极为深刻。

这次会见，是在国务院陈毅办公室的会见厅进行的。中方出席者有：廖承志、楚图南、阳翰笙、老舍、周而复、杨朔、孙平化、李英儒。

陈毅副总理首先赞扬了日本人民在全国掀起的反对《日美安保条约》的斗争，表示对这一斗争坚决予以支持。陈毅副总理的谈话既豪放、坦率，

又很风趣。

说到他对日本人看法的演变，陈毅副总理说："你们是文学家，我想坦率地说，你们日本人过去很长时间对中国人是盛气凌人的。"

接着，陈毅副总理说："这些都已经过去。过去的事就让它过去吧。"

话音刚落，野间团长表示："尽管陈毅副总理说'过去的事就让它过去吧'，但我们日本人对于过去日本的侵华战争负有责任，我们是不能忘记过去的，不能把它付之东流。"

陈毅副总理听罢，当即表示："说得好！谢谢你们。我们说过去的事就让它过去。你们说日本人不忘记过去的事。这样，两国人民才能真正友好。如果我们总是恨日本，而你们日本人把伤害中国的事忘得一干二净，中日两国就永远不能友好。"陈毅副总理接着说："通过这次日本人民反对《日美安保条约》的斗争，我重新认识了日本人。我对日本人放了心。"

前事不忘，后事之师

龟井胜一郎后来回忆说：他听到陈毅副总理说"日本人对中国盛气凌人"那句话，心想这位经历过抗日战争的将军一定想起了"彻底憎恶"日本的那些岁月。

龟井说："陈毅副总理这句话，是令人难忘的。我想，他的心情一定很复杂。就大部分中国人来说，他们的心灵深处，一定是在警惕着日本人。让我们设身处地想一想，中国人对日本人的感情绝不会好。"龟井的话表达了有良知的日本知识界的心声，他们对日本军国主义在中国犯下的侵略罪行始终抱有愧疚之感。

陈毅副总理的精辟讲话——"中国人说，过去的事就让它过去。日本人说不忘过去的事。这样，两国人民才能真正友好"这段话传到日本后，引起了巨大的正面反响。这段话的震撼力就在于它既表明中国一贯坚持原则的态度，又入情入理，使人口服心服。我认为，陈毅副总理的话，实质上就是我们今天所说的"前事不忘，后事之师"，"以史为鉴，面向未来"。

陈毅副总理的这次谈话，还有一点引起了日本朋友的很大兴趣，那就是他在谈话中引用了《孟子》里的一句话。陈毅副总理在谈到美国封锁和孤立中国，并阻挠中国恢复在联合国的合法席位时，说：《孟子》里有一句话，"无敌国外患者，国恒亡。然后知生于忧患，而死于安乐也"。

龟井胜一郎认为，陈毅副总理之所以强调"外患"，是因为中国当时把美国设定为最大的外患，来加强国内的体制。美国是加强了中国人民的抵抗和团结的"反面教员"。

久别重游似故乡——记郭沫若战后访日（上）

*

*

　　光阴是个奇妙的东西，许多往事随着光阴的流逝，渐渐被淡忘，但有些往事却不然，随着时间的推移，反而越发清晰，长久地留存在记忆中。

　　以郭沫若为团长的中国科学代表团，应日本学术会议邀请，于 1955 年 12 月 1 日至 25 日，对日本进行了为期二十余日的访问。我作为译员随团活动，留下的印象实在是太美好、太深刻了。

　　这个代表团实际上是对那年 6 月日本学术会议代表团访华的回访。

　　它的成行，还要从几位当时访华的日本学者到郭老家做客说起。

郭老和夫人的家宴

　　1955 年 6 月的一个傍晚。

　　郭老和夫人于立群站在西四丁字街附近的大院胡同郭宅门口，欢迎来访的日本客人。

　　按约定时间，四位日本客人来到郭老家。我陪同前往。

　　这几位日本客人都是日本学术会议代表团成员，他们是经斯德哥尔摩和赫尔辛基，到苏联访问三周，6 月 2 日凌晨离开莫斯科，于 6 月 4 日下午抵达北京的。但团员中的前东京大学校长南原繁和东北大学武藤教授二人比大队人马迟了几天才到达北京，因为他们二人在苏联访问期间专程到收容所去探望日本战犯，所以未能赶上主人——郭沫若院长 6

月5日晚为代表团举行的宴会。因此，郭老专门设家宴为南原和武藤两位先生洗尘。那天，被邀请作陪的日方人士还有茅诚司团长和代表团的长老大内兵卫。

走进客厅一看，著名作家谢冰心已经在座。她是今晚特别被邀请来作陪的。南原繁见到她，喜出望外，因为他在东京大学任校长时，谢冰心曾在东大文学部做过中国文学讲师。

这天晚上，宾主谈得很愉快。南原繁在回忆录中写道，出席郭老家宴的"中国方面的人士当中有曾经访问过日本的，也有最近访问过日本的。我们自然地谈到了日本。我们从日本饭菜谈到日本旅馆、箱根与京都的风光，还谈到日本的历史与社会的变迁。特别是早年在日本住的时间最长的郭先生对我国发生的新变化，表现了最浓厚的兴趣。大内君说：'就算别的什么也没有变，至少曾经迫害过您的警察变了。'郭先生听罢笑了"。

南原写道："这次来中国，我深切地感到日本与中国是'同文同种'。看报纸，能了解大概的意思。走在大街上，也能看懂招牌。我们访问大学和学会时相遇的人，似乎从前在日本见过面。这不仅指外貌而言。尽管我们的意识形态不同，但是，彼此之间在思想深处有某种相通的心情和亲近感。"

他接着写道："战争结束已经十年了，两国之间至今尚未恢复和平状态，这无论如何也是不自然和不幸的。今后日中两国的政治和外交，不应该是'远交近攻'，而首先应该互相提携，确保亚洲的自由与和平。为此，当务之急，是恢复通商贸易，同时谋求文化交流。目前，两国进行科学技术和艺术文化交流的必要性和余地都很大。"

宴会结束，南原繁怀着依依惜别之情告别了主人。他写道："北京从日落到夜幕降临，似乎还有一段时间，街上不甚暗淡，但人迹已经稀少。不知从哪里刮来了一阵凉风，吹进车窗里。我和大内君谈到今天来华后参加亲切的家宴所享受的幸福，同时也谈到郭先生。现在郭先生荣任中国科学院院长，他是第一流的文化界人士，在政治上又居于有影响的地位。这一切姑且不去说它，郭先生作为一个人，知识渊博而深广，他既了解日本的优点，也了解它的缺点，他是日本的真正的理解者和同情者。如果能欢迎他到我国来访问，那么对国家来说，将是多么幸福啊！此事有一天能实现，不仅对两国的学术文化交流，而且对未来的通商和邦交的恢复都将具有巨大意义。"

怎敢为大文豪郭沫若做日语翻译？

南原繁及广大日本文化、科学、教育界人士的愿望终于变成了现实。

1955 年 12 月，郭沫若率中国科学代表团访日时，我作为译员，跟郭老"形影不离"地度过了三周难忘的日日夜夜。

记得我接到通知要为郭老出访做翻译的那一瞬间，不敢相信自己的耳朵。

郭沫若是驰名中外的大文豪，初出茅庐的我，能给他做翻译吗？简直不敢想象。

我知道，郭老对翻译的要求比较严格。郭老博古通今，又精通日语，所以在他面前做翻译，好像是小学生接受老师的考试。有时译的不准确或译不出，郭老会当场给以指点或补译。当然，在接受任务时我也想到，这次随郭老访日对于我是难得的学习和锻炼的好机会。

赴日前夕，有一天上午，代表团全体人员在北京饭店集中。我去得比较早，看到陆续地来了几位学者风度的人，但我一个也不认识。过一会儿，衣着朴素、耳朵上戴着助听器的郭老来到我们中间，亲切地跟大家打招呼，然后主持召开了一个短会。他讲了这次访日的任务，并把每一位团员向大家做了介绍。这时，我才知道，他们是冯乃超、翦伯赞、苏步青、茅以升、汪胡桢、冯德培、薛愚、葛庭燧和尹达。代表团的秘书是戚慕光，另外还有两位翻译：李德纯和杨贵林。

郭老建议再补充一位团员，请熊复参加代表团，担任秘书长，以加强在国外的应变能力。

参加代表团的这几位学者，包括教育、历史、数学、桥梁工程、水利工程、生理、药学、物理、考古等各个领域，他们是新中国科学界的精华，代表了中国科学界的最高水平。

保障郭老和代表团万无一失

郭老接到日本学术会议会长茅诚司的正式邀请，是 1955 年的 9 月。

听说，周总理对郭老率代表团访日非常重视，而且特别关心郭老和其他成员的安全。因为当时中日两国关系没有正常化，战争状态尚未结束。尤其是那一年的 4 月间，由于台湾特务分子安放定时炸弹，发生了参加万隆会议的中国代表团人员包机"克什米尔公主"号从香港起飞后，在太平洋上空爆炸的不幸事件。

在当时的条件下，代表团必须取道香港去日本。郭老的秘书王廷芳回忆说：由于代表团"必须经过香港，有无安全保障，是一个很伤脑筋的问题。经过党中央和周总理同郭老反复商讨，最后决定接受邀请按时访日，同时对代表团的各方面工作都做了周密的安排"。"关于保障代表团的安全问题，特别是需经过香港去日本的问题，经过反复慎重考虑，认为只要提高警惕，安排得当，安全还是有保证的。据分析，'克什米尔公主'号飞机遭到破坏的一个重要原因，是那架飞机是中国官方包机，目标明显，乘坐的又都是中国人，出了问题不会牵连其他国家，故容易被破坏。而就在这件事发生的前一个星期，郭老率中国代表团参加在印度召开的亚洲国家会议，途经香港乘外国飞机，就安全到达了新德里。"

根据周总理的指示，为安全计，决定代表团不坐包机，乘坐外国的普通民航班机。同时决定，尽量缩短在香港地区停留的时间。郭老和代表团大队人马没有乘摆渡过海到香港岛，而只到九龙一侧。代表团秘书戚慕光和我因办理赴日手续，提前几天到香港岛，等郭老率团抵达九龙后会合。

郭老对于翻译工作很关心。当天晚上，在九龙住所，他向我提出要看一看代表团抵日时团长讲话的日译稿。我把在北京早已译好的日文稿呈送郭老审改。由于当时我只有二十四岁，各方面都不成熟，翻译经验也很少，因此译文质量不高是可想而知的。郭老看后，觉得译文中有些用语不够庄重。例如"表示诚挚的感谢"，译成接近"表示衷心的感谢"的意思。郭老亲切地对我说，还是改为"表示真挚的感谢"较好。我记得类似的地方还有几处，郭老在日译稿上亲笔——仔细改过。我一方面感到自己译文的拙劣，未能使郭老满意，有些内疚；另一方面深感翻译时应该考虑讲话人的身份、地位、资历和年龄等，而不应不分对象一味地追求"通俗易懂"，使译文的用词、语气等千篇一律，毫无个性，毫无特色。换句话说，郭老的讲话在译成日文时应当像出自郭老手笔的日文，要符合他的身份、地位，而不应当是一篇中学生的作文。郭老的指点和教导，使我受益很大。

可惜的是，郭老亲笔修改过的日译稿，由于没有保存好而遗失了，这实在是莫大的憾事。

按原定计划，11 月 30 日下午，我们由启德机场乘加拿大航空公司的飞机飞往东京。不料，航行约二十分钟时发现一个引擎发生了故障，只好折回九龙。王廷芳秘书回忆当时的情况时说："当国内得知这件事时，急坏了敬爱的周总理，他马上采取了紧急措施。因为我们当时在日本没有常驻机构，总理只得通过外交途径，请苏联驻日本代表部转告郭老和代表团，要特别注意安全，并决定代表团回国时改变途径，与苏联协商租用了一艘苏联轮船到日本接代表团直接回国。""郭老访日回国后，曾多次谈起这次飞机发生故障的事，他风趣地说，多亏它早发生了故障，如果再晚一两个小时，这架飞机肯定会飞到台湾降落的，那我们就成了'蒋大总统'的'俘虏'啦。"当然，这是后话。

第二天——12 月 1 日，我们改乘英国航空公司（BOAC）班机前往日本。

在帝国饭店接待的第一位客人

主人安排代表团下榻的是东京帝国饭店。

这家饭店当时是日本第一流的西式宾馆，位于日比谷公园对面。据说，它创立于 1890 年，长期起着迎宾馆的作用。由于它全部是用褐色耐火砖砌成的，样式很别致，看上去像一座坚固的古城堡，所以，在日本一直被视为特殊的建筑。

主人把郭老和代表团安排在这家饭店，是给中国贵宾以高规格的礼遇，充分表现了他们对客人的尊重。郭老和我住在第二层。从主楼进去，登上二楼，向右拐，最尽头有个大套间——一间大客厅和两间卧室。郭老住在里面一间卧室，我被安排住在靠外面的一间，这样，便于照顾郭老的起居生活，有来客时也便于为郭老做翻译。

抵东京，过了一夜。翌晨，饭店服务员早早地把东京出版的各种报纸从房门下送进每一个房间里。

郭老正在浏览报纸时，听见有叩门声。开门进来的是一位戴眼镜、身材修长、笑容可掬的中年妇女。她便是池田幸子。在郭老抵日的第二天一大早，池田幸子就来看望郭老，是因为他们是老朋友，曾在抗日战争期间在重庆"第三厅"同过事，共过患难，她和丈夫鹿地亘在郭老领导下开展过对敌宣传和教育日俘的工作。两位老朋友阔别十几年后在日本重逢，显得格外亲切。

池田幸子对郭老这次访日非常高兴。在客厅的沙发上坐定后，池田亲切地打量着郭老说："您一点也没有变。"

郭老说："已经老了。"

"不，您的头发全是黑的，没有一根白头发。"池田表示不同意郭老的说法。

郭老自谦地开玩笑说："那是因为我平时不动脑筋的缘故啊！"

说到这里，池田笑了。她说："郭先生为国家大事操心，怎能说不动脑筋呢！"

当话题转到日本一些报纸极力缩小郭老访日的影响时，池田幸子说："看来，您这次到日本来访问，为时过早了些……"

我明白池田女士的意思，她是说像郭老这样现任全国人大常务委员会副委员长、曾经做过新中国副总理、地位高而又有影响的人，应当由日本政府出面作为国宾正式地隆重地接待，但是，当时的日中关系不允许这样做，因此只能由民间出面接待。作为一个日本人，池田幸子似乎感到怠慢了郭老，心中有愧。

我个人认为，尽管这次郭老访日是由民间组织邀请的，但是，他们还是尽了最大的力量。特别是邀请单位日本学术会议克服了重重困难，做出了妥善安排。所需经费，由于不可能从国库里支出，便依靠民间捐款。由此可见，郭老的访日得到了广大日本人民的支持，有着广泛的群众基础，因此，当局要想缩小其影响，实际上也是办不到的。

"驱散了乌云，月儿会更明亮"

郭老一行 12 月 3 日访问了日本最高学府——东京大学。

东京大学，通常在日本人的观念中，不仅不同于一般的大学，而且也不同于其他名牌大学。它是日本培养高级官僚的场所。在日本政府各部门供职的官僚中很多人都是东京大学的毕业生。

在总部二层楼的会议室里，郭老受到校长矢内原忠雄、前校长南原繁以及各系主任的热情欢迎。

矢内原校长见到郭老，自然很高兴，但他不能忘记在那黑暗的时代郭老在日本所受到的种种迫害。矢内原校长在致词中说："郭沫若先生在日本生活时可能有过不愉快的回忆。但是，日中两国像今天这样频繁往来也是从未有过的。这种交流是基于对和平与学术的共同的信念和相互信任的友情。"

话音刚落，郭老站起来即席致答词。他微笑着说："刚才矢内原先生说我过去在日本生活时可能有过不愉快的回忆，但我可以说，我在日本二十年的生活回忆，全都是愉快的。"显然，郭老在这里有意强调了日本人民对他的友好，而完全没有提当年自己在日本受到警察当局的种种迫害。郭老加重语气说："我认为，中日两国的友好，就像晚上的月亮那样，又圆又亮。有时，会有乌云遮住它，但是等到驱散了乌云，那月亮就会更加明亮。"郭老说，我希望我们两国学者的交流今后更加多起来。现在，我就像回到了二十年、三十年前的学生时代，利用这次来日本的三个星期好好学习。说到这里，郭老用日语说："我觉得我还年轻！"顿时，与会者中间发出了愉快的笑声。

官方出面的午宴

郭老访日时，正值鸠山一郎担任首相。鸠山首相有意改善日中关系，便想利用这一机会，会见郭沫若。

但那时日本政府顾忌美国政府，想采取一个变通的办法达到会见的目的，便通过一位日本朋友来商量，要安排在某一个公园里见面，好似两个人在散步时偶然相遇做了一番谈话。

郭老断然回绝了这一方式，他说要见就大大方方地见，不便于见，就不必勉强。

日本政府这一招虽未奏效，但并未作罢。它还是对郭沫若做了一些友好的表示。这一点，在日本学术会议12月3日中午举行的盛大宴会上有所表现。

这一天，我们进入东京会馆的宴会厅后，发现除了日本学术会议的主要负责人外，日本政府文部大臣清濑一郎和他的前任松村谦三也在座。日本现职的内阁成员出席欢迎来自一个与日本尚处于战争状态国家的代表团的宴会，这在当时来说是破天荒的。从当时日本所处的政治环境来看，日本政府派一位现职大臣出席，应该说是一个相当"勇敢"的行动。

午餐会上，日本学术会议会长茅诚司代表主人首先致欢迎词。郭沫若团长致答词后，文部大臣清濑一郎站起来讲话。他说，正如茅诚司先生和郭沫若先生所说，日中两国人民理所当然地要和平友好共处。他特别强调说："我们内阁的同僚也衷心地欢迎以郭沫若先生为首的中国科学代表团前来访问。抱歉的是我们未能以国宾规格招待郭沫若先生，这并不是因为我们不尊重或者不信赖，而是由于别的原因。我们内阁正以消除这种障碍为政策。"清濑表示希望下次能够举国一致欢迎中国代表团前来访问。

是的，从郭老的地位来讲，正像文部大臣清濑一郎所说的那样，日本政府若以国宾规格欢迎和接待郭老并不为过，但从当时日本还处于美军占领、中日两国尚未复交的情况下，这是不可能的。因此，清濑大臣在讲话中一方面表示歉意，另一方面也算是打了一个招呼。不过，应当说这是一个友好的表示。我当时觉得清濑大臣能够明确地讲出，不仅是他个人，"我们内阁的阁僚也衷心地欢迎以郭沫若先生为首的中国科学代表团"，"我们内阁正以消除"造成不能以国宾规格接待郭沫若团长的"这种障碍为政策"，已经很不简单了。

接着讲话的是前文部大臣松村谦三。松村谦三一向崇敬郭沫若。1955 年 3 月 19 日第二次鸠山一郎内阁成立时，松村出任文部大臣。就在他做文部大臣时，曾托人捎信，表示欢迎郭老访日。在郭老这次访日前，1955 年 11 月 21 日，第二次鸠山内阁总辞职，所以郭老访日时，松村未能以现职的文部大臣身份迎接郭老，这对于他不能不说是莫大的遗憾。

松村谦三的讲话就从这里谈起。他说，他在出任文部大臣时曾委托访华的日本人带信给郭沫若先生，欢迎他方便时访问日本。现在，终于迎来了郭沫若先生，感到非常高兴。松村说，刚才郭先生提到东京大学校长矢内原先生的讲话，说过去就让它过去了，过去的事不应当让它重演。这样的话，不应当只由学者来说，也应当由政治家来说。我作为一

◇ 郭沫若与内山完造

个政治家，就要保证实现这句话。松村谦三还说，不管学者也好，政治家也好，应当不分国别，不分政治制度，大家携起手，实行和平共处，共同为两国人民的幸福和繁荣而努力。

不忘旧情去扫墓

12 月 3 日晚，郭老在箱根富士屋饭店一楼大厅会见一位日本老妇人。她个儿不高，头发花白，穿了一身深色和服。这位老妇人看见郭老，赶紧走上前去，满面笑容，深深地鞠了一躬，便攀谈起来，显得那样亲切、热情。一看就知道他们是老相识、老交情了。

这位老妇人是谁呢？

我忽然想起前一天郭老曾经提到过她。那是我们到达东京的第二天，一大早，内山完造到帝国饭店来看望郭老。寒暄过后，郭老问内山完造："文求堂的田中先生还健在吗？"

内山完造告诉郭老：他早已故去。郭老听罢，又关切地问道："夫人现在怎样呢？我很想见她一次。请你帮助联系一下。如果可能，我很想去为田中先生扫墓。田中先生曾经帮了我很大的忙。我在日本写的书，如果没有文求堂，没有田中先生的帮助，是不可能出版的呀！请务必跟她联系。"

内山听了这话，禁不住流了泪。郭老如此重友情，使他深受感动。

这里提到的田中先生，便是 20 世纪 20—30 年代在东京开设专卖中国古籍的书店文求堂的老板田中庆太郎。到箱根来的那位老妇人，便是田中庆太郎的夫人，名叫田中岭，时年七十二岁。

东京的文求堂，郭老在日本求学时，就曾去过。1928 年，郭老亡命日本后，在研究中国古代社会和甲骨文时，甚感缺乏可靠的第一手资料。他到藏书丰富的上野图书馆借阅，仍感到不能满足，于是想起了自己初到日本留学时曾去过的东京文求堂，便去寻找。

文求堂的主人田中庆太郎，年龄在五十以上。他连小学都没有毕业，但他对于中国古籍版本却有丰富的知识，在这一方面他远远超过了一些大学教授和专家。他年轻时曾到过北京，全靠生意上的经验，他获得了地位和产业。郭老曾经说过，大约在日本人中，但凡研究中国学问的人，没有不知道这位田中先生的；恰如当时在上海，但凡研究日本学问的中国人，没有不知道内山完造的那样。

当年，郭老找到文求堂，问老板田中庆太郎，店内有没有研究"殷墟书契"的入门书，老板从书架上取下了两本天津石印的线装书《殷墟书契考释》。郭老在《我是中国人》中写道："我翻开了书的内容一看，看见那研究的项目，秩序井然，而且附有字汇的考释，正是我所急于需要的东西。价钱呢？要十二元。在当时这绝不是菲薄的数目，而我自己的身上却只有六元多钱在腰包里。我便向老板提议，好不好让我把六元钱做抵押，把书借回去看一两天。

"书店老板踌躇了一下，娓娓地拒绝了。但值得感谢的是他却告诉了我一个更好的门路。他告诉我，要看这一类书，小石川区的东洋文库应有尽有。你只要有人介绍，便可以随时去阅览。那东洋文库的主任是石田干之助，和藤森成吉（注：郭沫若在日本第六高等学校学习时的德文教师）是同期生啦。

"真的,我真是感谢他这个宝贵的指示。他虽然没有慷慨地借书给我,但我是不能怪他的。因为那时候他不认识我,我也不认识他。我以一个陌生的外国人而向他提出那样的请求,倒是唐突得未免太不近情理了。"

后来,郭老在研究甲骨文的过程中,还曾得到田中庆太郎的直接帮助。

据日中文化交流协会机关刊物《日中文化交流》1980 年 3 月 7 日报道,1980 年日本发现了一封郭老在 20 世纪 30 年代用日文写的书简。从这封书简也可以看出郭老与田中庆太郎的密切关系。

事情是这样的：日本著名考古学家原田淑人的儿子、早稻田大学中国哲学教授原田正巳在整理亡父的书斋时,偶然发现了郭老用毛笔写的一封日文信。

书简全文译出如下：

> 拜启东大及帝室博物馆的甲骨,承蒙厚意,允以纵览和摄影,谨表衷心谢意。博物馆的那一部分,照片洗出后极为鲜明,但昨日得到的帝大的部分,稍差一些,有的字迹不清,难以辨认,我想,这无论如何也是印不成书的。为此,请允许我不揣冒昧,委托文求堂的田中先生直接派摄影师再拍摄一次。
>
> 2 月 6 日
>
> 郭沫若顿首
> 原田淑人先生史席

郭老这封信,日语是非常道地的,而且用词恳切,话语委婉,完全合乎日本习惯,甚至连书信的格式也是依照日本的。郭老的亲笔信本来就是难得的墨宝,而本世纪 30 年代用日语写的书简,就更加珍贵了。

郭老的信只写着"2 月 6 日",没有写年份。原田正巳认为,从《卜辞通纂》出版于 1933 年这一点来看,估计这封信是 1932 年写的。原田正巳看到信的落款"沫若"二字与《卜辞通纂》封面上的完全一致，感到非常高兴。

郭老写信的当时，原田淑人正在东京帝国大学任教，同时在帝室博物馆任职，而郭老那时住在日本千叶县市川市。《卜辞通纂》一书的内封上写着，"1933 年春郭沫若书于江户川畔"。这江户川，就在市川市旁边流过。原田正巳说，从信中可以知道郭先生当时为搜集研究甲骨文的资料，经常到父亲的研究室去。据原田正巳回忆，他父亲当时常常说："今天郭先生到我的研究室来了。"由此可见，原田淑人对郭老的研究活动所提供的帮助是很大的。

然而，特别值得注意的是，我们从郭老的信中看到了另一位日本人，那便是文求堂的田中庆太郎。这封信有力地证明郭老在从事甲骨文的研究方面，确实曾得到田中庆太郎的大力协助——郭老委托田中直接派摄影师到东京帝大拍摄过甲骨。郭老对田中庆太郎的友情一直念念不忘。正因为如此，郭老到东京后便向内山完造打听田中庆太郎的情况。内山告诉郭老：田中庆太郎早已故去，不久他的大儿子也去世了。曾在东京本乡一带闻名的文求堂，后来藏书散失，他那中国式的建筑物，也已归天理教所有。郭老听后怅然。

在箱根富士屋饭店，郭老除了与田中夫人会面外，还和她的长婿、金泽大学教授增井经夫以及三子田中壮吉和两个孙儿见了面。郭老亲切地拉着小孙儿的手，体现了中日两国老少三代人的真挚友谊。郭老与田中一家人有说不完的话和吐露不尽的情意。

翌日——12 月 4 日晚 7 时许，郭老驱车来到叶山的一座古刹——高德寺。田中庆太郎的墓就在那里。

天色已晚，寺内寂静、肃穆。田中夫人和寺院的方丈早已等候在那里。田中夫人手持灯笼，充当向导。我们来到一块立着石碑的田中庆太郎墓前。郭老按日本习惯，扫了墓。中国的一位大人物不忘旧情，在百忙中抽暇去扫墓，这一崇高行为怎能不使死者的亲友深受感动，怎能不在日本人民当中产生巨大影响？

逝后空余挂剑情——记郭沫若战后访日（中）

*

*

祭扫岩波茂雄墓

郭老于 12 月 4 日离开箱根后，还驱车前往镰仓，为已故岩波茂雄扫墓。

岩波茂雄是什么人？为什么要为这位日本人扫墓？当时还年轻的我，坦率地说很不理解。

岩波茂雄，是日本著名出版社岩波书店的创始人。他的墓在北镰仓的东庆寺。我们到达时，夜幕早已垂下，四周一片漆黑。

下车后，看到岩波茂雄的儿子——岩波雄二郎和女婿小林勇等亲属以及经济学家大内兵卫博士、东庆寺方丈禅定法师等人等候在那里。在岩波茂雄墓前，郭老按日本习俗，从水桶里舀出一勺水，浇到石碑的顶部，然后静默片刻。岩波一家人立在一旁，注视着郭老的一举一动。扫墓毕，他们走到郭老跟前深深地鞠了一躬，连声道谢，并说：岩波茂雄在九泉之下，一定会对郭老为他扫墓而感到高兴。

接着，我们被引进一间铺有"榻榻米"的屋内，大家围着一张小桌席地而坐。岩波一家人再次向郭老表示衷心感谢，原来盘腿而坐的郭老，这时也按日本习惯重新坐好，郑重而又深情地说："岩波茂雄先生生前我没有见过。但是，承蒙他给我很多关照，我是很感激他的。十八年前，我把家属留在日本，只身回国以后，岩波茂雄先生供我的孩子们上学，给了很多帮助。现在，两个孩子都从大学毕了业。大儿子和夫在大连化学研究所做研究员，二儿子博在上海工作。我应当向岩波茂雄先生感谢。"看得出，郭老讲这一席话时，是很动感情的。

听了郭老这番话，我才知道，原来郭老刚才是为一位他从未晤面的日本老朋友，为一位患难时帮助过他家人的恩人扫墓啊！这怎能不令人肃然起敬？

岩波茂雄生前虽未见过郭老，但他在 20 世纪 30 年代从书报中了解郭老，他知道郭老博学多才，在研究中国古代历史、金文甲骨文方面独树一帜。郭老在日本时也常到岩波书店选书，但未与岩波茂雄有过言谈交往。不过，岩波茂雄在他主办的《思想》杂志上曾介绍过郭老的著作。

1937 年，抗日战争爆发，郭老只身回国，投身民族解放斗争。留在日本的妻子安娜和五个孩子在政治上受到迫害，在经济上处于极端困难的境地。就在安娜被日本宪兵带走，一家人走投无路时，岩波茂雄从东京专程赶到千叶县须和田郭老的住处，看望了郭老的孩子们。之后，对长子郭和夫表示，孩子们上学和家庭的费用都由他负担。在当时，供五个孩子读书是何等不容易啊！更何况还要蒙受"通敌""卖国"的罪名呢！然而，岩波茂雄毫不犹豫地挑起了这副重担。郭老曾对孩子们说，"知遇之恩不能舍，哺育之情不能忘"，教育孩子为中日友好做出贡献。

岩波茂雄在新中国成立三年前，即 1946 年与世长辞。逝世前，他留下遗嘱，要后人把岩波书店每月出版的各种书刊分别赠给中国五个单位，还要他们到中国去看看。

……

正在郭老与岩波茂雄的后人交谈时，禅定法师从另一间屋子端出了笔墨砚台和斗方，要求郭老挥毫。郭老拿起笔，边泼墨边思索，写了下面一首诗：

> 生前未遂识荆愿，
>
> 逝后空余挂剑情。
>
> 为祈和平三脱帽，

望将冥福裕后昆。

　　　　　　　　　　　　　　　　　　　　　＊于东庆寺

　　郭老在第一句里用了一个典故"识荆"。这典故出自唐李白《与韩荆州书》，用作闻其名而初识面的敬词。"生前未遂识荆愿"，是说岩波茂雄生前郭老未能实现与他见面的愿望。

　　第二句的"挂剑"也是一个典故。春秋吴国公子季札出使鲁国，路遇徐君。徐君很喜欢季札的宝剑，但不便说出口。季札虽然看出他的心思，但因身负使命，不便奉送。后来，季札回国时又路过那里，但那时徐君已经故去。于是，季札把宝剑解下，挂在徐君墓前的树上，借以了却赠剑的心愿。郭老借用这个典故，表明他对岩波茂雄先生的感激之情，同时表明，遗憾的是这次访日时岩波先生已不在人间了。

　　后两句，是说郭老在岩波先生墓前祈念世界和平，并希望他的子孙能够获得幸福。

　　郭老挥毫的这张斗方，为东庆寺的方丈所珍藏，而岩波茂雄的后人却没有得到。1967年，岩波茂雄的儿子岩波雄二郎访问北京时，恳求郭老挥毫重录1955年12月4日晚在镰仓东庆寺写的那首诗，以作传家之宝。郭老欣然答应，但写时改了后两句：

　　　　生前未遂识荆愿，

　　　　逝后空余挂剑情。

　　　　万卷书刊发聋聩，

　　　　就中精锐走雷霆。

　　"万卷书刊发聋聩，就中精锐走雷霆"这两句，显然是对岩波书店出版工作的高度赞扬和鼓励。依我之见，郭老改动后两句，除了考虑押韵外，还与1967年当时中国的历史条件和社会背景不无关系。那时候，"四人帮"肆虐，"和平"已成禁句，因此，相隔十二年后，郭老重录那首诗时没有照录，是完全可以理解的。

访问须和田旧居

12 月 5 日下午，郭老前往阔别 18 年的市川市，访问了坐落在须和田的旧居。

这一天，听说郭老要来，过去的街坊邻居，男女老少聚集街头，要亲眼看一看这位已成为新中国要人的老邻居，并向他倾吐内心的喜悦。

须和田的旧居，是郭老从 1928 年到 1937 年十年流亡生活的住宅。

这是一座坐北向南的日本式的木板房，前面有小庭院，栽有少许树木和花草。郭老就是在这所旧居中研究了中国古代社会。他在历史学、考古学和甲骨文、金石文研究等方面取得了卓越成就，创立了不朽功绩，奠定了我国古代史学说的基础。他在这一方面的最大成就，就是开拓了历史唯物主义的道路。十年间，郭老"昼夜兼勤地研究、昼夜兼勤地写"，写下了我国第一部以马克思主义观点研究中国古代历史的科学著作《中国古代社会研究》以及《甲骨文字研究》《两周金文辞大系》《金文丛考》《石鼓文研究》《卜辞通纂》等上百万字的学术著作。

这一期间，郭老除翻译外，还写了一些历史题材的小说。在文学创作方面取得显著成绩的，是他写的那些传记文学。他的传记文学，是历史的真实记录，生动地反映了时代的风貌。此外，他还翻译了《政治经济学批判》《德意志意识形态》等经典著作。

郭老来访时，旧居已住上了新主人，名叫久保勉。由于男主人外出，女主人和女儿为郭老来访收拾好了房间等候着，并请郭老进屋休息，但郭老表示因时间不多，就不进屋打扰了。在和煦的阳光下，女主人在檐下的走廊上摆开茶具，用日本茶热情款待这座房屋的旧主人。

郭老在院里发现了他亲手栽的"大山朴"——木莲。

"啊，这就是那棵大山朴……"

郭老说："这是我在夜市上花一元钱买的，当时还是一棵小树苗。"说着，郭老用手比了比膝盖那么高。如今，"大山朴"已经长成了大树。

旧居园内的一切，旧居周围的一切，怎能不使郭老感慨万端？

在旧居的庭院里，一批日本记者围拢来，请郭老谈谈重访旧居的感想。郭老说，我在这里居住时，常到须和田的后山去。我当时想，我可能将来埋骨须和田的后山。但后来我回国参加了民族解放战争，现在又回来了。市川的泥土还活在我心中。我见到了过去的街坊邻居，非常高兴。

正在这时，有一位身着和服的老者手里捧着一方砚台走过来。他把那砚台递给郭老说："这是您在这里住时用过的砚台，现在是我家的传家宝。"

说罢，指着砚背上刻着的十个金石文字，说："这是您当年刻的。我怎么也读不懂，请您给我读一读吧。"

由于事隔二十多年，郭老也一时想不起，便答应他想起来后再告诉他。

郭老要乘车离开旧居了，街坊邻居依依惜别。有位老妇人走过来问郭老："您还记得我吧？我家是卖荞麦面条的。那时您经常背着大孩子到我家来吃面条。"郭老热情地回答："记得记得。"那老妇听了很高兴，握着郭老的手久久不放。

郭老向恋恋不舍的老街坊告辞。在上汽车前，他又一次面向群众，高高举起紧握的双手，不住地说："再见！再见！"

汽车开动了。这时，郭老突然想起先前那位老者询问的十个金石文字："后此一百年，四倍秦汉砖。"

他委托陪同他的日本友人、眼科大夫藤原丰次郎有机会转告那老者。

回国后，郭老把这次访问市川旧居的感想写成了一首长诗：

访须和田

草木有今昔，人情无变迁。

我来游故宅，邻舍尽腾欢。

一叟携砚至，道余旧所镌。

铭有奇文字，俯思始恍然：

"后此一百年，四倍秦汉砖。"

叟言"家之宝，子孙将永传"。

主人享我茶，默默意未宣。

相对察眉宇，旧余在我前。

忆昔居此时，时登屋后山。

长松荫古墓，孤影为流连。

故国正涂炭，生民如倒悬。

自疑归不得，或将葬此间。

一终天地改（注），我如新少年。

寄语贤主人，奋起莫俄延。

中华有先例，反帝贵持坚。

苟能团结固，驱除并不难。

再来庆解放，别矣须和田。

为了永久的纪念，市川市人民 1966 年在须和田公园建立了郭老诗碑。

郭沫若自注：古时以十二年为一终，缘木星（即岁星）十二岁一周天，自 1937 年 7 月离日返国，至 1949 年解放战争胜利，为时十三年，故云"一终天地改"。（见《沫若文集》二，人民文学出版社 1957 年版）

高超的斗争艺术

我们从箱根回到东京后，看到有一张请柬放在房间的书桌上。拆开信封一看，原来是"促进日中贸易议员联盟"发来的，内容是邀请代表团一行出席 12 月 6 日下午在国会大厦举行的欢迎会。

这份请柬虽然用的是"促进日中贸易议员联盟"的名义,但实际上是日本国会发出的邀请。明眼人一看便知,在当时的国际环境下,日本当局顾虑美国,不得不采取这种形式:既要表明代表团不是官方邀请的,又要表示给郭老一行以较高的礼遇。

下午 1 时半,郭沫若团长和几位团员在茅诚司会长陪同下来到国会大厦。出席欢迎会的日本国会众参两院议员约 60 人,除了主要人员就座外,其他人围着桌子站了一圈。屋内,人挤得满满的。

众议院议长益谷秀次首先站起来致欢迎词,他讲话时面部毫无表情。我当时有个感觉,他未必从心里欢迎这位来自"共产党中国"的大人物,只是出于礼貌,例行公事罢了。

郭老致答词说:"中国和日本是近邻,有着两千年的传统的友好关系。中国人民愿意在新的基础上,同日本人民增进这种友好关系和加强文化交流,特别是学术交流。我们在日本只逗留三个星期,但我们愿意尽可能地向日本学术会议和其他方面学习他们的光辉成就。与此同时,我们欢迎能有更多的日本朋友访问中国。中国现在正在从事建设,我们尤其需要朋友们给我们提出建设性的意见。"

接着,有几位曾经访问过中国的日本国会议员相继讲话,对于他们在中国所受到的款待表示感谢,并祝代表团访日获得成功。

不料,就在此时,发生了一个戏剧性的插曲:有一位名叫佐多忠隆的社会党国会议员致词时言不及义地说:"我们日本和日本新闻界有言论自由,你们在日本可以自由地讲话。但贵国却不然,我们访问贵国时虽然向贵国负责人讲过我们的看法,但是你们没有转达给你们国家的人民。"佐多的这一番话使会场气氛顿时紧张起来。

提起日本新闻界的"言论自由",自然使郭老想起两天前访问箱根时遇到的一件事。

那是 12 月 4 日早晨,我们在箱根富士屋饭店,看到英文报纸 *JAPAN TIMES*(《日本时报》)刊登了一则消息。这则消息虽然不长,但对郭老访日大肆进行攻击，诬蔑郭老为 "notorious Kuo Mojo"（意为 "声名狼藉的郭沫若"）。郭老看了，很气愤，认为这是一小撮反动分子在作祟，他想找一个机会进行反击。

现在，反击的机会到了，而且是一个绝好的机会。郭老在听了那一番关于 "日本言论自由" 的高论后，微笑着站起来。在场的几个日本记者连忙把录音话筒伸到郭老面前。郭老从容不迫地开始了他的讲话，他风趣地说："感谢这位先生的指教。我曾经在日本生活了二十年，自认对日本有些认识。但是，不能因为在日本待了二十年，就可以满足了。我们愿意利用这次访日的机会，向各位请教，并且仔细地看一看日本。"

说到这里，郭老把话锋一转，说："的确，我认为日本的报纸有很大的 '自由'，有时讲的事情是对的，但有时也有瞎说的自由。"

这时，场内爆发了愉快的笑声。

郭老接着说："比如说，本月4日的《日本时报》送给我一个名字，叫 'notorious（声名狼藉的）郭沫若'。但是，请各位放心。我在日本只逗留三个星期。"场内又是一阵笑声。郭老加重语气说："据我所知，在日本确实有比 'notorious 郭沫若' 更 'notorious' 的人。我希望日本人民团结起来，早日把比 'notorious 郭沫若' 更 'notorious' 的人赶出日本去。"

场内响起了热烈的掌声和欢快的笑声。由于当时日本处于美国占领下，郭老在讲话中虽未直接点名，但在场的人心里都清楚指的是谁。实际上，郭老在这里把尖锐的政治问题——即日本应排除外来势力的占领，取得真正的民族独立的问题，通过这一方式巧妙地表述出来，使人不能不佩服他的斗争艺术的高超。郭老接着强调说："我还有一个希望，那就是希望日本人民能够早一天获得真正的广泛的自由。"

话音刚落，又是一阵热烈掌声。至此，郭老算是对刚才那位议员提出的问题做了正面的回答——立场坚定，语言恳切，击中要害。

当然，据我理解，郭老的话不是针对佐多忠隆个人的，从某种意义上讲，这是对4日《日本时报》消息的炮制者的一个有力回击。

"荞麦面五枚，清酒二十杯"

在东京上野不忍池畔一条幽静的小巷里有一家荞麦面铺，叫"莲玉庵"。

据日本朋友告诉我，这个字号是由不忍池亭亭玉立的莲花而得名的。它铺面很小，只有一间门市。"莲玉庵"在明治时代的文豪森鸥外的小说《雁》中频频出现，但如今在东京并不太出名。由于这里距离东京大学不甚远，荞麦面条又味美价廉，茅诚司在东大任教时，中午常去那里用餐。

郭老到日本后住在帝国饭店，在那样的高级洋旅馆住，平时安排吃的，自然是以西餐为主。茅诚司很想找个机会，使郭老能换换口味，同时他听说郭老早年在日本生活时喜食荞麦面条，特别是通过新闻报道，了解到郭老当年亡命在市川居住时常到面铺吃荞麦面条，便想起自己过去常去的那家"莲玉庵"。于是，他安排郭老到"莲玉庵"，并与老板联系，请客人上二楼的"雅座"，而且一定要满足客人的要求，他们想吃什么，就提供什么。

12月7日傍晚，茅诚司派人陪同我们到了"莲玉庵"。记得除郭老外，还有冯乃超。日方随同去的有郭老在重庆时的友人池田幸子的大女儿晓子，当时她还是一个中学生，完全是学生打扮，穿一身蓝色制服。

二楼的"雅座"，是一间不大的和式房间，铺着"榻榻米"。中间放着矮矮的长桌，我们围着长桌坐在"榻榻米"上，品尝美味可口的荞麦面条。

在日本，荞麦面条是一种大众化的食品，起源于民间。吃荞麦面条的习惯，长期以来盛行全国。据说，在日本开始农耕的弥生时代，就有了荞麦，但荞麦面条的出售，还是自江户时代的宽文四年（1664）始。江户末期的万延元年（1860），江户（今东京）已有三千七百家面铺。现在，大小城市的街头巷尾，卖荞麦面条的小饭馆比比皆是。据说包括卖荞麦面条的食品摊在内，共约有七千家。这种小饭馆门上挂着短门帘，上面用日文写着"荞麦"（古体假名"楚波"）二字。"莲玉庵"，除了门帘外，门上还挂了一块横匾，上面用汉字草书写着字号，给人以古朴典雅之感。

荞麦面条在日本虽然是一般的大众食品，但如今已经变得很讲究了。荞麦面条的吃法很多。有一种叫"笊荞麦"的，吃法是把面条煮好，放在小笼屉上，另外，用酱油、砂糖、料酒和鲣鱼干做汁，吃时佐以葱花或萝卜泥，把面条放进汁里蘸一下吃。如果爱吃辣的，还可以放一点辣椒面。

除了"笊荞麦"之外，还有"太打荞麦""盛荞麦"等，但郭老最喜欢吃的，还是"笊荞麦"。那天晚上用餐时，店里把盛在酒壶的已烫好的清酒和酒盅摆在小桌上。郭老开怀畅饮，喝了许多杯清酒，真是"一杯一杯复一杯"。用餐后，老板拿来笔墨和"斗方"，要郭老挥毫留念。

郭老兴致勃勃，为店主人写了两张。第一张：

荞麦面五枚
清酒二十杯
满足了十八年之愿望

第二张：

红叶经霜久
依然恋故枝

这两幅字，落款均为"郭沫若"，是郭老签字时写的那种连体草书，后一幅还落了上款"莲玉庵"。两幅墨宝，字迹飘逸洒脱，奔放有力。

从第一幅字中，我们可以看出，郭老对当晚主人的安排甚为满意。饶有趣味的是，郭老写"荞麦"二字时，没有用一般的平假名，而有意写了古体假名"楚波"。如上所述,这种写法常见于荞麦面铺的门帘上。所谓"荞麦五枚",是说吃了五小笼屉"笊荞麦"。在日本数"笊荞麦"时,单位用"枚"。"五枚"者,"五屉"之意。通常,日本人吃"笊荞麦",吃两三屉就不少了。当然有的人可以吃十几屉、二十几屉的,但这是极为特殊的情况。"清酒二十杯"这一句,生动地描绘了郭老开怀畅饮的风貌。相隔十八年,郭老旧地重游,吃了自己喜爱吃的荞麦面条,又饮了日本清酒,确实满足了十八年来的愿望。

后一幅"红叶经霜久"句,是郭老 12 月 4 日游箱根之作。

第二天早晨,郭老见到茅诚司,感谢他昨晚的盛情,并伸出了五指。茅诚司不明其意,问:"是什么意思呢?"郭老说:"昨晚吃了五屉荞麦面!"茅诚司做了一个惊讶状。因为他没有想到郭老吃了五屉。郭老说:"你想,我很久未吃荞麦面,吃五屉算什么呢?"说罢,两个人都爽朗地笑了起来。

东京一场令人难忘的讲演

12 月 8 日下午,郭老在早稻田大学所做的讲演,令人难忘。

演讲安排在这所大学的"共通教室"。门前,早已挤满了等候在那里而进不了会场的听众。

郭老走在前头,我紧随其后,但由于人群挤得水泄不通,简直走不动。日本朋友费了很大气力才打开一条通向会场的路。我眼看着郭老向会场走去。但郭老一走过,人群又把路给堵塞了,使我怎样也挤不进去。后来,在校方人员的帮助下,我总算进入了会场。

进去一看,不觉又吃了一惊。场内被听众挤得满满的,座无虚席。台上本来安排由校方负责人和老师就座,但由于很多学生没有座位,他们也挤到台上,席地而坐。即使这样,仍有许多人进不了会场,只能站在场外,冒着寒风,听喇叭里的广播。据说,这一天听众共达三千多人,

◇ 郭沫若在早稻田大学讲演现场

也有的报道说达到了一万多人。

　　这是郭老到日本后，第一次对青年学生发表演讲。

　　这次讲演，不知郭老要讲什么？我心里一直不托底。当天上午，郭老把我叫到他房间，简单地给我说了一下他要讲中日文化交流。我看到在郭老的桌子上摆放了一本日文的"历史年表"。大概是郭老打腹稿时参考用的吧。

　　当郭老出现在讲坛时，场内顿时响起了热烈掌声。这时台下有许多听众呼喊，要求郭老直接用日语讲。郭老几次举手表示感谢，并示意大家安静下来，但都未奏效。郭老用汉语开始了讲演，但讲完第一句话，我刚要译成日语，下面的听众就喊："请郭先生直接用日语讲！"这样的事情，重复了许多次。过了一会儿，会场好容易平静了下来。

　　郭老的讲演，大部分用的是汉语，有少部分，应听众的要求，直接用了日语。

　　郭老长达两小时的讲演，中心是谈中日文化交流。他从历史上的中日文化交流一直谈到今天。他渊博的知识、精辟的论点、抑扬顿挫的声调，紧紧地吸引住每一个听众。

郭老说：我们中日两国人民具有两千多年的友好关系，我们引以自豪。两国的友好历史，同时也是两国文化交流的历史。两千多年来，两国人民互相尊敬，互相理解，互相交流文化方面的智慧，给两国人民的物质生活和文化生活总是带来巨大利益。

郭老说，在历史上，中国的文化比较发达一些，先走了一步。当时，日本人民倾注很大的力量吸收了中国文化。可以说，中国的隋唐是日本人民从中国吸收文化达到最高潮的时代。当时日本向中国派遣了很多留学生。其中有的人在中国住了二十年、三十年，甚至一辈子都留在中国。过去日本向中国派遣的留学生，进行了广泛的学习。他们学习了生产技术，学习了典章制度，学习了文化艺术，等等。通过这样广泛的学习，日本人民在自己的土地上使它生根、发芽，开放出绚丽的花朵，结出了丰硕的果实。日本人民就是这样发挥创造性，创造了自己的文化。

接着，郭老举例说，在日本历史上有一个著名的划时代的事件，那就是7世纪中叶的大化革新。我认为，大化革新是吸收中国唐代文化的非常具体的表现。

郭老指出，中日两国文化有很多共同点。中国和日本都使用汉字，这是共同点。日本的片假名、平假名，就是从汉字演变而来的。这是两国文化显著的共同点之一。汉字，在日本一般人并不把它看作是外来的文字。我第一次来到日本时，到乡下去，那时我不懂日文，一位老妇人要我写名字。我用汉字写了自己的名字，那老妇人看了，大吃一惊说："你不懂日本话，竟能用汉字写自己的名字？！"

讲到这里，会场活跃起来。郭老的幽默，不时地引起全场愉快的笑声。郭老说，由此可见，日本人不把汉字看作是外来的文字。在古代，从中国传到日本的东西确实比较多，而日本传到中国的东西，虽然有，但不多。从日本传到中国的东西，有一件很值得称赞，那就是夏天用的折扇。

郭老接着谈了明治维新以后的变化。他说：明治维新以后，日本人民倾注了很大的力量比较快地吸收了西方的科学文明，可以说日本在吸收科学文明方面比中国先走了一步。中国经过鸦片战争以后，发现自己老的那一套已经过时，感到必须学习科学文明。而且作为捷径，开始通过日本吸收西方的科学文明。就像隋唐时代日本向中国派遣大批留学生那样，明治时代的中国向日本派遣了大批留学生。中国向日本派遣留学生是从 1896 年开始的。最多时，在日本有两万多中国留学生。虽然没有精确的统计，估计从 1896 年后的几十年中间，大约有三十万人到日本留学。在这些留学生中，有成就的人也不少。大家熟悉的鲁迅先生就是其中的一个。现在担任国务院总理的周恩来也是一位到日本来的留学生，他在日本学习了一年半。我自己也算是其中的一个，但遗憾的是我在日本虽然待了二十年，却"一事无成"。总之，中国派到日本的留学生进行了广泛的学习。他们学习了自然科学、技术科学和人文科学。

郭老说，还有一个有趣的故事，就是中国人知道马克思、恩格斯，是中国的学者通过翻译日本书籍介绍到中国的。他说，1903 年，《近代社会主义》一书经过翻译介绍到中国来，使我们知道了马克思和恩格斯。我自己多少了解马克思主义也是因为读了河上肇先生的著作。郭老说，当时，中国还邀请了很多日本老师到中国去。我们翻译了许多日本中学的教科书。我在来日本留学之前，在中国的中学里学的几何，就是日本的菊池大麓先生编的。物理教科书，是本多光次郎先生编的。

郭老指出，中国虽然倾注很大的力量向日本学习，而且通过日本学习了西方文化，但由于受到当时各种客观条件的限制，使中国资本主义阶段的革命未能成功。但是，向日本学习的结果，是有很大收获的。

接着，郭老指出近代的中国文化曾受到日本的很大影响，就词汇来说，"宪法"这个词，是日本最早使用的。还有"经济"一词。"经济"这个词，中国过去的意思是政治家的本领，但后来日本在翻译 economy 一词时，译作"经济"。因此，现在一说 economy，就是指"经济"。这样，"经济"一词原来的意思，谁也不知道了。英语的 club，在翻译成日语时，译作"俱乐部"，用中文发音，是 julebu。就是这样，日本接受了西方文明，创造了很多词汇，中国又从日本把它们吸收进来。又例如"几何"，中国的发音是"jihe"，它来自英文的"geometry"。中国取其音译作"几何"，日语把"几何"读作"kika"。很多人第一次弄清"几何"一词的来历，也搞清了为什么日本人称为"kika"。郭老讲到这里，场内活跃起来，听众发出了愉快的笑声。

郭老说，中国的新文学也受到日本很大影响。自从"五四"运动以来，中国文艺界居于领导地位的人有许多是曾经在日本的留学生。中国留学生来到日本，从日本学习了科学，学习了文艺，他们成为日本人民的朋友。可以说，这种关系就像唐代的李太白和阿倍仲麻吕的关系一样。总之，明治维新以后，中日两国的交流，出现了与隋唐时代相反的情况，那就是日本向中国出的东西多，而中国向日本出的东西比较少。

说到这里，郭老加重语气说，在漫长的历史过程中，也曾有过短暂的暗淡的时代。他说："最近几十年，日本充分地学习了西方文化，但遗憾的是多学了一样东西，那就是外国的殖民主义（场内传来了笑声和掌声），因此发动了战争。战争的结果，给亚洲人民，同时也给日本人民带来了莫大的灾难。"他说，现在，让这些不愉快的回忆永远成为过去吧！与此同时，让过去很愉快的回忆永远地保持下去，而且要越保持，越使人感到愉快。场内顿时响起了掌声。

郭老总结了历史，强调说："历史给我们以经验和教训。那就是民族与民族之间，两国的人民与人民之间只要和平共处，文化生活和物质生活就会提高，人民就会幸福（掌声）。如果相反，就会带来相反的结果。这就是历史上的经验之一。还有一条经验——即第二条经验是，民族与民族之间只要互相尊敬，互相虚心学习，就会有助于两国人民的物质文化生活。如果骄傲自满，文化就会受到阻碍，甚至蒙受巨大损失。"

接着，郭老向听众介绍了中国社会主义建设的情况。他强调指出，新中国所以能在短短的时间内取得很大成就，主要的原因，是我们国家的政治为广大人民服务，尊重广大人民群众的意志，把人民群众的意志集中和组织起来，采取相应的办法，实行政治。这样的政治体制，人民是拥护的。只要国家的政治是符合民心的，是为了广大人民群众服务的，人民群众就会发挥自己的全部潜力，就会同心同德，共同努力。

郭老指出，中日关系至今没有正常化，给两国文化交流带来了障碍，但即使在这种情况下，也仍有可以做的事，例如：第一，学者、作家和艺术家相互往来和访问。第二，来中国进行短期的讲演。但郭老说，日本政府会不会发行签证，还是个问题。第三，在学术方面互相交换资料和研究成果，可以举办艺术作品和照片展览，公演话剧和旧剧，进行翻译，互相交换和观赏影片。

最后，郭老对全体日本人民提出了四点希望。他说：第一，要发展文化交流。在这一方面，请给以指教，满足我们的学习愿望。如果我们有可以给你们作参考的，也愿意提供。中国有一句古话："他山之石，可以攻玉。"我们国家有许多"石头"，你们可以用来磨你们的玉。

当时担任翻译的我，二十四岁，从未听说过"他山之石，可以攻玉"这一成语，当然也就翻译不出来。郭老看我为难，便替我翻译过去，博得了听众的喝彩。原来，这句成语出自《诗经》。这件事，对我的触动很大，激励我以后更自觉地提高对祖国文化的修养。

郭老提出的第二点希望是早日使中日关系正常化。他指出："就这一点来说，似乎日本政府当前的步子比美国政府还要落后。"

"第三，我衷心希望全体日本人民能够享有真正广泛的民主。这一点，在座的年轻朋友们负有重大的责任。包括你们在内的全体日本人民，是智慧的、勇敢的、能够吃苦耐劳的民族，是具有爱国心的民族。"日本人民"只要振作精神，把自己的全部潜力为人民发挥出来，那么我们确信一定能够出现新的不同阶段的第二次明治维新"。

第四，他希望中国人民和日本人民紧紧地携起手来，共同为亚洲的和平，为世界的和平尽最大的努力。

结束讲演时，郭老发出了强有力的呼吁：我衷心希望同大家一道，紧紧地携起手来，为了自己的民族，为了世界人类的幸福生活而共同努力。并且，为了使人民今后免遭战争的灾难，特别是免遭原子战争的灾难而共同努力。

郭老的热情洋溢的讲话，博得了听众经久不息的暴风雨般的掌声。

关西行

郭老率领代表团于 12 月 9 日下午离开东京，开始了关西之行。

关西的第一站，是京都。京都，也称西京，素有"千年古都"之称。与日本其他大中城市比较，它更多地保持了民族特色。

京都，有着美丽的大自然，三面环山，河流纵横，景色迷人。市内和郊区，到处是古刹、神社、宝塔、园林。京都古称平安京，公元 794 年迁都至此后，直到明治维新前，它一直是日本的首都。平安京是仿中国隋唐都城建成的，整个街道，方方正正，犹如棋盘。至今京都仍分为左京、右京，并且保留着古时的街名，如东九条、西七条等。由于建筑的布局，左京仿造洛阳城，右京仿造长安城，因此，日本人今天仍把到达京都称作"入洛"。

对于郭老来说，京都不仅不生疏，而且是旧地重游，他曾在流亡日本时到过那里。

9 日下午 4 时 21 分，特别快车"燕"号驶进了京都车站第四站台。身着深灰色大衣、围着淡茶色围巾的郭老，满面春风地走出了车厢。我紧紧地随在郭老身后，一看，站台上站满了三百多名欢迎群众。关西一带的华侨欣喜若狂，他们每人手持一面五星红旗挥动着，欢迎郭老一行的到来。整个站台，热气腾腾，群情鼎沸。

在车站休息室，陪同代表团的内山完造带来一位中年男子和两位女青年，把他们引见给郭老。他们是大阪"五月座"剧团的负责人岩田直二和团员高桥芙美子、石田温。这个剧团准备从 12 月 18 日起在日本演出郭老的历史剧《虎符》,他们曾要求郭老为"五月座"剧团演出《虎符》写几句鼓励的话。郭老这次到达东京后，于 12 月 6 日用钢笔亲笔写了一封信寄给了他们。信的题目是《为〈虎符〉演出书寄》，内容如下：

为《虎符》演出书寄

继《屈原》演出之后，又演《虎符》，我希望能够获得同样的成功。

信陵君是被中国人民所喜爱的一位历史人物。他是一位忧国的志士，同时是一位战略的名家。他有关于战略战术方面的著作，但可惜已经失传了。如姬也是实在的人物，如姬的行为值得称颂。

我写这个剧本的目的，是团结一致，抵御外侮。

在出场人物中，我虚构了一些角色。特别是太妃——信陵君的母亲。我是想塑造一个东方的母爱型。

信陵君的成就，我认为母亲的教育是大有关系的，再加上如姬的援助，使他能够以献身的精神，走上为人民服务的道路。

女性的精神，特别是母爱，是自我牺牲精神的集中表现。

这不是消极，这是导向持久和平的不可克服的原动力。

郭沫若

一九五五年十二月六日于东京都

收到郭老的信，整个剧团沸腾了。岩田直二等人在京都车站见到郭老，当面向他道谢，感谢他对剧团的鼓励，表示一定要把《虎符》演好。

下午6时半，郭老一行来到京都一座著名的专演歌舞伎的剧场"南座"。我们应邀先到"南座"二楼的京都俱乐部出席了高山市长举办的欢迎宴会。出席宴会的，主要是一些京都学术界名流。特别引人注意的是，诺贝尔物理奖获得者汤川秀树博士出席了宴会。

高山市长把汤川秀树介绍给郭老。在场的新闻记者是绝不会放过这个机会的，连忙把他们紧紧握手的这个值得纪念的场景拍了下来。

汤川博士，脸白白的，显得较丰满，前额很宽，戴着一副近视眼镜，举止文雅。郭老对汤川博士说："您很年轻就成为世界著名的学者，这是东方的骄傲。您今年多大岁数？"汤川博士回答说："四十八岁。我跟我哥哥（注：指著名史学家、曾任京都大学人文科学研究所所长的贝冢茂树，是郭沫若访问日本关西期间的主要陪同人）长得很像，所以常常被人认错，甚至连年龄也给弄错。"说罢，大家都欢快地笑了起来。

郭老在席间说，日本的学术文化很发达，我们是很尊重的。我们希望能进一步推动同日本之间的文化交流和学术交流。郭老还向汤川博士说，我们欢迎您到中国来访问。汤川博士说："如有机会，我想去访问。两国学者交流是一件好事。"

弘法渡重洋，目盲心不盲

既到关西地区，怎能不去奈良一游？

奈良，是8世纪初的日本故都，古称平城京，据说它是模仿我国唐都长安建造的。翠绿葱茏的春日山和若草山环抱着这座具有一千二百多年历史的名城。一处处名胜古迹，一座座寺塔庙堂，点缀在万绿丛中，使这座古城显得更加美丽幽静，更加富有魅力。可以说，整个奈良就是一座"历史博物馆"。它是日本人的精神故乡。同我国西安一样，它又是中日文化交流的发祥地。倘若有人问我，你最喜欢日本哪个城市？我会毫不迟疑地回答：奈良。

游奈良，不消说重点是唐招提寺。

12月13日下午，郭老一行来到奈良市西京二条町。我们下车往前走，不远，望见一座高大的寺门"南大门"。走近，抬头看，大门上方的匾额上依稀可辨四个苍劲有力的大字"唐招提寺"。据说，这是一千二百多年前日本孝谦女皇（718—770）书写的，真迹仍保存在寺内，是日本书法的瑰宝。

"招提寺"的"招提"二字，便是寺院的别称，本出于梵语"拓斗提奢"，意为四方，后省作"拓提"，误为"招提"。据云北魏太武造伽蓝，创招提之名，后遂成为寺院的别称。

来到唐招提寺，我们自然想起唐代高僧鉴真。唐招提寺与鉴真和尚的光辉名字联在一起，因为它是在鉴真的亲自指导下兴建的。无疑，它是中日两国人民友谊的结晶，也是中日两国文化交流的见证。

走进寺门，踏着宽阔的白色碎石大路，穿过通道两旁苍翠的松林，正面便是主殿——金殿。它是寺内的中心建筑，结构精巧，形式优美，单檐庑殿顶，屋脊两端鸱尾高举，呈现出我国唐代木结构建筑的技艺风格。

我们看到，金堂内正中是庐舍那佛的脱活干漆像，左右是药师、千手佛的立像，四周是四大天王护法神像，个个都是精美的艺术品。

我们还参观了寺内的其他建筑——讲堂、鼓楼、经楼。整个寺院使人感到气宇宏伟，清新，明朗，郭老感叹不已。

日本朋友告诉我们，寺的东北是鉴真的开山御庙，鉴真就安眠在那里，但因时间关系，我们未去参观。然而，寺方特别安排郭老到当时设在鼓楼北部高台上的开山堂参观。这座开山堂是一座临时性的建筑，规模不大。我们被引进堂内，只见正面是一座干漆夹纻坐像，那便是著名的鉴真像。鉴真双目紧闭，微露喜容，双手叠膝，结跏趺坐，形象逼真。据传这是弟子们按鉴真和尚圆寂时的姿态塑造的，距今已有一千二百多年的历史了。由于它的艺术价值极高，已被指定为国宝。开山堂，平时是不开放的。每年只在鉴真圆寂的 6 月 6 日前后开放 3 天，供人们瞻仰。由于郭老是来自鉴真祖国的尊贵客人，寺方特意打开开山堂，请郭老参观。在瞻仰鉴真时，我脑中浮现出鉴真波澜起伏的一生。

鉴真，是扬州江阳县人（今日的扬州市），出生于垂拱四年（688）。少年的鉴真在大云寺出家。后来，到长安、洛阳学习。然后又回到扬州。他在学识方面有很高的成就，成为淮南地区首屈一指的名僧。

鉴真应邀东渡是有当时的历史背景的。初唐时期，我国东邻——日本，社会生产关系改变，封建制度已经开始建立，并向上发展。盛唐的一切，对于奈良时期的日本，具有很大的吸引力，加之，日籍留学生回国，对中国备极赞许，于是在日本掀起了学习唐文化的高潮。来唐的留学生归国以后，以所学的成果来丰富日本的政治和文化生活，因而模拟唐朝，一时成为风气，从都城设计，直到科学技术、文学艺术的各个方面都产生了很大影响，对日本的发展，一时起了推动作用。

从佛教方面来说，佛教传入日本已经很久了，可是由于规定的限制，日本还缺乏能有资格传戒的高僧，所以不能作正式的传戒。当时在日本，传戒被庸俗化了，街头巷尾，茶坊酒肆，都能成为说法的场所。自誓受戒的方法，一时颇为流行。为了逃避课役，许多人都纷纷出家，佛教徒的数量显著增多，可是质量很差。此外，当时的医药也多操于僧侣之手。他们敲诈勒索，造毒药、假药，无所不为，成为一个大的社会问题。

日本和尚荣睿、普照奉日本政府之命，随遣唐使到中国留学，附带接受了聘请传戒师的任务。公元 742 年他们从长安亲往扬州，去大明寺恭请鉴真赴日传授佛法，鉴真欣然接受。鉴真和尚历尽艰难险阻，五次东渡失败。虽然他双目失明，但未动摇东渡的决心。他第六次东渡，于公元 754 年到达了日本当时的都城——奈良。一千二百多年之前，在生产技术还不十分发达的情况下，从中国到日本是要冒很大风险的。他为了弘法——实际上，也是为传播唐朝的文化和技术，用坚韧不拔的决心，不顾自然和人为的阻力，不畏一次次的失败，前前后后经历了十二个春秋，终于到达了日本。

鉴真和尚和他的弟子不但把佛教的律宗传到日本，而且向日本介绍了中国的建筑、雕塑、医药等技术以及铸造、刻镂、绘画、书法、刺绣、缝纫、酿造、烹调、园艺、种植等方面的知识，对于日本古代光辉灿烂的"天平文化"起了很大的促进作用。鉴真在日本度过了他生命的最后十年。

鉴真坚持初衷，夙志不变。他的深远的识见、忘我的精神、惊人的毅力和卓越的才能，是十分令人尊敬的，不愧是中日文化交流的伟大先驱。

在开山堂内，寺院长老要求郭老挥毫留念。

郭老在寺方准备的留言簿上写道：

弘法渡重洋，

目盲心不盲。

今来拜遗像，

衷怀一瓣香。

一九五五年十二月十三日游奈良

唐招提寺拜鉴真上人遗像

　　郭老的这首五绝，艺术地概括了鉴真和尚伟大的一生，也表达了他对这位中日友好先驱者的崇敬。第二句"目盲心不盲"，实在是绝妙的点睛之笔。

卅年往事浑如昨——记郭沫若战后访日（下）

*

*

愿将丹顶鹤，作对立梅林

12 月 14 日上午郭老一行乘火车离开大阪，于当天中午到达了阔别三十八年的冈山。

冈山，是郭老的母校所在地。郭老于 1914 年 7 月入东京第一高等学校特设科学习一年半以后，于 1915 年秋，来到日本西部城市冈山，进了那里的第六高等学校，学习了三年。

冈山市，濒临风景优美的濑户内海，是冈山县的政治、经济、文化、交通的中心。冈山县最大的河流——旭川由北向南蜿蜒流过市内。向东望，远处是郁郁苍苍、重峦叠嶂的操山。

这一天，挤满车站的欢迎人群中，为首的是冈山县知事三木行治。冈山大学校长也前来欢迎。据说，欢迎的人包括市民在内，约有五百人。是啊！冈山，它不同于日本其他地方。这里是郭老年轻时求学之地。当地人民对郭老表现了特殊的亲近和爱戴，是不奇怪的。

如今，郭老踏上冈山的土地，立在站台上，想起了什么呢？

也许他想起了自己三十八年前曾经蒙受过其关照的房主人，那房主人"系六旬老妪"，"颇为亲切，衣物破烂时，均劳补缀"，而且常常采得鲜花来装饰青年郭沫若的室内。

也许他想起了曾经跟成仿吾同过学的那所第六高等学校，以及在那里度过的有规律的愉快的学生生活。

也许他想起利用课余时间时时登临的操山和常去划船的旭川吧。

也许他还想起了在异国他乡——冈山过旧历年时的情景。

也许他想起 1917 年寒假从东京把佐藤富子——安娜女士接到冈山来，共同生活，以及长子——和夫出生在冈山的美好情景。

也许他想起的是这一切的一切吧……

下午 2 时 40 分，郭老一行在冈山大学校长清水多荣先生陪同下，来到了由范仲淹"后天下之乐而乐"之名句取名的公园——后乐园。它是日本三大公园之一。这座名园最早由冈山的领主池田纲政所建，费时十四余年，于 1700 年完成。这是一座纯日本式的庭园，用远山做借景，引旭川水蓄一池塘。园内有假山、怪石、亭阁以及梅林和茶园。它虽没有飞瀑高挂那样磅礴的气势，但可以使你充分领略日本园林那种独特的小巧玲珑、古朴典雅的情趣。

后乐园旁曾有一座古城——冈山城，由于城堡是黑色的，也叫"乌城"。从后乐园内瞭望乌城，是这里的一景。不仅如此，战前在园内梅林中还经常有数只丹顶鹤嬉戏着。这是后乐园的又一景。

郭老在学生时代常常到这里来游玩。如今，郭老伫立在园中，欣赏着眼前的美景，用日语直接向陪同的日本朋友说："多么令人感到亲切啊！我在六高时，常到后乐园散步。这一美丽的景色，培育了我的诗兴。"

这时，郭老似乎打开了回忆的大门，极力寻找自己所熟悉的一切。但此次重游后乐园时，他记忆中的乌城不见了，丹顶鹤也不见了。站在池边，郭老询问三木知事，才知道乌城在"二战"中被炸毁。丹顶鹤也在战争期间死绝。郭老听了，很感惋惜。三木知事说，丹顶鹤在日本比较少，很难弄到手。郭老当即表示回国后一定送一对丹顶鹤给后乐园。日本朋友听了，无不感到高兴。当晚，郭老在欢迎会上，应冈山"六高"同窗会会长田中文男先生的请求，写诗一首，抒发了游园时的感怀并重申了这一诺言：

后乐园仍在，

乌城不可寻。

愿将丹顶鹤，

作对立梅林。

　　　　　　　　　　　　　　　＊一九五五年冬重游冈山
　　　　　　　　　　　　　　　后乐园赋此志感。

　　郭老回国后，履行诺言，于1956年7月委托去日本的便船，把一对丹顶鹤送给冈山人民，实现了"愿将丹顶鹤，作对立梅林"的愿望。

　　1961年，日本朋友把郭老亲笔写的游冈山后乐园的诗镌刻在青铜版上，镶嵌在园内的一座石头中间。如今，当你到后乐园去参观丹顶鹤时，就可以看到这块石碑。在郭老诗的下方，还有三木知事写的一段纪事，全文如下：

　　一九五五年十二月十四日，郭沫若先生自六高毕业后相隔四十年，访问了使他怀念的冈山。

　　先生想起在六高学习当时，在此公园见到丹顶鹤遨游之姿态，感慨甚深，遂作此即兴诗。翌年七月，先生以丹顶鹤一对相赠。

　　经有志者筹划，建立此诗碑，以志纪念。

　　　　　　　　　　　　　　　一九六一年三月
　　　　　　　　　　　　　　　诗碑建设委员会
　　　　　　　　　　　　　　　冈山县知事三木行治书

访问母校——六高

　　郭老到达他的母校第六高等学校旧址时，已经是暮色苍茫了。

　　原冈山第六高等学校坐落在郁郁苍苍的操山脚下。这所学校的校舍在 1945 年 6 月曾遭受美军空袭，除了柔道场外，全部被炸毁。战后，当局在六高旧址修起了新校舍。由于学制改革，这所学校已成为一座普通高中了。

在学校门前迎接郭老的，有两位当年的老师——辻卓尔和吉田贞一。郭老跟他们紧紧握手。辻卓尔和吉田贞一激动地说："你还记得我们吗？"郭老也激动地说："我想起来了，想起来了。"由于日程紧，时间短，不允许仔细参观，郭老只能在校园内匆匆一过而已。

当我们在校园巡游时，来到一处，郭老忽然想起了什么似的，问日本朋友："这里就是当年学生宿舍的旧址吧？在这里我吃过很多柚子呢！"说罢，郭老跟陪同的日本朋友都笑了起来。

在校园里，举头望操山，在苍茫的暮色中，它显得更加巍峨、挺拔。郭老此次来冈山，与日本朋友谈话时，多次提到操山，可见郭老对操山的印象多么深刻，对操山的怀念又多么的深切。郭老在六高学习时，在给父母的家信中也多次提起操山。他曾经写道："天高日暖，时登操山而啸风焉。操山峙立校内，山木青葱可爱，聚望之颇似峨嵋也。"1916 年，有一次郭老独自登操山，当时的景色给他留下了深刻印象，曾写过描绘操山傍晚瑰丽景色的气势磅礴、着意奇拔的诗篇。我想，这次郭老又在黄昏时分来到操山脚下，不知是否勾起了他对这一段往事的回忆？

后来在 1992 年 11 月，为纪念郭沫若诞辰 100 周年，我随同以郁文为团长的代表团再度访问冈山时，参观了第六高等学校旧址。在院内看到矗立的一座石碑，上面镌刻着郭沫若 1975 年 6 月 14 日为母校——冈山第六高等学校建校七十五周年挥毫的一首诗：

> 陟彼操山松径斜，
>
> 思乡曾自望天涯。
>
> 如今四海为家日，
>
> 转忆操山胜似家。

日本冈山第六高等学校建校七十五周年纪念

一九七五年夏寄自北京

短短数语，充分表达了郭老对操山的依恋之情。

对于阔别三十八年的冈山，郭老的怀念之情，还充分地表现在他当天晚上出席冈山县各界人士举行的欢迎宴会上。他应清水多荣先生的请求，当场写了一首七绝：

> 久别重游似故乡，
> 操山云树郁苍苍。
> 卅年往事浑如昨，
> 信见火中出凤凰。

> 冈山第六高等学校乃余母校，四十年前就学于此。
> 今日重来已隔三十八年矣，冈山市闻在战争中毁于火，
> 但完全恢复。

宴会是在我们下榻的冈山宾馆举行的，气氛十分友好、融洽。清水校长这天晚上与郭老相对而坐。郭老用钢笔写了上面那首诗后说，"'信见火中出凤凰'一句的'凤凰'，就是 phenix（不死鸟）。phenix 是在火中再生的。冈山虽然遭受了第二次世界大战的破坏，但它就像不死鸟那样，又复活起来了。"郭老的七绝，既表达了他对冈山的怀念以及故地重游的喜悦，同时也歌颂了冈山市战后恢复的迅速。

翌晨，郭老带着我走出宾馆，来到门前流过的一条清澈的河流岸边。这条河，便是久已闻名的旭川。郭老对于旭川，有多少难忘的青年时期的美好回忆啊！他在求学时，除了在旭川游泳外，还经常弄舟。

此番来到旭川，时值 12 月，又是清晨，四周不见人影，只见岸边系一小舟。郭老首先登舟，然后，催我也上去。这时，随我们来担任警卫的日本便衣，似乎有些紧张，但也无可奈何，只好承认这一"既成事实"了。郭老坐上小木船，自己划起桨来，他划得那样惬意。上岸后郭老写

了两首诗，纪念这次晨游旭川：

> 川水明于镜，
> 朝来弄小船。
> 林岩如识我，
> 隔雾见操山。

> 庭院如旧，
> 城郭已非。
> 寒鸦栖树，
> 江水依依。

一梦十年游，再生似凤凰

12 月 16 日，郭老抵达广岛的第二天，便率领代表团一行向原子弹被害者慰灵碑敬献了花圈，由衷地向无辜的死难者致哀。

代表团一行到达广岛和平公园，一下车，便望见在公园北部不远处矗立着一座被原子弹破坏了的圆顶楼房，作为永久的纪念，保存在那里。日本朋友告诉我们，那圆顶楼房一带便是美国投下的原子弹爆炸的中心。

那是 1945 年 8 月 6 日早晨 8 时 15 分，一架美国军用飞机在广岛上空投下了第一颗原子弹，使近三十万和平居民在一瞬之间丧生，广岛市也化成一片废墟。战后，广岛市于 1949 年庄严宣布它为和平城市，并在和平公园修筑了原子弹被害者的慰灵碑，修建了和平纪念馆和原子弹被害资料馆。

原子弹被害者慰灵碑呈流线的三角形，中间有一块碑石，上面用日语镌刻着这样一句话："安息吧，我们绝不重犯错误。"

默哀毕，几位日本记者围了过来，要郭老发表感想。郭老扼要地表明了中国政府和人民对核武器的原则立场后说，我谨向那些原子弹受害者表示深切的同情。然后，他用日语说，我看到碑上写着"安息吧，我们绝不再犯错误"，但我认为那碑文应当改作"安息吧，我们绝不允许（他们）再犯错误"。在场的日本记者赶忙把郭老的这一见解记在采访本上。

一个是"绝不再犯错误"，一个是"绝不允许（他们）再犯错误"。在日语中，仅一词之差，却鲜明地表达了郭老的立场。那些长眠在地下的原子弹受害者是无辜的，他们本没有什么"错误"，故也无从说他们"不再犯错误"。造成那样巨大灾难的责任者，应该是决定投原子弹的决策人。如果说"犯错误"，那是他们犯了错误。全世界人民应当团结起来，制止和粉碎战争狂人妄图发动原子战争的阴谋。

郭老接着参观了原子弹被害资料馆。馆内陈列着的许多实物、模型和资料，向参观者展示了广岛遭受原子弹轰炸时的惨状。我们走进一间展览室时，看见一张照片，照的是当时的美国总统杜鲁门签署投原子弹命令的情景。郭老指着那张照片对日本朋友说："那一块碑文，如果让杜鲁门署名就合适了。"

在参观过程中，主人向郭老介绍了一位名叫吉川清（当时四十二岁）的原子弹受害者。他的右手仍留着被原子弹烧伤的疤痕。郭老充满感情地轻轻地吻了他的右手，说："请你和其他许许多多的受害者要战胜伤痕……"吉川本人和在场的人无不为郭老此举所感动。

参观结束后，郭老应馆方要求，在留言簿上用毛笔写了下面一句话：

> 为了人类的幸福，原子武器必须废弃。
> 原子能必须全面为和平建设服务。

郭老一行是在这前一天，即 12 月 15 日上午 11 时 44 分乘特别快车"鸥"号离开冈山，前来广岛的。

广岛是一座美丽的城市，它濒临景色旖旎的濑户内海。广岛，在江户时代作为安芸和备后两国的"城下町"繁荣了起来。明治维新后，废藩置县，成立了广岛县，广岛市便成为县政府所在地。后来，在日本发动的几次侵略战争中，广岛市成为军事基地，增加了军事城市的色彩。在"二战"末期，1945 年 8 月 6 日，广岛市遭受了世界上第一颗原子弹的轰炸。郭老这次访问广岛，正值广岛市遭受原子弹轰炸的十周年。尽管十年前遭受原子弹破坏，城市的大部化作废墟，但经过日本人民的艰苦努力，如今广岛市已经完全恢复了。

郭老在广岛访问时留下的诗篇，对于广岛的复兴作了形象地高度概括，并表达了对人类的未来充满无限的希望。

> 一梦十年游，
> 再生似凤凰。
> 海山长不老，
> 人世乐安康。

> 暖意孕冬风，
> 阳春已不远。
> 寒梅岭上开，
> 含笑看人间。

郭老如同在冈山一样，在诗中用了"凤凰"一词，借五百岁的凤凰集香木自焚，复从死灰中更生的传说，来赞扬广岛的复兴。后一首诗的前两句"暖意孕冬风，阳春已不远"，使人自然想起英国 19 世纪浪漫派诗人雪莱的著名诗句"冬来春不远"。桑原武夫先生说："这首诗中的'阳春'的含义是很深刻的。"

令人陶醉的诗一般的演讲

12月16日，郭老离开广岛，前往九州福冈。17日上午10时，我们来到郭老的母校——九州大学，即当年的九州帝国大学。

山田穰校长先请郭老到工学部会议室会见大学的教授们，然后又引领郭老到大学总部贵宾室，寒暄、叙旧。这一套形式走完，校长向郭老提出请求，说九州大学学友会的代表要求郭老作为老前辈为他们挥毫留念，便又引领郭老到隔壁的一间办公室去。只见在一张大写字台上早已备好了笔砚和宣纸。山田校长要郭老写一张大横幅，以便将来裱好，悬挂校内。郭老提笔，蘸饱了墨汁，按照传统习惯，自右向左，悬腕写了四个大字："实事求是"。写罢，落了下款。郭老的字苍劲有力，气宇轩昂，在场的日本朋友无不发出赞叹声。

我觉得，这位校长办事十分刻板，本来可以一次办完的事，有意地分了几次，程式化的东西实在是太多了些。郭老后来也对我说，山田校长很注重形式，所以，我写了"实事求是"四个字。不过，"实事求是"四个字，对于九州大学来说，有深刻意义，那就是作为一个大学，一个学府，一个研究机关，一切应当从实际出发，注重科学，不断探求真理。

下午4时，郭老来到九州大学医学部中央礼堂，有近三千名同学等候在那里，听郭老发表演说。

如果说，郭老在东京早稻田大学的讲演，谈的是中日两千年的文化交流，那么他在母校九州大学的讲演，可以说是对日本青年提出了热切的希望。

九州大学的校方领导和许多教授也出席了讲演会。特别引人注目的是郭老的恩师小野寺直助先生、板垣政参先生也前来听他们从前教过的学生——当年的郭开贞、今天的郭沫若的讲演。

郭老，这一次又是即兴讲话。他缓缓地开了口，尽量地压低声音，但充满激情。他说，今天回到离别三十二年的母校来，能够拜见我从前的老师，心里实在是感受着无限的、说不出来的愉快。

场内爆发出长时间的热烈掌声。郭老说，今天要我讲演，事实上我是很不愿意在我们的老师面前，特别是在小野寺先生面前"放言高论"。又是一阵长时间的热烈鼓掌。

郭老的讲演，是从他为什么选择福冈进九州帝国大学（即九州大学的前身）谈起的。

郭老说："我在大正七年（1918）到福冈来，选择了九州帝国大学的医学部。请允许我讲一讲我选择九州帝国大学的心理，为什么我不到东京去，不到京都去，要到福冈来？因为我喜欢福冈，我们通过历史课早就知道了有博多湾这个地方。我很年轻的时候，还在国内读中学的时候，就晓得博多（原为一个繁华的商业区，后合并于福冈。现在，博多、福冈常常混用）这个地方了。在从前贵国的奈良时代、平安朝时代，也就是我们中国的隋唐时代，那个时候贵国有许多留学生到中国去，从贵国出发的地点，就是博多。所以，博多从很早以来就是我们中日两国之间的文化交流和经济交流的很重要的一个地方。"

说到这里，郭老介绍了古时日本采用从中国传来的纺织技术织出的布，发展成为"博多织"，以及元明之间中国人俞良甫把刻书技术传到博多的情况后，说："就是这样，博多从很早的时候在中日两国之间的文化交流和经济交流上有了很深的关系，所以我在学生时代，特别选择了福冈，特别选择了九州的帝国大学医学部。我到福冈来之后，进了九州帝国大学。以前我们的老师，包括在座的小野寺先生，对我们从心里表示非常的亲切，我首先就感觉着我的选择没有错，我是选择了一个很好的学校，我也选到了很好的一个地方。"

郭老说，我在福冈过了将近六年的愉快的学生生活。接着，他风趣地说，不过，在这里我要向我以前的老师表白，我作为一个医科大学生，事实上不是一个"好学生"。福冈的自然太美了，千代松原真是非常的美丽。由于天天都接近这样好的自然，我在学生时代就不用功，对于医学没有认真地研究，而跑到别的路上去，即一面学医，一面去搞文学。郭老说，当时我在教室里听先生讲课时，就一个人偷偷地在课本上作诗了。其次，我没有学好医学，还有一个原因，就是耳朵很不方便。

当郭老向过去的老师和听众坦白自己在学生时代没有认真学习，听课时偷偷作诗时，不时地发出欢快的笑声和掌声，场内显得异常活跃。郭老的坦率、幽默、风趣完全消除了讲演者和听众之间的距离，使中国的一位伟大科学家、文学家、诗人、政治家同日本青年学生的距离更近了。

郭老说，我虽然对医学是学而无成，在老师和同学面前感到非常惭愧，"但是，我从我们的母校，从母校的老师们那里学到很多很多重要的东西"。郭老的声音越来越高亢，越来越有力，他以他那独特的富有抑扬顿挫的声调说：

"首先我学到的，就是爱国主义的精神。"声音刚刚落地，就是一片长时间的热烈掌声。郭老说："我们当时的老师们虽然主要的是向我们进行医学的教育，可是在进行医学的教育当中，不知不觉就让我们体会到了——深切地体会到爱国主义的精神的教育。我体会到了崇高的爱国主义的精神，因此我也就学会了爱我的祖国。为了我的祖国能够从以前的悲惨的命运中解放出来，就是贡献我自己的生命，我也是心甘情愿的。"

郭老说："其次，我从我们的母校，从我们母校的先生们那里学习了爱人类的精神、爱人民的精神。""医学，它是把人的生命作为对象的一种学问。医学的目的，就是希望人的生活更幸福一些，就是希望人能够免受种种的痛苦和灾难。所以在我们中国古时候就有这样的话，'医乃仁术'，就是说医道是人道主义的表现。我在母校虽然未学好医学，但通过医学，我学到了爱人民、爱人类的精神，体会到了全心全意为人民服务的必要性。为了祖国人民的幸福，为了全人类的幸福，就是把我全部的力量贡献出来，我也是心甘情愿的。"

郭老接着说："再其次，我学习到了爱真理的精神、爱科学的精神。我通过医学的学习，知道了用科学的方法来观察自然，观察社会的现象，尽量地采取客观的态度、实事求是的态度，来认识自然的真相和社会发展的真相。因此，我们的母校让我得到这样一个习惯，就是爱诚实、爱正义，反过来，凡是不合逻辑、不合道理的事情，也就知道要从心里面加以憎恨。"

郭老说："又其次，我从我们的母校，从我们母校的老师们那里学会了爱和平的精神。""我们应该说，医学这门学科是富有保卫和平的性质的一种科学。我在我们的母校虽然没有把医学学好，可是通过医学的学习，我知道了和平的可贵。为了我们祖国的、人民的和平生活，为了人类的和平生活，我就是把我的所有的一切贡献出来，也是心甘情愿的。"

郭老说："就这样，我在三十多年前从我们的母校，从母校的老师们那里学到了这样许许多多的好东西：爱祖国、爱人民、爱真理、爱和平。我因为学习了这样一些宝贵的东西，假使说我同我的老师，同我们母校相别了三十多年多少还有一些成绩的话，那么今天要向我们母校，向我们的老师表示衷心的感谢。我相信，我离开三十多年的母校，在教育的精神上，是不会有什么改变的。我们眼前的各位同学一定是从我们眼前的各位教授那里，除了自己所学习的专业之外，同时也一定在学习着爱祖国、爱人民、爱真理、爱和平的这些精神。我很羡慕你们各位同学，假使我再年轻一点的话，假使我现在还是三十多年前的二十几岁的一个学生的话，我很愿意再回到母校来，向我们的老师们再来学习一次。"

郭老的每一句话，都紧紧扣住了听众的心。毫不夸张地说，郭老每讲完一段话都响起一阵阵长时间的热烈鼓掌。

接着，郭老在讲演中介绍了新中国的建设情况，并表示愿意同日本进行可能的文化交流。他说："我们很愿意向全世界各国人民学习进步的东西。我们很愿意向日本的学术界，向日本——在工业上走在我们前头的、我们兄弟一样的国家学习进步的东西。我们全国人民有这样一个恳切的希望，就是希望我们在新的基础之上，把我们中日两国的文化交流的关系更进一步发展起来。当然，我相信在座的各位先生和各位同学会同我们一样是感到有些遗憾的，那就是我们中日两国之间——像兄弟一样的两国之间，正常的关系还没有恢复起来。尽管这样，我们两国之间，在文化方面的，在知识方面的交流的工作，是可以采取种种的方法来进行和加强，使它发展起来的。"

当郭老说到他对中日两国之间的正常关系尚未恢复"感到有些遗憾"时，我翻译成了"感到非常遗憾"。郭老立即用日语小声提醒我："不是'非常'，是'有些'。"我马上意识到自己在翻译时没有掌握好分寸，便按郭老的提示纠正了那一句的翻译。听众对郭老精通日语，立刻发现翻译中的不当之处，并用日语提醒译员，很感兴趣。场内顿时活跃起来。

在结束讲演时，郭老对日本青年表示了恳切的希望，希望他们在"很好的老师的指导下，认真地进行研究，除了自己专业的学问之外，同时也要求各位深深地体会爱祖国、爱人民、爱真理、爱和平的精神。我相信，我们年轻的同学们在老师的指导下，将来一定是会有很光辉的成就的，对于贵国人民的幸福，对于我们中日两国人民的幸福，对于全人类的幸福，你们一定会有很光辉的贡献。祝你们不断地进步，获得成功。"

郭老在向日本青年提出希望时，除了声调提高以外，还辅之以强有力的手势，所以到结束讲演时，场内听众的情绪达到了最高潮。郭老的讲演激起了青年们胸中激荡的热情。人们从他身上看到了诗人、战士、雄辩家，看到他把智慧、才能、气魄、热情和谐地结合在一起。

郭老讲了两个小时，走下了讲坛。这时校方领导和教授们迎上前去，跟郭老热烈握手，感谢他那充满激情的讲演，更祝贺他讲演获得的巨大成功。

《九州大学新闻》在报道这次郭老的讲演时写道："郭老的中国话本身，就像诗一般，具有韵律，使听众完全被吸引并为之陶醉了。"

九州大学的一位青年学生，听了郭老的讲演后激动地谈了他发自内心的感想：郭先生的讲演"充满着火一样的热情"，"他在结束讲演时说到'同学们，你们要发扬爱祖国、爱人民、爱真理、爱和平的精神'时，我的热泪不禁夺眶而出。我看了四周，大家的眼圈也都红了……我独自边走边想：'最近一段时期，我从没有受到过感动，只是得过且过地过着怠惰的生活。但听了郭先生的讲演，好像从明天起我要获得重生，变成另外一个人。不，也许不变是不行的呀！'"

青松无处寻，未改白砂心

郭老是中国当代的大书法家，谁不想得到他的墨宝呢？他的字有时代气息，更富于创新精神。因此，郭老每到一处，总有许多日本朋友向他索求墨宝，以能得到郭字为荣。而郭老则有求必应，并在挥毫时常有新作披露。在福冈访问期间，郭老诗兴大发，写了很多旧体诗，几乎都是应日本朋友之请，在"斗方"或宣纸上作书时披露的。

郭老奇才横溢，学识渊博，做起诗来胸有成竹，毫不费力。据观察，郭老常常先酝酿出两句，过一段时间，发展成为五绝、七绝或七律。

为什么郭老到福冈后诗兴大发？我想，这是不无原因的。郭老对福冈有着特别深厚的感情。他在福冈生活了五年，度过了难忘的大学生活。美丽的博多湾，向远处伸展的白砂海岸，湾畔的千代松原，林原中的称名寺，寺内的日莲铜像，这一切的一切，对于郭老是多么的熟悉，又是多么令他怀念啊！如今，相隔三十数年重返福冈，虽然博多湾一片青碧，海天中白鸥盘旋飞舞，海上大小船只穿梭往来，使郭老留下了"博多湾水碧琉璃，白帆片片随风飞"的诗句，但其他景物却发生了意想不到的巨大变化。

就拿博多湾畔的千代松原来说吧。郭老一到福冈，便向日本朋友询问千代松原的情况。日本朋友遗憾地告诉他，如今千代松原的松树几乎"全部绝灭"。"为什么？"郭老急切地询问。日本朋友说，因为战后遭受了严重的虫灾。听了这话，郭老的表情立刻暗淡了。可以看出，郭老对千代松原的近乎灭绝，从心里感到惋惜。他深切地怀念着它，于是写道：

千代松原不见松，

白砂寂寞夕阳红。

> 莫嗟虫害深如此，
> 尚有人魔胜过虫。

不言而喻，后两句是郭老对战后日本形势的艺术概括。

> 雾帷纵深锁，
> 山影仍憧憧。
> 白砂心不改，
> 惜不见青松。

这又是一首惋惜千代松原毁灭的五绝。在福冈访问时，一天早晨，我到郭老房间去时，郭老告诉我，他今晨成了两句，便吟哦起来。但由于那诗句是文言，有几个字我没有听懂，郭老看我发愣，就在我翻译时用的小笔记本上，用铅笔把前两句诗写下。郭老写完，还给我解释了一遍。他说，清晨起床，站在宾馆窗前，向远处眺望，得到的就是这样一种印象。

郭老的另一首提到千代松原的诗是：

> 莫为松原诉坎坷，
> 日莲铜像尚巍峨？
> 剧怜尘梦深于海，
> 熙熙攘攘所欲何？

这首诗，既写了千代松原，又写了松原中的称名寺境内的日莲铜像。有一天，郭老乘车去参加一个活动，他在车中与陪同的日本朋友攀谈起来。对于千代松原遭受虫灾深表遗憾的郭老问这位日本朋友，记得过去千代松原中有一古刹，名叫称名寺，不知现在是否还在？根据郭老的记忆，那寺院里曾有一尊巨大的铜佛。日本朋友慨叹说，"二战"期间，日本军部为制造枪弹，把国内铜像铜佛等全部捣毁，称名寺的铜像也未能幸免，而且寺院本身也已荡然无存。郭老听了，颇为感慨。

请看郭老的另一首诗：

> 铜像多随铜弹去，
> 博多湾水尚青青。
> 冬寒雾重殊无那，
> 白首童心话旧情。

上面两首诗，前一首据笔者理解，表现作者本来对于这次福冈之行抱有很高期望，满以为可以看到往昔的十里松原以及那颇有诗意的称名寺的日莲铜佛，但是，严酷的现实使他大失所望。是的，当年日本军阀妄图称霸亚洲的迷梦早已成为泡影，葬入深海，而现在亲眼看到日本社会的现实是：车水马龙，人来人往，忙个不休。不知他们到底想干什么？难道人们不是为生活而忙碌、而奔波？郭老的这种心情、这种看法，集中地表现在"剧怜尘梦深于海，熙熙攘攘所欲何？"这两句诗里。

后一首诗，首句指出称名寺中的日莲铜像，在"二战"中被日本军阀无情地毁掉，制作出杀人的枪弹。他在这里对侵略战争提出了强烈的控诉。然而郭老把"铜像多随铜弹去"和"博多湾水尚青青"一句并列起来，用了一个对比的手法。据笔者理解，第二句说明博多的广大人民对中国的友好感情一如既往。第三句"冬寒雾重殊无那"，依笔者所见，看起来似乎是在描写我们访问博多时的自然景象：时值寒冷的冬季，清晨起来，浓雾重重，但实际上是指当时日本的政治社会环境。末句"白首童心话旧情"，无疑是郭老说他自己跟此次重逢的三十多年前的师长、老友一样，虽然经历了漫长的岁月，都已年老，但童心未改，彼此之间畅叙往事，重温旧谊，令人感到十分愉快。

郭老后来写了一首题为《吊千代松原》的七律，我认为那是他集有关千代松原诗作的大成：

千代松原不见松，

漫言巨害自微虫。

八年烽燧生灵苦，

两弹铀钚井灶空。

铜佛涅槃僧寺渺，

银砂寂寞夕阳红。

剧怜迷雾犹深锁，

约翰居然来自东。

这首七律，不仅写了千代松原和称名寺铜佛的厄运，更重要的是郭老通过诗的形式，用形象的语言，对日本军国主义发动的侵略战争和战后日本的遭遇做了高度的艺术概括。诗的末两句，显然是指战后的日本。就在我们访日期间，传来消息说美国把称为"诚实的约翰"（Honest John）的火箭炮运进了日本。记得郭老跟日本朋友谈话时曾多次提及此事，谴责美国的这一劣迹，指出这样做将给日本带来严重的后果，并且表示中国人民坚决反对核讹诈和核战争。

这首七律，在日本访问期间未见郭老披露，是回国后才发表的。也许他在访日时就已经酝酿，或者已经写成而未发表。回国后不久，我向郭老求墨宝，郭老慨然应允，书赠给我的便是这首七律。

"劝君莫畏赤，请看鲷犹红"

我们到达福冈后的第三天，又专程访问了下关和八幡。

下关自古就以军事要镇和商埠著称。由于下关西部面临对马海峡，同时它又地处濑户内海的出入口，一直成为连接日本的海陆要冲之一。下关于 1899 年开港。1932 年筑起了渔港，成为日本远洋渔业基地。如今，下关拥有造船、机械制造、化学、渔业用品制造及水产品加工等工业。

下关港作为西日本地区纤维原料、食品、化学药品的出口基地，每年有大量货物装船运往世界各地。与此同时，下关港作为西日本的农畜产品、水产等冷冻食品的进口基地，具有完备的冷冻工厂与仓库。来自亚洲和大洋洲等地的冷冻肉、冷冻鱼类、贝类等，源源不断地从这里进口，运往日本各地。

前去下关车站欢迎郭老一行的，有水产业方面的人士。当地的日中友好协会、医师会、市民合唱团的代表也去欢迎。约五百人的欢迎人群，把月台挤得水泄不通。

我们从车站乘汽车直接来到水产会馆，参加了欢迎招待会。这是一次非常别致的招待会。说它别致，是因为会场的布置非同一般。一进会场，便看到，场内周围临时搭起了许多日本典型的卖小吃的亭子。每一个亭子都挂着布帘或灯笼，上面写着"料理"的名称，如"鸡素烧""烧鸟""御田""天妇罗""寿司""荞麦面条"等。不消说，这些都是纯"日本料理"。

这些"日本料理"，都是郭老非常喜爱吃的。我想，不仅是品种多样的日本风味小吃，就是会场的这一特殊布置，大概也会勾起郭老青年时代在日本街头摊亭品尝小吃时的回忆吧。据我观察，郭老这一天兴致特别高。他一忽儿到荞麦面条摊子吃面条，一忽儿又到做"御田"的摊子前，品尝"御田"。穿着日本传统服装的服务员连忙为郭老准备食品。对于郭老来说，"御田"大概有近二十年没有吃了。也许他最早吃"御田"，是在三十多年前的留学时代。郭老对日本朋友说："那时我吃'雁似'（油豆腐中掺有青菜丝、海带等，味美酷似雁肉，是做'御田'的材料之一），还喝过两壶烫热的清酒呢！"

郭老边吃这些他喜爱的日本小吃，边用清酒同日本朋友频频干杯。他还要了一盘"御田"送给服务员，要她一起吃。日本人，一般很拘谨。特别是像郭老这样的大人物亲自端一盘食品送给服务员吃，这在日本是不可想象的。服务员不好意思，也不敢接受。郭老便说："我不欣赏日本人的这种脾气。日本有句谚语'士不食，也要叼牙签'（谓饿着肚皮，也要佯装已经吃饱），日本受那种清高思想的影响太深了啊！"郭老的这番话，引得在场的日本朋友都愉快地笑了起来。

下午1时半许，我们登上大洋渔业第二冷冻工厂的屋顶。整个下关渔港尽收眼底。日本朋友向郭老一行做了说明，然后又到这个工厂的标本室参观。

一位陪同的日本朋友指着足有三米高的大标本，问郭老："您知道那是什么？"

郭老上下打量后说："不知道。"

日本朋友告诉他："那是雌鲸的'象征'！"

郭老诙谐地说："噢！这么巨大，人类对它只有'崇拜'而已！"

参观毕，又到日通仓库，瞭望了下关的商港。

郭老在参观过程中，应日本朋友的请求，挥笔写了一首诗：

> 人类来从海，
>
> 海鱼是弟兄。
>
> 劝君莫畏赤，
>
> 请看鲷犹红。

笔者认为，郭老这首诗写得很妙，也很风趣。他见景生情，妙笔生花，把渔产丰富的下关的特点与当时日本一部分人存在着害怕共产党、害怕新中国的心理巧妙地结合起来，并针对这一情况，规劝人们不要害怕"赤色"，因为日本人在吉庆时喜食的鲷鱼（即嘉鲯鱼。此种鱼，一加热，便呈红色），比那"赤色分子"不是还要红许多吗？

代表团一行在下关参观访问后，乘小艇欣赏了风光秀丽的洞海湾。我们的下一个访问地是八幡市。

八幡，濒临洞海湾，在日本明治中期以前，曾是一个荒僻的小渔村。明治三十年，即1897年，日本政府在这里建立了国营的八幡制铁所，后改为民营，使八幡很快地发展起来。不消说，"二战"期间，八幡成为重要的军事攻击目标，遭到美军轰炸。"二战"后，市区得到了重建和恢复，八幡钢厂也有了迅速发展，逐渐成为北九州重化学工业地带的核心。这一带，除了与钢铁业有关的大型工厂林立外，还有大批中小型承包厂，全市人口的半数以上从事工业生产。

当我们到达八幡制铁所时，夕阳洒下余晖，就要落山了，大气中弥漫着由众多的高大烟囱喷吐出来的浓烟，使人感到这里不折不扣地是一个钢都，又是一个规模宏大的工业区。

尽管郭老紧张地活动了一整天，但依然精力充沛，兴致勃勃，仔细地参观了八幡钢厂的高炉、平炉和轧钢厂。然后，出席了八幡市当局举行的欢迎会。宇田市长说："我们本想送给你们一点礼物，但是我们八幡市只有钢锭，实在是没有什么好送的。"

郭老致词时说，我参观了八幡钢铁厂后，下决心要尽快地促进中日经济交流。中国为了建设自己的国家，需要铣铁和钢。我相信，两国的物资交流必将增进两国人民的友好。

看望恩师

尊师，是中国人民的传统美德。郭老用他的实际行动体现了这一美德，给日本人民留下了极其美好的印象。

郭老抵达福冈后的第二天，就开始探询他的恩师中山平次郎博士的近况。中山先生是郭老在九大读书时讲授病理学的一位教授。当郭老听说中山先生已经八十五岁高龄，而且健康状况不佳时，便想马上前去看望。但由于日程安排得很紧，未能如愿。12月19日，也就是在福冈访问的最后一天上午，郭老终于得以抽空带着水果去看望中山先生。

我清楚地记得郭老去看望中山先生的前一天的情况。那一天，郭老连续访问了两个城市——下关和八幡。从早晨一直活动到晚上，郭老已经非常疲劳了。在返回福冈时，九大教授操坦道先生陪同郭老坐在一辆汽车上。我看得出，一路上操坦道教授生怕打扰了郭老，尽量不主动跟郭老攀谈，以便让郭老在车中能多休息一会儿。但汽车刚进福冈，还是郭老先开口，跟操坦道教授谈了起来。郭老用征求意见的口吻说："我明天看望中山先生时带什么去好呢？如果带慰问金，是不是会失礼？如果不失礼，带多少去好呢？"由此可见，郭老一直把看望恩师中山先生的事挂在心上。操坦道教授一一向郭老做了回答。郭老听后喃喃自语道："我从今天早晨起就一直在考虑这件事。"郭老的崇高品德和他的为人，使操坦道教授深受感动。后来，操坦道教授说："郭先生曾经参加过国民革命，而今又是一位为保卫世界和平四处奔走的果敢的斗士，但他为了慰问恩师而一直在思虑着，这的确是一段美好的佳话啊！"

19 日这一天，福冈是小阳春天气，中山先生在家中休息。在操坦道教授陪同下，郭老来到了西公园附近的中山先生住所。中山先生见有客人来，马上要从长椅上起身，郭老急忙趋前制止："先生，请不要动。您老身体好吧？"

中山先生紧握着郭老的手，连声说："我很好，很好！谢谢你。"

他目不转睛地瞅着郭老，站在他面前、穿着西服、戴着助听器的，是一位中国著名科学家郭沫若。他不是别人，正是当年他的学生——郭开贞。这时，郭老学生时代的样子，大概又浮现在中山先生的眼前了吧。中山先生激动地说，"我想起来了，你就是郭开贞啊！太好了！"

中山先生的家，房子不大，屋内的陈设也很简朴。由于屋子小，进去几位陪同人员和记者后，就无法再容纳更多的人了。郭老坐在中山先生的对面。中间的一张小方桌上，摆着几种小点心，这是中山先生特意为招待郭老准备的。

按日本习惯，像中山先生这样的老人，患病疗养，在家里一般是不穿西装的，但为了表示对郭老的欢迎，他穿了一身深色西服，打着领带。我注意地观察中山先生。他的头发全白了，但精神矍铄，谈笑风生。看得出，他今天特别高兴。过去，在大学时代，郭老作为中山先生的学生听他的讲课。如今，郭老虽已成为国际国内闻名的大人物，但郭老仍把中山博士视为师长，从心里尊敬他。这对昔日的师徒，今天像阔别多年的旧友重逢，毫无隔阂地叙旧、欢谈。

中山博士的专业虽然是病理学，但也非常喜爱考古，而且在这一方面有很深的造诣。我想，这大概与博多和九州北部自古就跟中国有密切交往这一特点，不无关系吧。在博多湾附近，有不少弥生文化的遗迹，由那里发掘的古墓出土了铜镜、铜剑、铜矛、琉璃屏等。1784 年，在博多湾志贺岛的一块田地里发现了一颗刻有"汉委奴国王"字样的金印。考古学界认为，这颗金印，是汉光武帝授给日本列岛的一个小国"国君"奴国王的。

既然考古是郭老与中山先生的共同兴趣，自然，话题也集中到考古学上。中山先生搬出了几样他收集和珍藏的古董给郭老看，其中就有在博多湾近郊出土的古铜镜和玉器。郭老看了这些珍品，风趣地说，"这是先生的'三种神器'呀！""三种神器"是日本自古相传至今的三种宝物——"八咫镜""天丛云剑"和"八坂琼曲玉"。郭老说罢，大家都大笑起来。中山先生显得颇为得意。他指着一件古董说："这是中国古代的东西，恐怕连中国也没有了吧。不过，日本的文化能够有今天的繁荣，那是托中国的福啊！"

不知不觉，时间已经过了一个小时。由于郭老还要回宾馆出席辞行宴会，便依依不舍地跟中山先生告别。

下午，郭老一行从福冈板付机场乘 13 点 30 分的日航班机，飞回东京。

加热吧，水总是要沸腾的！

返回东京后，12 月 21 日下午，主人为郭老安排观赏由日本著名歌舞伎演员河原崎长十郎主演的《鸣神》。

原定在日本访问三周的日期到了。12 月 21 日下午 6 时，代表团在东京会馆举行了辞行宴会。

由于那一天是以郭老的名义举行宴会，日本社会名流和各界人士一千多人接受了邀请。尽管宴会大厅的容量很大，但仍容纳不下这么多的客人，所以只得在隔壁的大房间开辟第二会场。

郭老一行是在观赏歌舞伎之后，从俳优座剧场直接驱车赶到会场的。有不少日本客人已在会场等候代表团一行了。

大厅正面悬挂着中日两国国旗。整个大厅布置得庄严、大方，气氛热烈。

郭老首先致词，他对日本朋友的光临和代表团在日本受到的款待表示衷心的感谢。他说，听说今天晚上有的朋友特意从九州赶来参加这个宴会，我很受感动。他说，中国科学代表团访问日本的时间虽然很短，但是收获却很大。最大的收获就是亲眼看到日本学术界人士和日本人民同中国学术界和中国人民一样，抱着在新的基础上发展中日两国人民两千年来的传统友谊，进行两国文化、经济交流和实行和平共处的共同愿望。中国人民愿意同日本人民携起手来，为实现这个共同愿望而努力。郭老表示为了进一步开展中日两国的经济交流和文化交流，欢迎大家能到中国访问。

茅诚司会长代表日方致答词说，由于中国科学代表团到日本访问，今后两国间的学术交流将会得到进一步发展，这种交流是两国人民携起手来建立新的友好关系的基础。

那天晚上，在宴会上讲话的还有久原房之助和松本治一郎。

松本治一郎不算太高，但比较强壮，下颚留着一撮黑黑的山羊须。透过他那副黑框眼镜，人们看到他的目光和蔼可亲。他是部落民（即所谓的"贱民"）出身，一生为受压迫的部落民的解放事业而奋斗。他1947年进入政界，当选参议员，并当选战后第一届参议院副议长。他在当副议长时，打破了在国会里不能背朝天皇走路的禁忌和常规，成为当时日本的著名事件。新中国成立后，他出任日中友好协会会长，1953年首次访问我国。就在郭老访问日本那一年，他还率领日本代表团出席了亚洲国家会议。他一生奉行三不主义：不动烟酒，不打领带，不结婚。

这天晚上，松本先生确实没有打领带。松本激动地说："今晚的宴会，使我感到好像是中国和日本举行'结婚典礼'。"郭老接过松本先生的这句话，立刻站起来说："既然是'结婚典礼'，那么我希望不久能生出一个又白又胖的婴儿。这个婴儿的名字，就叫作亚洲的和平。"场内顿时活跃起来。长时间的热烈掌声打断了郭老的讲话。

郭老接着说："中国和日本过去有过两千多年的友好交流。今后要通过抚育这个婴儿，使中日文化交流持续几亿年，以至于无限远。我提议为中日友好，为亚洲的和平，干杯！"场内又一次响起热烈的掌声。

宴会上准备了许多纯日本式的美味佳肴，有"烧鸟"、生牡蛎、烧海螺等。席间，以这些美味佳肴为话题，宾主谈笑风生，开怀畅饮。郭老似乎想起了当年在日本生活时到小摊上吃风味小吃的情景，他向前首相片山哲和茅诚司等人说："宴会结束后，咱们一起到卖'烧鸟'的小吃摊去，来一杯，怎么样？"几位日本朋友都兴高采烈地表示非常赞同。但话虽如此，由于日方要对郭老的安全负责，对他的警卫工作必须做到万无一失，所以，郭老是不能如愿的。我想，郭老对此会感到十分遗憾的吧。

因为这次宴会开辟了第二会场，所以，在那里参加宴会的日本朋友只能通过扩音器听到郭老的讲话，即"只闻其声，不见其人"。因此，在宴会进行过程中，郭老特意到第二会场向大家敬了酒。郭老走到哪里，哪里就是一片欢腾，一片欢笑声。

代表团一行即将离开日本，踏上归国之途。原定代表团乘飞机取道香港回国，但考虑到郭老的安全，根据周总理的指示，临时改乘苏联船。于是确定于 12 月 22 日晚离开东京，再度西下，前往下关港。

在离开东京当天的下午 1 时半，郭老仍出席了在东京神田如水会馆举行的欢送会。不消说，"如水会馆"的名字取自中国的成语"君子之交淡如水"。

那次欢送会是日中友好协会、日本拥护和平委员会、日本亚洲团结委员会、日本记者会议等七十多个团体联合举办的。参加者约三百人。

代表日方讲话的是丸冈秀子和关鉴子。副团长冯乃超代表中方讲了话。之后，主人要求郭老也讲话。郭老应邀站起来，走到话筒前，发表了他访日后写的一首新诗：

水要沸腾时，
水面有一时的镇静。

春天要来时，
冰雪要暂呈严威。

加热吧，朋友！
水总是要沸腾的。

前进吧，朋友！
春天很快就要来的。

郭老的诗，充满了热情，也充满了对日本人民的衷心希望。这首诗，后来许多日本报纸都刊登了。有的还加了花边，可见其重视的程度。

"长风吹大海，万里送归船"

代表团到下关后，由于送代表团回国的苏联船还没有到达，便去温泉胜地别府一游。

从别府回到下关，已是 25 日中午了。下午 1 时许，我们登上当天上午由大连开进下关港的苏联轮船"力牙兹斯克"号。

登船后，我站在甲板上望着碧蓝的大海，深深地吸了一口气，那空气是多么的清新啊！我好像从肩上卸下了千斤重担。二十多天来，我跟随郭老做翻译，精神一直处于紧张状态，现在似乎可以稍微松弛一下了。

想来，时间过得真快，从12月1日郭老率团到达日本，已经过去了25天。我觉得这25天过得既充实，又富有意义。我看了看郭老，从他的表情中可以窥见，他对这次访日的成功是很满意的。但我想，我们马上就要离开日本，要跟日本朋友分手，郭老一定是百感交集吧。不知怎的，在我凝望着郭老时，我们在日本活动的许多场面，又一幕一幕地浮现在眼前。而这些场面的每一个镜头，都与站在我眼前的郭老的风姿，重叠在一起……

我想起，在访日过程中，日本朋友常常关心地询问郭老："累不累？"郭老总是回答说："不累。"但他又常常引用日本朋友的话风趣地说："代表团的日程是'杀人的'哟！"在日语中，"杀人的日程"，倒不是真的"杀人"，其意思是"日程紧的要命"，以至于使人连气也喘不过来。是的，主人这次为代表团安排的日程确实是相当紧，我们从早到晚，一个活动接着一个活动，一环扣一环，真是"马不停蹄"。当时连我这样的小伙子，都感到有些吃不消，更何况年过花甲的郭老？我想，他也一定会感到疲倦的。但这不能怪日方主人，因为日本方面向接待单位提出会见郭老或邀请郭老参加活动的要求，实在是太多太多了。主人只好设法尽可能满足这些来自各方面的要求，结果就形成了"杀人的日程"。这一点，我想应当看作是日本朋友对郭老和代表团的友好表示吧。

在这次访日过程中，我深切地感到，郭老的一举一动和高尚人格给日本人民留下了极其美好而深刻的印象。《每日新闻》一位叫杉本的记者在东京一带一直随团采访。他说："我这次有机会跟郭沫若先生接触，了解了他的为人。郭先生现在是中国科学院院长，是全国人民代表大会常务委员会副委员长。除此之外，他作为历史学家在中国古代社会研究方面留下了卓越的业绩，而且，作为文学家，他的活动也是丰富多彩的。他写小说、戏剧、诗和散文，产生过许多名作。正因为如此，使人弄不清他的本行到底是什么？一般人都说他是文人政治家，但，通过这次接触，我深深感到，郭先生从本质上说，是一位诗人。"

在日本，一般说来，普通人是不敢直接与大人物接触和谈话的。但是，郭老的和蔼可亲，消除了日本的普通人跟他之间的距离。在我们离开东京前夕，有一天上午，郭老乘汽车到明治神宫外苑散步。由于郭老每次乘汽车在下车时都要感谢那位日本司机的辛劳，所以司机对郭老感到很亲切。那一天，郭老正在林中散步，司机走到郭老跟前说："我向郭先生有个请求。我的一个亲人至今还留在中国，我想请郭先生帮助寻找一下。"司机说这话时显得局促不安。但郭老详细地询问了情况，并表示回国后尽力帮他查找。司机听后非常高兴，一再鞠躬向郭老表示感谢。

还有一件事：郭老由九州重返东京后，有一天忙里偷闲到东京小石川的植物园散步。拍摄纪录片的日本摄影记者和打灯光的助手跟着来了。郭老把那位助手的照明设备，不由分说地接过来背在自己身上，以减轻他的负担。郭老的平易近人，的确使普通的日本人深为感动。自从郭老抵达日本后，一位东京警视厅的便衣警察一直身影不离地跟在身旁担任警卫工作。郭老拍着他的肩膀说："你就像保护自己的身体一样保护了我的身体，谢谢你。"那位警卫人员向摄影记者说："我从职务上不便公开说郭先生的好话，但郭先生是一位高尚的人啊！"

这次代表团访日的时间虽短，但应当说影响是很大的。

茅诚司说："这次中国科学代表团来日本，通过与他们的接触，我学习了很多东西。代表团的每一个成员都热心地考察和研究了日本。他们每天都把当天考察的成果加以整理，直到深夜 12 点钟。这一点使我感佩。为了进一步促进日中两国的学术交流，我们愿意做扎扎实实的努力。"

我们登船后，有几位日本记者要求郭老发表谈话。郭老说："二十五天来，我们在日本各地访问，受到热烈欢迎，我表示衷心的感谢。我祝愿日本人民幸福与繁荣。通过这次访问，印象最深刻的是，中国和日本就像兄弟一样。我们两国有两千年的友好传统。今后我们应该在新的基础上，共同携手，发展这一关系。我们将把我们亲眼看到的一切，尽可能地告诉给我国人民。让我们为世界的和平和共同繁荣而努力。日本朋友，再见！"

历时 25 天的访日全部结束了。今天早晨下关落了一阵雨。如今雨过天晴。下午 3 时，汽笛长鸣，"力牙兹斯克"号徐徐地离开浮筒。郭老身着黑色大衣，站在甲板上，向乘坐小船前来送行的人们挥手告别。郭老久久地站在那里，一直到看不见他们的身影为止。

我们乘坐的这艘苏联轮船，原定直行青岛。我们在船上安安稳稳地进入梦乡，度过了一夜。但翌晨起床后，船长通过略懂俄语的团员告诉我们，昨晚发生了紧急情况：为了不受韩国当局的袭击，把船上所有从外部能看见的灯光全部灭掉，并且为了应急，准备好了救生艇和救生衣。船员们则整夜都没有休息。船长还告诉我们，此船已改变航线，不去青岛，而直接前往上海。到底发生了什么事呢？后来才搞清楚。原来，韩国李承晚集团的海军在公海上劫夺我渔船并向这些渔船开火射击。此事本来发生在郭老离开下关市之前，因为通信联络需要经过许多环节，因而延误了时间。当苏联轮船接到通知时，已经是我们离开下关那天的深夜了。由于那艘轮船恰好要通过出事地点的海域，于是，船长接到通知后立即改变航线，躲开那一海域，并采取了上述紧急措施。后来，我还听外交部亚洲司的一位同志告诉我，周总理闻讯非常焦急，那一夜，外交部为了及时掌握情况、保持与有关部门的联系，紧张地工作了整整一夜。

我们于 12 月 28 日中午顺利地到达了上海港。从甲板上看到，陈毅副总理和上海市其他领导早已等候在码头上，热烈欢迎郭老和代表团一行。这是郭老解放后第一次到上海，回到了他 20 世纪 20 年代、30 年代和 40 年代曾经生活和战斗过的地方。在我们的轮船驶入长江口时，郭老写下诗篇，抒发了他的感慨和喜悦心情：

灯塔时明灭，

孤轮月在天。

长风吹大海，

万里送归船。

去国方经月，

离沪巳七年。

此来殊快意，

如唱凯歌旋。

　　代表团在回北京前，从上海移至杭州，刚刚访日归来的科学家们受到了正在杭州访问的毛主席的亲切接见。

王震率团考察日本农业

*

*

怎么找了一个"娃娃"来?

1957 年 10 月,有一天,外文出版局副局长李千峰在办公楼走廊里看到我,对我说:王震同志要访问日本,他要求给他派一个水平高的日语翻译,我们决定派你去。

王震同志之所以托李千峰找翻译,一来是因为李千峰是王震在新疆时的老部下,二来是因为王震知道李当时所在的外文局是一个外语干部集中的地方。我猜想王震一定会认为李千峰能办好这件事。

坐定后,王震就像拉家常似的跟我聊了起来。他问我何时从哪里来北京的?今年多大岁数?学了几年日语?现在工作怎样?我一一做了回答。王震手中握着一支红铅笔,他有时在圆桌上铺的一张白纸上记下几个字。

王震对我有什么印象,我当时是无从知道的。他只是简要地向我谈了访日的主要任务,并要我再到他任部长的农垦部外事局去报到。

后来,通过访日,彼此熟悉了以后,王震向我讲了他当时的真实想法。他说:"你一进房间,我一看,心想这个李千峰是怎么搞的?我要的是水平高的翻译,怎么给我找了一个娃娃来?"

得到毛主席的支持

　　王震赴日带领的是一个阵容强大的代表团，包括农林畜牧各口的负责人和农业科技方面的专家、学者。

　　这位昔日的抗日将领率农业技术代表团访日，得到了毛主席的支持，最后也是毛主席亲自批准的。我想，这跟毛主席重视发展农业，要把中国的粮食生产搞上去的一贯思想是分不开的。王震后来告诉了我决定他访日的过程。他说："那一年，我从福建修铁路回来，在杭州随便停了一下。当时，王稼祥正陪一个日共代表团在那里。王稼祥跟廖承志交谈，我也在场。他们谈今后要多做日本人民的工作，并且要我去日本。我说，我过去是个军人，行吗？他们说，你过去是军人这一点，日本人都知道。那时，恰巧毛主席也在杭州，他们告诉了毛主席。毛主席派车把我接去。毛主席说，你要去日本，很好。"王震还告诉我，后来，陈云对他说，中国耕地少，人口多，而日本人口多，稻子的产量高，他们有种水稻的经验，单位产量高，可以去，可以学习。

　　行前，周总理在中南海接见了全团，对这次访日提出了要求。分手时，为了表示送行，周总理同全团每一个人都握了手。我想我是一个小小的翻译，总理大概不会跟我握手。没想到总理一视同仁，走到我跟前，主动伸出了手。我有幸握了总理那柔软的手。总理与代表团秘书陈抗握手时，由于知道他是前东北人民政府文化部长刘芝明的儿子，也知道他是外交部的干部，说："你去，人家不注意吗？"陈回答："我作为中国进出口公司的科长去。"总理听了，会意地笑了。

◇ 中国访日农业技术代表团到达东京羽田机场

"第一次见到共产党的大干部"

代表团肩负着考察日本农业的先进技术和经验、发展中国农业的使命于 11 月 10 日经香港到达东京羽田机场。我们在日本，北自北海道，南至九州，访问了近两个月。

全程陪同代表团活动的日本朋友有四位。一位是日中农业交流协会的田崎末松。他个子矮小，有些秃顶，蛮有活动能力。第二位是日方翻译，名叫高木，是日商公司（后来成为日商岩井公司）的中国科长，汉语说得不错，但他在翻译时从不拿本子记，所以遇到主人讲话太长时，难免要"偷工减料"。第三位是野间清，印象中，他是"上海同文书院"的毕业生，长期侨居中国，新中国成立后，曾在我国农业部工作过，也能说一口流利的汉语。据说，由于他陪了我们代表团，在日本的地位有了提高，后来成为爱知大学的教授。

第四位是团野信夫。他当时是《朝日新闻》的社论委员。由于他常年从事农业报道，所以不仅熟悉日本的农业情况，而且跟日本政府农林省比较熟，特别是他认识的一位次官在幕后出了不少力。因为那时美国封锁中国，岸信介政府推行敌视中国的政策，中日之间根本没有官方接触。应该说，在这中间团野信夫起了很大的作用。团野对王震团长说，我是资产阶级报纸的一名记者，是请假来陪王先生和代表团的。我是第一次见到中国共产党的大干部。我对共产主义能理解，但我不是共产党员。我们这次相见，决定了我的人生。

由于朝夕相处，又由于团野信夫诚挚、热心的帮助，王震和团野建立了深厚的友谊。团野非常敬重王震团长。团野有一次对王震团长说："王先生在战争中是一位善战的将军。您的名字很好。王震，是震撼天下的王者。"王震团长也颇有风趣地说："您的名字也很好。团野，是团结农民。信夫，是可以信赖的大丈夫。"

王震与团野的友谊一直保持了下去。团野常常说："人的命运是很有趣的。自从我认识王先生以后，学了很多东西。"王震也说："您给我留下了很深的印象，我一直念念不忘。我们在一起，都讲心里话。我幸运在日本遇到了良师益友，使我了解了很多情况。"

王震访日归来八年后，1965 年，团野应中国农学会的邀请，率日本"稻作日本第一"的农民和技术人员来北京访问，当时王震正在住医院。团野提出希望见王老。接待单位考虑到王老的健康，一直不给联系。到了团野要离开北京的前一天，突然接到中国农学会的通知，说今天中午王震在北海公园仿膳宴请他和全团人员。团野到仿膳一看，吃了一惊，王震穿了一身病号的衣服。王震说，我是从《人民日报》上看到团野等人到达的消息，便向大夫说日本来了友人，要临时出去接待一下，但院方死活不允许。此事，被宋庆龄知道了，建议院方允许王震去接待。但院长仍不同意。宋庆龄说，如不放心，就带医生去。这样，才使王震终于实现了会见老朋友的愿望。团野感动地说："王先生的友情使我流了泪。这是难得的。我想过，日本的政治家能对一个外国人表达这样的友情吗？我从心里感到高兴。"

1979 年 10 月，团野信夫又一次到中国来访问。10 月 22 日下午，我到北京饭店去看他。团野一见我，兴奋地说："昨天我见到了王震先生，谈了三个小时。"说罢，他取来一个画轴，说："我给你看一样好东西。"打开画轴一看，原来是八十二叟李苦禅大师的大作《绿雨初晴》，画面是一棵巨树上立了一只大鹏。可贵的是王老也在画上题了款："王震一九七九年十月赠于北京"。

团野自豪地说："这是我的家宝。"

"这才是农民的手，好好地干！"

王震率代表团在日本访问期间所到之处，每每深入农村和牧场，同农民亲切交谈，听技术人员详细介绍。

我们同农民接触时，旁边总有县里派来的人员在场，这样，被访问的农民和我们都感到有些别扭。一次，我们到爱知县的一户养鸡专业户访问。我们被引进屋里，在"榻榻米"上就座。这时，王震团长看到院子里有一位身穿作业服的青年。于是，把他请到自己跟前坐下。这是原来在计划中没有的。县里的人显得有些紧张，不知所措。

王震团长亲切地问这位青年是这一家的什么人？

青年回答说，我是从山口县来到这里学习和帮忙的。

王震同志十分欣赏这位青年在农村参加劳动。他握住青年的手，不断地抚摩着，发现他的手长满老茧，便说："这才是农民的手！你要好好地干。"

由于王震团长是贵宾，陪同来的县里干部和这家专业户的主人尽管原先没有安排这位青年进屋坐在"榻榻米"上，但当他们看到这一情景时，无不深受感动，并且流下了眼泪。他们认为只有真正劳动人民出身的人，才能这样对待劳动人民。

王震团长在日本考察中最感兴趣的，是小型手扶拖拉机。他感到这

◇ 王震（左三）与中国农业代表团团员考察大阪久保田工厂的小型手扶拖拉机

种小型手扶拖拉机适于在中国南方的小块田地中使用。他不仅要日本技术人员在田里操作给他看，而且还亲自操作。当时，中国还不能生产这种手扶拖拉机，他便当机立断，决定买一部带回国内。此外，王震看到塑料薄膜对于农业的用处很大，也决定购买一部分。这两项加在一起，总共花了 500 万美元。这在当时是个很大的数额。

关于这一点，还有一个插曲。代表团临行前，周总理会见全团时曾交代过，日本人很想做生意，到日本后不要买日本的东西。但是，王震说，尽管周总理有交代，但是我去日本一看，日本的手扶拖拉机很好，对我们发展农业有用。我说，我们可以发电报再请示周总理，有令则行，令行禁止。后来就决定进口了一些。

代表团回国后，王震向毛主席做了汇报。王震说，本想只汇报三十分钟，但毛主席问得很详细。他问日本的农家是什么样子？家里都有什么东西？这些都不是哲学问题，也不是理论问题，所以我就把看到的都说了。我说，养鸡户一家养几百只鸡（这在当时是很了不起的），毛主席听了，很感兴趣。后来，陈云说，当时买回的那些东西起了很大作用。

王震在日本东北地区和北海道访问时，非常注意水稻的品种。我感到他是在考虑引进适合于在中国寒冷地带种植的水稻品种。他不仅询问产量，还仔细地询问是否倒伏，是否耐寒。日本朋友向王震推荐了他们认为优秀的品种。代表团回国时，把这些优秀的品种带了回来，后来在我国培育出了著名的水稻品种"农垦5号"。

在北海道，我们还访问了养奶牛的私人牧场。王震团长兴趣浓厚。团内有一位名叫杜部的畜牧专家，他在日本留学时，曾到这家牧场实习过。杜部向牧场主人提起了此事，主人立即从柜子里拿出了一大厚本的档案。这是曾在牧场实习过的人的记录。翻开其中的一页，发现了"杜部"的名字。

日本的"档案"工作真是做到了家，看到这一情况，王震团长也感到很高兴。

"我喜欢吃日本农民的饭"

王震在日本访问期间，总是希望我能同他住在一个房间，或者住在隔壁的房间，这样，便于照料他的生活。

一有空闲，王震便跟我聊天。他向我谈了他年轻时做铁路工人以及参加革命的过程。有一次，他对我说，你们知识分子说话文雅，总是斯斯文文的，我们"大老粗"说起话来，直截了当。我们给士兵训话，鼓励他们消灭敌人时，就说："一定要打他个'王八抱西瓜——连滚带爬！'"这样说，很生动，士兵一听就明白。说罢，他自己"哈哈哈"地笑了起来。

王震还告诉我，抗日战争时，他跟赵安博学过用日语向侵略日军喊话。接着，他就用日语喊起话来：

"日本の兵隊さん，武器を捨てろ！"（日本士兵们，放下武器！）并问我能不能听懂？

我说："听得懂，发音很准确，不过，这个话让接待我们的日本人听到，会把他们吓坏了。"于是，王震又是一阵"哈哈哈"的爽朗笑声。

王震还有另一面：在原则问题上寸步不让，表现出了大无畏的气概。有一件事给我留下了深刻的印象：由于代表团在日本逗留了将近两个月，超过了签证日期，需要续签。为此，日方的田崎末松找王震团长和孙平化秘书长商量办续签的手续。日本政府的手续很烦琐，要求我们填写的表格中，有些项目甚至是带侮辱性的，例如要填写身长、面部特征和眼睛、头发的颜色等。由于填写的项目涉及面部特征，王震团长抓住这一点，半开玩笑但又不无挖苦地对田崎说："你们要中国人填写这些内容，我们还有什么'面子'？！"便坚持不填写这些带侮辱性的项目。

王震在日本特别强调"入乡随俗"。他到农村，要求吃农民的饭。在长野县的农村，我们就吃到了农村老大妈们亲手做的日本饭菜。这是长野大学农业经济学教授菅沼正久具体安排的。那一顿农家饭，王震团长吃得很开心。他说，我就是喜欢吃农民的饭。结束了地方的访问回到东京后，他还要求安排住进日本式的旅馆，睡的是"榻榻米"，吃的是日本料理。

访问结束后，我们根据国内的指示，为安全计，乘苏联船回国。我们从横滨启航，直奔上海港。中途航行到玄海滩时遇到大风浪，船颠簸得很厉害。我晕船，没有食欲，实在吃不下俄式土豆奶油汤，只得勉强用从日本带来的面包和沙丁鱼罐头充饥。

船行三天多，第四天进入了风平浪静的吴淞口。我们终于到达了上海。

常驻日本十五年——新华社东京分社成立

*

*

从 1964 年 9 月到 1978 年 6 月，我在新华社东京分社做记者，前后达十五年之久。

起初我到日本常驻，是用《光明日报》记者名义。那是在 1964 年 9 月 29 日。这一天，我们七名中国记者在新华社国际部副主任丁拓率领下，到达东京。这是战后第一批常驻日本的中国记者。此举标志着新华社东京分社正式成立。

当时，中日关系尚未正常化，因此，新华社东京分社的成立，不是采取通常的形式，而是通过中日双方互派常驻记者的形式实现的。中日互派记者，在今天看来是一件再平常不过的事，但在当时是极为困难的。它的实现经历了一段漫长而又艰苦的道路。

中日互派记者的漫长道路

这一条路竟然走了整整十五年。十五年是指从 1949 年新中国成立算起，到 1964 年。其间，据我所知，只有新华社记者丁拓、吴学文曾随中国访日代表团到日本进行过几次短期的、临时性的采访活动。那时，中日两国的战争状态尚未结束，日本政府又一味追随美国对中国采取敌视政策，因而对中国记者逗留日本长期从事采访活动提出无理要求。例如 1957 年 8 月，第三届禁止原子弹氢弹世界大会在东京举行。丁、吴两位记者随中国代表团访日并报道这次国际会议。会议结束后，他们申请办理延长逗留期限的手续，准备继续留在日本进行采访活动，但日本政府要求他们依照"规定"按指纹。由于中方认为这是一种侮辱人格的无理要求，不予接受，所以签证期满，他们便随代表团一道回国了。

中日两国在 1964 年这一年能够实现互派常驻记者，跟国际形势的发展以及中日关系的变化密不可分。1958 年 4 月发生的侮辱中国国旗的"长崎国旗事件"，使好容易建立起来的民间交流渠道几乎全部中断。面对这一严峻形势，从 1959 年起日本一些有远见的政界人士开始活动，谋求改善陷于僵局的中日关系。日本执政的自民党顾问松村谦三继前首相石桥湛山之后，于当年 10 月应周总理的邀请访华。1962 年 9 月他再度来华，以求打开中日关系僵局。双方的会谈，主要集中在政治问题和经济问题上。尽管当时中日双方都有意解决互派常驻记者问题，但因条件不成熟，未提到正式会谈的日程上来。

说到中日互派常驻记者，应当提到自民党国会议员田川诚一在这一过程中所做的努力。田川诚一曾经做过《朝日新闻》社记者，后担任了松村谦三秘书。松村每一次访华都带田川来。有时田川独自来华，与中国方面接触，或探路，或做一些松村访华的准备工作。实际上，松村谦三第三次访华实现中日互派记者以前，于 1964 年 2 月田川就到中国来过，并曾同廖承志就互派新闻记者之事初步交换过意见。田川从日本出发时曾受日本几家报社和通讯社的委托，向廖承志积极建议中日双方互派常驻记者。田川表示，一下子互派几家报社和通讯社记者可能有困难，一次可否先各互派一家通讯社记者和一家报社记者。未想到廖承志当即表示，不要只互派各两家记者，还可以更多一些。这使田川感到中国的态度比较宽松，只要日方对中方提出的几项对日原则，态度不含糊，其他问题的解决，中方可以表现出一些弹性来。总之，田川感到廖承志对于互派记者是积极的。

当天下午，田川又约见新华社国际部副主任丁拓和记者吴学文（当时任中国记协国际联络部副主任），就中日互派常驻记者问题继续交换了看法。田川过去跟吴学文有过多次接触，但与丁拓还是第一次见面。由于丁、吴都能讲日语，这次谈话是直接用日语进行的。

在这次谈话中，丁、吴向田川介绍了一段过去的情况：大约在七八年前，中国方面曾向来华访问的日本新闻协会事务局局长横田实提出过中日互派记者的要求。当时横田口头上曾答应过，但不知为什么后来一直没有下文。丁、吴表示，中方对于互派记者是持积极态度的，一直希望能促其实现。田川表示，日方对此也是积极的，因此无论如何也应当促其实现。他向丁、吴再次说明，日本新闻界竞争很激烈，一下子派很多记者到中国来，就要协调各方意见，这样，可能需要费些时日，不如先互派两名记者。他还认为，如果日本共同社与中国新华社先行互派记者，日本政府也会同意，而且其他几家报社也可以效仿。对此中方表示，此事不能由新华社一家决定。中国（当时）也有八家新闻、通信、广播机构，而且它们已向一些国家派驻了记者。如果只由新华社一家派出，其他新闻单位会有意见。

在谈话中，中方表示中国记者在日本常驻时应当得到日本对中方的保证。田川问：具体指何而言？中方答：首先应该使中国记者享有在日本国内进行采访的自由。中国记者应享受与其他外国驻日记者同等的待遇。总之，互派记者应当是平等互利的。

田川听了这一段话表示，此事是否不要想得那么严重。如果想得过于严重，就只能等中日两国恢复邦交以后再说了。中方说，中法之间在几年前就已经互派了常驻记者，尽管当时两国尚未正式建交。

田川最后表示，回国后再了解一下日本政府的意图，同时要协调日本新闻、通讯、广播机构的意见，然后通过日本新闻协会跟两位联系。总之，希望中日两国能早日实现互派常驻记者。

田川通过与丁、吴的这次谈话获得的总印象是："只要按平等互利的原则办，中方对互派常驻记者没有异议，障碍毋宁说是在日本方面。"

无可否认，田川的这些活动，对中日实现互派常驻记者起到了积极的推动作用。这里需要说明一下，日方当初的设想是互派记者的具体事宜要通过日本新闻协会来做，但是我们考虑当时日本新闻协会与台湾地区保持着关系，因此，没有接受田川提出的跟该协会发生关系的建议。

签订协议并互派记者

又过了两个月，到了 1964 年 4 月，松村谦三第三次访华。周总理、廖承志等领导人与得到池田首相支持的松村进行了多次会谈，使中日关系从以往的民间往来向半官半民阶段迈出了实质性的一步。具体体现在双方就中日在东京和北京互设 LT 贸易办事处和互派常驻记者问题圆满达成了协议。4 月 12 日，作为会谈的成果，在北京，廖承志与冈崎嘉平太互换了《廖承志办事处和高碕办事处关于互派代表并互设联络事务所会谈纪要》。廖承志和松村谦三还互换了《廖承志办事处和高碕办事处关于中日双方互换新闻记者的会谈纪要》。

参加这次关于互派记者问题会谈的中方人员有孙平化、王晓云等，日方有竹山祐太郎、冈崎嘉平太、古井喜实和大久保任晴。双方达成了十二点协议，其中重要的是十项内容，即：

1. 根据廖承志和松村谦三会谈的结果，中日双方决定互派新闻记者。

2. 有关互派新闻记者的具体事务（包括入境手续），由廖承志办事处和高碕办事处归口联系和处理。

3. 互派新闻记者的人数各为八名以内，原则上一个报社（或通讯社、广播电台、电视台）派遣一名记者（必要时双方得根据各自情况在八人名额内作适当调整）。

4. 第一批新闻记者的派遣于 1964 年 6 月份内实现。

5. 双方同时交换新闻记者。

6. 双方新闻记者在对方国家一次停留期限为一年以内。

7. 双方应保护对方新闻记者的安全。

8. 双方应对对方新闻记者的采访活动提供方便。

9. 双方记者必须遵守驻在国管理外国新闻记者的规定，并享受驻在国对外国记者所给予的同等待遇。

10. 双方在执行本协议的过程中遇到问题时，由廖承志办事处和高碕办事处协商解决。

应该说，这个协议的各项内容基本上体现了中方的要求，它既保障了中国记者在未建交的日本活动时的安全，又争取到中国记者的采访活动将不受歧视。联系单位也撇开了亲台的日本新闻协会。与此同时，这个协议也照顾了日方的实际情况。例如当时按日本政府的规定，来自"共产党国家"的中国记者在日本逗留超过一年要按指纹，我们反对日本当局的这一侮辱性做法，但一下子又改变不了日方的这一规定，便照顾日方当事者的困难，同意一次逗留一年，回国后再赴日延长一年。这样就可以按我们的需要常驻下去，又可以不按指纹。

后来，在执行这个协议前，根据日方的强烈要求，把双方互派记者的名额改为各九名。

中日双方签订了互派常驻记者的《会谈纪要》后，新华社在国务院外办的直接领导下，于1964年7月物色驻日记者人选并开始筹组新华社东京分社。当时确定的人选为丁拓（首席）、刘德有、刘宗孟、刘延州、田家农、李国仁等同志。《人民日报》社的记者人选一直未定下来。隔了一段时间，才定为李红。我们七人当中有的同志长期从事新闻工作，有丰富的工作经验。有的同志是"科班"出身——大学新闻系毕业。我本人原在外文出版局的对日刊物《人民中国》编辑部工作，长期从事对日宣传和翻译。虽然也属于新闻工作，但未做过记者，但因工作需要，被借调到新华社。我们七个人，除李红是学英语的以外，其他人都会讲日语，这是一大特点。

就在当年7月，决定赴日的同志都集中到新华社进行学习。当时总社的工作条件较差，没有足够的办公室。记得我们临时在新华社院内找了一间狭窄的房屋，大家冒着酷暑，挤在那一间小屋里看文件、座谈、讨论。我们学习的主要内容是经中央批准的 LT 贸易办事处和驻日记者的工作方针以及整个对日方针政策，同时还积极学习业务，包括指导思想和编译、编写新闻稿。中央批准的工作方针有一条重要精神，就是在当时复杂的中日关系下一定要注意长期立足，不要"授人以柄"。

对于派中国记者常驻日本，各级领导都非常重视。临行前，陈毅副总理在人民大会堂接见了全体人员，一再嘱咐我们日本是一个资本主义国家，是个大染缸，中国记者长期在那里工作，要做到"出淤泥而不染"。廖承志也接见了全体同志，给我们分析了日本形势，并谈了注意事项。由于《会谈纪要》明确规定原则上一家报社只派一名记者，而每人都需要代表一家新闻机构，因此当场还确定了每个记者所代表的通讯社和报社，即：丁拓（新华社）、李红（人民日报）、刘德有（光明日报）、刘宗孟（大公报）、刘延州（文汇报）、田家农（北京日报）、李国仁（中国新闻社）。

我们七人，对外形成统一的中国记者团，对内则是新华社东京分社。按协议规定，中方本来可以派出九名记者，但由于一时未能调齐，所以先派遣七名，保留了两个名额。

临行前，新华社总社社长朱穆之在社长室会见了赴日的全体记者，并给予了鼓励。

由于当时中日之间不能直航，双方人员的往来大都取道香港，我们也不例外。七名中国记者是 9 月下旬由北京启程到达香港的。说来也巧，我们抵港时，日本派驻中国的九名记者也到达那里。双方记者相约当晚在香港一家餐馆采取 AA 制聚了一次餐。

9 月 29 日下午，中国记者从九龙启德机场乘飞机，晚 8 时多到达了东京羽田机场。先期到达东京的廖承志办事处首席代表孙平化，以及高碕办事处的代表和一些友好人士、新闻界人士到机场迎接。他们告诉我们，九名日本记者同一天也到达了北京。

中国记者抵日尽管引起了各方注意，但翌日的日本报纸报道这一消息时并未渲染。《朝日新闻》和《每日新闻》都只在第一版刊登了一栏不引人注目的小消息。《日本经济新闻》配合一张照片，刊登了两栏消息。

唯有《产经新闻》以《中共记者七人来日》为题刊登了三栏消息。

中日两国就是这样，在"二战"结束后，第一次实现了互派记者，新华通讯社从此在东京设立了分社。

四易驻地

到东京，首先需要解决落脚的问题。我们在国内时，曾设想到日本后租上几间公寓，充作办公室，以便开展工作。可是到了日本，才发现要临时租几间较合适的公寓是不容易的。所以，我们就决定先住一般档次的饭店。

在当地侨领的帮助下，我们决定的第一个落脚点，是东京千代田区一番町的"金刚饭店"。这家饭店坐落在英国驻日使馆后面，再往前走不远，便是护城河和皇宫的石砌高大城墙。我们抵达东京的第二天——9月30日，适逢中华人民共和国成立十五周年前夕。这一天晚上，在金刚饭店的一楼大厅，日本朋友和爱国华侨举办了庆祝中国国庆招待会。我们抵日后集体向总社发回的第一条消息，就是这次国庆招待会的活动。

在金刚饭店只住了几天，我们就搬到千代田区永田町的"大饭店"（GrandHotel）。

"大饭店"距离日本国会大厦、国会议员办公楼和首相官邸很近。到那里去，不需要坐汽车，徒步只需五分钟，因此，采访国会动向，或与国会议员会面极为方便。我们住进这家饭店后，立即把客房变为办公室、会客室兼卧室。我们在室内安放了一部黑白电视机，以便随时跟踪新闻。由于是初创，所以，各方面的条件极差，当时连一个报架也没有。我们就把订阅的几份日本报纸，白天在床上摊开，晚上睡觉时再移到地板上。

按日本当地的习惯，每到一个新地方开展工作，先要到有关单位登门拜访，打个招呼，日语叫作"表敬访问"，我们记者通常称之为"拜庙"。

七位中国记者当时一连好几天在首席记者丁拓的带领下到各大报社、通讯社、电视台和一些政党、人民团体进行"表敬访问",请他们对中国记者的工作给予支持与协助。出面接待我们的各单位和政党、团体负责人都对中国记者常驻日本表示热烈欢迎,并答应给予积极合作。

就在我们七名中国记者抵达东京不久,《读卖新闻》社政治部记者田村祐造在报上撰文指出,在日中两国没有邦交的情况下实现互派记者是多么的不容易,同时他谈到中国记者在人地生疏的日本生活和工作一定会有不少困难。东京一位少女看到这篇文章后立即通过田村祐造给我们寄来一盒点心,并附来一封热情洋溢的信,我们感到像春天一样温暖。我们感到这不单单是一盒普通的点心,它代表了日本人民对中国人民友好的心。后来,我和刘延州代表中国记者按来信的地址找到那位少女的住处,还了一份礼。

在中国记者抵日前,就已在当年8月先期到达日本的廖承志办事处驻东京联络事务所首席代表孙平化,代表吴曙东、陈抗,随员林波、康敏等当时也没有找到正式的办公地方。那时,也像我们一样住在一家饭店。后来,他们在东京纪尾井町的农研大厦内租了几间房,设立了办事处。中国办事处的对面就是日方的高碕办事处。而廖承志办事处的代表和随员们居住的宿舍则由饭店迁至东京文京区春日町的川口公寓。这大约是1964年底的事。为工作方便起见,我们几名中国记者也同时由原来居住的"大饭店"搬进了川口公寓。这样,中国记者便同廖办的同志们一道住进川口公寓了。

川口公寓虽然离国会大厦远一些,但距离日本作家德永直的著名小说《没有太阳的街》描写的共同印刷厂和以书店多而闻名的神田神保町,以及大学区很近(东京大学、日本大学、专修大学都在这一带),所以对采访工作还是很方便的。

川口公寓是20世纪60年代东京奥运会前夕在日本兴建许多高级公寓的热潮中兴建起来的。

这所公寓是由日本老一辈剧作家川口松太郎的大儿子川口浩经营

◇ 中国记者参观共同社的翻译机器（从罗马字转换为日语）

的。川口浩自不待说，川口松太郎的妻子三益爱子以及儿媳野添瞳和小儿子、女儿等都是演员。由于川口一家与戏剧界、电影界关系密切，当时公寓内寥寥可数的几家住户，差不多都是与川口一家相识的著名演员，川口一家老小也住在这所公寓里。一进公寓，左首一间不大的房子，辟作小吃部，在那里可以用西式快餐。我们刚住进公寓时，懒得出去吃饭，常常就在那里凑合一下。有一件事使我们很吃惊，那就是在小吃部端盘子的服务人员竟是川口公寓的主人、日本演艺界大名鼎鼎的三益爱子和野添瞳。她们并不觉得做服务工作低人一等，态度跟往常一样，很自然。对于她们来说，根本不是因为生活所迫才这样做的。我想，这也是一种"能上能下"吧。

在"文革"期间，曾有过这样一件事：川口松太郎作为房东，好意地邀请廖办人员和中国记者到公寓内他的住处，以茶点招待我们。主人为了对中国客人表示友好和热情，席间用留声机放了梅兰芳的京剧唱片。其实，1956年梅兰芳访日演出时，孙平化作为代表团副团长一道来过日本，按理说应该有很多话题，与好客的主人聊。然而，由于"文革"中传统京剧已被打成"四旧"，所以大家谁都不敢谈论梅兰芳和京剧。尽管留声机中传出梅兰芳的优美唱腔，但中方人员好像什么也没有听见似的，使场内气氛一下子冷下来，弄得主人很尴尬。现在想来，实在是不近情理，对主人一家很不礼貌。

在川口公寓里居住时，我们中国记者和廖办人员租的是三楼的一排房间。

尽管川口公寓对于采访活动有诸多方便条件，但毕竟是个高级住宅，房租昂贵。记得那时一套房间每月需付十几万日元，这是一个可观的数字，相当于当时日本大学毕业生两三个月的工资。因此，住公寓不是长久之计。后来得到国内批准，廖承志办事处在东京涩谷区惠比寿三号街三十五号处购置了一块地皮。那里原来是日本"三菱矿业公司"的"寮"（宿舍），寮被推倒后，盖了三层楼房，其中包括中国记者可以使用的办公室和居室。那一带是东京的住宅区，没有高层的办公楼，四周全是典型的日本式住房，独门独院，最高的也只有二层。由于是住宅区，日本当局不允许我们盖办事处，所以就用"孙平化宿舍"名义盖了一座较大的楼房，乍一看，颇像一座学校，很引人注目。

我们由川口公寓迁到惠比寿的新居，是在 1967 年 7 月。此时，国内的"文化大革命"早已开始，而孙平化还在川口公寓居住时就被调回国内了，因此，孙平化连一天也没有住过"新居"。后来人们开玩笑说，那栋新楼是"没有孙平化的孙平化宿舍"。

惠比寿的新楼，位于涩谷区与目黑区的交界处，距离市中心稍远一些，所以对于记者来说并不是一个很理想的地方。首先遇到的一个问题是没有显著目标，不好找。幸好附近有个著名的札幌牌啤酒厂，坐出租汽车时，对司机说门牌号码不管用，但只要告诉他是在"札幌啤酒厂"附近，就会给你顺利地拉到目的地。

我们搬到新居后，按照日本习惯，要到邻居处致意，希望他们今后多多关照。当时除一户人家由于不了解新中国、存有偏见外，绝大多数邻居都对我们这个新住户表示了欢迎。中日关系正常化后，从 1973 年起，惠比寿的办公楼有一部分成为中国大使馆的商务处。

连续发生的三件大事

新华社东京分社刚一成立，就投入了紧张的工作。1964 年 10 月我们七个人刚住进"大饭店"不久，就接连发生了三件事，给我们留下了特别深刻的印象。一是 10 月 15 日赫鲁晓夫宣告下台；二是就在此事的翌日中国成功地爆炸了第一颗原子弹；三是池田首相因患喉头癌住进了医院，日本政局围绕着由谁出任下届首相开始了动荡。

那几天，日本的报纸和电台对这三件事做了大量报道。不消说，在那些日子里我们作为新闻记者天天仔细阅读报纸，看有关的电视节目，直接采访各界人士，及时地编发公开消息和参考消息，实在是忙得不亦乐乎。

中国的原子弹爆炸是一个轰动全世界的大新闻。消息传来，我们人人高兴，个个兴奋。记得，当时首席记者丁拓忙于选报，其他记者按他的要求，编写消息，经首席记者审阅后发回总社。除了编写消息，我们几个记者还积极主动地约见日本朋友，直接进行采访。采访来的谈话，既生动又鲜活，编写后立即发总社。那几天，我采访了许多人，究竟采访了哪些日本人士，时过五十多年的今天，记忆已经模糊了，但唯有一个人，我记得特别清楚。这个人就是自民党顾问松村谦三。1959 年、1962 年、1963 年，为了寻求改善日中关系，他不顾年迈，三次访问中国。我想约松村先生发表谈话时，说老实话，心中无底。我知道，中国爆炸原子弹，这个问题比较敏感，我担心他不接受采访，或者即使同意见面，也不发表谈话。未承想松村先生竟然同意接受采访，我们在国会议员办公楼七层的他的办公室见了面。而且，意想不到的是他就中国爆炸原子弹发表了自己独到的见解。新华社发表了他的谈话后，《人民日报》很重视，刊登在 1964 年 10 月 22 日第一版，而且加了一个醒目标题。

中国拥有原子弹是为了走向世界和平的一个手段

日本自由民主党国会议员松村谦三发表谈话

新华社东京二十一日电日本自由民主党国会议员松村谦三二十日就中国进行核试验问题对本社记者发表谈话说，"从大局来看，我认为中国拥有原子弹，是为了走向世界和平的一个手段。"他说，"中国作为一个民族，进行一次核试验是可以的，别人不应该说三道四。"松村说，"我是日本的政治家，我和中国朋友一样，希望亚洲能够实现和平和繁荣。从这个意义来说，最近发生的一系列事件，包括中国的核试验在内，令人感到现在已经到了世界的政治家都需要冷静地考虑问题的时候了。这就是说，只许美苏拥有核武器，而不许别人拥有，是讲不通的。因此，要中国停止核试验是办不到的。"

松村认为，中国政府呼吁召开首脑会议讨论完全禁止核武器的建议是好的。但是，为此需要做好准备工作。

松村的话使我想起有人曾经说过，松村谦三是"一位热烈的民族主义者"，又是"一位大亚细亚主义者"。他一向主张亚洲人的事，应由亚洲人来管，无须白人插手。松村的谈话在一定程度上，反映了他的这一观点。

然而，东京分社成立不到三个月发生了一件事，就是首席记者丁拓意外地被调回国内。事情的经过是这样的：

建社初期，如上所述，丁拓带领中国记者到有关单位"拜庙"，其中也包括东京代代木的日共中央总部。那一天，日共中央领导人袴田里见会见了东京分社的全体记者。当时正是日共"九大"前夕，中国方面已宣布中共中央将派出以彭真为团长的中共代表团参加（后因日本政府拒发签证未能成行）。会见时，袴田里见当面邀请中国记者参加日共"九大"会议的采访报道。丁拓当时面有难色，没有明确表态。我们坐在一旁，心里很着急，暗暗地想，是行还是不行，总该有一句话呀。但是，在那样的场合，别人又不好随便插嘴。丁拓面有难色，是因为他在赴日前曾向国务院外办主任廖承志请示过两个问题：一是关于新华社东京分社采访日共"九大"会议问题；二是关于分社记者同日共领导人接触的问题。廖承志原则指示：一、采访"九大"时，中国记者可与日本资产阶级新闻记者共进出。他们参加，我们的记者就参加，他们不参加，我们也不参加。二、跟日共领导人接触时，一般不要去日共总部，可以在其他地方见面，以免引起日本政府的注意和不利于新华社东京分社开展工作。廖承志的这一原则指示是完全符合前述新华社东京分社工作方针的基本原则的，即长期立足，不授人以柄。由于日共的邀请给人一种印象，似乎不邀请日本资产阶级报社记者，而只邀请中国记者，这与上述精神有出入。丁拓回到住处后，即向廖办领导做了汇报，并迅速写报告通过访日回国的代表团带回北京请示中央。国内的回答是中国驻日记者应参加日共"九大"会议的采访报道。我想，这个决定是跟日本当局拒绝彭真等人入境这一新情况有关。于是，丁拓又通过新华社在日本的合作单位"日本新闻社"（JapanPress）社长佐藤重雄将此意见转告日共中央，但为时已晚。经佐藤告知，才知道日共已经举行了记者招待会，并宣布大会不邀请任何记者参加采访，而日共的"九大"会议这时已经开幕。就在此后不久，丁拓接到国内通知，要他立即回国。丁拓于 12 月 19 日，即分社成立才两个多月就被调回国内。

现在看来，这件事反映了当时中日两党的关系围绕着如何对待"苏修"等重大国际问题已经出现了微妙的变化。按理，记者从事采访活动本身属于正常的业务范围，但在那时中国记者是否主动采访日共"九大"会议，竟成为测量两党关系的晴雨表，同时这件事也反映了国内在这个问题上已经出现了各种不同的考虑。当时传到东京我们耳朵里的，有种种说法，什么国内某领导说，办这件事的人是"死人"。又说，"死人"不在东京，而在北京，等等。但到底是因为什么要把首席记者调回，至今也不大清楚。丁拓走后，总社派中国国际广播电台的张纪明担任了东京分社首席记者。张纪明一直工作到国内"文化大革命"开始。

日常的采访活动

外国记者与一般的外国人一样（外交官除外），在日本常驻，要办理居住手续，并由区公所发给名叫"外国人登录证"的居住证明，除此之外还要在外务省情文局登记并办理记者证手续。我们刚到日本时，中日两国尚未复交，所以，这些手续，都由日本方面的高碕事务所代办。中日复交后，这些手续改由我们自己出面办理。

那时，作为管理外国记者的机构，外务省情文局每周都举行一次"吹风会"，由情文局局长"吹风"。在两国关系正常化以前，由于有台湾记者参加，日本政府是不邀请我们参加的。到了黑田瑞夫任情文局长时，他曾在霞山会馆宴请我们，以交谈的形式做了一些弥补，但次数极少。

1976年10月，"外国记者服务中心"（Foreign Press Center）成立，从此以后，对外国记者的管理工作，就由外务省情文局移交给了这个中心。

"外国记者服务中心"是由日本政府出资，并由日本新闻协会和日本经济团体联合会捐款成立的"财团法人性质的民间机构"。它的重要任务之一，是向常驻日本的外国记者提供日本政府公布的各种新闻和资料。这些新闻和资料，往往盖有红色图章，上面写着本件于几月几日几时几分以前不得发表等字样。这就是说，在规定的时间以前不能对外公布。据观察，这一规定一般都得到了遵守。

服务中心的另一项重要活动，是举行记者招待会和组织外国记者到日本各地参观旅行。我们也参加过这个中心组织的旅行。平时，我们想专门参观某个地方或会见某人，也可以向服务中心提出要求，请他们给安排。

为了使我们获得更多的采访渠道，在我们到达日本不久，日本新闻界的朋友积极帮助我们加入首相官邸记者俱乐部。

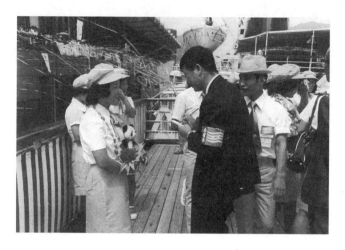

◇ 在神户港采访即将乘"青年之船"赴中国的日本女青年

　　首相官邸记者俱乐部设在东京永田町的首相官邸院内。平时，日本各新闻单位派记者常驻那里，从事采访活动。我们常驻日本后，我和另一位记者被吸收为这个俱乐部的成员，历届内阁首相举行的记者招待会都参加过。

　　此外，包括我在内有三名中国记者还成为日本记者俱乐部（Japan National Press Club）的个人会员。这个俱乐部初创时是不准外国驻日记者参加的，但从 1972 年前后有些活动也通知中国及其他外国驻日记者参加了。那时，我已是新华社记者兼《光明日报》记者了。从 1976 年开始日本记者俱乐部宣布实行新的会员制度，决定吸收外国驻日记者为会员。我和其他两位中国记者被吸收为正式会员。

　　这个俱乐部安排的活动很多，也很经常，如午餐会、晚餐会、记者招待会、讲演会、联欢会、新影片放映会等。所谓午餐会、晚餐会，实际上也是向记者提供消息和情况的一种形式，每次都要请来政府要人或政党领袖、社会名流、外国贵宾和驻日使节等到会讲话。讲完后，他们还会回答与会者提出的问题。

　　作为分社记者，大量的工作是日常性的采访和报道。当时，我们报

◇ 20世纪60年代，驻日人员到日本社会党人士穗积七郎家做客时的合影。后排左一为穗积七郎，前排右二为穗积夫人，后排右一为本书作者

道比较多的是日中友好活动和日本的群众运动。我还记得，报道日中友好时，常常要带上"反霸""反修"的内容。日本政局的变化和经济情况也做了一些报道。

"文革"期间的报道

1966年，国内的"文化大革命"开始了，总社要求我们想方设法报道日本人"活学活用"毛泽东思想的典型事例。中国的"红宝书"在日本风行一时，特别是在日本青年学生中间很有"人气"。我们作为中国记者无疑要"无限忠于毛主席"，坚决贯彻总社意图，紧跟国内形势，自觉地担负起"宣传战无不胜的毛泽东思想"的任务，大报特报日本人民"活学活用"的"生动事例"。当时，"按图索骥"式地到处搜集"典型"，并套用"文革"时期流行的豪言壮语，写综述，写通讯，发回国内。

我们还全力报道日本人民的反美爱国斗争，揭露日本反动当局亲美、反华、复活军国主义的行径。记得 1971 年，日本一家电视台每周六晚上播放专题节目《啊，战友！啊，军歌！》，大唱日本侵略中国和东南亚时的军歌，并邀集参加过侵略战争的老军国主义分子进行丑恶表演，竭力鼓吹军国主义，这一节目竟持续了好几个月。我们连续发回报道，予以抨击。《人民日报》刊登报道时所冠的标题，至今我还记得：《日本反动派通过电视大造反革命舆论，播放旧军歌鼓吹侵略，炮制黑节目恶毒反华》。日本各地的一些神社、神宫每年都利用新年或开国纪念日（即战前的"纪元节"），"靖国神社"则利用春季和秋季的两次例祭煽动军国主义狂热。我们在现场每每能观察到右翼团体和一批批右翼分子在"靖国神社"耀武扬威，有的装扮成日本旧军人的样子，横冲直撞，宣扬武士道精神——一批男女武士道信奉者穿着武士道服，列队"参拜"，"祈祷默哀"。日本当局还动员了许多老军国主义分子和现职"自卫队"官员来"参拜"，祭祀神鬼，为当年的侵略军招魂。这虽是 20 世纪 70 年代初的事，但一直延续至今，而且有变本加厉之势。

报道日本的社会运动

此外，追踪报道日本青年学生运动，也是那个时期我们的重要任务。

先说"三里塚斗争"。1967 年，日本当局计划在千叶县成田市的农村征地修建新国际机场。当地村民为保护自己的土地，与前来镇压的防暴队（日本称"机动队"）进行抗争。日本新左翼的各派学生（如"革马派""中核派""社青同"等）和工人揭露日本当局修建新国际机场的目的，是为了帮助美国扩大侵越战争，他们与农民并肩坚持斗争，达数年之久。斗争有时非常激烈。例如 1968 年 9 月 16 日那一天，佐藤政府出动了五千多名防暴警察，妄图把当地农民赶出自己的田园。但是，有着长期斗争经验的三里塚农民，早已严阵以待。在防暴警察到来之前，他们同前来支援的工人和学生一道，已经在预定建筑机场的工地内架起了路障，周围堆起沙袋，并挖了战壕。他们还在斗争据点修建了"团结小屋"和十多米高的扩音塔，塔上贴有斗争标语，上面用大字写着"我们以日本农民的名义反对征购土地"。塔周围竖着的几十面红旗迎风招展。防暴警察用一百多辆装甲车、高压水龙车、推土机和起重机镇压坚持斗争的三里塚农民。斗争据点里的几百名农民、工人和学生猛烈地向进攻的警察投掷石块和燃烧瓶，并用木棒自卫，使几辆水龙车和工程机车起了火。就这样，农民、工人和学生一次又一次地打退了防暴警察发动的进攻。激烈的搏斗持续了七个小时，四百多人被无理逮捕，许多人被警察打伤，但是农民、工人和学生不畏强暴，顽强地斗争，"显示了三里塚农民反对追随美国的佐藤政府的强大斗争力量和心头怒火，并且在人民面前揭露了日本当局的穷凶极恶及其野蛮本性"。

日本青年学生掀起的此起彼伏的校园斗争和街头斗争，也是当时我们追踪采访报道的对象。20世纪60年代后期，中国刮起了"文革"狂飙，欧洲爆发了法国的五月风暴。日本随着经济高度成长的后遗症明显化，也兴起了大规模的学生运动。日本青年学生强烈要求教育改革，要求校园民主化，反对上涨学费，反对美国侵越战争和《日美安保条约》，展开了形式多样的斗争。他们占领校园，上街搞蛇形游行，向防暴警察投掷石块，进行抗争，斗争愈演愈烈。那时，我们中国记者戴上印有"press"（新闻报道）字样的袖章到现场采访时，常常遇到险情：有时在混乱中被卷进旋涡，遭到防暴警察的干预，有时飞来的大石块像雨点似的落到身边。在"激烈攻防"的街道上，由于防暴警察不时地施放催泪弹，空气中弥漫着浓烈的瓦斯味，呛得喉咙难受，眼睛流泪。

写到这里，想起了一件事：1968年6月2日，一架美军RF4C鬼怪式军用飞机本想降落在福冈的美军板付基地，未成功，坠落到九州大学正在修建的大型计算机中心楼上，差一点引起实验用的放射性物质"钴"的泄漏，导致日本人民的强烈抗议。美日当局企图掩盖真相，尽快把焚毁的飞机残骸搬走，但遇到了青年学生和广大市民的抵抗，不得已，只好把残骸摆在那里。我们闻讯立即赶到现场，目睹了美国军机的悲惨下场，并跟随学生的游行队伍一路进行了采访。

最难忘的是 1969 年 1 月 18 日和 19 日两天，我们还现场采访了东京大学的"安田讲堂攻防战"。

"安田讲堂"是东京大学具有标志性的建筑。1968 年东京大学学生反对把现行的"医学院学生的实习制度"改为"实施登记医师制度"，便发起了罢课和游行示威，并占领了"安田讲堂"和一些教学楼。因校方引入日本警察进行干涉，遭到学生们的激烈抵抗。新华社总社早有规定，凡记者外出采访，必须"二人同行"。当时分社人手紧张，我便把做内勤的夫人带上，急忙赶到东京大学。只见校门上写有醒目的八个大字："造反有理，大学解体"。我们先到大门附近已被学生占领的"工学院陈列馆"，看到防暴警察和学生们正在那里对峙。经过一段时间较量后，由于学生寡不敌众，被防暴警察逮捕。被逮捕的学生个个都是"雄赳赳气昂昂"地离开他们坚守的"阵地"的。

于是，斗争的焦点转到了"安田讲堂"。大批防暴警察包围了"安田讲堂"，从四面八方用水枪和催泪弹猛烈攻击占领那里的青年学生。天上还有直升机投放催泪瓦斯。学生则从顶层的平台向防暴警察投掷早已准备好的石块和自制的火焰瓶，眼看着有的防暴警察全身燃起了火焰，其他警察赶忙来扑救。据说，"安田讲堂"内部早被学生们垒起了层层障碍物，警察们干瞪眼，进不去。有消息说，当局为了解除学生的占领和封锁，出动的防暴警察近万人。由于第一天未奏效，第二天——1 月 19 日，当局再次出动防暴警察攻打"安田讲堂"。学生们的抵抗一直持续到下午 3 时 30 分，防暴警察终于冲进了三楼的大讲堂，并于下午 5 时许，瓦解了坚持在楼顶平台上的学生们的最后抵抗，从而结束了两天来的流血冲突。

在这一场冲突中，被捕者达四百人左右，伤者近三百人，因而造成很大的社会影响。

君津钢铁厂参观记

下面谈经济报道。那一阶段报道日本经济时，我们总是强调日本陷入了严重经济危机，中小企业纷纷倒闭。一旦涉及科学技术问题，由于受到国内极"左"思潮的影响，我们就小心翼翼，谨小慎微，从不主动地发消息，生怕被扣上"崇洋媚外""爬行主义"的大帽子。一句话，不敢正面报道日本经济的发展和科技成果。

关于这一方面的报道，曾有过一件很有趣的事：在新华社东京分社工作的顾娟敏写了一篇《日本君津钢铁厂参观记》，刊登在 1972 年 4 月 7 日《参考消息》上。发表时，按当时通行的做法，没有署名。这篇《参观记》，在经历了三十多年的改革开放、中国钢铁工业发生了根本变化的今天，读来也许并无新意，也没有特别惊人之处，但它写于 1972 年中国钢铁工业尚处于落后状态，而国内"文化大革命"如火如荼，大张旗鼓地批判"崇洋媚外""爬行主义""洋奴哲学"之时，或许可以说"难能可贵"。

事情的原委是这样的：1972 年春，日本一家与中国进行钢铁贸易的友好商社——朝阳贸易公司社长华井满邀请廖承志办事处驻东京联络处人员去参观新日本钢铁公司设在千叶县君津市的君津钢铁厂。当时与廖承志办事处在一个楼内办公的顾娟敏也随同前往。那天，担任翻译的是华井满，他不仅熟悉钢铁业务，而且由于他年轻时曾在中国东北参加过解放战争，能说一口流利的汉语，使中方人员在这次参观中受益颇多。由于顾娟敏在 20 世纪 50 年代曾参观过鞍山钢铁厂，这次看了君津钢厂，看到不仅炼铁的高炉先进，炼钢也已不用平炉，而采用顶吹氧气转炉，两相比较，发现这完全不是她记忆中的钢厂。且不说厂区环境优美，就以生产技术来说，既先进又超前，崭新的设备处处由电脑控制，整个厂内见不到什么工人。这一切使她感到新鲜和震惊。顾娟敏知道自己不是记者，没有写稿任务，但她产生了一种冲动，觉得应当把这一情况写下来，报回国内。她也知道分社记者那时一般都有顾虑，担心被扣上"美化资本主义"的帽子，不愿意也不敢写这类稿子。她却想试试看，便写了这篇《参观记》。东京分社作为"内参"，托信使带回总社。总社没有按"内参"处理，而发到了《参考消息》上。

由于当时国内闭关自守，比较闭塞，一般人接触不到国外情况。因此《日本君津钢铁厂参观记》一经刊出，便立即引起国内读者特别是钢铁业界的注意和兴趣，人们从报道中看到了日本的先进技术和钢铁业的惊人变化与发展。当时，总社收到一些读者来信，有的读者要求核实数字（文内有一个数字有误），有的表示赞许。北京钢铁研究院的一位研究人员说，看了这篇报道才知道日本的钢铁工业已经发展到这样的程度，真是大开眼界。在这以前，不了解外部世界是什么样。我们应当急起直追。

名为"警备"，实为监视

当然，我们在日本每天打交道最多的，恐怕是报刊和电视了。每天早晨一起床，便直奔信箱取出厚厚的一叠报纸。由于日本报纸每一份都有二十多页，而且仅全国性报纸就有五种，再加上其他报纸，分量可观。且不说细看，就是把全部粗粗地翻阅一遍，也需要两个多小时。如果这一天有重要消息，哪怕是以最快的速度编写，也快到中午了。我们的工作方法，常常是边翻报纸，边看电视的新闻节目或其他有关节目。可以说，这样来看电视，根本不是什么娱乐和享受。一面看电视，一面干事情，确实需要有一点"眼观六路，耳听八方"的本事。看晚报的情形也大致如此。有时，电视新闻突然报道一件重要新闻，而晚报又没有报道，我们便要根据电视新闻立即编写消息，发回总社。

日本的杂志，种类之多也是惊人的。有月刊、周刊，还有大量专业性刊物，据说不下几千种。我们只能选择其中一部分订阅，即使如此，也看不过来。但根据长年的摸索，我感到那些商业性的月刊和周刊，真正有分量的文章并不多。特别是有些周刊，内容极低俗，有的文章，虽然标题很醒目（实际上是耸人听闻），而内容却空洞无物。

作为第一线的记者，也总不能躲在屋里，还要走出去采访，获取第一手材料。因此，我们除了在东京采访必要的对象外，还常常到日本各地去，或采访集会，参加座谈，或走访各界人士。

无论我们是在东京或其他地方采访，总有日本便衣警察尾随。如果你乘汽车，他们也跟上一辆汽车。他们说这是为了中国记者的安全而采取的"警备"措施。我们发现，在我们的住处附近，日本警方还安了一个"点"，二十四小时实行监控。这些做法对于我们没有什么，但对于那些与我们接触的日本朋友不能不造成心理上的压力。

1966年6月美国核潜艇进驻横须贺时，《中国青年报》记者高地和《人民日报》记者陈泊微前去采访，而日本当局竟造谣说刘德有等人跟日本示威者一道振臂高呼口号。国家公安委员长永山某煞有介事地在内阁会议上报告说："这是超越采访的政治活动。"佐藤首相指示要严加调查。日本当局编造的所谓"真相"是：那一天因下雨，中国记者打的雨伞动了一下，日本便衣汇报说中国记者呼了口号。他们原说有照片为证，但后又改口说当时未拍。最后，日本外务省和法务省均承认日方的指责是毫无根据的。至于所谓"刘德有在现场采访"云云，则更是子虚乌有。于是，我们举行记者招待会向日方提出了严重抗议。

"文化大革命"期间常驻北京的那批日本记者的情况如何呢？他们有的因为自己所属的报社进行了"反华报道"而被取消了在中国的逗留资格，有的因受到嫌疑被逮捕，押了几年后被驱逐出境（后平反）。驻北京的日本记者最后只剩下了一个人。这样一种紧张的气氛，不能不传到东京。我们也做好了"应变"的充分的思想准备。

◇ 1972 年 10 月 18 日，采访新潟海底石油钻探现场

不断改善工作条件

东京分社的工作逐渐展开以后，需要有人管内勤，但由于记者名额有限，总社不能另派工作人员。这个矛盾如何解决？那个时候，驻外人员一般不携带夫人，但总社破例同意我和刘延州分别带夫人。这样，1966 年春总社把她们派到东京分社来。她们来东京之前，服从组织决定，突击学习了明码译电，到分社后，立即派上了用场。

回想 20 世纪六七十年代，驻日记者采编新闻的方式和通信手段，也经历了几个阶段，而且"一次比一次先进"。初到东京时，我们用汉字写稿，译成明码电报后，再送到东京的国际电报局，转发新华社。这样做，时效差，而且价格昂贵。上万字的稿子所需的电报费很高，有时甚至可以买一辆汽车。当时，常常需要全文翻译或详细摘译日共中央机关报《赤旗报》的大文章，稿子自然很长，有的长达几千字，甚至上万字。晚上，东京国际电报局的值班员收到这样的长稿，不免感到头疼，因为打完稿全部发出，需要几个小时。我们把这样的长稿送去，电报员便询问今晚不知是否还有这样的长稿？言外之意是："天哪！可不要再发这样长的稿子了。"

　　1967 年夏，记者的驻地从川口公寓迁到惠比寿的新居后，分社内安装了一台与东京国际电报局直通的凿孔机。这样，虽然减少了一道由东京国际电报局凿孔的麻烦，但时效仍然很差。1972 年，随着中日关系的迅速发展，通信状况也有了很大改变。日本共同社与新华社之间签署了关于加强业务合作的协议。根据这一协议，新华社和共同社之间安装了北京—东京的专用线路。新华社东京分社发的稿子，即凿孔纸条，可以直接传到新华社总社，而共同社驻北京分社的凿孔纸条也可以直接传到共同社总社，从而大大提高了时效。1978 年邓小平访日后，双方进一步改善了通信设备，把原来通过电传打字机凿孔发稿，改为电传模写机直接发文字稿。当天的日本报纸剪下来，只需数十秒就可以传到北京。这就使通信状况发生了在当时看来带有根本性的变化。不过，这时我已经离开东京，回北京工作了。

乒乓外交——小球推动大球

*

*

战后持续二十五六年的不正常的中日关系，开始出现某种转机，是在 20 世纪 70 年代初。这一转机的出现，与"乒乓外交"密不可分。从这个意义上说，"乒乓外交"为后来的中日复交提供了一个重要契机。

为中国队抽签

1971 年春在毛主席和周总理主导下成功开展的"乒乓外交"，使"小球推动了大球"，首先打开了中美关系的大门。

进入 20 世纪 70 年代，佐藤政府的对华政策明显地走进了死胡同。

自从 1970 年秋季以来，加拿大、意大利等西方国家相继与中国建交，世界上承认中国的国家顿时增加。到了 1971 年，情况发生了更大的变化。佐藤内阁在对华问题上，日子越来越难过。就在这时，在日本名古屋举行第三十一届世界乒乓球锦标赛，中国借此开展了一场有声有色的"乒乓外交"。

1971 年年初，我意外地收到新华社总社的通知，要我到日本中部大城市名古屋，为中国乒乓球队参加第三十一届世界乒乓球锦标赛抽签。

"怎么？为国际大赛抽签？"这是我有生以来第一次。我感到责任重大，生怕抽签结果对中国队不利。后来，行家告诉我对于抽签不必过分担心，因为主办者会考虑并做出安排，绝不会让强队一开始就与强队相遇。那次抽签的结果也证明了这一点，原来我的担忧，完全是杞人忧天。

1971 年 3 月 21 日，中国派出强大阵容的乒乓球代表团到达了名古屋。这是因"文化大革命"相隔将近六年后中国第一次参加世界乒乓球锦标赛。新华社东京分社根据总社指示，到名古屋进行采访。当时东京分社和乒乓球队的随团记者，谁也没有想到事态会像后来发展的那样快。

后藤钾二的贡献

说到邀请中国乒乓球代表团参加第三十一届世乒赛，不能不提到日本乒协会长、亚洲乒联主席后藤钾二。他是爱知工业大学校长，性格豪爽，有一股倔脾气。尽管他在日本被认为思想有些右倾，但他坚定地认为，第三十一届世乒赛如果没有高水平的中国队参加，将是一次低水平的国际比赛，就没有意义。然而，要做到这一点，就必须改变台湾占据亚乒联席位的现状。为此，后藤钾二下决心要把台湾从亚乒联清除出去，如果这一提案被否决，他决心辞去亚乒联主席职务。

当时，日中文化交流协会的白土吾夫和村冈久平，在中岛健藏理事长领导下，往来于东京—名古屋和东京—北京之间，努力推动中国乒乓球代表团参加世乒赛。他们几次到东京的中国备忘录贸易办事处和中国记者团驻地传达后藤钾二的想法：1.无论如何也要请中国乒乓球代表团来名古屋参赛。2.后藤主张取消台湾在亚乒联席位的提案一旦被否决，就辞去主席职务，另外成立新的亚洲乒联。看来，后藤钾二的决心很大。

1971 年 1 月 25 日，后藤钾二带着村冈久平和乒乓球运动员森武、秘书小田悠祐为了邀请中国参加第三十一届世乒赛来中国访问。然而，由于当时的中国处在"文革"时期，国内极"左"思潮泛滥，双方在会谈中，中方有人要求在会谈纪要中写进"台湾是中国的一个省，是中国的神圣领土"的字样。甚至还要求最好把"中日关系政治三原则（即：

不敌视中国；不制造'两个中国'或'一中一台'；不阻挠中日关系正常化)"的具体内容放在纪要的第一条。后藤钾二同意把"中日关系政治三原则"这句话写上，但他认为写进三原则的具体内容不合适。他再三表示，希望不要把超出乒乓球交流和比赛的内容写进纪要里。一连三天，双方僵持不下，会谈毫无进展。

后来，周总理得知后，召集有关人员开会，他在听取了大家的意见后说："后藤的会谈纪要草案很好嘛！后藤先生很早就想来中国，你们对这样的朋友要求太过分了。你们不要那么'左'！"周总理明确地说："中日关系政治三原则还是按日方原来提出的草案，放在第二条，不要改为第一条。""第三条，可以写上中国将应邀参加第三十一届世界乒乓球锦标赛。第四条，可写两国乒协今后的来往活动。"

至于台湾问题究竟提不提？周总理说："美国想制造'两个中国'或'一中一台'，我们当然要反对。但也不是每个地方都要写上，要从具体对象出发。"谈到会谈纪要的表述，周总理说："后藤钾二先生已经写上了中日关系政治三原则，又提出整顿亚乒联，表明台湾不能代表整个中国，这就很好了。关于台湾省的那句话嘛，何必在协议上写？有点无的放矢、画蛇添足了吧。不要都写得满满的。"周总理的一席话，冲破了僵局。周总理向参加会谈的人员说："你们马上回去和后藤钾二会谈，谈妥了，我今天晚上就会见他。"

后藤钾二喜出望外

中国乒协代主席宋中从周总理那里出来后，马上回到后藤钾二下榻的北京饭店去找他。由于来中国谈判未取得进展而一直情绪低落的后藤，闭门谢客。经过秘书小田疏通后，一脸不高兴的后藤终于出来见宋中。宋中说："后藤先生，您的提案我们已经同意了。"这一下子，可乐坏了后藤。他连声说："真的吗？"

几个技术上的问题谈妥后，宋中临别时郑重地说："后藤先生，我通知您，等一会儿周恩来总理要在人民大会堂会见您。"

"啊，这又是真的？"后藤真是喜出望外。

2月1日，双方签署了会谈纪要，主要内容包括三点：一、日本乒联根据国际乒联的章程规定，要整顿亚乒联（因为台湾当时就没有在世乒联中占有席位，这句话意味着要把台湾从亚乒联清除出去）。二、日乒联根据日中关系三原则，表示要发展日中两国乒乓球界的友好交流。三、根据上述原则，日本邀请中国派乒乓球代表团参加在名古屋举行的三十一届世乒赛。中国表示接受这一邀请。

当年2月7日在新加坡举行了亚乒联的临时大会。不出所料，在会上后藤钾二的提案被否决。后藤履行诺言，毅然辞去了亚乒联主席的职务。

但正是由于后藤钾二的努力，第三十一届世乒赛按计划如期举行。应当说，后藤钾二是功不可没的。

邀请美国队访华——历史性的变化

世乒赛开始后，在激烈比赛的场外，正酝酿着一场历史性的变化，而这一点是谁也没有预料到的：一个偶然的机会，中国队员庄则栋与美国队员科恩相遇。一天，中国队要乘大巴去赛场，这时，一个留着"嬉皮士"式长发的美国队员，误乘了中国队的大巴。这位美国队员，就是科恩。车中的中国其他队员正在感到诧异，无人理睬他时，庄则栋却主动上前打招呼，并送给了他一块杭州织锦，从此二人建立了友谊。在当时中美"敌对"，与美国人交往有可能被扣上"里通外国"等帽子的情况下，庄则栋此举，是需要有点勇气的。后来，周总理赞许说，庄则栋"很懂外交"！

而美国代表团团长斯廷霍文，则与中国代表团秘书长宋中有过几次非正式接触。斯廷霍文表示美国国务院已经放宽美国人去中华人民共和国的限制，并透露他们很想到中国去访问。当时我听团部的人员告诉我，这一情况立刻报回了国内，但一开始国内反馈的意见是："时机尚不成熟。"

后来，团部秘书金恕透露，国内来电话，说同意美国乒乓球代表团访问中国。据说，这是毛主席夜间睡下后，又起床亲自批准周总理报上去的意见。不消说，这是一个特大新闻。宋中把这一喜讯立即告诉了美国代表团，他们又惊又喜。当中方把这一消息告诉给日方时，后藤等人简直不敢相信自己的耳朵。但事实毕竟是事实，后藤先是面带愠色，心想这么重大的事为何不早告诉我，继而又做出了"惊喜交加"状。

共同社记者抢了独家大新闻

当时，跟我们一道进行采访的日本共同社记者中岛宏听到一点风声，便不顾一切地迅速来到我们下榻的藤久观光饭店，要求中方予以确认。经请示当时在日本已经掀起"旋风"的副团长王晓云后，秘书金恕和译员周斌会见了中岛记者。中岛问："尼克松政权正在激化印支战争，中国为什么要邀请美国乒乓球团访华？"金恕回答说："我们反对美国政府的侵略政策，但是我们要加深同美国人民的友好，这是我们的一贯方针。美国乒乓球队来到名古屋后，多次表示希望访问中国，因此，我们同意了他们的要求。"中岛马上跑到大街上，找到一家吃茶店，要通了爱知县体育馆内的共同社的专用电话，把这一消息发了出去。这一消息成为日本共同社的独家新闻，立刻传到全世界。为此。中岛后来获得了新闻记者奖。这样一个特大消息，不能由一家通讯社垄断，我不揣冒昧地向团部建议开一个中外记者招待会，公布这一消息。于是，宋中秘书长出面，跟美国代表团团长斯廷霍文一道，在爱知县体育馆举行了记者招待会。当时，我为宋中做了翻译。

4月14日下午，消息传到日本：周恩来总理在北京人民大会堂会见了美国乒乓球代表团。中美关系的大门打开了。后来，便有基辛格的秘密访华以及尼克松总统的中国之行。日本认为，这是美国越过日本，直接与中国"握手"。于是，便有后来田中首相的访华和中日关系正常化。

轰动世界、震惊世界的"乒乓外交"，不仅打开了中美关系的大门，更成为后来中日两国建交的序曲。

这一年的7月，我利用回国休假的机会，参加了新华社为驻外记者举办的学习班。16日上午我们正在学习时，突然听到新闻广播，说美国总统安全事务助理基辛格秘密来到北京，与周恩来总理举行会谈，并宣布美国总统尼克松即将访华，这一特大消息不仅在全世界引起了极大震动，而且对日本的当政者也是一个巨大的"冲击"。美国事前没有跟它的盟国——日本打招呼，只是在三分钟前通知了日本当局，就在外交上采取如此重大的步骤，怎能不使佐藤荣作感到恼火和心焦呢？日本当局惊呼这是"越顶外交"。

1971年10月25日，在二十六届联合国大会上，对要求恢复中国在联合国合法席位的阿尔巴尼亚提案进行表决。结果，这项提案以压倒多数即七十六票赞成，三十五票反对，十七票弃权，三票不参加，获得通过。形势发展如此之快，使佐藤荣作大感出乎意料，似乎受到一次当头棒喝。

佐藤荣作的上台与下台

*

*

从20世纪60年代中期到70年代初，曾担任近八年首相的佐藤荣作，在中日关系的改善上扮演了阻挠者和绊脚石的角色。这位敌视中国、亲美的佐藤首相究竟是怎样上台的，又是怎样下台的呢？

池田首相患喉头癌

1964年9月，我们到东京后，就得知池田首相患病了。从日本的新闻报道看，患病的部位是喉头，说是发现有炎症。当时给我们的印象是日本当局想尽可能把病情说得轻一些。但日本记者在私下里跟我们交谈时，告诉我们池田首相患的是喉头癌。他住进医院接受治疗后，新闻媒体几乎天天都报道有关首相的病情，并估计池田首相继续执政将是很困难的，甚至是不可能的。这时，日本舆论的重点转为关心由谁来接池田的班，出任下一届首相。

当时出马争夺首相宝座的有三人，即佐藤荣作、河野一郎和藤山爱一郎。这三人各有优势，也各有不足。自民党决定不进行总裁选举（执政党是多数党，其领袖即可成为内阁首相，因为在议会投票选举首相时，执政党的领袖肯定会获得多数而当选），而是通过协商产生人选，并决定由党内老资格的川岛正次郎和三木武夫出面进行协调。于是乎，那几天只见川岛和三木形同穿梭，一忽儿与甲接触，一忽儿与乙会谈，然后又跟丙磋商，简直像走马灯似的，使人目不暇接。日本政界和舆论界纷纷猜测谁最有希望继池田勇人之后担任下届首相，但意见纷纭，莫衷一是，今天这家报纸说佐藤荣作最有希望，明天那家电视台说河野一郎的可能性大，后天某通信社发出消息，煞有介事地说藤山爱一郎出任首相是肯定无疑了，等等。

仅凭一句话，佐藤上了台

协调工作结束后，自民党开了参众两院的本党议员全体会议，当众宣读了池田勇人"从病床写来的"信。那封信上只有一句话："我推荐佐藤荣作君为自民党总裁。"下届内阁由谁出任首相的问题，就这样简单地确定下来了。很多人，包括我在内，到这时才恍然大悟，原来这是一场"戏"。实际上，总裁（首相）人选在幕后经过讨价还价早已确定了，只是局外人被蒙在鼓里罢了。

佐藤荣作从 1964 年 11 月上台到 1972 年 7 月下台为止，担任首相长达近八年之久，创日本战后执政时间最长的纪录。佐藤一上台，就追随美国，对中国采取敌视政策，使人们感到与池田内阁时期比较，中日关系逐渐地冷了下来。有几件事是比较引人注目的：佐藤政府拒绝发签证给以彭真为首的中共代表团，阻挠其出席日共九大。佐藤荣作亲自出马访问台湾，遭到中国政府的强烈抗议。在美国同意把冲绳归还给日本的联合声明中，写了所谓"韩国、台湾条款"。佐藤荣作在这一条款中，竟然说"韩国的安全对日本自身的安全是重要的……维护台湾地区的和平与安全，对于日本的安全也是极为重要的"。这不仅暴露了佐藤政府对中国领土不可分割的一部分——台湾抱有野心，而且表明它推行的是坚决与中国人民为敌的政策。

在恢复中国在联合国合法席位的问题上，佐藤荣作死心塌地追随美国，百般阻挠。我就亲自听佐藤为了辩解日本的错误立场在国会答辩时说过"最好是中国能以全世界都祝福的形式进入联合国"这样的话。但，用尽心机的佐藤荣作终究未能阻挡住历史潮流。1971 年 10 月 25 日，在第二十六届联合国大会上，要求恢复中国在联合国合法席位的阿尔巴尼亚提案在表决时，以压倒多数赞成获得通过。形势发展如此之快，不仅出乎佐藤的意料，而且对他也是一个沉重的打击。佐藤政府的对华政策明显地走进了死胡同。

佐藤施展两面手法

佐藤荣作为了摆脱被动局面，缓和内外压力，稳定政局，便采取两面手法，一方面坚持反华，一方面做出要同中国改善关系的姿态。

我没有想到，佐藤荣作在这一段时间里秘密地亲自出面找人摸中国的意图。有一天晚上，日中文化交流协会的事务局长（当时）白土吾夫到我们在东京惠比寿的住处——中国备忘录贸易办事处来，谈了一个情况。他说，佐藤首相最近把他请到首相官邸去。佐藤是通过与日本政界有密切往来的"四季剧团"艺术总监浅利庆太的关系，找到白土吾夫的，会见的时间是在晚上。据白土吾夫说，佐藤的主要意图是想了解在什么条件下，可以实现中日关系正常化？白土吾夫根据自己的理解，如实地谈了看法。佐藤在谈话中还说，听说"惠比寿"（指中国备忘录贸易办事处和中国记者团所在地）有个"大物"（即"大人物"之意），可以"通天"？白土吾夫说，他后来听别人告诉他：佐藤与白土谈话后的印象是，白土讲话实在，不只讲好听的，也讲了逆耳的话。这一点，与以往见的人不同，那些人什么好听说什么。

关于此事，朝日新闻社出版的《佐藤荣作日记（第四卷）》中也有记载。1971 年 10 月 29 日，星期五，佐藤荣作记下了这样一段话：

　　浅利（庆太）君偕白土（吾夫）君一道来。不向外声扬地让他们回去。我不知白土君为何许人也。据说他是中岛健藏君的部下，战后往来于北京之间三十二次。与周总理也见过多次。不知能有多大效果，恳谈后，令其归去。

保利茂秘密会见中国记者

还有一次，自民党国会议员田川诚一约我和另一位中国记者王泰平在"楼外楼"饭庄吃饭，他建议能会见一下当时任自民党干事长的保利茂。田川说，保利茂很想见一见中国记者，以便谈谈他对中国问题的看法。我们约好时间，在东京平河町的事务所会见了保利。会见时，没有其他人陪同。保利向我们谈了他对改善中日关系的想法，但在关键的台湾问题上却含糊其词。记得保利当时对我们说，"我认为中华人民共和国政府是代表中国的政府"，"台湾是中国国民的领土"等。当时给我的印象是，他的基本想法没有超出佐藤首相，只是在说话的态度上显得友好一些。我们对他说：中国在台湾问题上的态度是明确的，也是一贯的。我们主张中华人民共和国政府是代表中国的唯一合法政府，台湾是中国领土不可分割的一个组成部分。我们反对"两个中国""一中一台"。当时，我们所以强调了这一点，是考虑到在原则问题上不应含糊，尽管我们并不代表官方讲话。但很显然，作为自民党干事长的保利茂想通过我们来摸中国的态度。

此后不久，媒体透露东京都知事美浓部亮吉访华时带去了保利茂致周恩来总理的书简。这是 1971 年 10 月下旬的事。联系到在这之前保利茂主动要求不露声色地在东京见中国记者，可以肯定地说是与这封"保利书简"有关。但他在会见中国记者时，却丝毫没有透露。不消说，"保利书简"是佐藤政府为混淆视听玩的又一个花招。此事透露后，我们便注意和追踪日本方面的报道。据了解，美浓部到了北京后就把这封信交给了出面接待的中日友好协会的干部。然后，到朝鲜访问。返回北京后，11月10日晚上周总理会见美浓部一行。在会见时，周总理明确指出：最近我们收到了日本政府的书简，但其内容是制造"两个中国"的，因此中国方面不能接受。

这里不妨再现当时周总理会见美浓部亮吉时讲的那段重要的话：

> 台湾必须回归祖国……承认台湾回归了祖国，"日蒋条约"就不能不废除。日本的保利茂来了信，那也是骗人的。他说，第一，中华人民共和国是中国的合法政府；第二，承认台湾是中国国民的领土。但是，他漏掉了"唯一的合法政府"这句话。而且光说台湾是中国国民的领土，就有可能再制造一个国家……我们在原则问题上，是绝不做交易的。

日本媒体辟出很大篇幅报道了这件事。

"保利书简"的花招

"保利书简"具体写了一些什么？内容当然没有公开，我们不得而知。但后来保利茂本人向日本时事通讯社记者透露了它的内容。"保利书简"中有这样一段话："贵国与我国的关系……处于极为不幸的状态。这种不自然的状态，今天已经不能再搁置不管了。现在，到了及早克服这一状态，建立新的两国关系的时候了。为此，我具有如下的理解和认识：中国本来就是一个。中华人民共和国政府是代表中国的政府。台湾是中国国民的领土。与此同时，日本应坚持走和平国家和福利国家的大道，探索和实施将余力贡献给亚洲的方策。"

明眼人一看便知，"保利书简"中说的是中华人民共和国政府"是代表中国的政府"，而没有说是"代表中国的唯一合法政府"。说到台湾时，也没有说台湾"是中国领土不可分割的一部分"，却煞费苦心地用了"台湾是中国国民的台湾"这样的表述。把关键的"唯一合法"这一字眼故意去掉，把台湾说成是"中国国民的"，就是企图在维持日本同台湾之间的现有关系，不废除"日蒋条约"的情况下，谋求打开同中国进行官方接触的通道。很显然，它的实质是搞"两个中国""一中一台"。这表明佐藤政府的对华政策没有根本改变，只是变了一个花样而已。中国方面理所当然地不能接受。

后来，《朝日新闻》的记者古川万太郎分析了保利茂当时的思想脉络和"保利书简"出台的经过。进入 1971 年后，由日本驻联合国代表团传到日本外务省的信息表明，整个潮流已转向有利于中国恢复在联合国的合法席位。当时，佐藤荣作仍决定跟美国一道成为共同提案国，以期阻挠中国恢复在联合国的合法席位。在这个问题上，福田赳夫外相和保利茂干事长准备跟佐藤一道背黑锅，便让佐藤来全权处理此事。但考虑到一旦中国恢复了在联合国的合法席位，将表明日本外交的破产，而与此同时，福田赳夫还想接佐藤首相的班，如果出现了这一情况，对于福田来说，将是最糟糕的，因此很想找到一个同中国改善关系的线索。当时，保利是支持福田的，因此很想助他一臂之力。就在这时，东京都知事美浓部亮吉的智囊之一，也是保利茂的好友——"都政调查会"理事小森武在美浓部确定访华之后，安排了保利与美浓部见面。他们在交谈中约定由美浓部访华时带去保利茂致周总理的"书简"。

保利茂为什么不找自民党的国会议员带信，而找了与自民党对立的社会党支持的美浓部亮吉呢？因为保利茂在自民党内找不到一个可以信赖的使者，他认为，找"革新"派的知事美浓部，也许更能使中国方面认真地研究他的信函。而从美浓部方面来说，他认为日本既然是由自民党执政，要实现中日关系正常化，也只有通过自民党政权来实现。而现在，自民党的最高负责人之一的保利茂有了比先前更进一步的主张，那么就应当超越党派，把这一主张转达给中国方面，这对日本是有利的。美浓部除了有这样一种"使命感"外，是否还有想充当"日本的基辛格"的考虑，那就不得而知了。

据古川万太郎透露，保利茂在起草这一"书简"时，曾与田川诚一一起商量过。但他做梦也没有想到这封"书简"的内容会被透露出来，而且会被中国方面拒绝。其实，这不是哪一个人的问题，根本问题还在于佐藤政府和自民党首脑对于改善同中国关系的基本看法有错误，而且他们对当时的形势也做了错误的判断。为什么这样说呢？因为福田外相也参与了这封"书简"的起草工作，而且"书简"的内容还得到了佐藤首相的同意。"书简"中最关键的一句话——"唯一合法的政府"，恰恰是保利和福田等人经过讨论，认为无论如何也不能加进去而删掉的。

关于这一点，福田赳夫后来透露了内幕。他说："保利先生把书简给美浓部先生和我看了。当时，美浓部先生表示了相当的抵触。他说，用'正统政府'这样的说法，我不能给转信。无论如何也要改成'唯一合法（政府）'。他坚持这一点。最后，美浓部先生说，我再考虑考虑，便分了手。后来，又进行了第二次会谈。保利先生说，'唯一合法（政府）'这一句，我是不能加进去的。但是，你（到中国后）作为个人的意见这样讲，那是没有问题的。这样，美浓部先生才答应带那封信。"

福田赳夫的"鸭子爬水"

福田赳夫是 1971 年 7 月 5 日佐藤内阁改组时被任命担任外相的，他在中国问题上受到在野党攻击时，为了减轻压力，想出了一个妙不可言的词："鸭子爬水"。所谓"鸭子爬水"，意思是说别看表面上佐藤内阁在改善日中关系方面没有什么动作，但实际上就像鸭子浮在水面一样，表面虽无动静，水下的两只蹼却不停地动，只是人们看不见罢了。"鸭子爬水"这一说法，中国人并不太习惯，所以我们在发新闻稿时，本想译成中国人都能懂得的话，但实在是想不出一个好的译法，就只好直译，再附加一点必要的说明。不过，时间久了，也就"约定俗成"了。仔细琢磨起来，"鸭子爬水"这一说法，倒也形象、生动。福田外相用这一说法，暗示佐藤政府正通过各种途径，秘密地同中国方面取得联系，为探索改善中日关系的可能性而积极努力。为了表现这一点，福田外相常常说："关于鸭子嘛，既有日本鸭子，也有中国鸭子和蓝眼睛的鸭子。"他在说这个话时，表现出颇为得意的样子。当时人们都在注视着福田外相所说的鸭子到底是什么样子。到了"保利书简"的问题出来以后，人们才看清原来这只"鸭子"是美浓部亮吉。

还有一个问题一直困扰着我，那就是过去跟佐藤政府的反华政策一直保持距离，甚至持反对和批评态度的田川诚一，为什么要协助保利茂与中国挂钩呢？协助保利茂，不就是帮助佐藤荣作摆脱困境吗？其原因，古川万太郎曾做过分析。他认为，当时田川看到国际形势已经发生了变化，中美关系开始改善，而日中关系却大大滞后，在这种情况下，长期为改善中日关系而努力的田川很想自己出面充当连接日本政府同中国之间的管道。在这一点上，可以考虑三个方面的因素：一、田川过去一直追随松村谦三，而如今松村已故去，因此可以不必顾及其他任何人。二、田川本来属于中曾根派，如果中曾根康弘求他协助保利，不便拒绝。三、因为田川本人长年谋求改善日中关系，因此认为现在是自己应该大干一场的时候了。依我看，古川记者的这一分析，还是比较中肯的。

在这一期间，佐藤还多次公开表示"愿意在任何时候、任何地点"与中国进行"大使级会谈"，并说会谈的议题要扩大到"包括日中关系正常化的所有问题"。他为了制造舆论、欺骗视听，通令日本各驻外使馆抓住机会，直接地或通过第三国造成与中国使节接触的既成事实。佐藤政府所说的要发展同中国的关系，是指一些枝节问题，如提出同中国缔结邮政协定、气象协定、候鸟协定，简化中国驻日人员赴日的签证手续等。很显然，它的真实意图并不是要从根本上解决两国的政治关系。

佐藤下台前的闹剧

　　进入 1972 年以后，佐藤内阁在内政外交上都遇到了极大的困难，呈现出"末期症状"。1972 年 6 月 17 日佐藤首相在自民党众参两院议员大会上宣布辞职。然后，在首相官邸记者俱乐部举行记者招待会。他在会上，完全暴露了"破罐子破摔"的焦躁情绪。招待会一开始，佐藤首相环顾会场，看到满屋的记者——既有大批的文字记者（其中包括我们几个中国记者），也有少数电视记者——便满脸不高兴。他一坐下就说，这一安排与他原来提出的要求不符。他说，他曾要求只会见电视记者，而不会见文字记者。

　　为什么会出现这一情况呢？原来佐藤首相长期以来对报社、通信社的文字记者颇有意见，认为他们的报道不如电视"客观""真实"。佐藤首相的这一态度，惹怒了日本的文字记者。而佐藤首相也怒气冲冲，坚持只会见电视记者。这时，有几个日本报社的文字记者向他提出了抗议。佐藤首相按捺不住心头怒火，拍案叫道："好吧，就这么办，你们出去！"话音刚落，文字记者纷纷退出了会场。整个会见厅只剩下一排排空椅子和两部电视摄像机。我原先随那些日本的文字记者也退了出来，但一想，我是中国记者，不必跟日本记者采取"统一行动"，便又回到会见厅里，站在摄像机后，观看内部的动静。佐藤荣作面对一排排空椅子足足讲了二十几分钟话。可以说这是日本政治史上一次空前绝后的举动！

田中出任首相前后

*

*

佐藤荣作下台后，日本政局的焦点转为由谁来担任下届首相。这也成为我们采访的重点。

"朝袭"和"夜袭"

我们接触了很多日本报社、通信社和电视台的记者。其中，多数是专门采访政界的政治部记者。日本商业性新闻媒体的政治部记者都有分工，有的担任执政党的采访工作，有的则专门追踪在野党的动向。采访执政党的记者又有很细的分工，他们分头采访自己所担任的派系。为了能够弄到最新、最重要的情况，或搞到独家新闻，这些记者跟自己的采访对象都混得很熟。因为白天政治家都忙得不亦乐乎，所以记者们常常要趁着夜间或凌晨到这些政界人士家去"围堵"。在日本把这称为"夜袭"和"朝袭"。

另一方面，政客也利用这些记者，向他们真真假假地透露一些情况，同时从记者口里了解政界的某些动向。特别是派系的领袖人物如果能够把一个有活动能力的记者，包括编辑部主任甚至编辑局长争取到自己一边，那么就等于争取到了十个政治家。为什么这样说呢？因为：一、可以通过自己认识的记者弄到其他派系的情报，掌握其动向。二、可以通过记者把自己的观点报道出去，还可以请他们写一些对自己有利的报道。

三、可以请记者为自己跑腿。例如，新政府成立或内阁改组时，大人物亲自出面容易暴露目标，所以由可信赖的记者替自己四处联系、传话。正因为报社、通信社的记者与政界的采访对象关系极为密切，所以，一般说来，政治部的每一位记者的观点都带有某种色彩和倾向性，常常反映采访对象的政治观点，而报社和通信社的政治部，则是执政党各派观点的一个集中地。

谁是下届首相人选？

在这样一种情况下，当时对于由谁来担任下届首相的问题，就分成了两种意见。一种意见，认为是福田赳夫；另一种意见，认为是田中角荣。

持前一种意见的人认为，福田赳夫得到了佐藤荣作的大力支持，而且他本人毕业于东京大学，具有名牌大学的学历。佐藤辞职时，他在内阁中担任外相，离首相的职务最近。但是，人们普遍认为，如果福田赳夫上台，将出现"佐藤亚流政权"，在中日关系上他不会有大的行动。主张田中角荣的人则认为，尽管田中身世微贱，父亲是牛马贩子，他本人又不是科班出身，而是通过自学奋斗出来的，但他曾从事过的土木建筑行业的业主们却全力支持他。他有雄厚的资金，又有行动力。再说，国际形势已经发生了巨大变化，如果由田中角荣出任首相，他会适应变化了的国际形势，做出一番事业来，在发展中日关系方面会有所作为。

在佐藤荣作下台以前，我们就预感到佐藤内阁的日子不会太长，下台只是时间的问题了。我们知道，佐藤派的成员中有很多人当时并不倾向于中国，但也有几位是我们的好朋友。久野忠治便是其中的一位。久野对中国态度友好，曾到中国访问过多次。我们也常到他设在国会议员会馆里的办公室去拜访他。有时，事前并没有约定，而是我们到国会议员会馆有事时，顺便去访问他。只要他在房间里，每次都热情地接待我们，给我们介绍一些政局的情况。佐藤派当时在执政的自民党内是最大的派系，有一百零四人，但它并非铁板一块。我们早就听说田中角荣在佐藤派中培育了举足轻重的力量。久野虽是佐藤派的成员，但他一向忠于田中角荣。

在佐藤内阁的末期，我们有一次到国会众议院采访时，遇到久野。他临时借了一间委员长办公室会见我们。久野以十分肯定的口气对我们说，下一届首相将是田中角荣。他分析说，佐藤派中的田中系约有八十人。这就是说，有不少人"身在曹营心在汉"。田中一旦把这些人拉出来，就可以组织自民党内最大派系。

果然，如同久野所说那样，1972年5月9日晚，在自民党内被称为"元帅"的木村武雄等人组成的"拥立田中的集团"，在东京一家日本餐馆亮出了支持田中竞选自民党总裁的旗号。如果说在这以前，这个集团所从事的是"地下活动"，那么从这时起就完全公开化了。

从"三派联合"到"四派联合"

为了在即将到来的总裁竞选中取胜，田中角荣开始了争取多数的工作。日本政界借用中国战国时的说法，把这称为"合纵连横"。田中角荣与自民党内的大平派结成联盟，进而又把三木派拉到自己一边，形成了"三派联合"。后来，中曾根派也加入了进来，形成了"四派联合"。起初，中曾根康弘态度并不明朗。他本人是否做总裁候选人参加竞选，以及是否支持田中角荣，他都没有明确表态，一直在观望。到了6月19日，中曾根才表示作为中曾根派将支持田中争当自民党总裁。当然，明眼人一看便知，"三派联合"也好，"四派联合"也好，其核心是田中派与大平派，目的是要阻止福田赳夫当选。

田中、大平、三木等三派通过派系的首脑会谈搞了一个政策协议。协议书的前言说："我们正处于历史上未曾有过的重大的历史转折期。为了度过这个时期，需要打破陈旧的政治和行政的桎梏，把国民的积极性发挥出来。我们就下述各点取得了一致意见。我们决心共同努力，促其实现。"协议书共分五点，既包括对内政策，也包括对外政策。其中，第三点是专门谈实现中日邦交正常化的："鉴于世界已进入'脱冷战时代'，将在和平共处的精神下，积极地致力于国际紧张形势的缓和。日中邦交正常化现在已是举国上下一致的舆论。我们将通过政府谈判，与中华人民共和国之间缔结和平条约。"

"三派联合"的亮相，是在东京一家饭店举行的。那一天，我们也去采访。三派的领袖人物在台上落座时，我满以为田中角荣会坐在中央，以显示他是这一联合的中心。但我们看到的情景却是三木武夫毫不客气地坐在了中央。这大概是按日本的习惯，以年龄的大小为序吧。至少从表面上看，田中对这位无论从年龄或资格来说都比他老的三木让了一步。

田中角荣与中国记者握手

"四派联合"形成后，在东京举行过"鼓励田中角荣的会"。支持田中的各种力量的代表在会上讲话，鼓励田中角荣加油，争取当选自民党总裁。田中也在会上致词，答谢各方对他的支持。这种"鼓励会"，一般都采取酒会的形式。快要散会时，田中的大秘书早坂茂三把我们中国记者介绍给田中角荣。田中满面红光，兴致勃勃。当他知道我们是中国记者时，高兴地跟我们握手，嘴里不停地说："噢！噢！"

这一个时期，我们又专门采访了三木武夫。三木武夫通过秘书告诉我们，他要在事务所会见我们。他的事务所在东京的三番町。事务所的大会客室里，摆了一张长桌。我们坐下，等了片刻，三木从里屋出来，与我们一一握手，并坐在我们的对面。服务员除了茶水外，还端来了带壳的"炒花生"。三木很客气地让我们吃"落花生"，他自己也边剥花生，边与我们谈话。听说他特别喜食炒花生。那一天，我们向他提了几个有关中日关系方面的问题。其中，重点地问他准备怎样处理台湾问题。关于中日关系问题，他谈了总的情况，主张改善中日关系，强调说中日两国应当实现关系正常化。但关于台湾问题，他没有回答。那一天我们的印象是，三木态度很友好，但未谈实质问题。

在"四派联合"中，大平正芳是个关键性的人物。人们都说，他跟田中角荣的关系极为密切，可以"两肋插刀"。在对华关系上，田中肯定要听大平的意见。我们提出希望会见大平的要求后，大平要我们到"宏池会"即大平派的事务所去会见他。"宏池会"的事务所设在东京虎门附近的"自行车会馆"里。我们坐在沙发上，向坐在对面的大平提了几个问题，他都一一认真地回答。当我们问到大平打算怎样解决台湾问题时，他沉思了一会儿，极其慎重地选用了一个外来语"negotiation"（谈判），他说："这个问题，我相信通过 negotiation 是可以解决的。"因为大平回答得不具体，我们又重复地问他到底打算怎样来解决这个问题时，他仍重复原来的话："刚才我已经说过，我相信通过 negotiation，是可以解决这个问题的。"

通过这次采访，我感到大平在台湾问题上早就有所考虑，或者说早已"胸有成竹"，认为经过双方诚挚的谈判，总可以找到一个双方都能接受的解决办法，而不会成为中日关系正常化的障碍，但在当时的情况下，他还不便明说，所以故意用了外来语。在日语中，外来语在一定的条件下，可以起到日语原有的词汇所起不到的作用。例如，有时难以启齿或不便明说时，故意用一个外来语的词，既能显出"文雅"来，又常常具有特殊的内涵。这真可以说是外来语的"奇妙效用"。

发挥"观察哨"作用

日本报界透露，自民党将在 7 月初举行临时大会选举新首相。到了 6 月下旬，我们综合各方情况加以分析，认为田中角荣当选的可能性大一些。据我们知道，当时国内对这个问题也十分关心，也在通过各种渠道摸情况，并有了一个初步判断。但看来也是估计了两种可能性，因此，非正式地传到我们那里的信息，一会儿说是田中角荣，一会儿说是福田赳夫，意见纷纭，莫衷一是。我们还感到，越是临近选举，传来的信息就越倾向于福田。

作为"第一线"记者，我们深知在这种时候应该发挥"观察哨"的作用，把我们所了解的情况和看法，及时报回国内。尽管后期从国内传来的信息，说福田当选的可能性大一些，但我们还是坚持了我们的判断，认为田中角荣当选的可能性极大。不过，考虑到事情总有"万一"，不能把话说得太绝太死，就在后面加了一句：也不排除福田当选的可能性。当时我们想，这样，"保险系数"大一些。

1972 年 7 月 5 日，东京又是一个炎热的天气。上午，为了采访，我们来到日比谷公会堂。今天，自民党的临时大会在这里举行。我们走进礼堂，看到里面座无虚席，热气腾腾。我从人们复杂的表情中感受到他们紧张、不安，等待、期望，此时此刻似乎各种情绪都交织在一起。本次临时大会，要通过选举产生执政党的新总裁，亦即新首相。究竟谁能当选？是福田赳夫，还是田中角荣？

我们跟一大批日本记者一起，坐在记者席上，观察会上所发生的一切。

上午 10 时 50 分过后，第一轮投票开始。候选人是四位：田中角荣、福田赳夫、大平正芳和三木武夫。参加这一天的大会有选举权的代表，共 479 人。过半数为 239 票。投票结果：田中角荣 156 票；福田赳夫 150 票；大平正芳 101 票；三木武夫 69 票。四位候选人谁也没有超过半数。但是，田中比福田仅多 6 票这一结果表明，由于田中的善战，他已处于有利地位，而福田却处于劣势。这时，场内响起了一阵掌声，这掌声是复杂的：高兴、惊讶、失望、茫然。接着，场内又活跃起来，窃窃私语者有之，按捺不住内心的喜悦，情不自禁地跟志同道合的人打招呼者有之。田中角荣和福田赳夫二人坐在原座位上一动不动，脸上没有露出半点表情来。

　　四位候选人都没有超过半数，按规定要在获票多的前两位候选人当中，进行"决选投票"，亦即第二轮投票。投票结果，于12时34分揭晓：田中角荣获282票，福田赳夫获190票，无效4票。这表明，按"四派联合"的约定，在关键时刻，大平、三木、中曾根等三派，多数人支持了田中，使他获得了过半数票。当然也有一些人支持了福田，特别是三木和中曾根这两个派系中有40个人投了福田的票。田中当选了自民党第六届总裁，亦即下届日本首相，这已经成为不可改变的事实。场内响起了热烈的掌声。

　　田中角荣站起来，先向主席台鞠了一躬，习惯地举了一下右手，又转身向后排的人深深地鞠了一躬。这时，又响起了掌声。田中再次举了一下右手，然后与坐在他附近的福田赳夫握了手，表明激烈的"争夺"已经结束，两人之间不留任何芥蒂。而福田则不管心里怎么想，对田中当选表示祝贺的这个手不能不握。我注意到，田中自始至终，表情严肃，表现出他要肩负起国家的重任，不能为自己当选自民党总裁而露出一丝一毫沾沾自喜的样子。

　　田中走上台去，简短致词，感谢各方支持，并表示了决心。

田中角荣出任首相

　　7月6日，第六十九届临时国会举行首相选举。由于自民党是多数党，田中角荣自然当选为内阁总理大臣。这是战后第十一位总理大臣。当时，田中才五十四岁。在战后的日本政治史上，田中当选首相是一个引人注目的新现象，因为自1955年两个保守政党合并以来，在十七年当中担任首相的人几乎都是官僚出身。但是，田中角荣则不同，他是名副其实的"庶民宰相"。田中只毕业于高小，十五岁离开家乡到东京，上过夜校，当过土建公司的小工、杂志社的见习生，二十岁时自己开了个小公司，二十八岁当选众议员，可以说他是"摸打滚爬"出来的人。

为什么经过激烈的争夺后，是田中角荣而不是福田赳夫当选？日本很多人都在思考这个问题。当时我在东京就听到有人用很形象的比喻说明了这个问题。这位日本朋友分析说，日本政局就像一个钟表的"摆"，它摆到了右边，就要向左摆，不可能一直向右摆到底。这一现象似乎是一种规律。佐藤荣作推行的政策，包括对华政策，使他走进了死胡同，日本国民普遍要求改变现状。田中角荣正是顺应了国内外形势的发展，才登上了首相宝座的。

1972 年 7 月 7 日的《朝日新闻》的社论写道："长期以来，大多数国民盼望着（日本）政治发生变化，却对此感到失望。但是，如今迎来田中首相的上台，他们对于（日本政治）将要发生变化的预感和期望正在复苏。新首相所拥有的对国内外形势能够做出敏感反应的年轻活力，以及他那种与门阀、学阀无关的庶民的个性，使人们对于新首相的上台产生了期望：其意义不仅在于更替了执政者，而更在于可望政治一新将萌发出新芽来。"

田中角荣的秘书早坂茂三谈到这个问题时，在《政治家田中角荣》一书中写道："在昭和四十七年（1972）世界即将迎来巨大转变的时候，田中和福田围绕着佐藤之后的政权进行争夺，这从政治心理学来看，是一个饶有兴趣的现象。""田中是一位由民众培育起来的、象征'民'的政治家，而福田则是第一高等学校、东京大学和大藏省培育的、象征'官'的政治家。田中和福田的对立，表现了社会深层的'民权派'与'国权派'的对立。这一对立，是自古代大和国家成立以来不断重复的那种日本政治结构的宿命。"

古川万太郎在《日中战后关系史》一书中做了进一步的分析，他写道："田中角荣之所以获得胜利，简言之，可以说是（自民）党内对于长达八年的佐藤、福田体制所造成的官僚政治不满的总爆发。在政局发生巨大转变的时期，自民党为了打开局面，选择了非官僚派的实力人物体制，而没有选择与佐藤相同的福田。田中的胜利，是田中、大平、三木团结一致，结成'反福田联盟'这一策略取得的成功。例如，这一策略对无法适应国际形势变化的右倾路线的批判，是卓有成效的。大平、三木、中曾根三派批判佐藤、福田的大合唱，在党内扩大了反佐藤、福田的气氛，破坏了福田的威信。田中的胜利，尽管是由于他善于掌握人心，但更重要的是三派共同努力的结果。当然，在这次总裁选举中，也并非全然依靠冠冕堂皇的政策论争和政治态度的考验。伴随激烈的总裁选举，必然会产生的'权位'和'金钱'的诱惑，在田中和福田两大营垒之间也盘根错错地起了作用，这是不言而喻的。"

田中当选首相后，立即着手组阁，于7日下午组成了第一次田中内阁。内阁中的主要成员是这样安排的：三木武夫为无任所国务相（副总理），大平正芳任外相，中曾根康弘为通商产业相。在组阁的过程中，田中要求福田本人入阁，但福田提出从福田派、园田派、佐藤派和保利系各出一人入阁。田中不能不考虑党内各派入阁人数的比例，只同意把邮政相和经济企划厅长官两个职位留给福田派，但被福田赳夫拒绝了。所以，田中无奈地暂时由他自己兼任了这两个职务。

田中推进日中邦交正常化

田中角荣在总裁选举中获胜后，我们作为记者，把采访的注意力立即转到追踪田中内阁将要推行的政策，特别是对华政策上来。当时，对于我们来说，最快的消息来源，是日本共同社的新闻稿和电视新闻。我们从新闻稿中，看到田中角荣通过公开讲话，表明了要同中国复交的决心。

7月5日田中当选自民党总裁后会见记者讲话时，就涉及了日中关系。他说："战后四分之一世纪的日中关系，在长达两千年的历史中，不过是短暂的一瞬。为了不再发生纷争，要以认真的态度着手（日中）关系正常化的工作。以往我们单方面地给中国添了麻烦。但是，我认为关系正常化的时机已经成熟。"

7月6日田中组阁后，在当天傍晚举行第一次内阁会议后发表讲话，又一次谈到日中关系问题。他说："在外交上，要尽快实现同中华人民共和国的邦交正常化，面对激烈动荡的世界形势，我们要强有力地推进和平外交。"

我们同时还注意到大平正芳在这个问题上的态度。他在就任外相后会见记者时说："内阁才刚刚成立，还没有决定今后政治活动的日程。"但另一方面又说："为了实现（日中）邦交正常化，我想，到了一定的时候，由首相或外相访问中国，将是必要的。"在谈到台湾问题时，他说："就日中邦交正常化进行谈判，并到结束这一谈判时，我认为，'日台条约'的存在是不可想象的。"当记者问到新政权在对华外交上与佐藤政权有何不同时，大平外相回答说，"我们下定决心，要实现（日中）邦交正常化。至于与福田前外相的对华姿态有何不同，请你们仔细观察今后的行动。以往的外交是看美国的脸色行事，只要跟美国采取统一步调就不会错，但今后即使有风险，我们也要根据自己的判断来行事。"大平正芳做事、说话，一向十分谨慎，但在中日关系问题上从来没有像这样引人注目地表现了积极态度。

无论是田中首相的就职演说也好，也无论是他和大平外相对记者发表的谈话也好，都明确地宣布了田中内阁下决心要尽快实现同中国的关系正常化。这在战后的日本内阁中，还是第一次。

"一定要抓住战机"

7月10日清晨，我到办公室后，看到新华社在日本的发稿站"中国新闻社"发来的新闻稿，引起了我的注意。新华社报道，9日晚周恩来总理在北京人民大会堂举行宴会，欢迎也门民主人民共和国代表团发表讲话时有一段话专门提到田中内阁的成立，说："长期以来敌视中国的佐藤政府终于被迫提前下台。田中内阁7日成立，在外交方面，表明要加紧实现中日邦交正常化,这是值得欢迎的。"我当时想,欢迎也门政府代表团本来与日本没有直接关系,但是周总理抓住时机,在这一讲话中立即表示响应,向田中内阁迅速地发出了信息。这也表明了中国政府愿意同日本政府实现邦交正常化的一贯立场。不消说,日本报纸都就此做了突出的报道。

周总理迅速做出反应,使我想起一件事:那是我来日本做记者前,有一次周总理会见日本朋友前听取工作人员汇报时说过:"搞外交,一定要抓住战机。如果失掉战机,有时就会造成不可挽回的损失。"

他是"和式基辛格"吗？

*

*

各种政治力量相继组团访华

进入20世纪70年代，生活在日本，你会强烈地感到围绕着中日关系，日本政治舞台上的各种力量纷纷亮相，努力发挥自己的影响。

中国人民的老朋友、自民党国会议员松村谦三于1970年4月携藤山爱一郎等十二人到中国来访问。这是松村战后第五次访华。他前四次访华中的三次，与周恩来总理会谈时，我曾担任过翻译。松村坚信中日关系正常化在不久的将来一定能够实现。周总理在会见松村一行时，严厉批判佐藤政府复活军国主义、推行反华政策，指出中日关系"仇恨宜解不宜结"。

这一阶段，日本在野党——社会党、公明党以及民社党，也为推动日中关系正常化做出了自己的贡献。

这里，我想着重谈一谈公明党的情况。

公明党早期的对华态度

日本公明党派团访华，是1971年6月的事。

公明党的母体是号称拥有一千万户会员的创价学会，它是战后新兴的政党，开始时只在参议院中有为数不多的议员，但到了1967年大选时，就有了自己的众议员，而且其力量发展得很快。

据当时在日本的观察，在中国问题上公明党的主张和它所持的态度有一个发展的过程。初期，公明党在工作方针中尽管主张中日两国应当实现邦交正常化，也支持中国恢复在联合国的席位。但在关键的台湾问题上，态度暧昧，还不能明确地提出"一个中国"的主张。到了1971年公明党参加参议院选举时，在《重点政策》中明确提出了承认"一个中国"的政策，认为所谓台湾问题是中国的内政。这样，对于公明党来说，就只剩下一个问题，那就是怎样对待"日蒋条约"。到了这一年的6月8日，竹入委员长正式表示，公明党主张废除"日蒋条约"。

此前，1971年3月，公明党领导人通过来名古屋参加第三十一届世界乒乓球锦标赛的中国乒乓球代表团副团长王晓云——当时在日本掀起了"王晓云旋风"——表示希望派团访华。就在公明党公布它主张废除"日蒋条约"的翌日——6月9日，竹入收到了中方的邀请电。尽管当时日本参议院的选举战已经开始，但竹入仍亲自率团访问了中国。从当时日方的报道来看，会谈持续了将近十天，双方谈得很艰苦。虽然在中日关系问题上双方在很多方面都取得了一致意见，但在如何对待"复活军国主义"和"美帝国主义的侵略政策"的问题上，双方的分歧较大。

周总理打开僵局

就在双方会谈陷入僵持状态时，周总理于6月28日会见了竹入委员长率领的代表团。据《读卖新闻》1971年6月30日报道，周总理在会见竹入等人时说："在所有的问题上，都取得一致是不可能的。我们是中国共产党，你们是公明党，世界观和立场都不同，不能因为双方的原则和立场不同，就妨碍促进两国人民的友好。但是，为了两国人民的友好，必须指出存在的危险性。"周总理还从日方代表团在会谈中表述的关于打开中日关系的主张里，归纳出五项原则：一、中华人民共和国政府是代表中国人民的唯一合法政府,坚决反对"两个中国"和"一中一台"。二、台湾是中国的一个省份,是中国领土不可分割的一部分。台湾问题是中国的内政。坚决反对"台湾归属未定论"。三、"日台条约"是非法的,必须废除。四、美国占领台湾和台湾海峡地区是侵略行为,美国必须撤出它的全部武装力量。五、必须恢复中华人民共和国在联合国一切机构,包括安理会常任理事国的地位在内的权利,把蒋介石集团的"代表"从联合国驱逐出去。公明党代表团对这五项原则没有异议。双方会谈从此迅速取得进展,对于"复活军国主义"和"美帝国主义侵略政策"等存在分歧的问题,本着"求大同,存小异"的精神,采取并列双方主张的形式写进"共同声明",达成了协议,并于7月2日公之于世。

古川万太郎在《日中战后关系史》一书中说,中国方面和日本公明党发表的这一"共同声明","具有划时代的意义"。"经过备忘录贸易公报、中国与社会党的共同声明,直到这一次中国与公明党发表共同声明,完全明确了实现日中邦交正常化的基本条件。换言之,通过过去二十多年的各种交流,在日中双方之间用积累方式形成的恢复日中邦交的共同纲领,在局势发生戏剧性变化之前,集中到了一点,即以'废除日蒋条约'为支柱的形式,结出了果实。"

9月,公明党在东京举行代表大会。我们发现,公明党吸收了这次访华的成果,工作方针有了重要变化,它决定根据上述五项原则开展日中复交运动,在国会内外,同其他政党和团体开展联合斗争。这对于公明党来说,也是具有划时代意义的尝试,从此,公明党的活动具有了群众性。

竹入义胜被刺

就在这时,发生了令人震惊的事件:竹入义胜委员长从大会会场返回东京信浓町的公明党总部后,刚下汽车,就在许多保镖的眼皮下遭到潜伏着的一名暴徒刺杀。竹入的肠子被切断，立即被送往医院抢救。这是我们从电视报道中知道的。这一事件，使我们立刻想到十几年前浅沼稻次郎被日本右翼分子行刺的情况。日本警察当局看来有意缩小事态的严重性，对外公布说：“这是精神状态和日常行动都异常的、对创价学会抱有反感的青年犯下的一种发作性的罪行。”中国记者团当即派《北京日报》记者王泰平到医院去慰问了竹入义胜。

不消说，日本各个在野党和有识之士的上述这些努力，都对 1972 年田中首相访华和中日复交产生了积极影响。

当时，凡是重要代表团访华以及围绕中日关系的动态和反应，我们作为驻日记者都密切注意、细心跟踪，并选其要者，及时写成消息或参考消息，报回总社。那一段时间，为了接送代表团和参加在机场举行的记者招待会，及时掌握和了解新情况，不知跑了多少次羽田机场。

进入 1972 年后，这一方面的活动显得更加频繁。日本工会和农民、青年、妇女、旧军人以及各种友好团体相继派团访华。政界的著名人士，如上述的藤山爱一郎、社会党的冈田春夫、自民党顾问三木武夫也纷纷访问中国。他们都受到周总理的亲切接见。

1972 年，从在野党方面来说，有两件事要特别提到。一件是社会党前委员长佐佐木更三的访华，另一件是以竹入义胜为团长的公明党代表团的再度访华所起到的特殊作用。

佐佐木更三要求田中打保票

先谈佐佐木更三的访华。在佐佐木决定访华时，田中内阁已经成立。而这时社会党委员长成田知已也已表示，如果田中内阁承认中国方面提出的复交三原则，那么社会党将予以支持，表明在改善中日关系上要推进超党派外交。佐佐木更三想，既然他本人赶上了这一千载难逢的访华机会，就应当了解田中内阁对华政策的真正底牌，以便在中日两国首脑中间斡旋。据当时透露出来的情况，佐佐木启程前会见田中角荣时，问他究竟打算怎样对待复交三原则，特别是怎样对待废除"日蒋条约"问题，因为这是核心的核心。田中回答说："接受这些原则是理所当然的。对于处理台湾问题，有绝对的把握。我承认复交三原则。"佐佐木不放心，又叮问一句："如果周总理问到，可否这样回答？"田中斩钉截铁地说："我说话算数。"

佐佐木更三到北京后，周总理会见了他两次。他向周总理介绍了田中跟他谈话的内容，并保证说："如果是田中搞，我可以打保票。"周总理当即表示欢迎田中首相访华，并说田中首相来华时可以直飞北京。关于这一点，田中首相7月22日在听取佐佐木更三介绍访华情况时在场的田中秘书早坂茂三留下的记录是这样写的："周总理问我（指佐佐木）：'田中首相是否可以信赖？'于是，我说田中虽然是岸信介、池田和佐藤三代内阁的重要阁僚，但他现在是田中、大平联合军的头头。田中现年五十四岁，提出的口号是决断与实行，他还年轻，来日方长，所以不会撒谎。我（指佐佐木）向周总理说，如果田中认真地搞（日中）邦交正常化，我们就协助田中。周总理说，好。周总理还说：'欢迎田中首相和大平外相访问中国。'"

据佐佐木更三的同行者透露，周总理在会见的最后还说了如下一段话：

因为社会党没有外交权，当然我们要同有外交权的田中首相实现邦交正常化。但是，这一形势的出现，是日本人民长期努力的结果。对于日本人民创造实现邦交正常化这样的形势，表示感谢和敬意。回去后，请向日本人民转达：我周恩来感谢他们。

佐佐木插话说，我们对周总理给日本政府和人民的关照，表示感谢。周总理说：不，不要把这说得太重。请田中首相到北京来。过去的事，不要太纠缠，应当向前看。总之，要以诚相待。中日两国关系的正常化，是七亿五千万中国人民和一亿一千万日本人民的握手，其目的是为了建立将来永久的和平友好。

竹入义胜带回中国方案

佐佐木回国后，竹入义胜便展开了积极的活动。他多次会见田中首相和大平外相，了解他们对结束战争状态问题、复交三原则问题、台湾问题以及日美关系等问题的见解，并整理出二十几条，于 7 月 25 日携公明党政策审议会会长正木良一和副书记长大久保直彦前往中国。竹入在启程前，有一天晚上，秘密地访问了田中首相的私人住宅，再一次确认田中本人和大平是否会亲自到中国去谈判复交。

竹入原想采取秘密方式访华，但怕引起外界不必要的猜测，便改为公开，于 7 月 25 日启程。

对于公明党的这次代表团，中国方面给予了从未有过的高度重视。根据中方的周密安排，代表团一到香港，便被用小轿车从机场直接送到深圳，然后转乘专列，到广州。在广州机场等候的一架专机又把他们直接送到北京。上午 10 时 40 分从东京羽田机场起飞，于当天午夜 0 时 20 分到达北京，前后只用了十四个小时，在时间上，打破了取道香港前往北京的新纪录。

周总理同公明党代表团总共谈了三次，近二十个小时。竹入向周总理说明了田中和大平的见解，并如实而又坦率地谈了日本政府能办到的事和办不到的事。据正木良一回忆，竹入义胜当时向周总理是这样讲的：

第一，如果是缔结和平条约，就难办。（日本）与台湾地区之间已经有"日蒋条约"，如果再缔结和平条约，外务省和自民党的多数人会顽强地反对。因为这将成为一个不可动摇的证据，说明战后（日本的）对华政策完全是建立在虚构的基础上的，所以他们要强烈反对。因此，希望条约以友好为主，并采取继承的形式，否则不好办。第二，从目前的日美关系来看，田中首相一定会在事前去美国进行商量，以求得美国的谅解。这一点，请中方默认。第三，听说中方不打算要求赔偿，这一点，也希望予以确认。此外，还有一个大问题，就是《日美安保条约》问题。如果触及它，自民党内阁就难办了，因此，要求中国不要触及。正木回忆说，此外还提出了十几项要求，包括若干细小的问题。

据透露，周总理听了竹入的想法后，在最后一次会谈时，拿出了一份打好字的联合声明的中方方案，而且上面还有毛泽东看过后的签名。当时，周总理说："这，已经得到了毛主席的批准。"然后，周总理念，竹入等人拼命记录。全部记完后，竹入又复述一遍，进行了核对。竹入边记边感到，中方的方案充分地照顾了日方的立场，比较接近日方的想法，如果是这样的方案，估计田中和大平会做出决断。

8月3日，竹入等人回到羽田机场。我们参加了在机场举行的记者招待会。竹入根本没有涉及上述中方方案的事，只是笼统地说："中国方面已经就日中复交，完全做好了准备。"

后来，据透露，翌日竹入在首相官邸会见田中首相和大平外相时，把那份后来被人们称为"竹入笔记"的记录交给了他们二人。田中一目十行地读完，情不自禁地说："周总理是一位明事理的人。这个方案，可行！"平时沉默寡言的大平外相也对竹入说："你辛苦了。感谢你，真感谢你！"说罢，拿着那份记录，就直奔外务省。

当时，对于田中首相来说，还有一件要做的事，那就是调整对外关系和自民党内的意见。因此还不能立即公布是否访华以及访华的日期。但是，对于中国方面来说，很希望尽早知道田中对中方方案的反应。竹入如果用电报或电话联系，又怕走漏了风声。关于这一点，竹入离开北京时，就跟中方约定好，如果田中看了中方草案，下决心访华，就请竹入通过中国驻东京的备忘录贸易办事处通知日方"接待单位"：原定访日的以廖承志为首的中国代表团推迟访问，并将此事对外予以公布。当然，"接待单位"不知其中奥秘。其实，这是双方已经约定好了的暗号。

竹入是否是日本的"基辛格"？

应该说，竹入义胜这次访华带来的信息，对田中最后下决心访华以及对后来的中日复交，都起了极其重要的作用。当时，在日本传说竹入是受田中的委托到中国去的，他扮演的是"和式基辛格"即"日本的基辛格"的角色。当时，我对这一点也深信不疑。

事隔二十五年，张香山回忆并讲述了当时的情况。尽管文字稍长，请允许我引用如下：

"在这里还必须谈到的，有两件事，特别是后一件，对田中首相决心访华起着很大的作用。第一件，是日本社会党前委员长佐佐木更三……访华……第二件事，是公明党委员长（竹入义胜）作为'和式基辛格'来华访问。开始提出派'和式基辛格'的是公明党的二宫文造。（1972 年）5 月（按：当时田中角荣尚未出任首相），公明党第二次访华团在北京同周总理会谈时，二宫问，田中当了首相后希望为恢复日中邦交谈判而访华，中国是不是欢迎？总理说，如果这次实现了，那就表明日本打破了吉田、岸信介、佐藤这个体系，有这样勇气的人来中国，当然欢迎，不会拒绝的，不然就不公道了。周总理还表示如果你们的委员长或副委员长能见到田中先生，可以把我的意见告诉他。总理还说，在日本只有大学毕业的，而且大学还要帝大（东大）的，连早稻田都不行，还有军人，才能当首相。如果田中那样出身的人当首相，也打破了你们官僚政治的老传统。二宫真有本事，当时对总理说，你如果有话要我捎给田中的话，我愿把话传给田中。并且说，有一个伤脑筋的问题，是不是要派一个'和式基辛格'来中国。总理回答得很妙。总理说，这个事不是我能够替代说的，是由你们日本来决定的。因此，二宫回去后，把这个话传过去了，并说总理欢迎田中访华。周恩来总理确实希望有这样一个'和式基辛格'来中国，以便事先拟就一个联合声明或公报的草案，等两国总理会面商谈时，就容易达成协议。当时，在自民党内对日中复交的意见是不统一的。
在这种情况下，找一个自民党内的人确有困难，如果说不要这么一个人，
由外交机构来搞，那就很难保密。为了防止好事多磨，田中首相就选了
一个他信得过的、非自民党的好朋友竹入义胜，而这个人也是中国信得
过的。竹入曾提出过恢复日中邦交五原则，他还为日中友好受刺负伤，
而且他同田中私人关系是很好的，所以周总理很欢迎这位'和式基辛格'。
竹入来华后，在同周总理的谈话中说，向总理提出了不客气的要求，有
些问题是公明党不应该提的。总理回答说，你这次是站在朋友的立场，
而不是站在公明党的立场来讲话的。当然，你也是站在公明党要求恢复
中日邦交的立场上替田中先生传话的，在这个问题上，和公明党的立场
是不矛盾的。总理同竹入进行了三次会谈，在第三次会谈时周总理提出
了经过主席批准的拟写入中日联合声明的八条内容和三项默契，请竹入
转告田中首相，竹入把三条和八项一一记录下来。竹入义胜回国后，于
8月4日向田中首相转达了中方对中日复交的态度，并将'竹入笔记'
交给了田中首相和大平外相。这样，田中首相和大平外相了解了中方谈
判复交的底牌，就决定访华。"（请参阅《日本学刊》1997年第5期。）

竹入否认他受田中委托传话

在这一段回忆中，张香山明确地说是田中首相选了他信得过的竹入
义胜，请他到中国来充当了"和式基辛格"。但是，同样在事隔二十五
年之后，竹入义胜本人却做了不同的证言，他第一次公开通过媒体否认
他当时是受田中首相的委托到中国去传话的。

事情是这样的：为了纪念中日复交二十五周年，《朝日新闻》记者
专门采访了竹入义胜，并将他的谈话加以整理，发表在1997年8月27
日的《朝日新闻》上。以下是《朝日新闻》报道的竹入谈话：

周总理边看稿子边开始读日中关系正常化联合声明的中国方案，并说"这是经过毛主席批准的"。

1972 年 7 月 29 日在第三次会谈时向我提示的，就是后来被称为"竹入笔记"的内容，即八条条文、三项默契。当时，我脑子嗡的一下，完全空白了似的。我想，对这个方案如果田中角荣首相下不了决断，那我就得剖腹了。中国方面看来误认我是首相的特使……

这次访华，是继去年之后的第二次。7 月 25 日由东京启程，当天就安排我们到了北京。这种优厚的待遇是破格的。我深深感到中国方面所寄予的期望。那时有一种说法，就是仿效美中建交，对于（推进）日中关系来说，也需要"和式基辛格"。

然而，实际情况是我哪里是什么"和式基辛格"？不是那样堂而皇之的角色。我同中国方面所谈的事，完全没有得到（日本）政府的保证。（在此之前）我曾在饭店里与大平外相会见过四五次。他始终闪烁其词，说："我们跟中国之间通过各种渠道进行接触，搜集信息。只要你到中国去，就会知道了。"无奈，我在访华的前两天晚上，去了（东京）目白的田中家。田中与半个月前刚当首相时比，态度已令人惊讶地变得慎重起来。

田中说："竹入君，我现在既没有时间去考虑日中问题，也不想现在就搞。（党内的）台湾派很强，如果现在着手搞日中问题，首相的乌纱帽就得摘掉。田中内阁才刚刚成立，那是做不到的。"

"那么，请你写一句话，说竹入是我的好朋友。"

"那也不行。"

看来，他怕被中国方面理解为我是田中的代理。

从田中家出来后，我跟正木联系。商量的结果，我们认为如果不带着日方的想法去中国，就毫无意义。最后决定不管怎样，自己动手写出个方案来。我们写了二十来项，什么继承"日蒋条约"、容忍《日美安保条约》等等。由于那些主张都只是从日本方面考虑的，太任性，所以正木不无担心地说："这样写，行吗？"到北京后，立即交给中日友好协会会长廖承志的方案，就是我们写的那份东西。这个方案跟公明党的主张相差十万八千里，我们自己（向中方）做说明时也感到有抵触。而且担心会不会被中国方面狠狠地批一通。

周总理读的联合声明的方案，表明了中国方面要实现邦交正常化的坚定决心。关于赔偿问题，在第一次会谈时，我感到没有费劲地一下子就解决了，中国方面表示放弃要求赔偿。我惊讶地顿时感到目眩头晕。我们还商定在联合声明中不涉及《日美安保条约》。在第二次会谈时，周总理还说："如果美国对（日中关系）正常化有意见，我给美国总统和基辛格打电话。"我的那份笔记经过了如下的程序：我把中国方案记下来，加以整理，然后由中方的翻译人员王效贤女士读了一遍，周总理予以确认。会谈记录，也是跟中国方面进行核对，并加以确认的。

我当时之所以产生了此事要背水一战，只许成功，不许失败的想法，是因为有这样的一个背景：支持公明党的母体——创价学会虽然已提出推进日中关系正常化的方针，但对我们那一次的访华是强烈反对的，认为没有必要为田中内阁充当马前卒。当时就有人威胁说"也有可能开除你们"。但我们没有理会这一切，就采取了行动。

……回国后，8月4日我到首相官邸去汇报。田中和大平的态度完全变了。大平外相说："竹入先生，这份中国方案就给我吧。"说罢，就消失了踪影，到了外务省。因为外相在那一瞬间判断"这一方案，可行"。翌日，我跟首相在饭店里再一次见面，请他花费一个多小时把会谈记录看了两遍。

田中问："会谈中的对话，没错吧？"

我答："一字一句都没有错。跟中国方面核对过。"

"竹入君，你是个日本人！"

"你怎么这样说话？我是一个不折不扣、名副其实的日本人。"

"明白了！我去中国。"

……

田中很快就做出了决断。

……

田中首相访华所进行的（日中邦交）正常化谈判，……大致上就是按中方对我提示的方案的延伸方向拍的板。我能够为这一历史性事件充当中介人，使我享受到做一个政治家的幸福感。但是，我对于在没有（日本政府）任何保证的情况下扮演了"模拟特使的角色"，至今仍在出冷汗。

周总理逝世以后，我访问中国，见到政协主席邓颖超女士时说："我无意要欺骗周总理。我当时带去的方案不是田中方案，而是我竹入个人的方案。我表示歉意。"我把这话说完，才从长期负疚的状态中解脱了出来……

竹入义胜上面所谈的，也许真正反映了当时的实际情况。我想，事情可能就是那样的。但是，竹入的最新谈话发表后，我听到中国方面有人说，事隔二十五年后再出来证明自己没有充当过"和式基辛格"，似无必要。然而，我认为竹入义胜能把事物的本来面貌还原，仍是可取的。尽管竹入说他不是"和式基辛格"，但他在中日两国关系走向正常化的过程中，的的确确起到了"和式基辛格"的重要作用。

因势利导，水到渠成

*

*

1972 年的七八月，对于中日关系的发展来说，的确是不平凡的月份。

就在田中角荣出任首相前，萧向前作为备忘录贸易办事处驻东京联络处首席代表，于 7 月 3 日晚乘日航班机从香港抵达东京。

萧向前接任

自从 1967 年 4 月孙平化回国休假再没有返回东京以后，备忘录贸易办事处的首席代表一直空缺。

萧向前选择这一时间到日本来，是否事前已确切地估计到田中角荣即将出任首相？看来，并非如此。萧向前内定担任备忘录贸易办事处驻东京联络处首席代表，是 1972 年 5 月的事。但萧向前偕夫人和工作人员是在差不多两个月后的 7 月 1 日到达香港转乘飞机的。据萧向前回忆，他们于 7 月 3 日乘日航班机赴东京时，在机上看到日本报纸都在头版显著位置报道了田中、大平、三木实行三派联合的消息。萧向前曾向我说过，他那时也是带着一个问题到东京来的，即究竟是谁能当选下届日本首相：是田中角荣，还是福田赳夫？

我到羽田机场用日本外务省发的记者证作抵押，换了可以进到停机坪的袖章，佩戴着它，到了预定停机的地点。按规定，一般的欢迎者是不允许到这里来的，只能在贵宾室等候。萧向前进贵宾室时，那里已经挤满了欢迎的人群。他面向欢迎者即席发表了讲话。

萧向前到达东京，使空缺了五年首席代表的中日备忘录贸易办事处驻东京联络处，又有了首席代表。

就在萧向前到达东京的四天以后，即 7 月 7 日，田中内阁宣布成立。

上海舞剧团抵达东京

孙平化率领的中国上海舞剧团到达东京，是在此三天后的 7 月 10 日晚。舞剧团是应日中文化交流协会和《朝日新闻》社的邀请到日本访问演出的。这一天，东京下雨，但羽田机场聚集了两千多名欢迎群众。从新闻记者的角度来说，为了向总社发消息，我们总要注意欢迎人群中的重要人物。邀请单位出面的有日中文化交流协会的常任理事白石凡、宫川寅雄、西园寺公一，事务局长白土吾夫，副事务局长村冈久平，《朝日新闻》社常务董事长谷川健一、计划负责人辻丰。政界人士有自民党的藤山爱一郎、古井喜实、川崎秀二、田川诚一、久野忠治以及宇都宫德马，社会党的八百板正、川崎宽治、小林进，公明党的二宫文造、大久保直彦和民社党的大内启伍。此外，还有黑田寿男、萩原定司、河原崎长十郎、松冈洋子等一大批友好人士和文化界人士，其中包括松山芭蕾舞团全团的文艺工作者。他们都是新中国的老朋友，但这只能说是民间友好的较高规格。从这个名单中，还看不出日本官方在日中关系方面要有什么动作。政界和财界的许多重要首脑也没有露面。

谁都知道，孙平化不是搞文艺的，这次由他率领芭蕾舞团到日本，自然引起人们的种种猜测。我也认为他是借这次访日的机会来进一步推动中日关系发展的，但根本没有想到后来的事态发展得那样快，使他和萧向前担负了直接推动中日复交的重大任务。关于这一点，孙平化自己也说，率上海芭蕾舞团访日，是早就定下来的。当时，无论是他还是萧向前，都没有促进中日邦交正常化的具体任务，而是恰巧碰上了这个千载难逢的机会。

周总理的重要指示

的确，一切都超乎人们的意料，情况有了急速的变化和发展。一周后的 7 月 17 日，以郝中士为团长的中国农业农民代表团抵达日本。当时任外交部亚洲司日本处处长的陈抗担任这个团的副团长。记得，陈抗到东京后即来到备忘录贸易办事处驻东京联络处，孙平化也来到这一所坐落在惠比寿的他从未来过的"孙平化宿舍"，因为陈抗从国内带来了周总理的重要指示要向孙平化和萧向前两位传达。备忘录贸易办事处驻东京联络处，在当时中日尚未建交的情况下，是传达这样重要指示而不会泄密的唯一可选择的最佳地点。传达时，我是否在场，现在已不记得。但那一天我在联络处见到陈抗时，他就告诉我，临来日本前周总理在一次会上做了重要指示：

> 我讲田中内阁要加紧实现中日邦交正常化值得欢迎，是因为毛主席对我说，应该采取积极态度。毛主席的思想和战略部署我们要紧跟。日方能来中国谈就好，谈得成也好，谈不成也好，总之现在到了火候，要抓紧。过去有过"王国权旋风""王晓云旋风"，这回不能再叫"旋风"了，要落地。孙平化嘛，就是要万丈高楼平地起，萧向前就是继续前进的意思，这两个人就是要把这件事落实才行。

陈抗说，周总理用非常幽默的语言，明确地指示孙、萧在日本争取会见田中、大平，以实现田中首相访华，商谈中日邦交正常化问题。这可是一件大事，这个任务非完成不可。

从此，峰回路转，在日本，争取田中首相访华，以实现中日复交的热烈气氛顿时高涨起来。

藤山爱一郎的巧安排

7月20日，藤山爱一郎在他家族经营的"新日本饭店"安排了一次酒会，名义是欢迎备忘录贸易办事处驻东京联络处首席代表萧向前和正在日本访问的中国上海舞剧团团长孙平化，但"醉翁之意不在酒"，明眼人一看便知，藤山爱一郎是想借此推动中日关系朝着复交的方向发展。我们中国记者去采访时，事前并不知道藤山都请了哪些客人。然而，没有想到有那么多现职的政府要人出席：外相大平正芳、国务相三木武夫、通商产业相中曾根康弘。参议院议长河野谦三也出席了酒会。不仅如此，执政的自民党三个主要负责人——干事长桥本登美三郎、总务会会长铃木善幸、政务调查会会长樱内义雄以及在野党领袖——社会党委员长成田知巳、公明党委员长竹人义胜、民社党委员长春日一幸也都到会。不消说，这一天日本政界、经济界、友好界、文化艺术界的知名人士也踊跃参加酒会。可以说，这是一场盛大的酒会，气氛十分热烈。但更为重要的是出席者的规格特别高。根据我的经验，中日关系正常化以前在日本举行的欢迎中国客人的类似活动，一次能有这么多的现职的内阁成员出席，真是破天荒第一次。

藤山爱一郎作为主人在会上即兴讲话。他的热情洋溢的讲话，不仅点明了举办这次不寻常的酒会的宗旨，而且使所有的与会者都感到中日关系在不久的将来将要出现美好的景象。

藤山说，萧向前和孙平化两位先生"在日本有很多熟人，我希望大家能借此机会重温友情，同时，我想把他们两位介绍给一些新朋友"，"今天，日本的政界、经济界人士来了很多，从大阪和名古屋也来了不少朋友"。说到这里，藤山把视线转向大平外相，并环顾了全场的客人，意味深长地说："这次聚会，可能会为日中两国的友好关系开辟道路。特别是，今天大平外相出席了酒会。现职的大臣，而且是外务大臣出席，这是划时代的。我想，今天将成为两国关系进一步前进的日子。从这个意义上讲，今天的聚会又增添了新的意义。"

接着，藤山向客人披露了大平外相的想法。他说："外相自己也说，外务省今后要开辟同中日备忘录贸易办事处驻东京联络处进行接触的途径。双方商量将来的问题时，用不着到巴黎或日内瓦去。我听了这个话很受鼓舞。总之，日中邦交的恢复，一定会在最近的将来，在最近最近的将来，也许在明后天就能实现。这是我们的希望。"藤山这最后一段话，真是画龙点睛之笔。

萧向前和孙平化讲话时感谢藤山先生的盛情款待。萧向前说："今天有这样多的朋友聚集一堂，并出现这样一种气氛，这本身就很说明问题。我们相信，事情不会仅仅停留在这样一个气氛上的，一定还会前进。我本人和驻东京联络处的全体人员将同各位朋友一道，为中日邦交正常化的早日实现而共同努力。"

孙平化团长这一次是相隔五年，经历了他与日本隔绝的不寻常的"文化大革命"后重访日本的。他深有感慨地说："我在这里再一次见到了老朋友，也见到了新朋友。朋友这样多，反映了中日两国人民的友好和当前形势的发展。"

席间，中日两国朋友频频举杯，为中日两国关系正常化的早日实现和中日两国人民的友好而干杯。

日本记者怎能放过这样难得的历史性镜头呢？在记者们的要求下，大平外相和藤山爱一郎同孙、萧二人以及三木国务相、桥本干事长排成一排照了相。照相时，他们很自然地拉起了手，开怀大笑。他们的笑声，带动了大家愉快的欢笑。

藤山爱一郎的这一安排，在当时来说是重要的一着，它不仅使孙、萧第一次与大平先生见了面，而且为今后的会晤创造了条件，开辟了道路。

大平外相两次会见孙、萧二人

在这之后，7月22日和8月11日，大平外相在东京大仓饭店会见了孙平化和萧向前二人。这两次会见，我们都及时地向新华社总社发了消息，而且第二天都见了报。《人民日报》是在国际版的显著位置上刊登的。由于这两次会见都不是公开进行的，记者不能到现场，两次会见的消息都是孙、萧会见大平外相后，口授给我们的。由于当时不能写会谈的具体内容，所以，只发了两百多字的短消息。22日的会见消息是这样写的：

新华社东京一九七二年七月二十二日电　中国上海舞剧团团长孙平化、中日备忘录贸易办事处驻东京联络处首席代表萧向前和日本政府外务相大平正芳，七月二十二日下午在东京大仓饭店举行了会见。

会见时，大平正芳表示衷心欢迎孙平化和萧向前来到日本。双方就中日两国邦交正常化问题，友好地交换了意见。

在会见中，孙平化、萧向前和大平正芳都表示希望中日关系能尽快实现正常化，并且一致协议：今后根据需要再举行会谈。

据孙平化回忆，当时大平外相对孙、萧二人说："我和田中首相是一心同体的盟友，他委托我全权处理外交事务。田中首相和我都认为，当前日本政府首脑访华、解决邦交正常化的时机已经成熟。"

对此，孙、萧二人也热情表示，中国方面欢迎田中首相到北京直接同周恩来总理会谈，只要田中首相去北京，一切问题都好商量，中国方面绝不会让田中首相为难。为了进一步推动田中首相访华，孙、萧二人还表示，希望能够有机会见到田中首相。新华社消息的最后一句"一致协议：今后根据需要再举行会谈"就包含了今后继续保持同大平外相的接触，以留下争取会见田中首相的余地。

关于 7 月 22 日那次会见，萧向前是这样回忆的："在场者还有桥本恕（外务省中国课长）、唐家璇（随孙平化团任秘书），他们也只是旁听。谈话直接用日语，不做翻译和记录。大约谈了一个小时。双方许多主张本来都是互相知道的。最后大平说双方无任何分歧，完全可以进入建交谈判。从此以后，桥本恕是日方联络人，我是中方联络人。当时我和桥本只负责联络，所有的预备性会谈都是在北京进行的。"

8 月 11 日，大平外相在大仓饭店再次会见孙、萧二人，这是一次极为重要的会见。《人民日报》刊登消息时所冠的标题是：

大平外相会晤孙平化萧向前时正式转告田中首相决定访问中国

消息的全文是：

新华社东京一九七二年八月十一日电　日本外务相大平正芳八月十一日正式转告中国方面，日本首相田中角荣决定要为谈判日中邦交正常化访问中国。

大平外务相是在东京大仓饭店同中国上海舞剧团团长孙平化和中国中日备忘录贸易办事处驻东京联络处首席代表萧向前会晤时转达这个决定的。孙平化、萧向前再次表示欢迎田中首相访问中国。

大平外相还表示愿为孙平化和萧向前安排会见田中首相。孙平化和萧向前表示将拜访田中首相。会见将于八月十五日举行。

这次跟大平外相的会晤，除明确了田中首相决定访华外，还有一点重要的是田中首相决定于八月十五日在东京会见孙、萧二人。

周总理对孙、萧二人的重大嘱托，就要实现了，孙、萧二人没有辜负周总理的期望。那时从他们两人的表情可以看出：如释重负，信心大增，对未来充满希望。孙平化爱开玩笑，他对我说，这件事办不成，我就无脸回国见周总理和江东父老啊！

在田中首相会见孙、萧二人的前一天，8月14日晚，中国上海舞剧团结束了访日演出，在东京新大谷饭店举行盛大的告别酒会，答谢日本各界朋友。

中岛健藏说："头上的乌云即将消逝。"

自从舞剧团到日本后，除了演出活动外，团长孙平化和萧向前二人集中地会见了众多日本政界、经济界和文化艺术界人士，特别是到那时为止已经三次会见了大平外相，而且田中首相也已经决定访华，表示要与周总理会谈中日复交问题。围绕着这些活动，日本的媒体做了大量的报道，分量之多和声势之大，可以说在战后的中日关系史上是空前的。那时，在日本会感受到你是置身于中日友好的热浪之中的。正是反映着中日友好的这一大好形势，这一天，来自日本全国各地的各界朋友两千四百多人出席了酒会。

我注意到，日本内阁成员出席酒会的有国务相三木武夫和夫人、通商产业相中曾根康弘。大平外相因在外地不能出席，特意委托别人打来电话致意。参议院议长河野谦三以及前首相片山哲、社会党委员长成田知巳、公明党委员长竹入义胜、日本恢复日中邦交议员联盟会长藤山爱一郎、日中友好协会（正统）会长黑田寿男出席了酒会。

在酒会上，我还见到邀请单位的负责人——日中文化交流协会理事长中岛健藏和《朝日新闻》社社长广冈知男。跟中国有来往的日本经济界首脑和文化艺术界人士，凡是能出席的都出席了。

孙平化团长讲话时，对日本各界朋友、旅日朝侨和爱国华侨的热情接待和巨大帮助表示衷心感谢。他结合当时日本出现的日中友好的高潮说，舞剧团在日本访问演出过程中，我们高兴地看到，中日两国人民的友好关系日益发展，展现出一个光辉的前景。中日关系的这一新发展，是完全符合两国人民的共同愿望的，是中日两国人民长期努力的结果。

中岛健藏在他的讲话中，除了热烈祝贺中国上海舞剧团在日本的演出获得巨大成功外，还意味深长地讲了这样一段话："1972 年的夏天，日中两国邦交正常化的条件已经越来越成熟，战后二十七年来笼罩在我们头上的乌云即将消逝。请大家想想，我们是怎样急切地等待两国关系正常化的日子早一天到来。而如今，这个日子已经不会太远了。"

田中首相会见孙平化

翌日——8 月 15 日下午 4 时 30 分，按预定田中首相要在东京帝国饭店会见孙平化和萧向前二人。谁都知道这是一个特大新闻。我们常驻东京的中国记者早早地就来到会见场所。只见饭店四周和里面，日本当局布置了许多便衣警察，以加强保卫。会见厅不算很大，中间用屏风隔开。靠外面的一侧，摆着一套沙发。屋子里挤满了文字记者和摄影记者。大家都想占一个好地方，不时地挤来挤去。田中首相等日方人员先于中国客人来到这里等候。不一会儿，孙、萧等中方人员到达。田中首相满面笑容迎上前去，同孙、萧二人热烈握手，互致问候。这时，场内所有的闪光灯亮了，照相机的快门响个不停。主人把客人让到沙发上坐下。

"田中首相，请再握一次手。""对不起，请再来一次！"

记者们一遍又一遍地要求田中首相跟孙、萧二人握手，以便把这一历史性的场面摄下，千万不能留下遗憾。记者的这些要求都得到了满足。屋内，人头攒动，气氛热气腾腾。我看到一向怕热的田中首相脸涨得通红，但他显得格外高兴。他指着记者们，向孙、萧二人说："日本的记者抢镜头，总是这样。"孙平化也指着站在前排有利位置正在摄影的中国记者说："他们是这次随团来的中国记者。"田中首相听罢，会心地笑了笑，并向他们点了点头。

忙过一阵之后，宾主双方都进到屏风的那一侧，进行会谈。这个场面是不许记者进去采访的。我们只能在屋外等候。过了大约半个小时，会谈结束。只见内阁官房长官二阶堂进手里拿了一张纸，跟孙、萧二人商量了一会儿。商量毕，孙平化走过来，把同样的一张纸交给了我，说："这是双方商定的报道口径，日方要按此报道，我们也要按这个口径发消息。"这是一张日本特有的"美浓纸"，上面事前已打好了字。看来，日本外务当局早就做好了准备。刚才，二阶堂跟孙、萧二人经过协商，对原稿做了某些修改，看得出上面用笔勾勾画画，有改动的痕迹。孙平化还跟我说："这次谈得很好。田中首相问北京什么时候气候最宜人。我告诉他，最好是9、10月间。我特别强调了这一点。田中首相尽管没有明确地说他在9、10月份访问中国，但这个可能性很大。"

我和另一位中国记者回到惠比寿的驻地后，马上按孙平化交来的报道口径编发消息。由于新华社的消息有自己独特的体例，在编写时对报道口径做了一点技术上的调整。翌日的《人民日报》在第三版显著位置，打破横排的常规，以竖排形式醒目地报道了这一消息：

新华社一九七二年八月十五日电　日本首相田中角荣八月十五日下午在东京帝国饭店接见了中国上海舞剧团团长孙平化和中国中日备忘录贸易办事处联络处首席代表萧向前。

接见时，中国方面在座的有：中国中日备忘录贸易办事处驻东京联络处代表许宗茂、中国上海舞剧团工作人员江培柱、唐家璇。日本方面在座的有：日本内阁官房长官二阶堂进、外务省中国课课长桥本恕、首相秘书官木内昭胤、小长启一。

孙平化对田中首相在百忙中接见表示感谢；对中国上海舞剧团在日本演出期间受到日本人民的热情接待和日本政府的友好关照，感到鼓舞，并表示感谢。

孙平化向田中首相表示，我国外交部姬鹏飞部长已受权宣布，周恩来总理欢迎并邀请日本首相田中角荣访问中国。田中首相对周恩来总理欢迎并邀请他访问中国表示衷心的感谢。田中首相还表示他同周恩来总理的会谈将取得丰硕的成果。

　　双方同意待田中首相访华日程确定后，再由双方同时发表公告。
接见是在友好和融洽的气氛中进行的。

　　消息中说的"待田中首相访华日程确定后，再由双方同时发表公告"
这一表述，反映了田中首相的意向：尽管解决中日邦交问题的时机已经
成熟，但他还需要处理好自民党内的各种意见，特别是少数反对意见，
以做到万无一失，因此不能过早地公布他的访华时间。消息中还有一句
话：田中首相"表示他同周总理的会谈将取得丰硕的成果"。这句话具
有实质性内容，它表明田中首相决心不久即将访华，通过与周总理的会
谈，一举实现中日邦交正常化。

飞往上海的两个特殊航班

　　1972 年 8 月 16 日，东京时间上午 10 时许，日本航空公司、全日本
航空公司的两架喷气式客机，从东京羽田机场相继凌空而起，飞往中国
上海。飞机机首飘扬着中国国旗和日本国旗。这是战后相隔二十七年来
日本民用飞机首次直飞中国。

　　乘坐这两架飞机的是由孙平化率领的刚刚结束在日本访问演出的中
国上海舞剧团。

　　一些日本朋友也分乘这两架客机前往中国。日中文化交流协会理事
长中岛健藏和夫人以及日本航空公司社长朝田静夫等人乘坐的，是当地
时间 10 时零 2 分起飞的日航 DC-8-62 型飞机。日中备忘录贸易办事处
代表冈崎嘉平太和全日本航空公司社长若狭得治等人乘坐了 10 时 27 分
起飞的全日空的波音 727-200 型飞机。分乘这两架客机的，还有一批随
行采访的日本记者。

　　由于中日复交在即，新华社总社要我立即返京，研究报道方案。

我便同随机采访的高地一道，乘上了日航飞机。

我在机场见到中岛健藏时，不由得想起 8 月 14 日晚中国上海舞剧团在东京新大谷饭店举行的那场盛大的辞行酒会。就在那次酒会上，中岛健藏发表了热情洋溢的讲话，他特别强调说："战后二十七年来笼罩在我们头上的乌云即将消逝。人民一直急切等待两国关系正常化的日子早一天到来。而如今，这个日子已经不会太远了。"

是的，不说别的，就说眼前的这两架即将飞往上海的飞机吧。这是过去人们从来不敢想的，因为中日两国当时在法律上仍处于战争状态，日本飞机怎能直飞中国呢？中国的机场怎能为日本的客机开放呢？但是，现在这一切很快就要变成现实了。

说到日本客机临时飞往上海，这里还有一段插曲。

在上海舞剧团逗留日本的后期，我就听孙平化告诉我，藤山爱一郎曾向他建议由日航和全日空这两家公司各提供一架包机，送上海舞剧团回国，这样，舞剧团不必绕道香港，可以从东京直接回上海。我知道，藤山是日航的董事长，跟日航有密切关系，而全日空，则是中国的另一位老朋友冈崎嘉平太曾作过社长的公司，所以，此事安排起来，不会有什么困难。当然，藤山建议由日航和全日空两家公司各提供一架包机，是出于一种平衡考虑。但孙平化当时想，一个一般性的艺术团，怎么好大肆张扬，乘包机回国？据我推测，孙平化当时一定是顾虑重重。因为人们经过"文革"，一般说来都心有余悸，生怕因不合身份地坐了包机而受到批评。于是，孙平化感谢了藤山的好意，同时表示此事他个人做不了决定，允报国内。

"这是政治！"

那时，孙平化在日本的活动，几乎每天晚上都要通过国际电话向国内汇报。他向国内汇报时，加了一句个人的想法："舞剧团（取道香港）回国的交通工具，早已安排好，是否还要包机直飞国内，兴师动众？我个人的看法是似乎无此必要。"过了几天，我在备忘录贸易办事处听说国内已有了回话：同意舞剧团乘包机直接回上海。后来，孙平化告诉我，周总理在他报回去的意见上批示：乘包机回国，不是没有必要，而是"很有必要！这是政治"。

我们当时都感到，周总理高瞻远瞩，他不是把这一件事简单地看作舞剧团怎样回国的技术问题，而是从政治的高度，把这次飞行当作田中首相访华前的一次试航。

8月16日那一天早晨，羽田机场的迎送台上，挤满了欢送的人群，估计有一千人。我看到，在停机坪附近送行的人有：促进恢复日中邦交议员联盟会长藤山爱一郎、参议院议长河野谦三、自民党日中邦交正常化协议会会长小坂善太郎、社会党委员长成田知巳、公明党委员长竹入义胜、民社党委员长春日一幸、日中文化交流协会常任理事西园寺公一、《朝日新闻》社常务董事长谷川健一、著名表演艺术家河原崎长十郎，以及中日备忘录贸易办事处驻东京联络处首席代表萧向前。此外，东京华侨总会、日航和全日空的代表也到机场送行。

机场上举行了简短的欢送仪式。作为上海舞剧团邀请单位的日中文化交流协会、《朝日新闻》社以及与上海结成友好城市的横滨市等八个单位首先向孙平化团长和中岛健藏先生赠送了花束。孙平化团长致词说："我们很快就要跟朋友们分手了。今后，我们将继续为促进中日两国人民的友好，为发展文化交流，为实现两国人民最大的愿望——邦交正常化而努力。"在结束讲话时，他用日语说："朋友们，谢谢你们。'萨哟那拉'（日语：再见）！"然后，河野议长按日本习惯带领大家三呼"万岁"："誓为促进日中友好而努力！万岁！万岁！万岁！"

上海舞剧团的两百多名团员与日本朋友一一握手，互道"再见""萨哟那拉"，依依惜别，登上了飞机。

大概是做记者的有一种"共性"，或者说有一种"使命感"，我一上飞机，就留心周围发生的事，哪怕是一点一滴，也不放过。我乘坐的那架日航客机，大家刚一落座，就听到了机长通过广播讲的热情话语："中国上海舞剧团的朋友们为促进日中友好，为发展日中文化交流，做出了很大的贡献。今天我们能担负起专程送中国客人回祖国的任务，感到非常荣幸！"这位机长，名叫富田多喜男，他是富有经验的驾驶员，前一年日本天皇访问欧洲时乘的专机，就是他驾驶的。全日空的那一架客机也同样配备了一位经验丰富、名叫神田好武的机长。

日航和全日空这两家公司为能安全、顺利地把中国客人送到上海，做了充分的准备工作。这两架飞机在这次飞行之前，曾进行过一次试航。执行 8 月 16 日直飞上海任务的机组人员，几乎全都参加过那次试航。日本《朝日新闻》记者关于这一点有一段生动的描写："中国民航国际业务局副局长王炳於以及驾驶员和报务员共六人分乘这两架直飞中国的特别包机，他们在驾驶舱里协助日方机组人员。日航客机上的富田机长和全日空客机上的神田机长，曾经都在东京—北京航线上试飞过。正因为如此，他们并不显得紧张，而满面春风地坐在驾驶席上。他们就像驾驶班机，飞往临近的城市那样从容不迫。"

是为日本首相访华的一次"演练"

当飞机在跑道上滑行时，我们就看见在候机楼前有上千名穿着节日盛装的群众，来迎接上海舞剧团和同机到达的日本客人。他们敲锣打鼓，载歌载舞，齐声喊着："欢迎，欢迎，热烈欢迎！"简直就像欢迎某外国的国家元首或总理似的。这个场面不仅是我，恐怕同机的所有人都未曾想到过。据说，这是周总理亲自布置的。我想，这固然有对孙平化同志率领中国上海舞剧团访日成功表示祝贺的意思，但更重要的是表示中国人民热切期待并热烈欢迎田中首相访华，也是为田中首相访华的一次"演练"。

从包机走下来的日本贵宾和孙平化团长，在上海市领导人的陪同下，绕场一周，挥手致意。我作为记者，能够亲眼看到这一情景，感到很幸运。

我们被安排下榻在锦江饭店。到机场迎接我和高地的新华社上海分社的领导，陪我们到饭店后，立即商量如何进行报道。商量的结果，决定由我执笔写一篇通讯。午饭后，我顾不得休息，根据一路上采访和搜集的材料，写成了一篇通讯，请高地过目。他稍做修改后，交给上海分社的同志发回总社。这篇通讯，题目是《在东京—上海的航程上》，刊登在1972年8月18日的《人民日报》上。"文革"以后，由于反对所谓"三高三名"，通常的做法是记者写文章不能署个人名字，所以，那篇通讯在文尾署名为"新华社记者"。

翌日早晨，在食堂见到孙平化，他告诉我已接到通知要他和同行的江培柱、唐家璇立即回北京汇报，不能一道回去了。这样，他们当天晚上就返回北京，并从机场直接到人民大会堂，向等候在那里的周总理做了汇报。

调整各方工作和外务省的态度

对于田中首相来说，在他访华谋求实现中日关系正常化之前，还必须做好各方面的调整工作。

首先是怎样安抚自民党内的"台湾帮"。自民党内一直存在的一股亲台势力，与台湾有着千丝万缕的联系，加上在最近的一次自民党总裁选举中，他们所支持的福田落选，心中很不是滋味。这些因素都交织在一起，促使他们千方百计设置障碍，反对田中首相访华，阻挠中日关系正常化的实现。田中以他的智慧和魄力，终于摆平了"台湾帮"，使他们不能兴风作浪。

这个问题解决后，还有一点使田中首相放心不下的，那就是外务省的态度。

应该说，对于中日关系正常化，日本外务省的态度有一个变化的过程。在田中出任首相以前，外务省对中国的态度是冷淡的。这当然跟佐藤内阁推行的反华政策有关。

佐藤荣作本来就是一个亲台派，作为外务事务当局来说，是无法违背内阁最高领导人的意志的。

远的不说，就说在佐藤内阁时代，外务省围绕着对中国的问题曾遇到过不少难题，例如使用输出入银行资金问题、恢复中国在联合国的合法席位问题、日本在野党与中国发表谴责佐藤政府的共同声明问题等。这些问题都使外务省大伤脑筋。对有些事，外务省的做法是能往后推就往后推。借用田中首相的秘书早坂茂三的话来说，当时中国问题对于外务省简直就是"卡在嗓子眼里的一根鱼刺"。

但是，这种情况在田中出任首相后开始发生了变化。然而这种变化也经历了一个渐变的过程。

就在田中内阁成立一星期后的 7 月 14 日，日本驻美大使、亲福田赳夫的牛场信彦在华盛顿向记者说："中国把中日复交三原则作为邦交正常化的前提，我们不能予以承认。"

但是，在外务省里，中国课课长桥本恕的态度是积极的。当时，我们在日本对此虽有耳闻，但由于日方对外封锁消息，外界无法了解有关的内情。据后来桥本本人向日本广播协会（NHK）记者透露，当时的情况是这样的：

在田中内阁成立当天晚上，田中首相和大平外相在东京赤坂的一家餐馆"千代新"碰面，商量了日中问题。席间决定："实现日中邦交正常化是田中内阁最大的外交课题。"

大平外相立即把桥本课长召到外务省大臣室来。他绕过其他人，直接对桥本说："田中首相已经决定解决日中邦交正常化问题。"并向桥本交代绝对保密，不要告诉任何人，同时指示他立即开始与中国接触。

为了制订谈判计划，外务省成立了一个由条约局长高岛益郎、条约课长栗山尚一、中国课长桥本恕三人组成的小组。

桥本恕协助大平外相做了大量工作。复交前，他多次来往于中日之间，还充当了田中首相和大平外相访华时的先遣人员。

在这一过程中，外务省的大势逐渐倾向于实现日中关系正常化，但是在如何处理"日蒋条约"这一关键的问题上，他们死死地抱住"条约论"不放，始终坚持不能废除这一非法条约的立场。这个阴影，后来一直拖到在北京举行的复交谈判中，以至于在双方之间引起了一场斗争。

出访前的准备

田中首相在访问中国以前，于 9 月 23 日早晨，曾到东京文京区的护国寺参拜了松村谦三墓。

松村谦三从 1959 年到 1964 年曾三次访问中国，同周恩来总理多次进行会谈，共同推动中日关系从民间往来的阶段向半官半民阶段发展，为后来的中日复交奠定了重要基础。应该说，松村晚年努力奋斗的目标，就是要实现中日关系正常化。但是，他未等到那一天的到来，就于建交前一年的 8 月离开了人世。由于松村谦三生前刚直不阿，排除重重困难，为改善中日关系奔走，赢得了人们的尊敬。他既是日本政界的元老，也是中日复交这一伟大事业的日方"掘井人"。

田中首相要完成的是松村的未竟事业，他要去北京跟周总理会谈，一举解决中日两国恢复邦交这一战后一直悬而未决的重大问题，怎能不先向这位日本政界的老前辈致敬呢？

那一天，松村谦三的长子，在三菱仓库公司任社长的松村正直和自民党国会议员川崎秀二先到墓地等候田中首相。田中首相到达后，按日本习惯，向墓碑上浇了水，然后合十参拜。

我认为，这一行动既有象征意义，也表明了田中首相有恢复日中邦交的诚意和决心。

了解田中的生活习惯

翻开 9 月 24 日的《朝日新闻》，除了这一条消息外，还有一条消息引起了我们的兴趣。它报道了田中首相的身边工作人员怎样从生活角度为首相访华做了万无一失的准备。身边工作人员认为，田中首相到北京与周总理进行的会谈，是战后日本外交史中应大书特书的具有历史意义的会谈，因此，希望首相能以最佳状态来完成这一重大任务。由于田中首相患有甲状腺亢进症，怕热，出汗多，需要不断饮水。报道说：

身边工作人员最担心的是饮水问题怎样解决。首相爱出汗，每隔十五分钟就要喝一次水。睡觉时，要把水放到枕头边，早晨起床后，先喝一两杯。喝白兰地时，要放两只杯子。一只杯子，倒的是加水的白兰地，另一只杯子里是冰水。而冰水要比白兰地喝下去得快。

然而，北京的水，与日本的软性水不一样，是硬性水，含有氯化钙和氯化镁。中国方面善解人意地说："我们会把水烧开，准备充足的茶水，请放心。"首相身边的工作人员也说："喝硬性水，很快就会习惯的。"但首相却坚持说："别的都可以迁就，只是喝水这一点，请中方宽恕我的任性。"最后，决定把日本的水装在桶里带到中国。

首相身边工作人员也有人担心，"首相天天吃中华料理会不会吃腻"。首相有时也吃油腻的中华料理，但他是"日本料理一边倒型的人"。然而，中国方面事前充分地了解了首相喜爱吃的东西。据首相秘书官说："首相喜欢吃大马哈鱼头炖萝卜。中国方面甚至知道怎样来调味。"

首相还非常喜欢吃白米饭。他吃饭时，上面要撒一点盐。因此，还要特意带去日本产的大米。家乡新潟县的"越光"品种的米还没有到收获季节，所以要带上去年产的陈米。此外，还要带去咸梅干、腌咸的木天蓼、细香葱、食盐、黄酱、酱油等。

　　关于服装，田中的家人说："中国人穿的朴素，所以不必特意准备礼服，平时穿什么，就穿什么。"但是，问题是角荣先生特别怕热，所以除了准备大量的衬衣、衬裤外，皮箱里还要装两套夏天穿的西装。为了准备爬长城，箱子里还塞了一双橡胶底的运动鞋。

　　日本有报道说，中国记者曾事前采访过田中首相的生活习惯，以备他访华时做参考。关于这一点，确有此事。

　　在田中首相决定访华时，我们从记者的角度，就考虑到他抵达北京后，除会谈外，对于中方来说还有一个如何做好接待工作的问题。这就需要事前了解田中首相的饮食起居习惯。我们常驻东京的中国记者团，由蒋道鼎出面，采访了田中首相的大秘书早坂茂三。像田中首相怕热、爱喝水、喜欢吃咸大马哈鱼头炖白萝卜，以及日常的起居时间和习惯等情况，都是那时采访到的。蒋道鼎写好稿子，我看过后，便作为参考稿发回了总社。

　　后来，我在早坂茂三写的《政治家田中角荣》（中央公论社出版）一书中，看到他回忆当时的情况。早坂写道："我自己，在5月上旬就接受了两位中国记者的来访，被彻底地采访了关于田中的情况。我向他们谈了：一、田中特别怕热，最合适的室内温度是十七摄氏度；二、喜欢吃的东西有台湾香蕉和东京银座四丁目的木村屋的夹馅面包；三、做黄酱汤用的黄酱，要用柏崎市一家名叫'西牧'的老字号生产的三年黄酱。我甚至把情况介绍得如此细腻。当我随同田中访华时，我发现中国方面已把他们采访的成果完全付诸实施。"

　　早坂写的都是事实。但，只有一点，他把中国记者采访他的日期记错了。早坂说是5月，但那时田中角荣还没有当首相，还没有出现作为一国首相访问中国的问题。我记得，采访早坂确实是在田中首相决定访华之后。

中日建交——历史性的时刻

*

*

1972 年秋，中日之间终于实现了盼望已久的邦交正常化。它的全过程，我是作为一个常驻日本的中国记者，从日本一侧进行观察和报道的。我想，有这样经历的人，也许并不很多。

那一年的 9 月 25 日，我们一大早就来到羽田机场采访。田中首相、大平外相、二阶堂官房长官一行，将要启程前往中国。

那一天的羽田机场不同于往日，日本政府官员、各政党代表、国会议员以及中国驻东京备忘录贸易办事处首席代表萧向前都陆续来到停机坪旁。迎送台上站满了人，欢送田中首相一行。7 时 50 分，田中首相等人乘坐的黑色轿车鱼贯驶入机场。田中首相下车后，用他特有的略举右手的姿势向欢送的人们致意，并同送行的人一一握手，然后健步登上了专机。

快报："专机启动了！"

为了搞好这次"战役性"报道，东京分社的记者办公室投入了紧张的工作。除了原有的人员外，我们还临时请了两位爱国华侨青年帮忙。办公室里的气氛，与往常不同。电视机一直开着，译电员坐在电传打字机旁，随时等待着发稿。按事前约定，那天清晨 7 时 50 分，北京的新华社总社与东京的中国记者办公室接通了国际电话（那时，打国际电话很难，常常占线，因此要早早预约，先把线路占上）。8 时许，田中首相一行乘坐的专机徐徐启动。守在电视机旁的顾娟敏看到荧光屏上映出的景象，通过国际电话及时把这一消息传给了总社："专机启动了！"总社立即用快报形式向全世界广播。

后来听总社同志告诉我，这是在世界通信社中，最早报道田中首相一行离开东京前往北京的消息的。我在《朝日新闻》9 月 25 日的晚报上看到该报记者团当天发自北京的消息也说："新华社用东京 25 日电的电头，以前所未有的速度发出'快报'，向全世界报道了田中首相一行访华离开东京前往北京的消息。"

田中首相访华期间，所有的活动，都通过宇宙通信卫星向全日本实况转播。那几天，我们从早到晚盯着电视机看。

两国总理在北京机场紧紧握手

25 日北京时间上午 11 时 30 分，电视荧光屏上映出了北京机场。插着日中两国国旗的专机在停机坪停下。机舱门打开，第一个走出来的是田中首相。等候在扶梯旁的周总理趋步向前。中日两国总理紧紧地握手。这是一个历史性的时刻。

作为中国驻日记者，我们自然要注意日本报纸对这一历史事件的报道规模和反应。东京各大报当天的晚报都在第一版用整版篇幅配合照片报道了这一特大消息。《朝日新闻》所冠的大字标题很醒目：《日中如今握手》《首脑会谈开始》。副标题是《怀着恢复邦交的愿望》《受到周总理等人的最高规格的欢迎》《北京机场万里无云、秋高气爽》。

《朝日新闻》的特派记者团从北京发回的消息说："日本的首相终于踏上了中华人民共和国首都北京的土地。""从扶梯上走下的田中首相跟前来迎接的周总理郑重地握了几次手。经过了漫长的断绝时代之后，要开辟友好的新时代的两国总理把手紧紧地握在一起。"

该报的西村记者在报道这一历史性的场景时，做了更为详细的描述：

当时那种凝重而无比静寂的气氛，简直无法形容。宽阔的北京机场万籁俱寂，宁静得像失去了一切声音。1972年9月25日上午11时40分身穿深色西装的田中首相，踏着铺有红地毯的扶梯，略微晃着身子，从飞机上走了下来。他眯缝着眼，看了天空，使劲闭着嘴，朝周总理的方向走去。

身穿宽松的淡色中山装的周总理走上前去。两个人，柔和而自然地成为一体。一只手握了另一只手。两只手轻轻地上下摇晃了五六下。停了一小会儿，好像互相要确认似的再一次紧紧地握手。

明媚、宜人的秋光甚至使人感到气温偏高一些。机场的混凝土跑道白花花的，而成为其背景的日航专机也白得耀眼。右侧军乐队的铜管乐器，闪闪发光。在这一切光亮的交错反射之中，只有两只手，紧紧地握在一起，无声地上下摇动着。

这是梦吗？不，不是梦。刚才，日中两国领导人的手千真万确地握在了一起。

实际上，握手的时间应该是还不到一分钟……但是，它却使人感到很长很长。……持续了40年的令人痛心的时间流向，这时，也只是在这时，停滞了。两国人民在漫长的岁月中流的血和泪，在这灿烂的阳光下，像一股热浪升向天空。就在那一瞬，我突然感到好像有些眩晕似的。

接着，在北京的天空上响起了《君之代》，旗杆上那面鲜艳的太阳旗迎风招展。

田中首相和周总理并排着行走，检阅长长的仪仗队。……在仪仗队的队尾，站着冈崎嘉平太以及住在北京的一批日本人。田中首相好像见到"久违"的朋友，伸出了手。他一直紧闭着的嘴，这时才松弛下来，露出了笑容。

看了《朝日新闻》的这些报道，我有一个强烈的感觉，那就是突出报道了"握手"，而这一天该报在第一版上方位置刊登的大幅照片，就是周总理与田中首相在北京机场紧紧握手的场面，从而给人们留下极为鲜明的印象。

我们身在东京，那几天要了解北京所发生的一切，最快的途径就是通过电视。周总理同田中首相的会谈，人民大会堂的欢迎宴会，田中首相漫游长城和参观故宫，毛泽东主席在中南海的会见……这一切的一切，都紧紧地吸引着我们。

田中首相到达北京的当天下午，就同周总理进入了会谈，但会谈的内容未公布。日本记者每天从北京发回的关于会谈的消息，都是他们的猜测和估计，此外，还有一些热热闹闹的花絮。当然，也不排除日方在北京向日本记者吹风时，透露了会谈中的某些情节。中日双方的主张比较全面地披露出来，应该说是通过周总理和田中首相在 9 月 25 日晚上的欢迎宴会上的讲话实现的。我们注意到，日本报纸，有的全文、有的详细摘要刊登了这两篇讲话。日本舆论认为，这两篇讲话提出了中日双方参加中日邦交正常化谈判的基本见解，表明两国首脑要通过这次谈判一举实现恢复邦交的决心和信心。同时双方都表示要以"求大同，存小异"的态度来进行谈判。作为中日两国建立睦邻友好关系的基础，中方强调了"和平共处五项原则"，而日方强调了"平等互利"和"相互尊重"。此外，两国总理的讲话有许多共同点，表明田中首相访华前双方通过非正式接触，对谈判中将要涉及的问题已经取得了广泛的一致。

何谓"添了麻烦"？

然而，我们在跟踪日本舆论动向时，发现中日双方的看法有几点是不一致的。

第一点，对历史问题的认识，即怎样对待过去日本军国主义发动的那场侵华战争的问题，双方存在着差异。

周总理在欢迎田中首相的宴会上说："田中首相来我国访问，翻开了中日关系史新的一页。在我们两国的历史上，有着两千年的友好来往和文化交流，两国人民结成了深厚友谊，值得我们珍视。但是自从1894年以来的半个世纪中，由于日本军国主义者侵略中国，使得中国人民遭受重大灾难，日本人民也深受其害。前事不忘，后事之师，这样的经验教训，我们应该牢牢记住。"

对于这个问题，田中首相在欢迎宴会上是这样说的："这次访问，我是由东京直飞北京的，我再一次深深地感到日中两国是一衣带水的近邻。两国不仅在地理上如此相近，而且有着长达两千年丰富多彩的交往的历史。然而，遗憾的是过去几十年之间，日中关系经历了不幸的过程。其间，我国给中国国民添了很大的麻烦，我对此表示深切的反省之意。"

仔细阅读上述两篇讲话，就会看出明显的差异。周总理明确指出："自从1894年以来的半个世纪中，由于日本军国主义者侵略中国，使得中国人民遭受重大灾难，日本人民也深受其害"，要"前事不忘，后事之师"。而田中首相则说：过去几十年间"日中关系经历了不幸的过程"，其间，日本"给中国国民添了很大的麻烦"，对此"再次表示深切的反省之意"。

《朝日新闻》在报道这一场面时，是这样描述的："周总理的讲话，有的地方口气柔和，但在关键的地方却很严厉。当他谈到'过去日本军国主义侵略'时，两国出席宴会的人都鸦雀无声，洗耳恭听。稍后，田中首相站在话筒前谈了几十年来日中两国经历了不幸的过程。对于这一期间日本给中国国民带来的麻烦，表示反省。"报道说："这句话，事实上可以理解为是对于（日本）侵略中国表示'道歉'"。"然而，尽管田中首相讲每一段话时中国方面都鼓了掌，但是有几段话，中国方面却没有鼓掌。例如（田中首相）说'给中国国民添了很大的麻烦'时，就没有鼓掌。这似乎表明了中国方面的不满情绪：即对同一件事，周总理用了'灾难'这个字眼，而（田中首相）却轻描淡写地说了一句'添了麻烦'，这怎么能通得过呢？"

是的，这在中国人民当中是绝对通不过的。当时，我们在东京，从电视里听到这个字眼时，本能地产生了一种"拒绝反应"。我知道，日本人在生活中做了对不起别人的事，不管大事小事，动辄要说一声"抱歉"或"对不起"。但是，对于日本军国主义者曾经侵略中国，给中国人民带来巨大灾难和损失，日本的当政者一直不肯说一句道歉的话。

不消说，田中首相的讲话稿是经过日本外务当局认真仔细推敲的。《朝日新闻》1997 年 8 月 28 日在它组织的纪念中日邦交正常化二十五周年的版面上透露，田中首相讲"带来麻烦"，是当年日本外务省领导人经过深思熟虑后选择的字眼，是他们出于如下的政治考虑："这不是战争刚结束时的那种谢罪。考虑到战后已经经过了二十年，同时，也考虑到民族的自尊心，不能叫亲台派说（外务省）推行的是下跪外交。"关于"麻烦"一词，日本曾一度传说是外务省的翻译错误。就此，日本广播协会（NHK）在 1992 年曾采访过当时参与起草田中讲话稿的外务省中国课课长桥本恕。桥本恕否定说，绝不是翻译的问题，考虑到日本国内的舆论，那已经是到了极限的提法了。他说："我考虑了不知多少天，推敲了不知多少次，夸大一点说，是绞尽脑汁才写出的。当然也给大平外务大臣、田中首相看了几次，得到了他们的同意。"可见，日方在用词上是多么的煞费苦心。尽管日语中"添麻烦"这个词的含义不像中文那样轻松，但在如此重大的问题上怎能这样轻描淡写地一笔带过呢？

周总理做出强烈反应

听说在第二天中日两国首脑会谈时，周总理就此郑重提出，日本军国主义的侵略战争给中国人民带来深重灾难，用"添麻烦"来表达，在中国人民中间是绝对通不过的，而且会引起强烈的反感。田中解释说：

从日文来讲，"添了麻烦"是诚心诚意表示谢罪之意，而且包含着保证以后不重犯，请求原谅的意思。如果你们有更适当的词，可以按你们的习惯改。

正是由于中方的严正态度，在发表联合声明时日方加重语气说："日本方面痛感日本国在过去的战争中给中国人民带来的重大损害的责任，对此表示深刻反省。"这里，用了"痛感""重大损害""责任""深刻反省"等字眼，语气显然是加重了，但日方仍回避了"道歉"的字眼。后来，据透露，当时大平外相在前往长城参观的汽车中，曾向姬鹏飞外长说过："如果把谢罪字样写进联合声明中，那么自民党就会分裂。希望中方能理解日本的复杂状况。"

双方主张的根本分歧

第二点，在是否已经结束中日间的战争状态这一问题上，双方存在着根本分歧。中国方面主张，中日间的战争状态尚未结束。周总理在宴会上的讲话中是这样说的："中华人民共和国成立以后，尽管两国间战争状态没有宣告结束，中日两国人民的友好往来和贸易关系不但没有中断，而且不断发展。"

而日本方面却主张，中日间的战争状态，在 1952 年缔结的所谓《日华和平条约》（即"日台条约"或"日蒋条约"）中已经确认结束。因此，田中首相在讲话中回避使用"战争状态尚未结束"这样的表述，而只是说："'二战'后，日中关系仍继续处于不正常、不自然的状态，我们不得不坦率地承认这个历史事实。"

这就是说，中方主张中日间的战争状态尚未结束，而日方只承认日中关系继续处于不正常、不自然的状态。

第三点，是如何处理台湾问题。实际上，这是中日复交中的一个焦点。

上述第二点和第三点，归根结底，是如何对待所谓"日台条约"的问题，换言之，也可以说是如何对待中方提出的中日关系的政治三原则的问题。

中国提出的政治三原则：一、中华人民共和国政府是代表中国的唯一合法政府。二、台湾是中国领土不可分割的一部分。三、"日台条约"是非法的，必须废除。这三项原则，中国方面始终坚持，绝不动摇。从当时日本报纸透露的日方的意图来看，日本政府对于第一项"中华人民共和国政府是代表中国的唯一合法政府"这一点，不持异议。对于第二点"台湾是中国领土不可分割的一部分"，日方绝不直接表示承认。关于第三项"日台条约"，日方的考虑是它涉及 1951 年美国一手炮制的《旧金山和约》，如果日本政府同意废除"日台条约"，就等于否定了《旧金山和约》，否定了自己的过去，换言之，等于宣布它过去跟台湾当局所缔结的"条约"，完全是"虚构"的，从而"容易导致（日本）对战后体制的自我否定"。正因为日方不从根本上否定"日台条约"，认为关于宣告"战争状态结束"以及放弃对日本的战争赔偿要求的问题已经解决，所以不同意在即将发表的中日联合声明中写进这些内容。

中方严厉批评高岛益郎

日方的这些错误观点，主要是在中日两国的外长会谈时，由日本外务省条约局局长高岛益郎阐述的。高岛的奇谈怪论，理所当然地遭到周恩来总理的有力批驳。正像周总理所指出的那样，台湾问题是政治问题，但高岛益郎却搬出"法律论"，这完全是站不住脚的。1949 年中国革命的胜利，推翻了蒋介石集团在中国的反动统治，成立了中华人民共和国。在这种情况下，当时的日本政府追随美国，跟蒋介石集团缔结所谓的《日华和平条约》，当然是非法的。至于已经被中国人民推翻的蒋介石集团宣布放弃对日本的战争赔款的要求，那是慷中国人民的慨，也是非法的。

后来，听说周总理做出的强烈反应使日方受到很大震动。

高岛益郎在谈判中张口闭口"法律"，因而遭到中方严厉批评的事，从日本的报道来看，是千真万确的事实。我们注意到，此事传到日本后，日本媒体盛传周总理当时对高岛用了"法匪"一词。但是据参加谈判的中日双方当事者回忆，都说周总理没有使用这个词。当时以外交部顾问身份参加谈判的张香山后来对我说："周总理没有用'法匪'一词。我查了一下，中文和日文都没有'法匪'的说法。"

但据我推测，这是否是中方的某人曾说过高岛是"法痞"，而且传到了日本人的耳朵里。汉语里，虽然没有"法痞"一词，但却有"文痞"的说法，模仿"文痞"的造词法，创造"法痞"一词的可能性，是不能排除的。由于"法匪"和"法痞"，在日语中都读作"houhi"，所以，日本人听了"houhi"这个发音，误认为是"法匪"的可能性是完全存在的。

从当时日本媒体的报道来看，中方在坚持原则的情况下，做了某些妥协，而日方也在可能的范围内做了某些让步。经过四天的谈判，双方在下述几个主要问题上达成了协议。

双方达成的协议

第一点，关于"战争状态尚未结束"的问题，听说周总理想出了用"结束不正常状态"这一表述，来代替"结束战争状态"。因为这一表述是中日双方都能接受的。这样，联合声明的第一条的表述就定为："（一）自本声明公布之日起，中华人民共和国和日本国之间迄今为止的不正常状态宣告结束。"但是，在联合声明的前言中，又把上述两种表述并列地写了进去，即："两国人民切望结束迄今存在于两国间的不正常状态。战争状态的结束，中日邦交的正常化，两国人民这种愿望的实现，将揭开两国关系史上新的一页。"中日双方的主张，都得到了照顾。

第二点，中国方面主张的政治三原则，最后是这样处理的。

关于承认中华人民共和国政府是代表中国的唯一合法政府的问题，联合声明的第二条写明："日本国政府承认中华人民共和国政府是中国的唯一合法政府。"日方完全接受了中方的主张。

关于承认台湾是中国领土的问题，联合声明的第三条采取了分述中日双方立场的写法："中华人民共和国政府重申：台湾是中华人民共和国领土的不可分割的一部分。日本国政府充分理解和尊重中国政府的这一立场，并坚持遵循《波茨坦公告》第八条的立场。"这一条条文的微妙处，在于日本方面没有直接表明它承认或同意中国方面的主张，而采取了"间接"和"迂回"的表述方法。它只是表明日本国政府"充分理解和尊重"中国政府的立场，但在后面又加了一句"并坚持《波茨坦公告》第八条立场"。关于这一点，大平外相在签署《中日联合声明》之后举行的记者招待会上是这样说的："日本政府关于台湾问题的立场，已经在第三条表明了。《开罗宣言》规定台湾归还中国，而日本接受了承继上述宣言的《波茨坦公告》，其中第八条是'开罗宣言之条件必将实施'，鉴于这一原委，日本政府坚持遵循《波茨坦公告》的立场是理所当然的。"

大平宣布"日台条约"已失存在意义

中方提出的复交三原则的第三个原则，即宣布"日台条约"无效的问题，是如何解决的呢？这采取了大平外相对外宣布的办法，而没有在联合声明中提及。

关于大平外相对外宣布这一点，在会谈中，周总理说日本要"言必信，行必果"，并把这句话写在纸上，给日方看。田中说："日本也有类似的话"，便在纸上写了"信为万事之本"。

日方信守在谈判中向周总理所做的诺言，由大平外相在上述记者招待会上说："在联合声明中虽然没有触及，日本政府的见解是，作为日中邦交正常化的结果，《日华和平条约》已失去了存在的意义，并宣告结束。"

剩下一个战争赔偿问题。如前所述，日方的意图是这个问题过去在所谓的《日华和平条约》中已经解决，本想不再涉及，但既然"日台条约"本身已经宣告结束，所以，最后同意以中国方面单方面放弃战争赔款要求的形式，写进《中日联合声明》。联合声明的第五条写道："中华人民共和国政府宣布：为了中日两国人民的友好，放弃对日本国的战争赔偿要求。"

除了上述问题外，联合声明还写进了如下内容：

一、中日两国自1972年9月29日起建立外交关系，并尽快互换大使。

二、中日两国在和平共处五项原则基础上，建立持久的和平友好关系。

三、中日邦交正常化，不针对第三国。两国的任何一方都不在亚太地区谋求霸权，并反对其他任何国家和国家集团建立这种霸权的努力。

四、中日两国政府同意进行以缔结和平友好条约为目的的谈判。

五、中日两国政府同意进行以缔结贸易、航海、航空、渔业等协定为目的的谈判。

毛主席会见

新华社东京分社的任务是，每天综合日本报纸的版面和反应发回总社。除了两国首脑谈判反映出来的问题外，还有一个突出的重点，就是9月27日晚毛泽东主席在中南海住处的书房会见田中首相、大平外相和二阶堂官房长官的情况。

毛主席的会见，是当天傍晚突然通知日方的。会见的时间，从晚上8时半到9时半许，约一个小时。中方陪同会见的有周恩来总理、姬鹏飞外长、廖承志顾问。《读卖新闻》报道说："在北京会谈的过程中，毛主席同田中首相等人会见，表明中国的最高首脑对日中邦交正常化所寄予的不同凡响的期望和热情，可以说，（中日两国）建立邦交事实上已经确定。"《朝日新闻》在报道中也说："毛主席会见田中首相表明，中日邦交正常化的谈判，在大的方面已经敲定。"

会见的具体情况，当时中国报纸没有报道，而日本报纸则报道了二阶堂官房长官事后透露给日本记者的一些情况。

据二阶堂说，那天晚上，周总理陪同田中首相、姬鹏飞外长陪同大平外相、二阶堂官房长官单独一人分乘三辆汽车，到了中南海毛主席的住处。毛主席在书房里同来访的日本客人一一握手。他看来很健康，谈笑风生，语言风趣。会见自始至终充满着和谐的气氛。他好像见到老朋友，又好像彼此相识的两个人——老前辈跟一个晚辈谈话似的。毛主席的话题，非常广泛，包括日中两国的关系、中国历史、佛教、"四书五经"及烹饪等。

二阶堂是这样描述会见时的情景的：

宾主坐定后，毛主席微笑着环视了田中首相和周总理说："你们已经吵完架了吧？不吵不行。"田中首相回答说："我同周总理正圆满地进行会谈。"

毛主席说："'不打不交'嘛！'添了麻烦'这样的说法，年轻人认为不够分量。在中国，不小心把水溅到妇女的裙子上才用这个词。"田中说："日语许多词是从中国传来的。可是，这个词日本人在百感交集时也可以使用。"毛主席说："明白了。'麻烦'这个词，你们用得妙。"

毛主席指着廖承志说："他出生在日本，这一次你们把他带回日本。"田中首相说："廖承志先生在日本很有名。如果他参加参议院的全国区选举，一定能当选。"

毛主席："听说，田中首相在夏威夷举行日美首脑会谈时，不大喜欢吃西餐，不知中国饭菜怎么样？"

田中首相："很丰盛，味道也好。茅台酒和中国茶也好。"

毛主席："茅台酒，喝得太多不好。"

田中首相："听说茅台酒有六十度。但是，很好喝。"

毛主席："谁告诉你六十度？七十五度。"

接着，毛主席说："中国还有很多旧的东西。受旧的东西束缚，不好。"毛主席向客人介绍了他小时候怎样反抗父亲对他的束缚。他说，他责问过父亲："'四书五经'里说父慈子孝，可是你为什么要打我？"

毛主席又问田中首相："日本搞选举，很忙吧？"

田中首相："二十五年里，搞了十一次选举。还要进行街头演说，不然，很难取得胜利。"

毛主席："国会，也很忙吧？"

田中首相："也不好办。弄不好，就要解散国会，举行大选。"

毛主席："是很难办。"

田中首相："祝毛主席永远健康！"

毛主席拍着膝盖说："我的腿，因为风湿，弱了一些。"（二阶堂后来透露，当时毛主席还说过："不久，就要见上帝了。"但是，他没有向记者公布。）

要分手之前，毛主席从一堆书中，选了一套六卷本的《楚辞集注》，一面赠送给田中首相，一面说："我这个人感觉读书读得太多了。可是每天不读书，就过不了。这套书是送给你的。"田中首相边接过书，边说："我不能再说忙了。我要更用功才行。"

临别时，田中首相一再要毛主席留步，但毛主席仍把日本客人送到门口。

毛主席为什么要送给田中首相《楚辞集注》？日本舆论分析有三种可能：一、《楚辞》是中国古代伟大爱国诗人屈原的作品。田中为了日本国民的利益，毅然决然访华，为此赞扬他的爱国心。二、听说田中首相在访华期间曾作过汉诗，按中国的习惯，以诗酬答。三、基辛格访日时，曾问田中首相："你为什么那么急于访华？"田中说："日本和中国的关系，要比美中关系久远。"田中说得完全正确。中国（送书是）为了表示中日之间正是要恢复这种早已存在的友好关系。

国宴上演奏日本小调

那几天的日本报纸，可以说是连篇累牍地报道了中日首脑围绕着中日复交所进行的活动，除了谈判本身的严肃内容外，也通过报道烘托出了浓郁的友好气氛。例如，9月25日晚，关于周恩来总理在人民大会堂举行的欢迎宴会，《朝日新闻》的主标题是《日中首脑，和谐融洽》，副标题是《（中方的）欢迎宴会安排精彩》。我特别注意了这篇消息所报道的气氛：

人民大会堂的大宴会厅响起了《佐渡小调》和《金比罗船船》的旋律。田中首相眉开眼笑，大平外相的眼睛眯成了一条线。因为这是田中首相和大平外相"家乡的旋律"。25日晚，周恩来总理为欢迎旨在进行日中首脑会谈而来北京的日本政府代表团举行的晚餐会，由于中方的精彩导演，出现了浓郁的日中复交气氛。

这晚的宴会，除了日本政府代表团外，备忘录贸易方面的人士、日本记者团、外国驻北京的记者，再加上中国方面的出席者，超过了600人。大宴会厅的每一张桌子上摆满了中国饭菜。据说，包括尼克松总统在内，对外国元首和首相级的欢迎宴会，其规模最多达到今晚的三分之二。这使人感到，中国方面对这一次的日中首脑会谈是多么的劲头十足。

舞台中央，悬挂着日中两国国旗。在主桌的主人位置上就座的是周总理。右首是田中首相，左首是大平外相。姬鹏飞外长坐在他的旁边。这天晚上的菜谱，跟尼克松总统时一样，也是九道菜。中国引以自豪的茅台酒和红葡萄酒，不断地注入酒杯中。周总理向田中首相推荐茅台酒说："这种酒喝多少，都不会上头。"然后，夹菜，送到他的盘子里。身穿军装的军乐队交替演奏了《樱花樱花》等日本民谣和中国歌曲《祝毛主席万寿无疆》《毛主席走遍祖国各地》。

我所以注意了这条消息，是因为它报道了我们的军乐队演奏了田中首相、大平外相和二阶堂官房长官等人家乡的民谣，而这些乐谱是根据国内指示，8月16日我随上海舞剧团乘专机临时回国时带回去，亲自交给外交部的。当时是亚洲司的江培柱收下的，然后他把我带到韩念龙副部长处，见了一面。记得带乐谱的经过是这样的：那一年的8月，外交部曾电话指示我们在东京的备忘录贸易办事处，要购买此类乐谱，以备田中首相来华时使用。当时在办事处负责的赵自瑞把此事交代给我。我便委托在中国记者办事处工作的爱国华侨青年到商店里去选购。我看到日本报纸的那篇报道，知道带回去那些乐谱派上了用场，发挥了作用，真是由衷地感到高兴。

举国欢腾庆复交

*

*

1972 年 9 月 29 日，这是值得中日两国人民永远纪念的日子。经历了战后二十七年的漫长岁月，这一天，中日两国恢复了邦交，从此揭开了两国关系史上的新篇章。

日本民众争看电视

这天上午，在日本全国各地的政府机关、团体和公司的办公室，许多学校、工厂、商店、闹市的吃茶店、饭馆等公共场所以及很多家庭里，人们都打开了电视机。东京银座、涩谷等地的电视机商店的几十台彩色电视机前，都挤满了观众。

东京时间上午 11 时 20 分，周恩来总理、姬鹏飞外长和田中总理大臣、大平外务大臣，步入北京人民大会堂。他们就要分别代表本国政府在《中日联合声明》上签字了。这一情景，通过卫星转播，出现在电视荧光屏上的时候，观众沸腾起来。当荧光屏上映出周恩来总理和田中总理大臣签字的庄严场面时，人们都屏住呼吸，聚精会神地观看。两国总理和外长在插着中日两国国旗的长桌前坐下，分别从砚台盒里取出毛笔在联合声明上签了字。签完字后，周总理和田中首相紧紧握手。看到这一情形，观众的脸上浮现出笑容。人们相互祝贺："日中两国建交了！""日中两国人民多年的愿望终于实现了！"一位公司职员向采访的中国记者说:"应该到来的时刻来到了。日本同中华人民共和国建交是理所当然的。我希望日中两国进一步扩大交流,对亚洲和世界和平做出更大的贡献。"

那一天,我们都焦急地等待着晚报的到来。大概是心理上的作用,觉得偏偏那一天的晚报比往常来得迟。

我们终于盼来了晚报,它们都醒目地冠以通栏大标题,配合大幅图片,从第一版开始,用七八版篇幅报道了"日中建交"这一中日关系史上的大事。

《读卖新闻》报道说:"签字仪式很简朴,但就在结束仪式的那一瞬间,日本同中华人民共和国建立了邦交,两国间存在的长期不幸的断绝的历史,被打上了休止符。仪式结束后,两国首脑举起酒杯,把香槟一饮而尽。然后,按照中国的习惯,互相照了一下酒杯,共同祝福两国的前途。"

《朝日新闻》特派记者畠山武发回的报道说:

"自从田中首相访华以来,经过四天不知疲倦的谈判,日中关系正常化在29日终于实现了。迎来日中关系史上重大转机的这一天,北京的那些从事对日工作的人们都表现出难以控制的兴奋。正像两国总理所反复强调的那样,日中邦交正常化的目的在于'建立长远的友好',在它的深处蕴藏着永远不再重复不幸的过去和永远不再战的誓言。这是日中关系史上从未有过的,它有着足以改变世界潮流的力量。……然而,当我们想到实现日中关系正常化的路程是多么的漫长时,深深感到要建立两国首脑所愿望的牢固的友好关系,绝不是很容易的。

"现在,时代的潮流就像决开了堤坝似的,滚滚向前,在这种情况下,日中邦交虽然得到了恢复,但过去阻挠日中关系正常化的力量,并不是都消失了。为了把这一值得纪念的9月29日作为起点,建立日中两国永久的友好关系,有必要铲除过去一直阻挠实现两国关系正常化的那股势力。"

日本报纸还报道说,自民党、社会党、公明党、民社党以及共产党都对中日联合声明的发表表示了肯定的态度。《朝日新闻》所冠的总标题是《执政党和在野党均对联合声明表示欢迎》。《读卖新闻》在各党代表发表的谈话前所加的标题，分别是：《自民党表示，希望友好取得丰硕成果，决心今后继续努力》《社会党认为，这是人民外交的巨大成果》《民社党表示，希望（日本政府）今后也采取负责的外交行动》《公明党说，这是"一个中国论"的胜利，对中国的照顾表示感谢》《共产党对于未解决（佐藤·尼克松联合声明中涉及的）"台湾条款"问题，表示重视》。

日本各界人士欢庆中日邦交正常化，形成了高涨的友好热潮。面对这一情况，我们不能不写一篇通讯，向国内读者进行报道。当时这一方面的素材，可以说俯拾皆是。

我首先感到，长期以来为日中友好而奋斗的活动家们，真是满怀激情地迎来了这一喜庆日子。

在一个短时间内，要采访许多地方和人物，除了亲自到现场，有时只能借助于电话。

我采访日中友好协会（正统）总部时，那里的朋友告诉我：电视荧光屏映出日中两国总理在《中日联合声明》上签完字紧紧握手的那一瞬间，东京神田区的日中友协总部的大厦从六层楼挂出了一幅长达十几米的引人注目的大标语，上面写着："祝日中恢复邦交"。原来，在头一天晚上有十几个努力从事日中友好运动的青年连夜赶制了这幅大标语。参加赶制标语的一位青年激动地说，日中友好今后将开辟新时代，我们要不辜负为日中友好事业而努力的前辈们的期望，今后要进一步发展日中友好事业。

日中友协总部为了纪念日中建交，还印了六十多万份机关报的"号外"。10月1日下午，一批友协的青年到东京新宿区的繁华街道上，把这些"号外"散发给来往的行人。

同中国文艺界来往密切的另一个友好团体——日中文化交流协会的情况怎样呢？9月29日那一天，这个协会的工作人员比平时提前一小时上班，热情接待前来祝贺的客人。那一天上午，最早来的，是一位印刷厂的主人。他按照日本的习惯，带着一桶米酒前来祝贺。原来日本文化交流协会的机关报从创刊起，十几年来一直在那个印刷厂印刷，并且得到那位热心日中友好运动的印刷厂主人的积极支持。那一天，他还同协会的工作人员一起守在电视机旁，目不转睛地观看了签署《日中联合声明》的情景，并且同协会工作人员一道举杯，共祝日中两国建立邦交。

日本松山芭蕾舞团的舞蹈家们29日上午11时停止了排练，观看电视实况转播。那天晚上，舞蹈家们还按照日本的民族习惯，做了大米小豆"红饭"，聚餐表示祝贺日中建交。

我与日本第二大城市——大阪的日中友协理事长雨宫礼三接通了电话。雨宫告诉我：友协大阪府总部从9月28日起就在一家百货公司举办了中国展览会。当时会场内张贴的标语口号写着："促进恢复日中邦交"；但是，从9月29日上午11时20分起，标语口号全部换成了"庆祝实现日中邦交"。同时，大阪市代理市长、日中友好人士代表和爱国华侨代表等，打开了悬挂在展览会天棚上的彩球，五彩缤纷的纸片雪花般地飘了下来。那时，挤满会场的群众当中响起了掌声和欢呼声。从那一天起，这家百货公司在楼前竖起了一块高二十米、宽三米，安装有霓虹灯的匾牌，上面写着"庆祝中华人民共和国成立二十三周年""庆祝日中建交"。

在冲绳的那霸市，从9月27日起，日中友好人士在那霸市民会馆举办了中国图片和物产展览会和中国电影会。29日上午，当《日中联合声明》发表这一振奋人心的消息传到冲绳时，主办者立刻升起一面五星红旗。

在日本举国上下欢庆中日邦交正常化时，人们自然想起那些曾经为日中友好事业，为日中邦交正常化而努力奋斗的前辈们。我首先想起了日本前首相石桥湛山。为此，我采访了他的儿子石桥湛一。

石桥湛山在病床上露出笑容

石桥湛山在他担任首相期间，明确表示要改善日中关系。但是，他的愿望没有实现，就因病辞去了首相职务。从那以后，十五年的岁月过去了，如今由田中首相完成了这一重大使命。田中首相启程访华那一天，正值石桥湛山八十八寿辰，这在日本称为"米寿"。就在那一天，石桥收到了周恩来总理发来的祝福他八十八寿辰的贺电。卧在病床的石桥湛山，因支气管动了手术，不能讲话，但是他的眼睛里闪烁着感激的泪花。石桥湛山从那以后，天天看电视转播。9 月 29 日那一天，他看到中日两国总理在联合声明上签字并紧紧地握手时，脸上浮现出满意的笑容。石桥湛一对我说："我父亲是主张日中建交的先驱者，今天，他的愿望终于实现了。所以他打心眼儿里高兴。"

社会党前委员长浅沼稻次郎横眉冷对破坏日中友好的敌人，不幸遇刺，倒在争取日本的独立、民主、和平、中立的第一线。人们一直怀念着这位勇敢的斗士。他的遗孀浅沼享子始终关心着日中两国关系的前途。日中建交的消息传来，浅沼享子立即给中日备忘录贸易办事处驻东京联络处打来贺电。她还激动地向我说："我的丈夫为日中友好事业，为争取日本的独立，贡献了自己的生命。9 月 28 日晚，周恩来总理在田中首相举行的答谢宴会上说：'在这一历史性时刻，我愿代表中国人民，对那些长期以来为促进中日友好和实现中日邦交正常化做出贡献甚至牺牲自己生命的日本各界朋友，表示衷心的感谢和敬意。'我听到这一段话，立刻想到浅沼稻次郎。不少他的生前朋友从很远的县份打来电话，说：'浅沼先生的血没有白流，太好了！'"

向松村遗像报告中日已建交

我还专门采访了已故松村谦三的女儿小堀治子。她告诉我，中日建交那一天，她向父亲的遗像说："爸爸，您多年来盼望的日子终于来到了，您放心吧！"那一天傍晚，小堀治子还同曾经跟她爸爸一道为改善日中关系而努力的自民党国会议员古井喜实、田川诚一、川崎秀二等人一起，参拜了松村谦三墓。古井喜实向松村的"在天之灵"报告：日中恢复邦交了。之后，带领大家高呼：日中建交万岁！

那一天，东京涩谷区惠比寿的中日备忘录贸易办事处，更是应接不暇。庆祝日中建交的贺电像雪片一样，从日本各地飞来，难以计数的祝贺电话接连打来，许多日本朋友还亲自前来表示祝贺。他们当中有在野党领袖等政界人士，有日中友好人士，有工人、农民运动的活动家、艺术家、贸易界、产业界等各界人士。他们热情友好的话语，汇成一句话，就是热烈祝贺日中建交！我驻日人员也热情地向日本朋友表示热烈祝贺。

办事处人员告诉我，那一天，栃木县日本"纸偶"会会长诹访重雄，特地带着自己做的"纸偶"，从栃木县赶到东京送给我联络处。诹访说，日本"纸偶"是过去的日本遣唐使从中国学来的，我们一直把这种传统工艺保持到今天，现在送给你们表示祝贺并留作纪念。他说："日本和中国过去除了有一段不幸的历史外，一直是友好的，今后应当长期友好下去。"此外，还有很多日本朋友送来花束、花篮和栽有松树的盆景，祝贺日中友好万古长青。

1972 年 10 月 7 日，《人民日报》刊登了我发回去的"新华社"通讯，题目是《热烈欢呼日中邦交正常化》。

从此不再绕行香港——中日航空协定的签订

*

*

1973 年底，日本媒体传出大平正芳外相要利用新年假期只身到北京访问的消息。大平外相本人向媒体表示此行没有什么任务，不过是度假而已，但是人们私下里猜测可能是谈中日航空协定问题。

于是，这一年的年底和 1974 年年初，我们在东京为揣摩大平外相访华的真实意图，着实忙了一阵子。在陈楚大使的主持下，驻日使馆开了几次会进行研究。我们驻日记者也应邀一起参与讨论。当时有两种看法。一种看法认为，就像大平外相自己说的那样这次访华没有什么特别的目的，只是利用假期到中国走一走；另一种看法认为大平外相此行肯定是有目的的，从当时中日关系来看，很可能是去商谈悬而未决的中日航空协定问题。估计大平外相会带去一份日方的方案，不过其内容却不得而知。我本人开始有些受日本官方的表面文章所迷惑，认为不能完全排除前者的可能性。然而仔细想来，尽管大平外相是只身访华，但一国的外相绝不会是无目的地到中国去走走而已。因此，估计此行谈中日航空协定的可能性极大。

直航问题必须解决

关于缔结中日航空协定，在 1972 年 9 月中日复交时发表的《联合声明》中已做了规定。《联合声明》的第九条说："中华人民共和国政府和日本国政府为进一步发展两国间的关系和扩大人员往来，根据需要并考虑到已有的民间协定，同意进行以缔结贸易、航海、航空、渔业协定为目的的谈判。"

除了《中日联合声明》做了这一规定外，从实际情况来说，中日之间的直航问题也必须解决。尽管中日两国已经恢复了邦交，但人员往来仍需绕道香港。这样，从北京到东京或从东京到北京，一般需要两三天，不顺利时，需要四天。这种情况早已不能适应复交后双方人员往来陡然增多这一形势发展的需要。

要开设中日之间的直通航线，就必须首先解决围绕着台湾的政治问题。这是关键的关键。

在中日复交前，台湾的所谓"中华航空公司"标有"青天白日"徽记的班机和日本航空公司标有"太阳旗"的班机互来互往。中日复交后，这种情况仍继续维持着。如果中日双方在维持这种情况下签订航空协定，就势必会出现这样的场面：标有"五星红旗"的中国民航班机和标有"青天白日"徽记的所谓"中华航空"的班机同时降落在日本的机场上。这是我们绝对不能接受的。

怎样解决这个问题呢？我们分析大平外相一定"胸有成竹"，准备好了一个方案。但他之所以不对外透露这一方案，而且还煞有介事地宣布此行仅仅是为了度假，一是怕早早把方案透露出来，遭到党内"台湾帮"和右翼势力的反对，使本来经过努力可以办成的事办不成；二来是大平外相本人也心中无底，不知中方是否会接受。

大平外相1月3日启程前往中国。想来他在1972年9月中日复交时，乘坐的是专机，从东京直飞北京。这次是他首次绕道香港前往北京。中方考虑到他访问从1月3日到6日，日期很短，在北京实质上只能停留两天，所以为他作了当天就能到达北京的安排。听说，中国外交部为此专门派日本处处长陈抗前往深圳罗湖桥接大平外相过境，并立即坐上开往广州的列车。到广州后，又马上驱车到白云机场转乘飞机，当晚便到达了北京。

　　大平外相在北京受到了极高的礼遇。他到达北京的第二天——1月4日，周总理就会见了他，而且在两天内会见了两次。1月5日毛主席接见了大平外相，并赠送给他复制的《怀素字帖》。姬鹏飞外长也同他进行了会谈，并缔结了《中华人民共和国和日本国贸易协定》。

　　在大平外相这次访华前，缔结《中日航空协定》的谈判早在1973年3月就已经开始了。但是，那时派往北京进行预备性谈判的日方代表并未带去改变日台航线的方案。日方的底牌是最好能在维持现状的情况下，开辟通往北京的航线。当然中方是绝对不能同意这样做的，中方提出的先决条件是必须改变日台航线。这表明，通过事务一级的谈判要打开僵局是不可能的。

　　日方之所以坚持不肯放弃日台航线，主要有两个原因。一是自民党内的"台湾帮"的态度。他们先是极力反对日中邦交正常化，说这是抛弃了台湾。及至日中关系正常化已成既成事实，他们觉得大势已去，便伺机"卷土重来"。他们利用中日航空协定谈判开始之机，成立了所谓的"日华关系议员恳谈会"，并通过决议，鼓吹维持日台航线的现状。同年7月，"恳谈会"中的三十多名议员又成立了"青岚会"，与"恳谈会"一唱一和，反对缔结中日航空协定。不言而喻，他们的真正意图是借此要整垮田中内阁。

　　第二个原因是日本的经济利益。1972年时，日本每年到台湾的旅客有十八万人，台湾去日本的旅客有五万人。这是一笔可观的收入。对于日本航空公司来说，日台航线简直就是一棵"摇钱树"。这是无论如何也不能放弃的。

　　据我观察，田中内阁为了维持政权，当时不能不考虑党内反对派倒阁的企图和动向，也担心部分财界人士与他们合流，所以一开始采取了不过多进行刺激的默认态度。但是，通过几个月的谈判，发现中方坚持原则的决心不会改变，便考虑谋求打开僵局。

　　不出人们所料，大平外相到北京后主要是谈中日航空协定的问题。讨论的中心问题是怎样在不抵触《中日联合声明》的基础上维持日台间的民间往来。据日方报道，大平外相向中方提出的方案是：一、把日中航线作为代表国家的航线，把日台航线作为地方航线。二、关于"中华航空公司"的名称、机体的标记以及在日本使用哪个机场等问题上，日方采取可能的和适当的措施，以避免出现"两个中国"的局面。三、日本航空公司飞行日中航线，另组新公司飞行日台航线。

据说，中方基本上同意大平外相提出的方案。但是，当时我们在东京私下里听说，具体如何处理这个问题，还是周总理想出了好办法："中华航空公司"的名称后面加上（台湾）；台湾飞机机体上的"青天白日"标记，不代表国旗，它不过是一个商标而已。这一方案得到了毛主席的同意。

大平外相对这次访华的成果很满意。他在北京发表谈话说："我这次访华是中日邦交实现正常化后的第一次。日中关系不仅对日中两国，而且对亚洲和世界也是重要的，从这一点出发，我同中方就国际局势、日中关系问题，高密度地交换了意见。毛主席、周总理和姬外长等中国首脑为我抽出那么多的时间，我认为这表明中国对世界之中的日中关系极为重视。"

顶住"台湾帮"的压力

1月17日，日本政府就日台航线问题确定了如下的基本方针：

一、以《日中联合声明》为基础，尽速缔结日中航空协定，与此同时，通过缔结民间协议维持日台航线（包括双方的以远权）。

二、关于日方企业，要求"日本航空公司"不飞行日台航线。

三、日本政府不要求"中华航空公司"违背其意志，变更公司名称和旗帜标志，但对于其公司名称及旗帜标志，日本政府将另行阐明认识。日本方面谈到"中华航空公司"时，要称呼"中华航空公司（台湾）"。

四、"中国航空公司"使用成田国际机场，"中华航空公司"使用羽田机场。在成田机场开港前，双方暂定共用羽田机场，但必须调整使用的时间。

五、使用大阪机场的"中华航空公司"的班机，要移到日台双方同意的其他机场。

六、"中华航空公司"在日本的营业所、办事处及其他地面服务业务，应委托代理店及其他事业单位办理。

这六项方针一出台，"台湾帮"就群起大肆攻击。他们一方面表示不反对缔结日中航空协定，但另一方面又说"不能按北京的想法，处理日台航线"，"反对抛弃台湾，来缔结日中航空协定"，甚至说日本这样做"是丧失国家利益，对蒋介石不义"等，无理要求修改第三至六项。但是，大平外相坚决顶住了这一逆流。萧向前在回忆录《为中日世代友好努力奋斗》中写道：大平外相"每次都硬顶回去，坚不承认有什么错误或者丧失了国家利益。这种情况每天都在电视广播中报道。大平在屏幕中呈现的坚强不阿的形象，给人们留下了十分庄严、美好的印象。那时我时常同藤山爱一郎会见，谈谈政情。藤山认为大平在国会的上述答辩的风度是了不起的。他认为，包括他自己在内，在明治维新以后的历届内阁的外相中，大平是最伟大的，在日中建交和发展中日关系中，勇于承担了一切应承担的"。

2月9日，执政的自民党总算通过了一项决议，说要使日中航空协定与日台航线的协议"两立"。按照"抹稀泥"的做法，这就算是"同意"了日本政府提出的上述六项方针。

就这样，在北京的中日航空协定谈判又开始了。4月19日，谈判达成了协议，中国外长姬鹏飞和日本驻华大使小川平四郎分别代表本国政府在协定上签了字。在这之前，人们一直注视着大平外相怎样履行他的诺言。

果然，大平外相在协定签订的当天在东京举行记者招待会发表了谈话。大平外相说："这一协定是1972年9月29日发表的日中两国政府联合声明第九条（规定）的各种业务协定之一。我认为，它作为《日中联合声明》的具体化，不仅有助于加强日中友好关系，而且有利于进一步增进最近几年来日中之间日益显著增加的人员和物资的交流。我认为，根据日中航空协定开设日中间的航线一事，将在世界航空网内建立一条巨大的干线，其国际意义也是不小的。"

大平外相说：众所周知，围绕着这一协定的签订，还存在着一个日台航线的问题。日本国政府认为，在维持日台航线时，不使它与新的日中关系发生矛盾，是重要的。

大平外相说：关于日本与台湾之间的航空关系，作为1972年9月29日日中邦交正常化的结果，曾经存在过的关于航空业务的换文已经失效。日本国政府的方针是通过民间协议维持这一关系。

大平外相接着说：

"联系到这一问题，日本国政府作为向中华人民共和国政府表明的见解，阐明如下：日本国和中华人民共和国之间的航空运输协定是国家间的协定，日台之间是地区性民间航空往来。日本国政府根据日中两国政府的联合声明，自该声明发表之日起，就不承认台湾飞机上的旗帜标志是表示所谓国旗；不承认'中华航空公司（台湾）'是代表国家的航空公司。"

大平外相还说："由于日中航空协定的签订，而新设日中航线，这确实是令人高兴的事情。"

我感到，大平外相作为一个政治家是守信的，态度是严肃的。

日本朝野许多人士听到中日航空协定签订这一消息，纷纷发表谈话或声明，表示祝贺。那几天，我们驻日记者采访了许多友好人士和友好团体，并把他们的谈话及时地发回了总社。日中友好协会中央总部4月23日还在东京举行集会，热烈庆祝这一协定的签订，并强烈要求日本国会批准这一协定。

定期航线的开通

在中日关系正常化两周年的 1974 年 9 月 29 日这一天，中日两国的定期航线开通了。这一天，从东京起飞的日本航空公司的 DC8-62 型飞机于下午 2 时 37 分抵达北京首都机场。机上乘坐的是以小坂善太郎为团长的庆祝日中航线开设的友好访华代表团，共 93 人。而在同一天，中国民航的波音 707 型飞机由北京起飞，于下午 2 时 49 分到达了东京羽田机场。机上乘坐的是以王震为团长的中国友好代表团，共 98 人。过去，从东京到北京，从北京到东京，需要三四天，但现在只需要飞四小时二十五分钟（取道上海上空）。日本报纸说，这是日中两国两千年的历史上第一次铺设的空中通道。由于这条新航线的开通，次年春可望开设通往欧洲和美洲的航线，从而形成 "20 世纪的丝绸之路"。

为采访中国第一架班机到达东京之事，我和另两名记者——高地和骆为龙到了羽田机场。只见在预定停机的第十八号停机坪上，已经矗立起一座小型的 "天安门"，上面的横幅写着 "庆祝中国—日本开辟航线"，两旁镶有日航和中国民航的标记。"天安门" 两侧各竖立着五面日本国旗和五星红旗，迎风飘扬。地上铺的红地毯，一直延伸到停机的预定位置。停机坪上一片喜庆的气氛。陈楚大使，自民党的藤山爱一郎、田川诚一，社会党国际局长川崎宽以及友好人士、文化界人士数十人已来到停机坪。日航公司的高木副社长带领一批身穿制服的航空小姐列队等候。我还看到远处的迎送台上站得满满的，估计有两千五百多人，欢迎中国代表团的到来。

下午 3 时 5 分，飞机停稳，机舱门打开。身着中山装的王震团长出现了。他站在扶梯上，微笑着鼓掌致意。日航公司的航空小姐献花后，王震团长致词。他说："我们带来了中国人民对日本人民的深情厚谊。让我们通过中日航线这一友好的桥梁，为不断加深两国人民的相互理解和友谊，发展中日友好而共同努力。"说罢，他举起右臂高呼："中日友好万岁！"

欢迎的人群中一位家住东京荒川区的小企业主龟田一夫说："我很想看一眼中国飞机，就跑来了。飞机虽是美国造的，但机体上的'中国民航'四个字太好了。很有气派。邻居，还是应该友好相处。"

披荆斩棘路崎岖 ——
缔结《中日和平友好条约》的艰难过程

*

*

汽车快要到江之岛了，蓝色的太平洋沐浴着柔和的阳光，显得那样的宁静。中国第二任驻日大使符浩乘坐的汽车驶进日本前首相片山哲住宅前的小巷时，当地居民手持五星红旗夹道热烈欢迎。

这是 1977 年 12 月 21 日上午，符浩大使前往神奈川市片濑町探望当时已九十岁高龄的片山哲先生。为了采访，我也随同前往。

患病卧床口述信件

片山哲夫人菊枝热情地把符浩大使迎进屋内。片山哲卧床，不能说话。大使向他表示了衷心的慰问，并且对他虽卧病在床，仍时刻关心日中两国友好事业的发展，表示赞扬和钦佩。

为什么说片山哲卧病在床还关心中日友好事业呢？事情是这样的：就在这一年的 12 月 9 日，身患重病的片山哲在病床上吃力地口述了一封信，并委托菊枝夫人面交福田赳夫首相，敦促他迅速、果断地缔结《日中和平友好条约》。信中说：“我认为，我们日本民族现在和将来，应当加深友好和合作关系的国家，是邻邦中华人民共和国。加深同中国的睦邻友好，同中国建立长远的紧密关系，建立互通有无的关系，对日本的前途以及亚洲的和平与安全是不可缺少的。为此，我认为，早日缔结充分体现日中联合声明精神的《日中和平友好条约》是极为重要的。"

菊枝夫人告诉我们，自从报纸刊登了她会见福田首相递交这封信的消息后，日本各地，从北海道到九州，有很多人——其中有许多人是素不相识的——纷纷来信或打电话，对片山哲的行动表示热烈支持和鼓励。符浩大使说："这表明片山先生的愿望反映了日本人民的愿望。我相信，他的愿望一定能够实现。"

周总理病中托人带信给田中

1972 年 9 月中日复交后，人们普遍认为根据《中日联合声明》的规定，紧接着应当考虑的是早日缔结《中日和平友好条约》。特别是中日航空协定签订后，我在东京深深感到，两国关系的热点逐渐转向缔结《中日和平友好条约》。但我怎么也未想到，从中日复交到《中日和平友好条约》的签订，竟然花费了整整六年的时间。有人叹息："如果说中日复交从战后民间交往开始算起经过了二十多年，似乎有些太长，而这六年也不能算短。"我对此颇有同感。

记得 1974 年 8 月，以竹入义胜委员长为团长的日本公明党第四次访华团访问中国时，邓小平副总理会见了全团。当时传说正在病中的周恩来总理托竹入委员长给田中首相带去了一封亲笔信，信中提到希望早日缔结《中日和平友好条约》。田中首相予以响应，并决定要进入谈判。当年 9 月，在纽约举行联合国大会时，中国外交部副部长乔冠华与日本外相木村俊夫会面，双方表示同意尽早缔约。两个月后的 11 月，韩念龙副外长到东京访问。他是来缔结中日海运协定的。他利用这个机会，同东乡外务次官就缔结《中日和平友好条约》问题进行了第一次预备性会谈。记得，那时韩念龙副外长还到驻日使馆来看望驻日人员，并谈了国际形势和中日关系。对于缔结《中日和平友好条约》，当时人们是乐观的。一般认为，条约的内容当然是以《中日联合声明》为基础，只要把声明的主要内容条文化就可以了。所以，谁也没有想到后来会节外生枝，经历那么多的曲折。

1974 年下半年，令人意外地发生了"洛克希德事件"，田中首相被指控贪污受贿，日本政坛弄得沸沸扬扬，再加上执政的自民党内的权力斗争也搅在一起，使田中首相的处境越来越被动。在这种形势下，田中内阁被迫于 11 月 26 日宣布实行总辞职。

三木武夫出任首相

于是，由谁来担任下届首相，便成为日本政局的焦点。当时，人们认为最有力的人选是在上届自民党总裁选举中被田中击败的福田赳夫。但是，如果福田出马，他的对手田中派和支持田中的大平派等派系的势力必定进行坚决的抵制。尽管这一次三木武夫是跟福田联合把田中内阁打倒的，但如果在党内举行选举，势必要跟福田决一雌雄。而且，大平正芳也不示弱，表示他将出来竞选。不仅如此，中曾根康弘也跃跃欲试。这样，自民党内各派系之间势必要展开一场混战，其规模和激烈程度肯定会远远超过以往。当时我有一个感觉，日本财界不希望政局出现混乱，而希望稳定。为了收拾这一混乱局面，自民党抬出了副总裁椎名悦三郎出面进行调解。

由于我们需要及时掌握日本政局的动向，了解谁出任下届首相的可能性最大，便在东京找了许多日本政界和新闻界的朋友，听听他们有什么看法。听下来后，结论是"意见纷纭，莫衷一是"。我们几位驻日记者还参加了由驻日使馆主持的形势讨论会。记得，那时我们的意见也很难统一起来。比较多的意见倾向于福田赳夫的可能性较大。有一次，我根据所了解的情况，谈了一个不成熟的看法：在各派相持不下的情况下，不能排除有这样的可能性："两'强'相权取其轻"，即在各个派系中力量相对弱小的三木武夫最后有可能被抬出来进行组阁。但是，这个意见未引起与会者的注意。当然，我也没有再坚持。

椎名悦三郎最后终于下了决心，要推荐三木武夫。按常规，三木武夫作为自民党内的旁流，是不可能成为首相的，只是因为自民党内可能要演出一场不可收拾的派系斗争，才把既不属于支持福田势力也不属于支持田中、大平势力的三木武夫抬出来，以便暂时缓和一下党内矛盾。可以说，三木武夫出任首相是反常的，是一种妥协的产物。实际上，在所谓的"椎名裁定"公布以前，就已内定由三木武夫出任首相了。记得，有人还给三木夫人打电话透露："（关于首相人选事）现在，风正在朝你家那个方向吹。"依我想，三木本人理应心领神会了，但"椎名裁定"公布后，三木会见记者时却假装事前毫不知情的样子，说："这个消息，对于我，如同晴天霹雳！"

我开始对三木武夫的印象是不错的，认为他对中国态度比较友好。在中日复交前，他还曾专程到中国访问，周总理会见了他。启程和回国时，我都到羽田机场去采访过。他对中国记者表示了特别的亲切。他访华归来，会见完记者，要离开会场时还故意走近我，低声"咬耳朵"，似乎要对我讲"悄悄话"，其实，啥事也没有。有人说，这是"故弄玄虚"，但不管怎样，他还是要表现出对中国是亲近的、友好的。

在缔结《中日和平友好条约》的问题上，人们普遍认为对中国友好的三木首相肯定会积极加以推动，这是毫无疑义的。事实上，他就任首相后不久，在 12 月 14 日的国会全体会议发表施政演说时，曾明确地说过"要促进缔结《日中和平友好条约》"。

翌年 1 月，陈楚大使在东京同东乡外务次官举行了第二次预备性会谈。会谈后，我听大使馆的同志告诉我，双方在两点上达成了协议：一、即将缔结的《中日和平友好条约》是保证两国将来走向友好道路的、向前看的条约。二、条约的内容以中日复交时的《联合声明》为基础。

三木为什么出尔反尔?

然而,到了2月间双方交换各自的条约草案时,却出了问题。中方提出的草案中写有《中日联合声明》中第七项的"反霸条款",而日方却对此提出了异议,不同意把这一条款写进条约中。

为什么三木内阁的态度骤然发生了变化呢?据我观察,有两个最重要的原因。

一是三木政权的核心成员都是反田中、反大平势力的头面人物,三木本人不能不受他们的牵制。例如,新上任的副总理是福田赳夫,自民党的副总裁是椎名悦三郎,总务会长是滩尾弘吉,政务调查会长是松野赖三。他们在当时都是"亲台派"和"亲韩派"人物。三木武夫起用的外相是宫泽喜一。我早就听说宫泽喜一是日本少有的美国通,英文很好,年轻时曾给吉田茂首相当过翻译。他跟大平正芳都曾经是池田勇人首相的心腹,但是池田死后,他跟岸信介、佐藤荣作、福田赳夫等人更为接近。尽管宫泽不是"亲台派""亲韩派",但是他对发展田中、大平曾为之尽力的日中关系表现消极。记得有一次宫泽外相在记者招待会上被问到日本的外交重点时,他竟说今后他要努力医治日中复交带来的"后遗症",并修复同韩国的关系。这使我委实吃了一惊。

这样一个班底不能不使三木首相在行动上有所顾忌。当然,三木首相本人到底是怎样想的,外人不得而知。但是退一万步讲,即使三木首相有缔结《中日和平友好条约》的想法,他也无法说服那些反对派,因为他首先考虑的是怎样在他们的支持下能够把自己的政权维持下去。日本报纸不客气地评论三木首相,说他在缔结《中日和平友好条约》的问题上,是"有言不实行"——"光说不练",其原因就在于此。

苏联露骨地施加压力

另一个原因是苏联的压力。当时，中苏关系处于非常紧张的状态。苏联既不愿意看到中日关系正常化，又对已经出现的中美关系改善的势头存有戒心，因此，借三木内阁成立之机，频频向日本施加压力，阻挠日本与中国签订写有"反霸条款"的和平友好条约。苏联认为，"反霸"就是针对苏联的。在中日双方举行预备性会谈不久，1975 年 2 月 3 日苏联驻日大使特洛雅诺夫斯基在东京主动会见椎名悦三郎，进行了约一个半小时的会谈。翌日，据日本《每日新闻》报道，苏联大使对椎名说："日本想缔结的《日中和平友好条约》对苏联不会产生好的影响。"

这次会谈，本来是秘密进行的。如果椎名不向外透露，外界绝不会马上知道内情。但是，看来椎名有意把会谈内容透露给了他所熟悉的《每日新闻》记者。很显然，他是想在日本造成一种气氛，以便让人们感受到：用不着急于缔结连苏联都强烈反对的《日中和平友好条约》。

果然，2 月 14 日在东京举行陈楚大使和东乡外相的第三次预备性会谈时，如同上述，日方反对在条约内写进"反霸条款"。

特洛雅诺夫斯基大使其后又拜会了三木首相，他通过送交勃列日涅夫的亲笔信，提出进行苏日和约谈判，以便与日本同时缔结《苏日睦邻合作条约》。6 月 17 日，苏联针对日本政府发表了一项声明，毫不掩饰地说，"反霸条款"是敌视苏联的条款。19 日，苏联大使约见日本外务次官有田圭辅转达苏联政府的这项声明，并说"苏联对直接影响苏联利益的行动不能袖手旁观"，"如果缔结包括针对苏联的条款的条约，苏联不得不修改对日政策的轨道"。与此同时，苏联政府还动员包括"莫斯科对日广播"在内的各种宣传媒体，大肆鼓噪，并且故意无限期推迟签署已经达成协议的《苏日渔业联合事业协定》，甚至出动海军到日本海周围游弋，进行武力威胁。显然，这一切露骨地干涉日本内政的行为，都是为了达到破坏缔结《中日和平友好条约》的目的。

生怕"拿到手"的东西再跑掉

　　说到苏联，还有一件事，那就是三木首相在他任期内曾访问过苏联。当时日本媒体报道说，三木首相希望通过他访苏能在北方领土问题上取得成就。据报道，三木首相会见勃列日涅夫时，在北方领土问题上，勃含糊其词地说了一句话："可以探索中间性的措施。"当时，人们普遍认为苏联不会在北方领土问题上向日本让步，因此对勃的这一廉价表示并不看重。还有些人指出日方应该再深问苏联所谓"中间性措施"是何意？但三木首相对这句含糊其词的话却如获至宝，他一再表示，在外交上有一些事是不能深究的，如果当时进一步追问"中间性措施"是什么意思，那么好容易让苏联讲出来的这句话，也有可能被收回去。在我看来，三木首相当时对他访苏取得的这一"成果"是十分得意的。所以，他特别珍视它，生怕"拿到手"的东西再跑掉。在这种情况下，他怎敢惹苏联呢？我想，三木首相在缔结《中日和平友好条约》的问题上，表现得优柔寡断，下不了决心，跟此事有很大关系。谁都知道，当时三木首相有一位智囊人物，名叫平泽和重，是个外交评论家，跟苏联关系密切。我们应邀到三木首相家做客时，曾见过此人。他发表过一个方案：把北方四岛（南千岛群岛）中的两个岛屿——国后岛和择捉岛束之高阁，并与苏联缔结和约。此外，三木首相周围还有亲苏的国会议员石田博英和日苏协会会长赤城宗德等人，不消说，苏联加紧了对他们的工作。

　　在这一段时间里，我们驻日记者曾多次到我国驻日使馆去讨论在三木武夫执政期间能否同中国缔结《中日和平友好条约》？当时，有人认为三木首相是"亲苏派"，日本已经形成了一股亲苏势力，但我认为，苏联极力在日本培植自己的势力，这是无可否认的事实，但能否说在日本已经形成了一股亲苏势力，是值得商榷的。至于三木首相本人，更不好说他就是"亲苏派"。

其实，在《中日和平友好条约》中写进"反霸条款"，并不是什么十分复杂的问题。在中日复交时，日方就同意把"反霸条款"写进《联合声明》中。当时，日方考虑的是如下几点：

一、日本过去对亚洲有过侵略行为。为了表示反省，也为了表示决心今后不再采取侵略行为，有此必要。

二、日中关系正常化，使亚洲各国对日中两国的联合存有戒心，有必要消除这种戒心。

三、美苏两个超级大国争夺霸权，有可能威胁亚洲的安全。日中两国有必要表示决心，反对包括美苏在内的任何国家在亚洲扩大势力范围。

当时，日本外务省条约局认为，这一"反霸条款"早已写进了美国总统访华时的《中美联合声明》中，因此，再把这一条款写进《日中和平友好条约》中是理所当然的。

但是，由于苏联的介入，本来是属于中日两国间的事，而且又是不成问题的问题，终于成了中方绝对不能让步的一个重大的原则问题。

宫泽的所谓"四项原则"

还有一件事足以说明三木内阁根本无意缔结《中日和平友好条约》。事情是这样的：

1975 年 9 月，借联合国举行大会之机与乔冠华外长在纽约进行会谈时，日本外相宫泽喜一竟然要求中国外长对日方先前提出的所谓"四项原则"予以答复。所谓"四项原则"是：一、反霸权不指向特定的第三国。二、日本虽然无意从《日中联合声明》的第七条（即日中两国都不谋求霸权，也反对第三国做此努力）后退，但在反霸权的问题上不采取联合行动。三、《日中联合声明》中记述的反对在亚太地区谋求霸权的内容，是一种举例说明。日本反对在世界任何地方谋求霸权的试图。四、如果遵守《联合国宪章》，就理所当然地会产生反对霸权的需要，因此要与《联合国宪章》一致起来。

明眼人一看便知，上述所谓"四项原则"的实质是要取消"反霸"条款。

这"四项原则"在三木首相写给周总理的信中曾经提到过，据说，信是宫泽外相起草的。宫泽外相在纽约突如其来地提出他这次来是要听中方对这"四项原则"的答复，这是毫无道理的。

周总理托人向三木传话

因为在这之前，1975 年 6 月 12 日，病中的周恩来总理在北京医院会见日本两位老朋友藤山爱一郎和川濑一贯时，就已经采取向三木首相传话的形式做了答复。时任我驻日使馆政务参赞的萧向前回忆这一段经过时曾写道："这是周总理接见的最后的日本外宾。这时总理的病已经很重，本来只见十五分钟，结果却谈了一个半小时，因为总理了解和平友好条约谈得不顺利，要让藤山传话给三木首相。总理说：'三木首相为中日友好出过力，对此表示感谢，请将我的真意向他转达。'藤山说他要记录下来，总理表示同意。藤山说他理解周总理这次谈话是在中日关系上对日本人的'遗言'。周总理表示，'《中日和平友好条约》，最重要的是这个条约为将来定下来前进的方向。过去的问题，包括战争赔偿、损害请求等，中日两国复交时我和田中总理已在双方署名的联合声明中清算完结，从现在开始中日两国应保持持久的良好外交关系。这一点必须在条约中予以规定'，'因此，中国极为重视将（反）霸权条款写进条约的内容。中国的历史经验是受尽了列强的霸权的蹂躏，中国无论如何不能在反对霸权的原则上让步'。'中国只要求将《中日联合声明》中两国共同承认的第六项和第七项原样写进条约，日方只要答应这一点，中国再无其他特别的要求，中国对于日方加以解释的后退见解是不能允许的'。总理还说，'我给三木首相的书信已经由大使转述'。'中国方面已将这种想法回答了日方。日本政府说尚未得知是不可理解的。这一点毫无含糊的余地，请向三木首相传达'。藤山回国后很快到首相官邸向三木首相当面作了传达，并有官房长官井出一太郎一同在场。"不仅如此，关于中方对日方的所谓"四项原则"的态度，韩念龙副外长也曾向日本驻华大使小川平四郎作过答复。

然而，在事过三个月之后，日方竟然还要求中国对上述"四项原则"作答复，岂不是咄咄怪事！更令人不可理解的是，宫泽外相竟当面对乔冠华外长说什么只要中方对这"四项原则"表示理解，日本就准备重开谈判，而且还宣扬"日方在'反霸'问题上，根本无意与中国统一解释"。会谈后，宫泽在会见记者时更放肆地说："中国似乎没有很好地吃透日方说的联合声明与条约在思维方式上的差异。"

由此可见，三木内阁根本没有诚意缔结《中日和平友好条约》，不仅如此，它还企图把中断条约谈判的责任转嫁给中国。

三木内阁的这一态度，在日本越来越不得人心。日本全国各地掀起了要求早日缔结《中日和平友好条约》的高潮。日本许多政界人士、社会名流为早日缔结这一条约呼吁、奔走，很多人士还纷纷发表谈话，不少友好团体举行集会，敦促日本政府早下决心。当时人们提出要求的焦点，就是条约中应该把"反霸条款"明确地写进去。

从中国国内来说，1976年是一个不平凡的年份。这一年，周恩来总理、朱德委员长和毛主席相继逝世，10月6日中国人民一举粉碎了"四人帮"。在这之后不久，陈楚大使奉命调离日本，出任我国驻联合国代表。

形势的发展有利于缔约

1976年12月，三木首相辞职，由福田赳夫出任首相。福田首相在翌年1月的国会全体会议上发表施政方针演讲时说，他的内阁执行的是

"全方位外交"，关于缔结《日中和平友好条约》，只要"反霸条款"是符合日本国宪法的基本精神的，则愿意早日缔结。尽管其调门与三木内阁差不多，但总算表示了积极的姿态。

进入 1978 年以后，围绕缔结《中日和平友好条约》的形势，的确有了很大发展。依我看，主要有：

一、中美关系的发展。自从 1972 年尼克松总统访华后，中美关系出现了改善的势头。到了 1978 年这一年，中美建交的时机也越来越成熟。这就使福田首相周围的那些"台湾帮"感到大势已去，再继续抵制缔结《日中和平友好条约》也没有什么能站得住脚的理由了。他们想只要是福田下了决心，也不好再死乞白赖地加以反对。

二、由于中国在粉碎"四人帮"之后，进入了大规模的"四化"建设时期，开始扩大同资本主义国家的经济交流。美国及欧盟等国家看重中国这个大市场，积极靠拢中国。这种情况不能不刺激日本，日本的经济界生怕落后，很想大力发展同中国的经济交流。为此就有必要进一步改善日中关系，首先是要缔结和平友好条约，以巩固日中友好的政治基础。日本经济团体联合会会长土光敏夫向新闻界表示："日中关系应该友好地发展下去，应该尽快地缔结友好的、正常的政府间条约。"副会长稻山嘉宽说："经济界人士中几乎没有人反对日中和约。"2 月 16 日，中日两国的民间贸易团体在北京签署了有效期为 8 年、贸易总额达两百亿美元的长期贸易协议。在此前后，日本许多财界巨头相继访问了中国。这一切都表明日本财界主流对缔约抱有热情，他们也催促福田首相早日做出决断。

三、中国坚持原则，继续做日本政府的工作。1977 年 1 月，日本公明党委员长竹入义胜访华时，中方曾暗示竹入，如果福田内阁在"反霸条款"问题上不节外生枝，而能站得高看得远，下决心，那么中方准备予以响应。竹入回国后向福田首相说，关键在于首相的态度。如果首相下决心，缔约谈判有可能进行得很顺利。福田很赞赏竹入的中介，便开始逐步修正三木内阁时代提出的"宫泽四原则"。进入 1978 年后，3 月份日本公明党第六次访华团访华前，福田首相会见团长矢野绚也，请他向中国政府转达他"决心早日缔结《日中和平友好条约》"的立场。3月14日，邓小平副总理在北京会见矢野时，矢野转达了福田的口信。邓小平副总理当即表示：（1）根据《中日联合声明》尽早缔结和平友好条约和发展两国关系的想法，中国没有变。（2）两国和平友好关系的基础不是针对第三国的，但是反对霸权无对象则不合道理。（3）双方均不干涉内政。（4）希望福田首相做出决断。欢迎园田直外相访华。

四、日本方面努力协调了各方关系。

首先是协调了自民党内的意见。1978 年 3 月下旬，福田首相与干事长大平正芳就缔约问题进行了会商。这是福田首相第一次向自民党表明他要恢复缔约谈判。他要求大平干事长调整自民党内的意见。当时，自民党内仍有一些人对缔约或消极或反对，例如说什么条约内写进"反霸条款"，"会被卷进中苏对立之中"；有的要求先"确认《中苏友好同盟互助条约》中的对日条款是否已经失效"；甚至有人搬出钓鱼岛的问题来，胡搅蛮缠。但是，这些人大多数是支持福田的，福田有充分的信心说服他们。事实上，最后总算把自民党内的意见调整过来了。

其次，是说服苏联。1978 年 1 月，园田直外相访问苏联，向苏方说明《日中和平友好条约》的性质，以促使苏方不抱戒心。尽管日方做了努力，但并未奏效。2 月 22 日，苏联驻日大使特洛雅诺夫斯基向福田首相递交了勃列日涅夫的亲笔信，再次牵制《中日和平友好条约》谈判的重启。不仅如此，翌日，苏联还单方面公布了《日苏善邻合作条约》的苏方草案。

再次是协调同美方的意见。1978 年 5 月，福田首相同园田外相访美，向美国打招呼说日本要同中国缔结和平友好条约。卡特总统同福田首相会谈时，明确表示"对日中关系的进展感到高兴"，"对美国来说，反对霸权不存在问题"。园田外相同万斯国务卿会谈时，万斯称赞并坚决支持日中谈判的立场，包括支持缔结《日中和平友好条约》。由于美国政府赞同《中日和平友好条约》，日本政府对缔约进一步下了决心。

恢复谈判

福田首相从美国回来后，于 5 月下旬找了自民党的元老岸信介、前尾繁三郎、椎名悦三郎、三木武夫等交换意见。福田表示："自缔结和约谈判以来已过六年，现在已到了极限，不能再等了。"岸信介、三木等人对缔约一向不积极，但到这时也不再提出异议。

就这样，从 1975 年 9 月起中断了三年的缔约谈判，又告恢复。

1976 年 10 月，陈楚大使转任我驻联合国代表后，萧向前代办主持了一段驻日使馆的工作。后来，符浩同志出任了第二任驻日大使。

1978 年 2 月，日本政府就重开条约谈判做出明确的表态，说："时机确实已经成熟。"日本外务省的态度已变得非常明朗，它编写出版的题为《〈日中和平友好条约〉谈判的经纬》说："缔约以后使日中关系稳定，可以就两国间各项悬案和国际问题更顺利地交换意见。日中关系的稳定对确保亚洲的和平与稳定都有好处；对我国来说，今后也可以更加舒展地推行亚洲外交。"它还说："如果不缔约而将其搁置不管，将在日本国内产生不利影响，内政上的甲论乙驳会经常不断地出现。"

仔细想来，上述缔约的经过是很耐人寻味的。三木武夫，人们一直认为他对中国友好，是"鸽派"，但在缔约的问题上，他表现软弱，无力说服反对派，所以他在任期间既未缔约，也未访问过中国，一句话，未能使日中关系前进。而福田赳夫，人们都认为他是"鹰派"，对中国并不友好，但是他最后顺应世界历史的潮流，终于下决心缔结《日中和平友好条约》。从某种意义上说，正因为他本人是"鹰派"，所以他才能说服那些反对派。这也许就是事物发展的辩证法。

"我们喝了永别的酒"

这时，我结束了在日本的长达十五年的记者生涯，于 1978 年 6 月回到了北京。我回国后不久，从 1978 年 7 月 21 日起，韩念龙副外长同日本驻华大使佐藤正二以及外务省亚洲局局长中江要介等日方代表在北京开始了事务级的会谈。经过了十四次会谈，于 8 月 7 日在事务一级基本上达成了一致意见。

有了这个基础，园田外相由日本启程来北京，与黄华外长举行了两轮会谈，9 日就条约草案达成了协议。10 日，邓小平副总理会见园田外相，到此，缔约谈判全部结束。

从条约的文本来看，核心是第二条，即写进了"反霸条款"。这是经过多年的斗争争取来的。而且它也与《中日联合声明》保持了一贯性。但是，有一点不同，即联合声明中原有的"中日邦交正常化不是针对第三国的"这句话，在条约中变成了第四条"本条约不影响缔约各方同第三国关系的立场"。它的含义很清楚，就是不针对第三国。另外还有一点不同，那就是在原有的"亚洲和太平洋地区"之后，增加了几个字："或其他任何地区"。很明显，这是双方妥协的产物。看来，中方在坚持原则不后退的情况下，尽可能地满足了日方的合理要求。

中日双方的事务人员基本上把文本定下后，日本外相园田直于 8 月 8 日前来北京。这时，园田外相对于访华是非常积极的。他认为"把缔结日中条约仅仅作为两国之间的问题来考虑就错了。缔结日中条约必须把有助于亚洲的稳定和繁荣放在心中，否则条约的会谈不能前进"，日本外交不能受其他国家所左右，"日中两国发展友好关系，苏联没有理由说三道四"。

我在 1954 年 7 月曾在北京接待过园田直。当时，他随日本国会议员代表团到斯德哥尔摩参加世界和平会议，归途中来到北京，住在东单北极阁。代表团中还有后来成为首相的中曾根康弘和成为外相、众议院议长的樱内义雄等人。我们当时把他们称为"少壮派"。那时我就听说园田年轻时赶上了"二战"末期,曾被驱赶当过"特攻队员"。所谓"特攻",就是驾驶零式战斗机硬去撞美国飞机。但是,园田还没有撞,日本帝国主义就无条件投降了。据说,他这一次来北京签约时,右翼分子威胁要杀他,但他毫无惧色,毅然表示不怕丢掉性命。他还表示如果这次谈不成,就"切腹",绝不活着回国。园田是下了这么大的决心到中国来的。

关于这一点,我 1997 年 6 月出席在北京举行的《面向未来的中日关系》的中日国际研讨会时,直接听到与会的日本代表、已故园田直的夫人园田天光光的发言。她说:1972 年田中首相到中国来,与周总理一道开辟了恢复日中邦交的道路。过了六年,我丈夫作为外相从事了缔结《日中和平友好条约》事宜。从当时日本的情况来说,此事并不那么容易。我丈夫对自己能否签成这一条约,确实是没有把握的。当时,日本有些人要把解决钓鱼岛问题作为先决条件。这就是说,要他作为外相让中国承认钓鱼岛是日本的领土,他实在是办不到。但是,他抱着坚定的信心,无论如何也要缔结《日中和平友好条约》。我丈夫来中国前,天皇曾说如果不同中国签订条约,"二战"就不能算已经结束。天皇有这样的表示,使我丈夫受到鼓舞,才下定了决心。在我送别丈夫时,我们喝了永别的酒。后来,听说次日要签约,日本外务省的人忽然表现得紧张起来。因为据说日本首相提出首先要谈清楚钓鱼岛问题,并为此发来了电报。当时,我觉得这一下子完了,看来我丈夫是回不来了。我只好在家里求神保佑。我丈夫要求再等他三天,日本政府也同意了这一要求。这期间,他一直考虑如何妥善处理钓鱼岛问题。他与邓小平阁下见了面。据说邓小平阁下很好地了解了园田的想法。

园田天光光说:签约一个月后,我与邓小平夫妇会见时,邓小平阁下说,你丈夫是冒着生命危险来签约的,正是由于你丈夫的努力,才签了这一条约。我丈夫在遗言中说,日中两国只有签订和平友好条约,才会有幸福。正是因为有了邓小平阁下的热情和宽广胸怀，才得以签订这一条约。

1978 年 8 月 12 日，黄华外长与园田外相在北京分别代表本国政府在《中日和平友好条约》上签了字。

"我们全家人用茅台干了杯"

对条约的签订，中国人民感到高兴，日本人民也感到高兴。在那些日子里，我在北京接连收到几封日本朋友的来信，其中一封是山梨县甲府市的一位日中友好人士神宫寺敬的来信。他是我在日本工作期间认识的一位朋友。

神宫寺的信，是在《中日和平友好条约》签订后的第二天——8 月 13 日写的，信中对这一条约的签订表示热烈祝贺，表达了他一家人的喜悦和对中国的友好感情。信中写道：

> 缔结《日中和平友好条约》，是我们长期以来的愿望。当我听说 8 月 12 日晚上 8 时通过卫星要转播在北京举行的签字仪式的实况时，感到兴奋。8 时，全家人都守候在电视机旁，当我们看到华主席、邓副主席、黄华外长出席了签字仪式，并且通过电视亲眼看到两国外长签字时，想到了过去走过的漫长道路，内心蓦然充满了喜悦。这时，我们想到了在中国的朋友们。我同妻子和孩子说，此时此刻，中国朋友也一定是很高兴的。

> 华主席和邓副主席出席了签字仪式，这使条约的签字具有更为重要的意义。这也是对日本人民的友好表示，我心里感到激动。

> 电视转播完以后，我立即给东京的新华社分社打去了电话，与中国记者互致祝贺。

> 这一天晚上，我们全家人用茅台干了杯。

1978 年 10 月，邓小平副总理一行应日本政府邀请访问日本，在东京互换了《中日和平友好条约》的批准书，条约从此正式生效，中日两国的和平友好关系也以条约的形式固定了下来。这标志着中日两国的和平友好关系进入了一个完全崭新的阶段。

正视历史，面向未来 ——
中日友好 21 世纪委员会侧记

*

*

1984 年 3 月，我接到外交部通知，要我参加中日友好 21 世纪委员会中方委员会。

20 日上午，在外交部三楼第二会议室召开了中方委员会的第一次会议，十名中方委员全部到齐。首席委员是王兆国，当时他是中共中央办公厅主任、共青团中央委员会第一书记。委员有：符浩（全国人大常委会外事委员会副主任委员）、张香山（中日友协副会长）、甘子玉（经济学家）、刘延东（共青团中央书记处书记，全国青联副主席）、孙尚清（中国社科院副秘书长）、卢景霆（中国科技交流中心副主任）、厉以宁（北京大学经济系教授），此外，还有我。那时，作为社会工作，我还担任中国国际交流协会的理事，所以我就用了这一民间团体的名义。

委员会成立的原委

会议由外交部亚洲司副司长杨振亚主持。杨振亚说，中日友好 21 世纪委员会是去年（1983）胡耀邦总书记访问日本时，中曾根康弘首相为响应胡耀邦总书记关于谋求中日睦邻友好关系长期稳定发展的主张而提议设立的。从此，中日双方开始酝酿、筹备。我方由外交部亚洲司，日方由外务省亚洲局负责具体工作。他说，我们参照日方的名单，与有关方面协商，经过几次反复，最后确定了下来。中方的人选，体现了老中青三结合的原则，有政治、经济、青年、文化、教育等各方面的人士参加，还适当地考虑了同日本的关系。

日方委员会的组成是这样的。首席委员：石川忠雄（庆应义塾大学校长）。委员有：井上靖（作家，日中文化交流协会会长）、铃木治雄（株式会社昭和电工会长）、大来佐武郎（经济学家、外务省顾问）、宫崎吉政（政治评论家）、竖山利文（中立劳联议长）、香山健一（学习院大学教授）、佐藤欣子（律师）、黑川光博（原日本青年会议所会长、虎屋公司副总经理）、板本登（日本青年团协议会事务局局长）。从这一名单可以看出，有些人是中曾根首相的智囊人物。

杨振亚说，中日友好21世纪委员会是半官方的咨询机构，它至少存在五年，到了第四个年头时，再讨论是否要继续下去。会议的开法是轮流在双方国家举行会议，第一次会议将在东京举行。

谈到中日友好21世纪委员会的任务时，杨振亚说，这个委员会应该根据《中日联合声明》和《中日和平友好条约》以及"和平友好、平等互利、相互信赖、长期稳定"的四项原则，对发展中日关系提出建议，侧重研究中长期计划，研究一些大的问题。但要避免与已经存在的中日民间人士会议等的活动重复。今后工作的重点是：一、消除彼此疑虑，增进相互信赖。二、扩大交流，推动经济技术合作和青年交流。我们既要着眼于未来和长远，又要抓一些切实可行的事来做。我们要探索新的领域，开辟新的道路。

此后不久，3月23日，中曾根首相访问了中国。中日两国总理通过会谈，一致同意设立"中日友好21世纪委员会"。当天晚上，中国总理在人民大会堂举行了有中日各界人士四百人参加的盛大宴会，欢迎中曾根首相及夫人。21世纪委员会的十名中方委员也应邀出席宴会。席间，我们手持酒杯到第一桌去敬酒。王震看见我们，显得非常高兴，他说："你们都是21世纪的人哪！"在场的人都笑了，笑得那样愉快。

耀邦同志的重要讲话

有一件事我不能忘记：1984 年 6 月 10 日下午 3 时，胡耀邦总书记在中南海勤政殿会议室会见了中方委员。我们坐在椭圆形的会议桌旁等候了片刻，耀邦同志走了进来，与我们一一握手。照相时，耀邦同志风趣地说："我们这些老的，活不到 21 世纪，但照片可留到那时。"

耀邦同志听了王兆国汇报后，讲了很长的一段话。他说："21 世纪委员会是日方提出的，我们同意了。既然同意了，我们就要认真地办点事。21 世纪要成为中日更加友好的世纪，这一口号本身就有作用。它深入到了两国人民的心目中，这本身就是政治教育、友好教育。中国和日本在下一个世纪不对立，更加友好，这是我们的一个大的课题。这个委员会是一条纽带，是一条加强中日两国人民友谊的纽带，它在这一方面能发挥作用。21 世纪委员会的活动，每年要有两三条新闻消息。尽管没有必要每次活动都发消息，但要有声音，要使两国人民不忘掉有这个委员会在。"

耀邦同志说，这个委员会的作用就是加强友好活动，不搞决策。作为活动的方法，搞青少年的文艺创作活动，很好。明年，可以搞文学艺术的创作活动。搞各种活动时，不要采取说教的办法。政治要寓于活动之中和友情之中。不要说教。说教，会使人们反感，害怕，增加顾虑。讲友好，从宏观看，就是大政治。日本人重视廖承志，就是因为他有人情味。

说到第一次会议的开法，耀邦同志说，日方希望搞学术探讨，我们也不要反对。我的意思是既要有务虚，也要有务实，要虚实结合。要有总论和分论。我们是两论起家，还怕论？准备务虚，但也注意务实。务虚，就是要分析、展望，提出建议。我们方面尽量做到理论与实际相结合，不要漫无边际。在总论中，我们要展望 21 世纪。21 世纪，无非两个前途。一是对立，二是更加友好。存在不友好的因素，要避免，要更加友好，更加前进。我看，更加友好的前途可能性更大一些。总之，21 世纪委员会有重大的历史使命。要使委员会成为 21 世纪中日两国更加友好的坚强纽带，因为这牵涉我们子孙后代的利益。我们要对于中国人民特别是青少年普遍地进行友好教育，要开展世世代代友好下去的活动，使 21 世纪成为中日更加友好的世纪。这几年，我们的对日工作有很大进展。前几年我们强加于人，这几年比较生动活泼，消除了隔膜和误会。在对外工作中，谈话要讲艺术，问题要谈出来，但不要吵架，这样，他会觉得你很坦率。

胡耀邦总书记的讲话为我们明确地指出了与会的方针。

后来经双方商定，第一次会议于 9 月 10 日在东京举行开幕式，然后把会场移到箱根。会议结束后，再返回东京，向日本首相提交会议的报告书。

友谊·花束·21 世纪

东京和箱根的第一次会议结束后回国时，我带回了日本朋友赠给的小小花束。说它小，是因为它茎短枝少，花也只有两种：一种是在细细的枝头上开着许多小白花的"满天星"，日语叫"霞草"；一种是乳白花瓣顶端呈淡紫色的，是石斛。它们清新淡雅，各具其美，使人迷醉，但它们更使我想起参加中日友好 21 世纪委员会首次会议时在日本度过的难忘的日日夜夜。

这次去日本，时间不长，只逗留一周。我们出席了 9 月 10 日在东京举行的开幕式后，11 日和 12 日又在风光秀丽的箱根开了两天会，15 日便启程回国了。15 日下午，我们驱车来到成田机场。一进候机室，便看到了日方委员香山健一，他带着夫人和两个女儿早已等候在那里。他们是特意来欢送我们的，还为每一位中国朋友准备了一小把花束，并把它亲手佩戴在我们胸前。鲜花蕴藏着香山一家对我们的诚挚友情，更蕴藏着日本人民对中国人民的深情厚谊。

"美纪"与"里绘"

香山健一的两个女儿是日本年轻的一代。我想，正是她们将来要接过日中友好的火把，与中国青年一道，在她们父兄开拓的友好大道上前进。香山健一介绍了他为什么要带着两个女儿来欢送中国朋友。他说："我本人经历过战争的年代，因此我十分珍视日中友好。但孩子们没有经历过战争，我要从小时培养孩子们对日中友好的感情，使日中友好世世代代传下去。"

香山健一那一年五十一岁，出生在中国东北长春。他是日本学习院大学的教授，也是中国人民的老朋友。年轻时，他曾从事过日本的青年学生工作。

我们这次在日本，许多日本朋友跟我们谈话的主要话题就是要使21世纪成为中日更加友好的世纪。同香山夫妇交谈，自然也不例外。但没有想到香山健一的两位女儿的名字，竟也和21世纪有关。大女儿名叫美纪，那一年十六岁，是日本学习院女子高等科一年级学生。二女儿叫里绘，十三岁，跟姐姐在一个学校读书，是女子中等科二年级学生。我对香山夫人说，"美纪和里绘都是21世纪的主人，她们将来要接父辈的班啊！"这时香山夫人兴奋地告诉我，她生下大女儿时，曾跟丈夫商量给她取一个好名字。他们想到女儿将来要生活在21世纪，而且希望21世纪要比20世纪更加美好，便给她取了"美好的世纪"——"美纪"这一名字。二女儿的名字"里绘"，也跟21世纪有关，"里绘"意味着"绘画般的家乡"，表明希望到21世纪人类居住的世界能像绘画一样美丽。

听着香山夫人的介绍，我想起在箱根与香山健一相处的难忘情景。香山曾在会上以"2000年的日本与中国"为题作了专题发言。他说，21

世纪再过十六年肯定会到来的。当我想起第二次世界大战的战火熄灭后已经经历了三十多年的岁月时，21 世纪到来前的十六年，从某种意义上说，不能算很长。21 世纪不会在十六年后突然到来，而是从现在起，通过我们一个一个的选择而形成的。他强调说，能否使 21 世纪成为和平与繁荣的世纪，将取决于今后十六年间我们的选择是否明智？香山健一还颇有感慨地说，他去年访问北京时参观了首都钢铁公司的幼儿园，看到孩子们明朗的笑脸，曾想这些孩子跟同年代的日本孩子一样，都是 21 世纪的主人，绝不能让孩子们尝受战争的悲惨。他说，我们的委员会举行首次会议的今年——1984 年出生的孩子们到二十岁时，正是 21 世纪的 2004 年。对于这样一个简单的事实，我们委员会片刻也不应忘记，我们要想到后代，扎扎实实地负起我们的责任。

四个重要标志

使我难忘的是，香山健一在这次发言中，离开讲稿，还专门插了一段话。他说，日方委员会这次为每一位中方委员准备了一份礼物。说着，他指着背后黑板上张贴的一张《日中 21 世纪日历》，上面印着从 1901 年到 2050 年的全部日历，也就是说，这张日历，可以用到 21 世纪。日历印得很讲究，它以中日两国地图为图案，左右角上方写着中日两国领导人共同确定的中日关系四原则："和平友好、平等互利、互相信赖、长期稳定。"香山先生说，让我们把日中 21 世纪委员会首次会议开幕这个值得纪念的日子和我们每个委员的生日都记在上面吧。把这张日历放在我们身边，让它促使我们去考虑 21 世纪的问题。香山先生说，昨天中曾根首相在开幕式上致词时表示希望日中 21 世纪委员会能议出"今后一千年的日中友好的指针"，如果按此要求，这份日历就显得太短了，因为那上面只印了一百五十年。如果要制作长达一千年的日历，就会成为香轴。香山健一这一席话，给我们留下了深刻的印象。

中日 21 世纪委员会的首次会议，开的时间虽短，但很成功，达到了预期的目的。日方首席委员石川忠雄在评价这次会议的成果时说："双方对于面向 21 世纪的日中关系的应有状态的基本认识，取得了惊人的一致或者近似。"值得高兴的是，中方首席委员王兆国在基调报告中指出的，使 21 世纪成为中日更加友好的世纪的四个标志，已成为委员会的共识。这四个标志是：在政治上，中日两国应成为不同社会制度国家长期共处的典范；在经济上，中日两国应成为平等互利、共同繁荣的伙伴；在文化科学技术交往上，中日两国应成为相互学习、共同前进的朋友；在国际事务中，中日两国应成为反对战争，维护和平，促进人类进步发展的积极力量。

相聚富士山麓

这次会议还有一个突出的特点，就是双方委员不仅在会上畅所欲言，而且在会外，每天晚上都举行一次恳谈会，三三五五，自由结合，促膝交谈，增进友谊。在这种时候，黑川先生总是把他经营的"虎屋"特制的甜点带来，请大家品尝。9 月 10 日恰逢传统的中秋佳节，双方委员相聚富士山麓，共赏象征团结幸福的明月。

我们临上飞机时，香山健一说，日方全体委员给中方委员每人写了一封信，请你们在飞机上休息时读一读。飞机飞离日本后，我拆开了信。信中写道：我们"日中双方委员二十人首次聚集一堂，相互发誓，要使日中两国永远友好相处。让我们为日中两国世代友好，不再兵戎相见，为实现日中关系四原则，贡献自己的一生吧。在秋风摇曳芒穗的箱根湖畔的旅舍，我们共赏中秋明月，把酒交酬，品尝月饼度过的那三天，对于我们二十个人来说，是毕生难以忘怀的"。"常言道：'人不能两次渡过同一条河流。'江河之水川流不息，来去不停。在短暂的人生中，即使再次涉过同一条河流的同一个地点，却早已不是那个水流了。同这流动的河水一样，时间也在不断地流淌，永不停息。而我们的人生却如此短暂，甚至可以完全包括在那张'日中友好 21 世纪年历'之中。我们愿珍惜这只有一次的短暂人生的每一瞬间，使它更加美好和充实，以便把它献给日中两国的永恒的友好和世界和平。"

读着这封感人肺腑的信，我眼前浮现出在东京、箱根朝夕相处的那些日本朋友，也浮现出刚刚在机场给我们每个中方委员佩戴了一束鲜花的香山夫人和美纪、里绘的笑容。我心中默默地想：中日友好已经向着 21 世纪迈出了步伐，祝愿中日友谊之花在 21 世纪开得更加绚丽多彩。

建造中日青年交流中心

中日友好 21 世纪委员会首次会议的一个具体成果，就是建议中日两国政府合作在北京建造中日青年交流中心。

首次会议结束时，就此通过了一项决议。

这座中日青年交流中心，于 1986 年 11 月 8 日举行了奠基仪式，胡耀邦总书记和日本首相中曾根康弘出席并讲了话。经过中日双方的共同努力，中心于 1987 年 3 月 20 日动工，历时不到三年，在 1990 年 8 月 30 日举行了竣工典礼。作为中日两国青年的"友好殿堂"，这座占地面积为五万五千平方米、总建筑面积达六万五千多平方米的设计新颖、设备先进、具备多种功能的面向 21 世纪的现代化综合建筑，矗立在朝阳区亮马桥路的一角。如今每当我到中日青年交流中心去参加活动时，就会想起当年与日方委员合作的那些情景，不免感慨万端。

"相互信赖"

出席第一次会议后，我感到日方特别强调需要加强"相互信赖"。

1982 年 6 月，中国总理应铃木善幸首相的邀请访日时，曾提出过发展中日关系的三原则：“和平友好、平等互利、长期稳定”，并且成为中日双方的共识。

1984 年 9 月，在中日友好 21 世纪委员会第一次会议的开幕式上，中曾根首相致词时，用很大的篇幅谈了为什么后来又加了一项“相互信赖”，使三原则变成四原则。他说：“我就任总理时，日中两国的友好睦邻关系，由于两国许多前辈以及有关先生们的努力，已处于良好状态，并确立了‘和平友好、平等互利、长期稳定’三项原则。然而，时逢国际局势充满艰难险阻之际，考虑到将来，我们绝不应该满足于现状。日中两国的负责任的政治家一直在考虑一个问题，即如何进一步发展现有的友好关系，面向 21 世纪建立磐石般的友好关系。我久久思考后得出结论：应在原来的三原则上加进‘相互信赖’这一灵魂，使其成为四项原则。”他说：“在动荡激变的国际关系中，只有相互信赖，才是能够冲破一切狂风暴雨，把两国紧密地连接在一起的最可靠的纽带。对由此产生的四原则，日中两国还要加以充实，使之更加生机蓬勃。为此，我痛感，要创立一个组织，即日中友好 21 世纪委员会，使它承担起这一任务的重要一环。”

中曾根首相强调说：“去年 11 月，胡耀邦总书记访问我国时，我向他介绍了我有关日中两国未来的设想，立即得到总书记的同意。日中关系四原则作为总书记来访的重要成果之一，得以确立。”他说：“我对组成委员会的两国委员的期待是，首先要在委员之间建立起牢固的相互信赖关系。只有坦率地交换意见，才能建立相互信赖。尤其在日中友好 21 世纪委员会，我希望把官方不好提到的问题也敢于作为题目，加以活跃的讨论。具有高尚品德和卓越见地的两国委员进行坦率的交流，必将建立牢固的相互信赖，并对加强两国间的相互信赖起很大的作用。”

日方首席委员石川忠雄在做《基调报告》，谈到确立日中关系四原则的重要性时，强调说，尤其要研究确立互相信赖的必要性。他说：“最为重要的是，长期的相互信赖只有在相互说真话的基础上才能成立。我

◇ 由日本舞蹈家花柳千代创作并主演的舞剧《大敦煌》1997 年 8 月 18 日在北京世纪剧院公演，受到观众的热烈欢迎。图为演出海报

认为在以往的日中关系上往往是首先互相回避。"

为什么日方如此强调"相互信赖"的重要性，这是有当时的背景的。1982 年夏，发生了日本教科书事件，日本政府文部省审定中小学教科书时，把日本侵略的史实作了所谓"模糊战争责任的修改"，把"侵略"改成了"进出"。这一做法，不仅引起日本人民和舆论的强烈不满和反对，而且激起了中国人民的理所当然的愤怒和批评。中国外交部多次向日本官方提出交涉，严正指出日本文部省审定教科书时篡改日本军国主义侵华史违背了《中日联合声明》和《中日和平友好条约》的基本精神，要求日方纠正文部省篡改侵华历史的错误。

此外，在日本还一直存在着对过去那场侵略战争的认识、对台湾关系问题以及日本政府要人参拜供奉东条英机等甲级战犯的靖国神社等敏感问题。

这表明，中日两国之间友好合作虽然是主流，但也存在着一些阻碍发展中日关系的消极因素，如果不妥善处理，就会影响两国关系的健康发展。我们不愿意看到出现这种情况，日本从其自身利益考虑，也不愿意使中日关系受到影响。

因此，石川在《基调报告》中谈到确保日中关系长期稳定发展所需要的因素时说："在日中间，今后也不可避免地会产生这样那样的问题。但这些问题的大部分只要被发现于萌芽状态之中，就可以通过日中双方自觉的努力，在问题还没有扩大到无法挽救之前加以解决。如果在日中间建立起可以早期发现、能迅速协商和处理的系统，将明显地有利于日中关系的长期稳定发展。"他建议把这个问题作为委员会的研究课题之一。

围绕参拜靖国神社展开的斗争

1985 年是世界反法西斯战争胜利四十周年。

然而，就在这一年的 8 月 15 日——日本帝国主义战败，而日本称为"终战四十周年纪念日"的那一天，中曾根首相及其他阁僚，不顾国内外的强烈反对，竟以公职身份正式参拜靖国神社。这是日本战败后四十年来开创了现职首相以公职身份参拜靖国神社的先例。

此举理所当然地激起了中国人民的义愤。北京的一些大学生在 9 月 18 日前后掀起了抗议示威活动，呼出了"反对参拜靖国神社！""打倒日本军国主义！""抵制日货！反对日本的经济侵略！"等口号。这一活动很快波及西安、成都等城市。

中曾根首相正式参拜靖国神社的行动，使中日关系笼罩上一层阴影。这种情况不能不反映到这一年 10 月举行的中日友好 21 世纪委员会第二次会议上。

在北京的开幕式上，双方的致词和基调报告虽然都没有直接提及这个问题，但是在大连举行的分组会上，符浩直截了当地谈了自己的看法。他说："日本军国主义发动的侵略战争，曾经给亚洲各国人民带来重大灾难。如实对待这段历史，正确认识这场战争的性质，至今仍是一个十分严肃的、有现实意义的问题。中国政府从两国关系的大局出发，始终教育我们的人民，要把少数军国主义分子和广大日本人民严格区分开来；要以向前看的态度，正确对待这段历史，同日本人民发展长期稳定的友好关系。日本政府在《中日联合声明》中已郑重宣布'痛感日本过去由于战争给中国人民造成的重大损害的责任，表示深刻的反省'。日本执政党和官方负责人士也多次作过类似的表态。但遗憾的是，今年 8 月 15 日，大部分日本阁僚以政府公职人员的身份正式参拜了供奉有东条英机等甲级战犯的靖国神社，并声称参拜的目的在于'追悼为保卫祖国和同胞献出宝贵生命的阵亡者'。这一举动模糊了侵略战争的性质，严重伤害了中国人民的感情，迎合和助长了日本社会上企图为日本军国主义翻案的一股思潮，不能不引起我们的严重关切。"

符浩还说："我们希望在这个问题上能够尊重历史，正视历史，分清正义与侵略、受害与加害的区别，并从中汲取有益的教益。一切正直的政治家都有责任把历史的真实，原原本本地告诉下一代，并以自己的行动，抵制一小撮妄图复活军国主义分子的活动。"明眼人一看便知，这最后一句话是有所指的。

日方委员香山健一先生在发言中，一方面表示日本坚持《日中联合声明》的原则，对过去的战争给中国人民带来的重大损害痛感其责任并进行反省，表示要坚持走和平发展的道路，但又说："符浩委员在发言中提到的追悼阵亡者的问题，从我们（日本）的国民感情来说，即使那场战争是错误的，但对那些因执行国家的命令而丧生的人，他们的遗族都强烈希望能正式参拜。为此，在终战纪念日举行了活动，通过追悼阵亡者，祈祷和平，表示不再进行战争，不走军国主义的道路。但是，如果这样的活动，在国民感情的微妙的差异中，引起误解或不信任，那么我们要做很大的努力，以便不使（中国人）引起这样的误解。"

符浩再次发言，说："关于靖国神社的背景和由来，大家都知道，我不想再说什么。今年的 8 月 15 日恰逢反法西斯战争胜利四十周年，各国都在庆祝，但是日本政府领导人却以公职的身份参拜靖国神社。谁都知道那里供奉着甲级战犯，中国人民做出反应，是理所当然的。这是人们发自内心的，中国人民有意见是应该的。从这个意义上说，是你们给我们出了个很大的难题。我认为，这个难题你们不应该出。正像尊敬的石川首席委员所说，应该汲取历史的教训，消除这些不稳定的因素，以便有效地开展我们的工作。"

出席会议的日本专门委员冈部达味谈到这个问题时，强调日本人和中国人对死者的感情和态度有差异，认为这是文化的差异所致。

张香山说："日方的专门委员谈到日本和中国对死者的感情不同。日本人怎样看死者，那是贵国的内政，但是有一点我要指出，明治维新后同（日本）政府进行过战争的西乡隆盛就没有祭祀在靖国神社里。"张香山以此来说明靖国神社祭祀谁和不祭祀谁，是有政治标准的，而绝不是什么文化问题。

在下午的分组会上，廖晖发言，也谈到靖国神社问题。他说：日本阁僚正式参拜靖国神社，会给中日关系带来怎样的消极后果，日本政府当局对这一点的认识是很不够的。我认为，日方对中国人民的感情缺乏考虑，实际上是没有尊重中国人民的感情。

中方的专门委员徐淡指出："日本总理和主要阁僚正式参拜祭祀着甲级战犯的靖国神社，并把侵略战争定位为保卫祖国的战争，这两点是中国人民绝对不能接受的。中国政府一贯教育我们应当把发动战争的战犯和一般人民加以区别。就我个人来说，我对受战争之害的日本国民深表同情，但对战犯是绝对不能同情的。我认为，中国人民做出的反应，既不是反日情绪，也不是排外的民族主义。我虽然不认为日本政府在推行复活军国主义的政策，但在日本有那么一小撮人在蠢蠢欲动，企图复活军国主义，这也是事实。日本政府的上述活动对这伙人将产生怎样的影响，是不应忽视的。我希望日本政府在不同的时间、不同的场合，能做到言行一致。日中双方都应当避免伤害对方人民的感情。"

在讨论的过程中，中方委员还指出日本在对台关系方面企图突破民间往来的框架，要求日方对此要引起足够的重视。

参加第一组讨论的日方首席委员石川忠雄在听了这些发言后说：
"在正式参拜靖国神社以及同台湾的关系等问题上，我们伤害了中国人
民的感情，作为我个人来说，也是感到很遗憾的。现在，日本既没有客
观条件也没有主观条件，来恢复军国主义。我认为，这是历史的潮流。"
但是，石川先生仍然作了一些解释。他说："希望中国人能理解阵亡者
的遗族的感情。日本人和中国人对这个问题的感情是不同的。我想，这
里就有文化上的差异。日本人中有各种各样的人。他们各种各样的事都
想，都干。但是，上面我也说过，我确信历史的巨流是不会改变的。而且，
我相信多数日本人是这样想的。从这个意义上讲，《日中联合声明》《日
中和平友好条约》以及基于日中关系四原则建立的日中和平友好关系的
发展，我认为也是一股巨大的历史潮流。我们应当努力顺应这一巨大的
历史潮流前进。"

"不应对制造中日对抗的罪魁祸首寄以同情"

中日双方委员结束了在大连的会议后，回到北京。10 月 18 日中午，
胡耀邦总书记在中南海会见了双方全体委员。我没有想到，胡耀邦事前
准备好了一份书面材料《发展中日关系的四点意见》。除了中文外，还
准备了日文的。胡耀邦总书记听取了中方首席委员王兆国介绍这次会议
的情况后，按照四点意见，发表了谈话。

胡耀邦总书记强调指出，中日两国都把中日友好奉为本国的一项
基本国策，是完全正确的。任何轻视和低估中日长期友好事业的想法和
做法都是缺乏远见的，也是错误的。他说："我希望我们两国政府和人
民都要继续努力提高珍惜中日友好的自觉性。"耀邦同志指出，"为了发
展中日友好，我们两国政府和人民都要正确对待两国严重对抗的历史。"
他强调要以史为鉴，并说："当我们努力发展中日友好关系时，一方面
不要使历史上发生的对抗影响今天的合作，另一方面也不应对制造中日

对抗的罪魁祸首寄以同情，更不应纵容极少数人进行妄图复活军国主义的活动，否则就将不可避免地使中日友好蒙上阴影，甚至带来严重后果。"耀邦同志强调我们两国上上下下，都要认真对待和严格遵守《中日联合声明》和《中日和平友好条约》，坚持双方确认的四项原则。他说："两国的历史、现状、利益和观点都有所不同，当交往中遇到困难的时候，双方都应顾全大局，谨慎从事，认真体察对方的友好建议和合理要求，力求避免做任何伤害对方人民感情的事。"

我记得特别清楚的是，在谈到"不应对制造中日对抗的罪魁祸首寄以同情"时，耀邦同志抬起右臂做擦抹眼泪状，并加重语气重复一句"不要寄以同情"。显然，这指的就是日本阁僚参拜靖国神社。

胡耀邦总书记说，这四点意见不只是我个人的，而是中国共产党和中国政府的共同意见。

这一天的会见，日本驻华大使中江要介也在座。听完了四点意见后，石川忠雄和中江大使都表示完全同意。

中曾根首相的讲话

中日友好 21 世纪委员会每一次开会，在举行开幕式时，都由主办国的总理出席致词。在日本举行第一次会议时，中曾根首相出席并念了外务省为他事前准备好的讲话稿。但是，1986 年的第三次会议时，他却脱离原稿，即席发挥，讲了一段话。我想，这与 1985 年第二次会议后胡耀邦总书记发表关于发展中日关系的四点意见，间接地批评中曾根首相正式参拜靖国神社有关。那一天，中曾根首相在即席讲话中，不仅通过自己的感受讲了日中友好的重要性，而且特别提到他赞同胡耀邦总书记发表的四点意见。其次，我认为是跟那一年的 10 月份日本内阁文部大臣藤尾正行在《文艺春秋》杂志上发表文章，为日本军国主义发动的侵略战争辩解，否认日军犯下的滔天罪行，因而遭到中国及亚洲其他国家的强烈谴责也有关。

第三次会议的开幕式是在东京新大谷饭店的"桐之间"举行的。日方首席委员石川忠雄主持会议。他宣布开会后，第一个议程就是中曾根首相致词。我们满以为他会按事前准备好的讲话稿讲，但他一上来就说，"事务当局为我准备了一份讲话稿，但我要不拿讲稿讲话。"中曾根首相的这一突如其来的举动，使我感到有些意外。我看，大家也多少有些吃惊。

开头几句寒暄过后，中曾根首相即席讲了下面一段话：

本会每开一次，都更加充实，发挥了伟大的桥梁作用，我对此感到高兴。

我首先要向你们报告一件事。昨晚我刚从韩国回来。我参加了亚运会的开幕式。这是一次有二十七个国家和地区参加的令人感动的盛会。特别是中国体育队在五星红旗指引下，威风凛凛、浩浩荡荡地进入会场时，韩国人自不待说，亚洲各国的人们都报以热烈的掌声。在各国选手中，中国选手所得到的掌声最为热烈。我也是鼓掌鼓得最起劲的一个。我看到，韩国人当中有人流了眼泪。目睹这一情景，我不知为什么感到自己作为一个亚洲人的喜悦。这是我首先要向你们报告的。

自从胡耀邦总书记和我商定，成立日中友好 21 世纪委员会以来，看到它的发展，我感到我与胡耀邦总书记所作的约定，实在是太好了。

日中两国之间有很多渠道和协会，它们各自发挥了友好的历史性作用。但是，在这当中，由政府支持、民间组织的 21 世纪委员会的使命是最重的。我认为它出色地完成了自己的任务。

这个委员会，每一次开会，大家作为朋友，为了两国，畅所欲言，讲对方不愿意听的话。我认为，这才是最为重要的。为了使日中两国发展成熟、稳定的关系，相互能无所顾忌地交换意见，这是不可缺少的。

日中两国之间产生了各种各样的问题，作为两个独立国家，这是很自然的。

我和胡耀邦总书记共同确认了发展日中关系的四项原则。我确信，只要彼此诚实地遵守四项原则，日中友好就能发展。我们都要忠实地遵守四项原则，不背信弃义，为此甚至可以牺牲自己，做出努力。对两国间存在的问题，对国民感情，委员们和政府领导人要着眼于日中两国的未来、亚洲的未来和世界的未来，自觉地担负起责任。当我们考虑到日中两国的永恒的和平以及孩子们的未来时，我感到我们的责任是重大的。考虑到这一点，我们应当忠实地履行四项原则，互相尊重国民感情，走正确的平等互利的道路。从这个意义上说，我对胡耀邦总书记去年发表的四点意见，予以评价并表示了赞同。

为了贯彻四项原则，今后我将不遗余力。有时，可能要做出自我牺牲，有时要说服国民，以求得他们的理解，有时甚至不惜溅一身"飞沫"。为了日中两国，为了亚洲与世界，我将不辞辛劳。我希望你们也能抱同样的心情。这需要双方做出努力。日中两国磐石般的关系，是两国发展的基础，也是亚洲和平的基石。我希望在东京和大矶的会议，能发扬过去几次会议的传统，坦率地交换意见，为实现共同目标而取得成果。我向亲爱的中国要人和中国人民衷心地致敬。我希望你们能把我的上述想法，转达给中国人民。

日本的舆论界也注意到中曾根首相讲话时没有照念预先准备好的讲稿，而"强调了首相本人的想法"。共同社 9 月 22 日播发的一条消息说，中曾根讲"可能要做出自我牺牲"，"有时甚至不惜溅一身'飞沫'"，"这番话表明了首相要牢记藤尾前文相（注：当时已被罢免）就日中战争所作的讲话，避免再次发生这种事态的坚强决心，尽管首相在讲话中没有直接谈及此事"。

中曾根首相那篇在开幕式上的即席讲话给我的印象是他善于辞令，讲起话来颇有鼓动性。于是，我又想起了 1984 年 9 月出席第一次 21 世纪会议期间，中曾根首相在东京欢送三千名日本青年访华的"壮行会"上的讲话。那篇讲话就很有鼓动性。中曾根首相说：

今天的壮行会有日中友好 21 世纪委员会的委员参加，你们应当感到荣幸。去年胡耀邦总书记访问日本时，提出邀请三千名日本青年访问中国，当时我以为听错了，想也许是三百人，结果是三千人，真不愧是中国的宏大气魄！这是代表中国人民的胡总书记对日本国民的热情和友谊，你们到了中国，首先要向中国人民、中国共产党和中国政府表示感谢。

日中两国只要坚持发展日中关系的四项原则，就能实现 21 世纪和以后的世代友好，并有利于世界的和平与繁荣。我确信，只要日中两国携起手来，不管国际上出现什么风雨，都不用担心。

我希望你们作为堂堂的日本人，同中国人民相互尊敬，讲礼仪，求友情，当中国青年同你们握手时，你们要以两倍的力量同他们握手；当中国青年唱歌时，你们要用两倍的歌声来回答；当中国青年送你们纪念品时，你们要以两倍的纪念品来还礼。希望你们做 21 世纪日中友好的桥梁，做代表日本人民的三千名和平友好的全权大使，取得一百二十分的访问成果。

一篇大文章

*

*

1985 年夏。

进入 8、9 月份,中国国内的青年学生中间出现了一些新的动向。听说,北京大学、清华大学和中国人民大学的一批学生,9 月 18 日清晨聚集在校园内,纪念"九一八"事变。有些学生在校内贴了小字报,有的上街游行,呼口号。口号中有"打倒日本军国主义""抵制日货"等等。据说,后来西安等地也出现了类似情况。这些动向的直接起因,是这一年的 8 月 15 日中曾根康弘在战后日本首相中第一次正式参拜了供奉有东条英机等甲级战犯的靖国神社。这一行径,理所当然地激起了包括中国在内的亚洲各国人民的强烈愤慨和抗议。对于一部分青年学生的上述行动,有些老同志亲自出面做工作,一方面肯定他们的行动出于爱国主义,另一方面从正面进行引导,要他们正确认识中日关系的现状和出现的问题。

10 月 3 日,胡乔木办公室的邱德新秘书来电话,要我第二天上午到胡乔木同志家里去,说有事要谈。

到了乔木同志家,进去一看,孙平化已坐在那里了。乔木同志的会客室不大。房间的一角安放了办公桌,屋子中央是一张小圆桌,周围摆了几把沙发。我们围着小圆桌坐下。

谈文章主题、布局和选材

乔木同志以温和的口气，开门见山地说："中日友好21世纪委员会将在这个月的中旬开会（指即将在北京和大连举行的第二次会议）。现在，在一部分青年学生中间有一种说法，说21世纪委员会是卖国外交的一个组成部分。我们要争取在21世纪委员会开会之前写一篇文章。"

我屏住呼吸，听乔木继续说下去。"这篇文章要写中日两国人民友好奋斗的历史，要从抗日战争说到现在。抗日战争只需适当地涉及一下。文内要提到鲁迅、郭沫若等人曾得到过日本友人的帮助。再远的，就不必讲了。"乔木同志停顿了一下，略加思索后接着说："文章还要提到冈野进（即野坂参三）领导的日本士兵反战同盟的活动。还有，在国统区——武汉、重庆的反战同盟的活动，例如最近电视连续剧演的绿川英子的活动，也要写进去。"

乔木的谈话转到这篇文章的整体布局。"文章要从抗战写到建交以前和建交以后。我们建国以后，中日两国人民为两国的友好所做的努力，包括政治、经济、文化方面的努力都要讲。即使处在'文化大革命'那样困难的局面中，无论是中国方面还是日本方面，都没有中断中日友好。文章不要光谈日本的左派，还要谈其他的民间团体。凡是对中日友好做过贡献的都要提到，不要带有政治倾向性。""说到建交时，要讲有两国人民的强大的友好做背景。中日建交与中美建交的情况有很大的不同。中日建交时的强大的友好潮流，是中美之间不存在的。这是不能完全相比的。"

乔木强调说："文章要讲中日建交究竟是仅仅符合一国的利益，还是符合两国的利益？是对一国有利，还是对两国有利？文章还要讲，中日建交对中日友好究竟是起到了很大的促进作用，还是相反。中国反对日本少数军国主义分子的活动，究竟是加强了中日友好，还是相反。反对日本军国主义分子的活动，我们的政府过去这样做了，今后还要继续这样做。日本政府的做法，如损害中国的利益，伤害中国人民的感情，中国政府就要站在人民的立场上，提出坚定的要求。中国政府的这个方针是坚定不移的。但要使反对日本军国主义分子的活动真正达到充分有效，首先要依靠日本人民，因此需要大大加强两国人民的友好。"

乔木继续说："文章要适当提到日本政府，不能撇开。前几届的日本首相和夫人都访问过中国。中国领导人都会见了他们。再过几天，日本外相也要来访问中国。我们要在中日友好上打出鲜明的旗帜，压一小撮人的邪气。而这一小撮人在日本是孤立的。"

乔木还谈到这篇文章应起到的另一个作用，那就是"要对中国人民进行教育，对日本人民表明个态度，不要使他们发生误解"。

关于文章的主旨、要求和大致的轮廓，比较清楚了，但到底怎样动笔写呢？乔木进一步提出了明确的要求。他说："文章由刘德有同志执笔，由孙平化同志和刘德有同志二人署名。这篇文章，重点是写从 1952 年到 1983 年的事，约八千字，要占报纸的一版篇幅。文章一开头，要有个前言。整个文章，有个布局和选材的问题。要讲逻辑，要有抒情的话，还需要剪裁。这篇文章要在一星期内拿出。本月 14 日发排。"

从乔木同志家出来以后，我和孙平化直奔沙滩文化部我的办公室。当时，我担任文化部部长助理，办公室在主楼一层西头。到了办公室，我立即打电话给外交部亚洲司的江培柱，请他来一起商量如何落实乔木同志的指示。

不消说，要写好一篇文章，首先要有明确的主题，要有正确的指导思想。乔木同志在这一方面已经给了我们许多重要指示，可以说，文章的灵魂已经有了。剩下的问题是要掌握充分的资料。在商量的过程中，我建议：作为素材，孙平化在江培柱协助下已写好但尚未出版的《中日友好随想录》，可以做参考。另外，还有一些资料，要到外文出版局图书馆借阅。孙平化同意提供他的那本书的原稿，以便起草时做参考。外文出版局的剪报，则委托在该局《编译参考》编辑部工作的我的妻子顾娟敏去借阅。

我们三人按乔木同志的指示精神，讨论并初步定下了文章的框架后，我躲在家里整整写了两天。写好的初稿，全文约一万两千字，比乔木同志的要求多了四千字。

我们把初稿送给了乔木同志的秘书邱德新。经邱秘书安排，排印了大样，送呈乔木阅。乔木同志阅后，又把我找去，谈了修改意见。

乔木同志说："稿子长了一点，要压缩。"接着，指出了几点实质性的问题。他说："日本有一个如何正确对待历史的问题。有人要改变那一场战争的性质，企图否定东京国际军事法庭的判决。初稿的缺点是，顺利的方面讲得多，中日建交后遇到的曲折，讲得少。这样，我国的青年人就不会接受。文章要提教科书事件。当然，我们只讲这是少数军国主义分子干的。中曾根首相参拜靖国神社的问题，我们已严正表了态。最近，小平同志跟安倍外相的谈话，是令人满意的。中日贸易虽然有发展，但出现了逆差，日方未承诺它要采取措施改变这种情况。日本向中国出口的货物中，有劣质货，这就有一个日本向中国赔偿损失的问题。这些斗争是必要的，是不可避免的。文章中有一句话'前途似锦'。这个话，不说。因为建交后仍有斗争。"

"中日两国政府的立场不同。正因为如此，两国人民的友好是重要的。在教科书事件和参拜靖国神社问题上，日本在野党和一些宗教团体提出了强烈谴责。这说明，日中友好的基础是两国人民。虽然日本人民还没有力量阻止出现这种情况，但中国人民与日本人民多年来培育的友谊，是任何人都不能小看的。这是一种潮流，谁要想逆转它，就要失败。"乔木同志说了这一段话后指出："文章的题目，不能过于乐观，过于渲染。现在的问题，是要把面临的实际形势与国内群众的情绪和他们的严正抗议，协调起来。"

乔木同志考虑得非常细致、周到，尽可能要照顾到方方面面，以体现"凡是对中日友好做过贡献的都要提到"这句话的精神，提醒我："文章要提一下建国后的团体性活动和个人的活动，那时非官方的来往很多。"

根据乔木同志的指示，我又改了一稿，先送给孙平化修改，然后再送乔木同志审阅。与此同时，我把外交部亚洲司对这一稿提出的意见，也转告了乔木同志。在这一稿上，我把文章的题目作了修改，改为《中日友好的历史潮流不可阻挡》。

思想性、政策性、策略性

乔木同志审阅时，在这一稿上做了仔细的修改。我从乔木同志的改稿中，体会到他对工作的高度认真负责精神，以及一丝不苟的严谨作风。同时，我深深感到乔木同志站得高，看得远，经过他修改后，文章大大提高了思想性、政策性和策略性。我认为，重要的修改有三处：

一、一头一尾，即前言和结尾部分，全部重新写过。

二、删除了文中比较虚的描写和华而不实的美丽辞藻。

三、文章题目，先改为《中日友好关系不容损坏》，后定为《珍惜艰难缔造的中日友好关系》。

乔木同志修改的"前言"，有如下几个特点：

一、开门见山，在导语部分就点明了为什么要写这篇文章，即说明今天中日友好的局面，是经过中日两国人民的长期努力，共同艰难缔造起来的，确实来之不易。但是，现在对于这一段历史，中日两国青年知道得不多，有必要加以介绍。

二、整篇文章的重点，虽然是写新中国成立后的中日关系的发展，但是，在"前言"中简要地讲述了从近代即从上世纪末到1945年的中日关系史，点出这一段是日本帝国主义侵略中国的时期，但即使在这段时期，中日两国进步人士之间的友好往来也从未间断过。

三、扼要地讲述了新中国成立后中日关系经历的四个阶段，即：民间往来、半官半民、官民并举、两国政府间正式恢复外交关系。

四、删去了最高级的形容词，如两国关系处于"最好的时期"等，从而更准确地反映了现状。同时还删去了"繁花似锦""硕果满枝""涓涓细流""滔滔江河""心潮澎湃""感慨万端"等虚词和感情色彩过浓的辞藻。

乔木同志不仅"前言"改得好，而且对文章的最后部分"结束语"也改得十分精彩。

我起草"结束语"时，根据自己对乔木同志指示精神的领会，在强调要爱护和珍惜来之不易的中日关系之后，引用了胡耀邦总书记阐述的中国对外交往中的原则立场，并指出教科书问题和部分日本政府领导人参拜靖国神社问题的严重性。与此同时，还转述了邓小平同志会见日本外相安倍晋太郎时的一大段谈话，说明应该继续发展两国关系，而且中日双方应努力避免出现伤害人民感情的事情。在"结束语"里，我还谈了"前事不忘，后事之师"，应当尊重和正确对待历史，谈了两国人民友好相处不仅要看到今天，更重要的是放眼未来。同时指出要特别重视对两国青年进行中日友好的教育。末尾，我谈了中日两国在长达两千多年的历史交往中曾经有过两次高潮，即隋唐时期和明治维新后，而现在我们应当迎接第三次高潮的到来

我写的"结束语"，虽然把应该说的话都说了，但显得拖沓、散漫、不紧凑，而且与文首点明的主题扣得不紧。

乔木同志把"结束语"全部加以改写。这样，就克服了上述缺点，做到了言简意赅、中心突出，从而更加明确了文章的主题。

经乔木同志改写的"结束语"，全文是这样的：

> 目前中日友好关系的发展正处在一个重要的关键时期。
> 我们前面已经说过，中日两国和两国广大人民是要求把这一友好关系向前推进的，但是这绝不是说，从两国复交以后，日本国内原来反对日中友好、妄图美化侵略战争和复活军国主义的一部分力

量和它的影响就不存在了，日本所有的人就都会按照两国联合声明、两国和平友好条约和两国确认的四项原则行事了，中日友好事业的前途就一帆风顺，再不会发生矛盾和争执了。十多年来的历史表明，事物总是一分为二的，两国关系中不可能只有光明的一面而没有任何阴影。两国复交的过程本身既是一场长期复杂曲折的斗争，复交以后两国间发生一些不同意见也是难以避免的，1982年的教科书事件和1985年的靖国神社事件就是大家都知道的事例。这种不同意见在两国经济关系上也存在着。关于这些，近一个时期以来，我国领导人邓小平主任、赵紫阳总理和胡耀邦总书记，都已经先后发表过谈话和讲话，清楚地表明了我国的原则立场。我国既肯定中日友好关系着亚洲和世界和平和稳定的大局，是两国人民经过长期奋斗艰难缔造的产物，必须加以珍惜和维护；同时又指出，两国关系必须遵守1972年以来两国所签署的各项正式文书和达成的协议，对于有争议的问题必须以平等互利的原则妥善处理，不要做出伤害对方人民感情的事。

日本方面对于我国再三郑重表示了态度，重申对于过去的战争对中国人民所造成的不幸继续表示反省，绝不重走军国主义的道路，将按照两国间的声明、条约和协议坚持日中友好。我们希望，日本方面的表示将能在今后的行动上得到充分实现，以保障两国关系的长远顺利发展。同时，正由于两国复交以来的主流是前进的，中间有过曲折，今后的发展也仍然会出现这样那样的问题，两国人民为维护中日友好的努力就必须加强，不能让来之不易的友好关系遭到损害。如果那样，就正好中了日本少数军国主义分子的下怀，不利于两国人民的根本利益。为了亚洲和世界的和平和发展，两国人民一定要同心协力，珍惜和维护艰难缔造起来的中日友好关系，让它的前途更加光辉灿烂！

乔木同志把稿子修改后，于10月19日附了一封信退我。信的全文如下：

德有同志：

　　此文作了一些修改，请看是否适当。末几页新稿与前文语气不够衔接，另多引领导人谈话似不太必要，故另写了一页，当否，请酌。

　　文内未提五六十年代两国工会间来往，这是一个重要方面，请考虑在七八页（文化交流一节前后）加一小节。

　　另，两国近年科学来往只说了一句笼统的话，与社会科学太不相称。已请中科院外事局查，收到时当转告，请酌改（太多的话当然不必）。

　　一七页倒五行加的括弧是否必要，请酌。也因现在有不少学生提这个问题。

　　全文改定后请再送外交部同志审阅，然后即可送《人民日报》发表。篇幅超过了一页，只好请转入另页。

胡乔木
10 月 19 日

根据乔木同志这一指示，我又改出一稿，送乔木审阅。

1986 年 10 月 25 日，乔木同志给《人民日报》社秦川、李庄同志写了信：

秦川、李庄同志：

　　此稿经再三磋商修改，即可照此发表。外交部亚洲司同志意见基本上已采纳。岸信介因仍在进行亲台反华活动，故只在一处指名没有关系。

　　末节是总结全文所必要的，话也说得完全符合中央各同志所表示的精神，语调已很温和，再减轻就不能得到我国群众的理解和接受，起不到应有的教育作用了。如刘德有同志和亚洲司同志问及，请照此答复。

胡乔木

十月廿五日

邱德新秘书当天给我转来乔木同志这封信的复印件时，还附来了一
张便条：

德有同志：

你和平化同志的文章，乔木同志已改过并送《人民日报》秦川
同志了。现将乔木同志给秦川的信一并送上，请阅，在这封信上他
讲了修改的理由。

致

敬礼

邱德新

十月廿五日

1985 年 10 月 27 日上午，我正在部里办公，秘书送来了报纸。翻开
《人民日报》一看，在第三版，一行大字标题《珍惜艰难缔造的中日友
好关系》映入眼帘。文内插的五个小标题也很醒目："民间先行，以民促
官""人心所向，大势所趋""水到渠成，两国复交""官民并举，相辅
相成""艰难缔造，共同维护"。经乔木同志亲自修改、润色的那篇大文
章终于发表了。尽管由于中日友好 21 世纪委员会要开会，需要看中央
有无新精神等原因，这篇文章未能在月中发表，但仍配合了当时的形势。
《人民日报》(海外版)、《北京日报》、《文汇报》在 10 月 28 日，《中国
青年报》在 10 月 29 日都全文刊登了这篇文章。听说，其他一些地方报
纸也刊登了全文。

日本各界的反应

这样一篇涉及中日关系的长文章发表后，自然要引起日本各界的强烈反应。有的外国通讯社也及时做了报道。

日本共同社 10 月 27 日当晚就从北京发回一则报道，标题是《中国报纸就日中关系发表长篇文章，要求（日本）用行动兑现许诺》。报道说：

> 《人民日报》27 日发表长达一版多的长篇文章，强调日中关系现在处于"重要的关键时刻"，呼吁日本方面用行动表明过去所说的对战争所进行的反省，以维持日中友好关系。
>
> 这篇文章主要写了被称为"掘井人"的先辈们的活动，并从日中战争结束后一直回顾到今天的两国友好运动，可以说是一篇中国方面首次对（日本阁僚）正式参拜靖国神社以后发生动摇的日中关系，概括地叙述了自己想法的文章。
>
> 文章作为日中友好的"掘井人"，列举了浅沼稻次郎、内山完造、西园寺公一等多数人的名字和业绩，其中包括了"日共领导人冈野进（野坂参三）"，称赞他以延安日本工农学校校长的身份与中国官兵并肩反对日本军国主义。这段话在北京引起了人们的注意，因为牵扯到日中两国共产党恢复关系的问题。
>
> 文章再次谈及中国方面放弃要求战争赔偿等问题。可以认为，这是间接地要求日本方面重新回到复交时的严峻的"原点"上，以便认真对待日中关系。

日本许多报纸都刊登了共同社的这篇电讯稿。

日中友好协会机关报《日本与中国》11 月 15 日载文，摘要介绍了《珍惜》一文的内容。文章说，《珍惜》一文"详细地回顾了新中国成立以来的中日友好关系，并在结语中指出，'目前中日友好关系的发展正处在一个重要的关键时期'。文章还说，在日本拥有很多友人的两位从事对日工作的（孙平化和刘德有）发表了如此长篇的论文，这在最近是异乎寻常的。可以说，这篇文章是中国方面把它对于今年8月（中曾根首相）正式参拜靖国神社以来的日中关系所抱的想法进行了一次归纳。"

日中文化交流协会机关刊物《日中文化交流》12月1日配合照片刊登消息说，《珍惜》一文列举许多例子，说明新中国成立以来的两国关系通过许多前人的努力，以"以民促官"的形式得到了发展，其结果，实现了两国邦交正常化。后来，则以官民并举、相辅相成的形式，正在向前发展。在这一过程中，曾经出现过曲折，今后还会出现曲折，但两国人民应当共同努力，维护艰难缔造的友好关系，并为亚洲和世界和平而同心协力，使中日友好的前景更加光辉灿烂。

日本驻华大使中江要介特意打来电话对我说：这篇文章的发表是"适时"的，并表示"有时回顾一下历史也是很有意义的"。

在40年代就参加了中国革命的一位住在天津的日本人士说："我读着这篇文章，不止一次地热泪盈眶，泪水模糊了我的眼睛。这泪，是复杂的泪。它是我对掘井的各位前辈的感谢之泪，也是我喜悦之泪。"

日本许多友好团体以及旅日爱国华侨经营的"中国通讯社"立即把《珍惜》一文全文译成日文，广为散发。

在外国通讯社中，我注意到美联社驻京记者唐娜·安德森10月27日发回的电讯。电讯说："为了设法平息青年一代中存在的反日情绪，官方的共产党报纸今天敦促日本人和中国人不要损害精心缔造起来的这两个战时敌国之间的关系。"

在日本的反应中，日共中央机关报《赤旗报》与众不同。《赤旗报》从1986年3月28日到31日分四次刊文，其主要论点是想说明日本共产党才是反对日本帝国主义侵华的最坚定的力量，是一贯反对美帝和日本政府推行敌视中国政策，主张同中华人民共和国建立友好关系的"唯一"政治力量。然而，为什么在《珍惜》那篇长文中只在一处提到日共。《赤旗报》的另一个论点是指责孙、刘二人美化与中国恢复邦交的田中角荣和自民党，并说孙、刘故意回避了"文化大革命"中所发生的事。

我认为，凡是持客观态度的人，读了《珍惜》一文都会如实地承认它充分地肯定了日本进步力量为推动和发展中日友好关系所做的努力，其中包括日共的历史作用。至于中日关系正常化前后的情况，《珍惜》一文所叙述的，均是事实，既不能增加，也不能减少，既不容否定，也不容篡改。日本各种政治力量当时分别起了什么作用，是有目共睹的，而且每一个人心中都有一把尺子。《珍惜》一文所论述的，是中日两国人民和两国政府间的友好关系，而不是两党关系，这一点似乎无须多说。

"我希望在无月之夜到中国去，跟邓先生交谈"

*
*

"电脑加推土机"

在日本，对于田中角荣褒贬不一。不管是赞成的，还是反对的，在一点上，看法比较一致，那就是认为他豪爽能干。人们形容他是"电脑加推土机"。这是说他满脑子都是数字，反应极快，同时又有那么一股子天不怕、地不怕的干劲和冲劲。

我在日本做新闻记者时，正赶上他出任首相，其间参加过几次他举行的记者招待会。田中角荣回答记者提问时，有一个与其他首相迥然不同的特点：常常是口若悬河地讲一串串数字，使记者们蒙头转向，如堕入五里雾中。他的这一招委实很厉害，能使自己的回答处于主动位置，而不被记者们牵着鼻子走。贬田中者，到底贬他什么呢？集中到一点上，就是指责他手脚不干净。实际上，最后他栽跟斗，就栽到了洛克希德"受贿"案上，尽管这种事，在日本司空见惯。但是，田中角荣在首相任期内，外交上却干了一件大事，那就是1972年在尼克松"越"日本之"顶"访华后，他排除万难，实现了日中邦交正常化。在战后日本外交史上，田中角荣的这一功绩是任何人也抹杀不了的。尽管后来他不再担任首相，但中国领导人不忘老朋友，到日本去，总是安排前去他的住处看望他。这一点，使他很感动。他当时正在吃官司，但他一直想找一个机会访问中国，以便会见中国领导人邓小平。

田中角荣的这一想法，我是1984年秋从他本人口中直接听到的。

这一年9月，我出席中日友好21世纪委员会第一次会议。开幕式结束后，会场从东京转移到风光秀丽的名胜地箱根。在箱根，我们被安排下榻在"箱根观光饭店"。

田中角荣的早餐会

9月12日清晨5时半，我就醒来了，因为头一天被告知要去参加田中角荣举行的早餐会。也许是因为兴奋的缘故，那一晚睡得不很踏实。这一天的早餐会，并非中方提出的要求，看来，是日中协会的事务局长白西绅一郎和田中的大秘书早坂茂三主动安排的。邀请的对象，除了首席委员王兆国外，主要是长期从事对日工作的同志——符浩、张香山、廖晖和我。此外，还邀请了驻日大使杨振亚和参赞王效贤。

早晨6时45分，白西绅一郎就到饭店来接我们。我们驱车直奔箱根王子饭店别馆。早坂秘书在饭店门口迎接我们。早餐会就安排在这家饭店铺有"榻榻米"的纯日本式的大房间里举行。从门口到这个大房间，要通过一条长廊。进到房间里，我们看到壁龛里引人注目地挂了一幅中堂，上写着："湖山有妙响"。再看窗外，是蜿蜒的青山，在绿荫掩映下，散布着几栋色彩鲜艳的洋房。近处的一泓绿水，迎着朝阳发出闪闪的光亮。四周显得安静、平和。我们围着长长的饭桌盘腿坐在"榻榻米"上，等候今天的主人。我注意到，日方陪同人员只有早坂和白西两位先生，没有其他人。

等了不一会儿，田中角荣匆匆走了进来。他依然红光满面，两眼闪着炯炯目光，精神丝毫不减当年。他跟我们每个人都握了手。坐下后，便开始了他的谈话。他寒暄了几句，就开门见山地说：

"我的派系现在有一百二十人，其中一百一十二人都集中在这个饭店研修。本来你们也应当住在这家饭店，但由于我们人多，而且去年就已经预定了，这样，这家饭店就被我们占据了，使你们不能住在这里，很抱歉。"一口气说到这里，田中稍停一下。似乎他感到忘记了一句应该说的话，又补充说道："日本去中国访问的人回来后，总给我带来中国领导人的问候，谢谢！"

早餐会这种形式究竟是哪个国家发明的，我不知道，但是，日本人很喜欢这种形式。如果你访问日本，日程安排得满满的，中午和晚上的时间都已安排了宴会，实在也无法插进别的宴请时，便可以用举行早餐会这一招，真是方便极了。田中角荣这次见我们，就采取了这一形式。

田中一上来就讲了他的派系在箱根开政策研究会的情况，我认为这是有他的考虑的。田中角荣由于在所谓"金脉"问题上受到内外夹攻，在1974年12月辞去了总理职务。1976年7月27日，田中因涉嫌受贿被捕，便立即脱离了执政的自民党，后取保假释。"树倒猢狲散"，在日本政界，总理辞去职务以后，过去由他经营的那个派系往往就难以维持下去。但田中的情况却与以往不同，他尽管受到如此大的挫折，仍保持了党内最大的派系。田中角荣在箱根向我们说的那个开场白，正是要表明这一点。田中在党内一直保持最大派系这种情况，到了我们会见田中的第二年才发生变化。那是1985年2月，田中派中的一部分国会议员策划成立了"创政会"。而就在那个月的27日，田中因患脑血栓而病倒住院。又过了两年，1987年7月4日，竹下登从田中派拉出一批人，成立了"经世会"即竹下派，当时这个新派拥有成员一百一十三名。到此，田中派宣告解散，于是，田中派便从日本的"政界地图"上销声匿迹了。当然，这是后话。

"希望见到邓小平先生"

我们边用早餐，边继续交谈。田中环视了在座的中国朋友说："日本同中国友好，不仅对日中两国有利，而且有助于亚洲和世界的和平。我基于这一认识，1972年到中国去，找到了与中国提携的道路。今后，我仍将为此努力，不惜粉身碎骨。"

说到这里，田中把话题转到美国。他说："我曾对美国人说，你们应当看到中国的力量。当今的世界没有中国，就没有和平，就不可能有世界范围的外交活动。美国现在渐渐地认识了这一点。我认为现在世界形成了中日美三国关系的格局。这对世界是有影响的。我本人虽然已经不是自民党党员，身在'世外桃源'，但我自认仍有影响。"

这时，符浩指着壁龛里的那幅字说："您虽然身居山湖中，但仍在发出妙不可言的声音。"田中谦虚地说："这句话有更深的意思。中国古诗的诗句，好就好在这里。"为了使中国客人能了解为什么在这里挂出了这样的条幅，田中给我们介绍了一点背景知识。"现在我们所在的这家旅馆，是堤义明先生的。他是一个文化人。在这里能挂出这样的字联，说明他是一个了不起的人物。希望中国能注意这个人物。"

这一天的早餐，我们吃的是"日本料理"。席间，始终充满着友好、和谐、融洽的气氛。

到了这时，田中的谈话似乎进入到正题。他用郑重的口气说："我希望你们回国后给我转达：我相信，总有一天我能到中国去，见到邓小平先生，跟他谈中日关系和世界的问题。"

接着，田中先生谈了他对一些问题的看法：

"北京且不去说它。上海可以跟纽约匹敌。你们应当使上海成为国际都市。上海过去法租界的那些楼房依然存在，现在有些已经做了宾馆。你们今天实行改革开放，让外国人来投资。他们在中国盖了高楼也搬不走，何乐而不为？中国气魄大，完全能消化得了。中国将成为亚洲的经济据点。

"香港问题。我认为，香港应该维持繁荣，不要改变它的制度。

"台湾问题。我建议你们能让台湾与福建省和中国大陆的其他地方自由往来，而不使台湾海峡成为阻隔。你们现在对台湾不打炮了。日本有句话'只闻炮声，而不见炮弹'。

"海南岛，有资源，我认为它有战略性的经济意义。建议你们好好开发它。"

田中还谈了国际问题。田中说："前些时候，苏联派特使来，我不见。苏联又派'苏联新闻社'的人来见我。会见时，日本外务省有人在场。我们约定此事不登报。我对苏联人讲，安倍-葛洛米柯会谈不解决问题，因为外交官不讲真话。苏联很想了解日本对苏联的看法。我讲了日本的看法，我说这是真话。我还说，不能光靠'书面对话'，而应当进行直接会谈，要讲真话。我认为，还是首脑会谈能解决问题。我对那位苏联人说，你们扬言苏联要占领北海道，不需要两天。我说，在苏联国内作为宣传是可以这样说的，但这吓不倒日本人。我要他转达给苏联首脑，请苏联首脑把我的话作为一个议题讨论一下。苏联如果真的进攻日本，就必须先摧毁华盛顿和纽约，但十秒钟后，莫斯科和列宁格勒也会被摧毁。日本在历史上曾经那样做过，但失败了。在战争中，日本被炸平了。战后，经过三十多年日本复兴了。苏联能做到这一点吗？"

"最中国式的思考与判断力"

讲了这一席话后，田中又回到主题上来。他诚挚地说："我衷心希望邓小平先生能享鹤龟之寿。日本有一句谚语'鹤寿千年，龟寿万年'。这犹如'白发三千丈'的诗句那样，是一种夸张的说法。但我希望邓先生长寿。我认为，邓小平先生的思考方式和判断力是最中国式的。这种思考方式，是几千年来中国文化的灵魂的体现。邓小平先生的长寿，不仅对中国，而且对亚洲的稳定也有影响。这一点，请代我转达。我希望邓先生活着，我也活着。现在，日本的平均年龄，女的八十岁，男的七十五岁。我要在第一线干到七十五岁。我比邓先生年纪轻，我上面讲的那些话是'对释迦牟尼说法'——'班门弄斧'。但我想，释迦牟尼有时也可以听一听群众的声音。"

田中角荣停顿了一下，略加思考后又补充道："关于'年轻人'这一说法，我想做一点解释。老年人常常说'年轻人如何如何'。年轻人听了这样的话，很反感。因为'年轻人'这一说法，在语感上与'不成熟'容易联系在一起。但我认为年轻人有生命力。老年人可以听取各种意见，自己去决定取舍。"说到这里，田中角荣看了看在座的中国朋友说："我羡慕你们年轻人。我已经是老人了。我应该讲真话，如果不讲真话，我死了，将下地狱。"为了使中国朋友了解他在日本仍拥有很大的影响，田中先生继续说道："有人问，为什么有那么多的人投我和我女婿的票？现在，如果在日本实行全民投票，我将获得51％的票。即使日本的男士都不投我的票，妇女们也会投我的票，因为妇女讲真话。"接着，田中先生指着对面窗外的山说："我田中就是这样的人。你们看，对面的山绿化得很好，为了保护好绿色，我采取某种措施，有人骂我，可以。但如果有人在那里丢烟头，就要吃我的拳头。"

早餐会接近了尾声。田中角荣先生再一次表达了他的强烈愿望，他强调说："我想见邓小平先生，跟他交谈对中国和世界的看法。现在乘坐超音速飞机，从日本到中国，一会儿就到。日本可以对外不公布，只要中国不过虑。过去，美国高官就常常坐军用飞机到日本来。他们不在出入境的册子上登记。这是有办法的。"

我们要告辞了，因为上午9时中日友好21世纪委员会要举行全体会议。田中角荣先生在同我们握别时，又说了一遍："我希望在无月之夜到中国去，跟邓先生交谈。"

田中角荣这一席话，我想不是他灵机一动，随便说说的，而是经过了深思熟虑。我感到他对中国改革开放和现代化建设的总设计师邓小平从心里怀着崇敬和钦佩，他希望中国的建设事业能取得成功，他高度赞扬中国在国际事务中发挥的举足轻重的巨大作用，他祝愿日中两国能提携、友好，永远和平共处。

尽管田中有这样美好的愿望，但在当时采取那样的形式访华，主客观条件都是不成熟的。直到1992年8月，中日复交二十周年时，田中角荣再次访华的愿望才变成现实。田中角荣先生作为日本前首相偕夫人及女儿、女婿到中国来，受到中国方面高规格的接待。江泽民总书记、李鹏总理、王震副主席分别会见了田中一行。田中角荣向中国残疾人福利基金会捐赠了五十辆印有"日中邦交正常化二十周年纪念"字样的轮椅。邓朴方代表基金会向田中先生回赠了纪念品。可惜，那个时候小平同志早已经不再会见外宾，因此也就不可能破例安排。我想，田中角荣作为一位政治家，他是能够理解邓小平已经不再会见外国客人这一做法的，尽管他一直是那样地热盼着见到小平同志。

明仁天皇和皇后访华

*

*

1992 年 9 月 29 日是中日关系正常化四十周年纪念日。

这一年的 10 月，明仁天皇和皇后应中国国家主席杨尚昆的邀请访问了中国。日本天皇和皇后到中国来访问，这在中日关系史上是第一次。它表明，战后中日关系发展到了一个新阶段。

日本国内出现赞否两论

在天皇和皇后来访前，日本的媒体大造舆论，连日讨论天皇和皇后是否应该访华。舆论一分为二，一部分人赞成，另一部分人反对。我从一条消息中看到，当时任亚细亚大学校长的卫藤瀋吉表示赞成。说实在的，我多少有些意外。为什么呢？因为许多人认为从他以往的政治态度来看，他不会赞成天皇访华。而现在，他却明确表示赞成。他的理由是天皇和皇后两陛下访华，必将推动日中关系进一步发展。当时我还看到一家日本报纸刊登了一整版广告（这种整版广告，跟其他广告一样，只要拿钱，报社就给登），上面写了一大套反对天皇访华的理由。有一批据认为是右翼的文化人在上面签了名。在这些签名中，我同样意外地发现了以前同在中日友好 21 世纪委员会共过事的佐藤欣子女士的名字。

日本一部分人反对天皇访华的主要理由，是怕在政治上"被中国利用"。还有一点，就是怕中国逼天皇就过去的战争问题道歉。

我没想到，日本"四季"剧团艺术总监浅利庆太和他的好友香山健一也对天皇访华寄予关心。这一年的春天，"四季"剧团来中国演出轻音乐剧《李香兰》。在北京演出后，便到东北的长春、沈阳和大连继续演出。浅利庆太是此剧的作者。他一开始就有一个设想，就是不去中国的南方而去东北演出，因为他想通过演出此剧向中国东北人民表示歉意，并希望能推动日本企业向这一地区投资，以补偿日本过去对中国东北人民欠下的账。在长春演出时，浅利庆太和曾在长春长大的香山健一夫妇专程前去观看，并了解当地人民对此剧的反应。

长春的活动结束后，他们通知我要来北京，届时要求同我见面，说有重要的事要谈。他们抵京时，天色已晚，我们在早已预约好的东城外交人员酒家共进晚餐。原来，他们所说的要事，是天皇访华的问题。浅利和香山对我说："希望中国能给予照顾，把天皇访华只作为友好访问，而不要加上政治色彩，不要使天皇为难。这样，就可以使日本国内的反对派不能得逞。希望能把这个意见转告有关方面。"

为了使日本天皇和皇后的访华能取得圆满成功，不仅中国方面做了万无一失的部署，日本方面也做了周密的准备，后来，我听说天皇和皇后本人心理上的准备也做得很充分。

天皇、皇后做了周到准备

那是 1992 年的 11 月，我同郁文、林林等同志一道为参加纪念郭沫若诞辰百周年活动访问了日本。11 月 8 日中午，我们在日中文化交流协会朋友的陪同下，到三浦半岛逗子的团伊玖磨会长家做客。团伊玖磨的家是一栋不大的白色建筑，立在濒临相模湾的高台上。门口，栽了一棵沙漠树，看去很别致。从大厅的落地玻璃窗向外望去，碧蓝的海水在明媚的阳光下轻轻荡漾。远处隐约可见大岛和伊豆半岛。主人告诉我们，天气特别晴朗时，可以看见美丽的富士山。

大厅里安放着三角式钢琴和古琴，墙上挂着二胡和月琴等中国乐器。厅里摆满了中国的工艺品，简直没有插足之地。这些都告诉人们，这一家的主人是音乐家，对中国十分友好。据说，夫人和子年轻时也曾学过音乐，如今专门研究中国烹饪，并出版过专著。今天，为了款待中国客人，她戴上围裙，下厨房亲自掌勺。

我们坐定后，团伊玖磨向我们谈起了天皇和皇后。他说：叶山的皇家别墅（御用邸）就在附近，所以天皇和皇后常常到我们家来做客。这次他们访华前也来过。他们很喜欢吃中国菜，皇后尤其喜欢。我与天皇和皇后相识是通过音乐。天皇会拉大提琴，皇后会弹钢琴和竖琴。他们不是一般地会拉会弹，而能演奏得很好。

团伊玖磨说：战争时，天皇才四岁。他这次到中国访问前，不仅到我们家做客，还请教到中国后应当怎样做，注意些什么？不仅如此，他在东京还特意邀请了日中六团体的负责人了解情况。日中文化交流协会出席的有千田是也、白土吾夫和我。我（团伊玖磨）向天皇讲述了中国的悠久历史和文化的博大精深。我感到天皇对此早已有了了解和认识。

白土吾夫说：那一天，经团伊玖磨的介绍，我与天皇也谈了话。天皇问我，你搞日中文化交流，一定会中文。我说，我学的是电气，但未走电气的路，而搞了日中友好。天皇问，为什么？我回答，四十年前我就认为将来的世界将以中国为轴心发展，所以，我选择了这条道路。但回家后一想，为了向天皇表示敬意，当时我应该说"以中国和日本为轴心"。

佐藤纯子告诉我们一个情况：天皇在上海会见记者时说，政治关系可随形势的变化而变化，但两国人民心灵的交流，不管在什么情况下都不会变。

说到这里时，团伊玖磨插话说：那句话，是我事前向天皇和皇后谈的。

可见，团伊玖磨事前做的工作起了作用。同时也说明，天皇和皇后在访华前做了周到的准备。

人民大会堂的国宴

1992 年 10 月 23 日，北京是个晴朗的天气，只是风大一些。这一天的下午 1 时 40 分，明仁天皇和皇后美智子以及随行人员乘坐的 B-747 型专机，抵达北京首都机场的南停机坪。

当天晚上，杨尚昆主席在人民大会堂西大厅举行欢迎宴会。在这以前，从 6 时 30 分开始，明仁天皇和皇后在杨主席和万里委员长陪同下，在新疆厅会见了中国各方面负责人和长期从事中日友好工作的各方面人士。

我 10 月 22 日接到通知，当天比规定的时间早一点就到了新疆厅。新疆厅经过内装修，金碧辉煌，焕然一新。我看到厅里有三四十人。在外交部礼宾司同志的安排下，我们排成一行等候天皇和皇后的到来。排队时，礼宾司同志关照大家躲开天棚上那盏巨大的装饰灯。因为大吊灯是刚刚安装上的，负责礼宾和安全的同志生怕发生意外。俗话说，不怕一万，就怕万一，他们想得真是细致周到。

天皇和皇后进厅后，与中方人士一一握手。排在最前面的是雷洁琼、吴学谦、姬鹏飞、黄华、宋健、钱其琛和赵朴初等领导人。我排在中日友好 21 世纪委员会中方首席委员张香山的后面。这大概是因为我是这个委员会的前委员，又是文化部副部长的缘故吧。张香山跟天皇握手时，直接用日语说了表示欢迎的话。过去，我在日本做记者时，在一些场合见过明仁天皇，但在这样的近距离见他并与他握手是第一次。我从天皇和皇后进厅后就一直观察他们的举止。我感到，明仁天皇温文尔雅，像一位学者，他说话时声音很低，给人以平易近人、没有架子的感觉。皇后更是谦恭，事事都"退避三舍"。

6 时 45 分，宴会开始。在迎宾曲中，宾主就座。接着，军乐队高奏中日两国国歌。

因为是国宴，外交部事前就对出席者的穿着提出了要求。我接到请柬时，注意到上面附了一张小纸条，写着"请参加宴会的男同志着深色服装，女同志着长裙"。

我被安排在第三桌。它的位置在主桌的左侧附近。我旁边坐了一位年纪稍长的日本妇女，她身着浅色西装，戴了一副眼镜，很有些贵族气质。据介绍，她是服侍皇后的女官长。名字，我已忘记，可能是叫井上。

杨尚昆主席首先致欢迎词。他首先谈了中日两国友好交往的历史和日本天皇、皇后访华的重要意义。他说："中日两国是一衣带水的邻邦，两国人民有两千多年友好交往的历史。在中日邦交正常化二十周年之际，日本国天皇陛下和皇后陛下首次前来我国进行正式访问，这是中日关系史上的一件大事。"他接着说："中华民族和日本民族都是伟大的民族。勤劳和智慧的两国人民在长期的友好交往中，相互学习，相互帮助，结下了深厚的友谊，为人类的东方文明做出了可贵的贡献。"

杨主席说到这里，话锋一转，谈了进入近代以后两国关系的那一段不幸，以及邦交正常化后两国关系的发展。他说："令人遗憾的是，在近代历史上，中日关系有过一段不幸时期，使中国人民蒙受了巨大的灾难。'前事不忘，后事之师'，牢记历史教训，符合两国人民的根本利益。经过中日双方的共同努力，我们两国在二十年前实现了邦交正常化，之后又缔结了《中日和平友好条约》，开辟了睦邻友好合作的广阔前景……中日邦交正常化二十年来，我们两国在各个领域的交流与合作都取得了长足的发展，两国人民之间的友谊不断加深，中日友好的基础更加坚实。天皇陛下和皇后陛下的这次访问，将进一步增进两国人民的相互了解和传统友谊，推动两国的友好合作关系向着新的深度和广度迈进。在当前国际形势下，一个奉行独立自主和平外交政策的中国和一个继续走和平发展道路的日本保持长期稳定的睦邻合作关系，有利于中日两国人民，也有利于亚太地区和世界的和平、稳定与发展。""中国人民非常珍视同日本人民之间的传统友谊。只要我们两国信守《中日联合声明》和《中日和平友好条约》所确定的各项原则，不断做出努力，两国人民世世代代友好下去的愿望一定能够实现。"

如果是在以往，杨主席每讲一段话，都要进行翻译，但中国此时已经实行了礼宾改革，取消了当场翻译，而改为事前把讲话稿译好，发给出席者。这样，可以节省很多时间。天皇的讲话，也是事前把讲稿译好，发给了中方出席者。

现在，轮到天皇致词。天皇从他就座的第一桌站起，走到设在左侧的讲台后面。他穿了一身深色西装，扎了一条藏青色带格的领带。他从衣兜里拿出讲稿，把脸转向杨主席，轻轻地点了点头，开始了他的讲话。

说实在的，那一天我注意的是天皇在讲话中对过去日本军国主义侵略中国那段历史会作怎样的表态。我想，中方的其他人大概也跟我抱同样的心情吧。

天皇首先对举行如此盛大的宴会和杨主席发表热情洋溢的讲话，"表示深切的感谢"。

天皇表示"深刻反省"

接着，他结合自己的体验讲了一段带有感情色彩的话。他说："我国和贵国的交流历史悠久，特别是通过7世纪到9世纪之间派遣的遣隋史和遣唐史，我国留学生长年在中国逗留，专心学习了中国文化。两国的交流从古代开始，得到了长期和平的持续。我国国民多年以来对贵国的文化抱有深深的敬意和亲切的感情。我本人也从少年时代开始听到有关中国的介绍，看到一些有关书籍，自然而然地关心贵国的文化。当时我对为儿童编写的《三国志》感兴趣。书中引用的以'朝辞白帝彩云间'为开头的李白那首描写白帝城的诗，也是我在少年时代学习的。……到本世纪以后，贵国很多有为的青年来访我国，包括人员往来在内的相互交流更加活跃。我认为这种两国国民间的交流传统是无比宝贵的。……此次承蒙主席阁下的邀请，能访问具有如此深远关系的贵国，我们感到十分高兴。"

"但是，……"明仁天皇把语气转了，显然，他要就那一段历史表明态度。他将怎样说呢？我把注意力集中到他下面要说的话。天皇接着说："在两国关系悠久的历史上，曾经有过一段我国给中国国民带来深重苦难的不幸时期。我对此深感痛心。战争结束后，我国国民基于不再重演这种战争的深刻反省，下定决心，一定要走和平国家的道路，并开始了国家的复兴。从此，我国专心致力于建立与世界各国之间的友好关系。在同贵国的关系上，通过两国前辈们等许多人士的热情努力，建立了要永誓和平友好的关系，两国在广泛领域的建立正在不断加深。我对两国国民之间取得了这样的进展感到由衷的喜悦，同时衷心希望这种良好的关系进一步发展成为不可动摇的关系。"

明仁天皇承认那段不幸的历史给中国人民"带来深重苦难"，并说对此"深感痛心"，与此同时，他表示日本人民"深刻反省""不再重演这种战争"，并"下定决心"走和平的道路。作为日本天皇对那段历史能表这样的态，我认为已经是作了很大的努力。

后来，我见到团伊玖磨时，他说："据我知道，天皇陛下从羽田机场出发时很紧张，手在颤抖，但后来就放松了。我认为，天皇在中国表态到那个程度，很不容易了。天皇是那样想就那样讲的。我认为不在于用词，而在于心。"

《朝日新闻》翌日刊登发自北京的报道说："作为'天皇的讲话'第一次提到了'反省'二字。可以说它具有把日中两国的历史划一个阶段的意义。但是，不能仅仅以这次'天皇的讲话'就清算了两国间'不幸的过去'，这也是严肃的事实。"

"两国国民要做好邻居"

明仁天皇在讲话中还谈了在当今的国际形势下进一步发展中日友

好的重要性。他说：“今天，国际社会为达成人类和平与繁荣的崇高目标正在进行共同的努力。我相信，在此情况下，日中两国国民增进友好亲善关系具有重大意义。”明仁天皇说：“今年正值日中邦交正常化二十周年，在此两国关系继往开来的年份，为增进相互理解和加强友好亲善，两国国民之间正在进行各种各样的活动。贵国江泽民总书记阁下和万里委员长阁下相继访问了我国，为进一步扩大和加强两国间的友好纽带做出了贡献。此次我们访问贵国，如能作为一个契机，使以此友好纽带连接在一起的两国国民作为好邻居向着未来共同迈进，我将感到无比高兴。”

明仁天皇在结束讲话时，谈了此次访华的他个人和皇后的愿望。他说：“北京秋天风景之美是许多人所赞扬的。我们能有机会在此美丽季节访问此地，衷心感到喜悦。”“我们除北京以外还将访问西安和上海。在西安，我希望一面缅怀当年遣唐史和留学生冒着航海的危险来到大唐，在长安学习中国文化的艰难历程，一面接触贵国的历史。此外，还可在上海感受到贵国新发展的气息。通过这次访问，我们还希望和尽量多的年轻人有接触的机会。两国年轻一代一定会继承以往交流的传统历史，并使它发展成为更丰富多彩的心灵间的交流。”

我注意到，在天皇讲话的过程中，杨主席和其他中方出席者一直在看译成中文的讲话稿。这一天，坐在主人左侧的皇后穿了一身淡色的和服。天皇讲话时，自始至终侧身把目光集中到天皇身上。

这一天的菜谱，贯彻了国宴的标准：四菜一汤。除了前面的冷盘和后面的点心，水果和甜食“燕窝杏仁酪”外，一汤是“金银干贝汤”，四菜是“黄焖鱼翅”“炸烹龙虾”“彩珠鱼圆”“三元鹌鹑”。

宴会在友好融洽的气氛中进行。在宴会进行过程中，于海同志指挥的中国人民解放军乐团交替演奏了中日两国歌曲。中国歌曲有：《小白帆》《高天上流云》《乡情》《赞美》《思念》《我和我的祖国》。日本歌曲有：《樱花》《拉网小调》《北国之春》《合欢树下摇篮曲》《四季歌》《祝典进行曲》。

在演奏《合欢树下摇篮曲》时，皇后显得活跃和激动。坐在我身旁的那位女官长告诉我，这支摇篮曲是用美智子皇后写的歌词谱写的。《祝典进行曲》是团伊玖磨先生作的，曾在天皇和美智子结婚时演奏过。乐队每当演奏完一首日本曲子，场内就响起一阵热烈的掌声。

宴会结束后，天皇和皇后在杨主席陪同下特意走到乐队面前表示感谢，并同指挥者于海和担任独唱的韩芝萍女士亲切握手。

天皇参观故宫

外交部礼宾司 10 月 22 日通知我，要我在 25 日上午 9 时 15 分到故宫太和殿前等候日本天皇和皇后，以便陪同他们参观。外交部同时还通知故宫博物院代院长吕济民届时担任向导。

25 日是个星期天。我比较早地就来到吕济民办公室，约他一起到太和殿前。不一会儿，副院长杨新也赶来。我们三个人乘车移动到太和殿前。这时殿前已经有些观众，有男有女，有的还带着小孩。先赶到现场的外交部礼宾司的同志和保安人员手持对讲机，跑前跑后，忙忙碌碌，不时地向我们通报：车队已从钓鱼台国宾馆出发，现在车队到了长安街的什么地方。

车队由开道车做先导，于 9 时 20 分到达了太和殿前。我发现，天皇和皇后没有同乘一辆汽车，而是一前一后，分乘了两辆车。他们微笑着从车中走下来。今天，天皇着灰色双排扣西装，打了一条近似褐色的领带。皇后穿了一身淡雅的和服。我走上前，跟他们一一握手。我代表文化部对他们表示热烈欢迎，并介绍了吕济民代院长。我说，今天的参观，请他来做讲解。当天，担当翻译的是一位旅游局的小伙子。陪同天皇和皇后参观的人员中，还有首席随员、日本副总理兼外务大臣渡边美智雄以及中国驻日大使杨振亚。我看到，后面还跟随了一大群人。

北京的故宫，是距今已有六百年历史的、世界上规模最大、保存最完整的木结构建筑群，对于日本天皇和皇后来说，具有很强的吸引力。

我们的参观路线，由南向北，看太和殿、中和殿、保和殿和后三殿以及养心斋和漱芳斋。天皇和皇后游兴很浓，不时地提出问题。

在太和殿，天皇和皇后对皇帝的宝座、天棚的装饰很感兴趣，仔细地听了向导的介绍。参观中和殿时，听说这里曾经是考状元的地方，皇后多次询问殿内能摆下多少张桌子。这一下子，被问住了。谁也答不上来。在保和殿，看了八抬轿子和陈列的许多大印和时漏，他们兴致很高。天皇问：为什么有那么多的大印？

在书房里，形状别致的香炉特别吸引了皇后，她一再问："这就是香炉吗？"对于摆放在书架上的线装书和"三希堂"内的陈设，天皇和皇后都表示了很大的兴趣。

到养心斋，参观了西太后垂帘听政的地方和皇帝的卧室。他们询问当时取暖的方法，又问当时饮食是怎样解决的？

天皇和皇后最感兴趣的是皇帝成婚的屋子。皇后看到屋内从高处挂下来的巨幅的绘画和字联，感到很惊奇，便告诉天皇：挂轴还可以这样悬挂。我想，皇后之所以感到惊奇，是因为日本房子比较矮小，字画一般只挂在壁龛里。她大概从未见到如此巨幅的书画从天棚顺着墙面垂下的景象。

在参观的过程中，遇到一个"麻烦"，就是每一个殿的门槛都很高，使身着和服的皇后跨门槛时颇费事。看到这一情况，我对她说：可以先一只脚踏门槛，然后再下来。皇后问：这样可以吗？我说，在这种情况下是可以的。在故宫内，每当跨门槛或上下台阶，或走坑坑洼洼的地方，我都提醒她"请注意脚下"。而她每一次都和蔼地说一声："谢谢！"

与中国普通百姓对话

一路上，我发现天皇和皇后尽可能地寻找机会跟中国普通百姓接触。

他们主动地走近游客。皇后问一个小朋友："你今年几岁？是跟妈妈一起来的吗？"

又问小孩的妈妈："你们经常来这里吗？"

"不经常来。"

"你们是北京人吗？家住的远吗？"

"我们不是北京的，是外地的。"

"今天休息吗？希望你们能度过一个愉快的假日。"

天皇见到一个小学生，亲切地问："你喜欢历史吗？"

那个小学生回答："喜欢！"

天皇会心地笑了。

我们来到御花园内的漱芳斋。到这里来，是为了观赏故宫博物院馆藏的珍贵古画。由于同行的人太多，不可能都进去，所以对人员作了限制，不准记者入内。

故宫的工作人员小心翼翼地把三幅珍宝依次展现在案子上。第一幅是隋朝画家展子虔的《游春图》。它是一幅以描写自然景色为主的青绿山水画。画家以细劲的笔法和绚丽的色彩，画出了青山叠翠、花木葱茏、波光粼粼的湖山佳境。湖心一艘高篷游艇在碧波中游弋，三位女子于舱中闲坐，欣赏湖山佳趣；一艄公从容不迫地摇橹，船缓缓前进。湖边数人，或乘或骑或漫步山间小道，或袖手停于湖边。整个画面洋溢着煊炽活泼的气氛，具有诗一般的境界，给人以强烈的艺术感染。这幅画，曾经为北宋宣和内府收藏，右上角有徽宗赵佶的题签《展子虔游春图》。

第二幅是五代画家顾闳中的那幅传世名作《韩熙载夜宴图》。当展示第三幅画——北宋画家张择端的不朽杰作《清明上河图》时，生动真实地描写了当时社会生活的画面，紧紧地吸引了明仁天皇和皇后。皇后看得尤其仔细。她从画面上发现了骆驼，马上告诉了天皇。她还好奇地问为什么每一张画上都有那么多的印章和别人写的跋？对古画有很深造诣的杨新副院长一一作了介绍。

吕济民代院长把天皇和皇后引到另一个案子前。案子上，早已准备

◇ 时任文化部副部长的作者（右一）陪同日本天皇夫妇参观故宫

好文房四宝,他请天皇和皇后签名留念。天皇首先握笔写了"明仁"二字。我注意到"明"字是草书。轮到皇后签名时，她在"明仁"二字的左下方，谦虚地用较小的字写了"美智子"三字。二人的签名均为竖写。

吕济民最后代表故宫博物院向天皇赠送了一本大画册《国宝》，天皇表示感谢。

走出漱芳斋，我们经御花园，到了神武门。天皇和皇后一行的汽车已在等候着。握别时，天皇和皇后再一次向我们道谢。

日本大使举行招待会

我从故宫博物院出来后，还要立即去日本驻华使馆。

因为我接到桥本恕大使和夫人桥本洋子发来的请柬，要我参加由他们主持的招待会。请柬上是这样写的："在日本国天皇陛下和皇后陛下访华之际，订于 1992 年 10 月 25 日（星期日）上午 11 时 45 分至 12 时 45 分举行招待会，敬请光临。地点，在中国大饭店一楼会议厅 C。"请柬上还写了几条注意事项：1. 请各位来宾携带请柬（和信封），不然不能入场；2. 请各位来宾当天提前半小时光临会场；3. 请勿携带照相机、录像机等；4. 请各位注意代理人不能出席。

这一次我不是作为文化部副部长，而是作为中日友好 21 世纪委员会前委员受到邀请的，而且通知我可以偕夫人同往。

由于天皇和皇后参观故宫时，那一带实行戒严。戒严解除后，有一段时间仍无法行车。我等文化部的车来接，但半天也等不来，心里很焦急，生怕 11 时 45 分前赶不到会场。当我赶到会场时，时间尚早。我终于松了一口气。

那一天，被邀请的除了中方人士外，还有日本驻京人士。中方人士中，有一位女士，是皇后在圣心女子大学读书时的同学。我们在大厅中分中方和日方两组，各排成了一行。桥本大使和明仁天皇先后讲话后，天皇和皇后在大使陪同下，先同中方人士一一握手。天皇与我握手时，大使把我的情况简要地作了介绍。我对天皇说，希望中日文化交流今后能得到进一步的发展。天皇说，中日的文化交往有很长的历史，我抱有同样的愿望。皇后同我握手时，她感谢了我陪同他们参观故宫。站在我夫人旁边的是著名儿童文学家严文井。看来，皇后对儿童文学颇感兴趣，她与严文井谈了很久。

我未想到事隔两年多以后，皇后还记得我陪同参观故宫的事。

那是 1994 年 11 月，我和孙平化等同志应日本茶道里千家宗师、第十五代掌门人千宗室的邀请，到京都去参加"平安建都 1200 年纪念活动"。日本天皇和皇后出席了纪念大会和酒会。在京都王子饭店举行的庆祝酒会上，天皇和皇后站立着会见出席者。千宗室把孙平化和我领到天皇那里，作了介绍。因为天皇在纪念大会上的文艺节目中，欣赏了用破译的敦煌古乐谱弹奏的琵琶曲，所以，他对我说中国人能把古谱译出是很了不起的。我说，两年前，天皇陛下和皇后陛下参观故宫博物院时，我曾陪同过。他很高兴地说："谢谢！"我说，今天的大会表明，中国与京都有着很深的文化联系，希望今后能加强两国的文化交流。

　　然后，千宗室夫人带我们又去见皇后。皇后还清楚地记得我。她说，"你在故宫给我们做向导，我很感谢。回国后，请向当时的陪同团团长宋健先生转致问候。"我说一定转达。

写在卷末

本书写到这里，也该收尾了。

卷末写点什么好呢？我想，就写我对中日关系最近几年陷于谷底的一些思考吧。

2015年春，王毅外长在全国人大和政协两会的记者招待会上，曾被日本记者问及中日间的历史问题。王毅外长回答说："这个问题一直困扰着中日关系，所以我们不禁要问一声，究竟原因何在？"接着，他说："我想起一位中国的外交老前辈在这个问题上的主张，他认为，加害者越不忘加害于人的责任，受害者才越有可能平复曾经受到的伤害。其实，这句话既是人与人的交往之道，也是对待历史问题的正确态度。"

王外长的话，可谓"一语中的"。

说到加害者与被害者，应该是有明确界限的。这个界限，怎能模糊呢？在"二战"中，不是别人，正是日本侵略军的铁蹄蹂躏了大片中国国土，是中国的无辜百姓遭受日本侵略者的烧杀、抢掠和奸淫。这是铁的事实！谁是加害者，谁是被害者，难道不是一清二楚吗？然而，日本政府首脑至今对于日本军国主义发动的那场侵略战争，不肯痛痛快快地承认，而吞吞吐吐地说什么"学术界至今对于'侵略'还没有定义"，等等。这种扭扭捏捏而实际上是予以否认的态度，与日本绝大多数有良心的普通人的态度截然相反，两者形成了鲜明的对照。

我知道，绝大多数善良的日本人也是那场战争的受害者，但他们却主张日本应当如实地承认自己是加害者，应当向被害者悔罪、道歉。相反，日本当局有些人生怕别人说日本是加害者，闭口不谈当年日本在中国和亚洲其他国家干的那些不光彩的事，对"反省"过去的"侵略"和"殖民统治"讳莫如深，却热心于把自己打扮成"被害者"。对此，长年从事日中文化交流的白土吾夫在"二战"结束五十周年—— 1995 年来北京时，曾当面语重心长地对我说过这样一段话："日本发动了对中国的侵略战争……日本人对不起中国人，日本应当向中国道歉，但日本政界有极少数人企图翻案，美化侵略历史。这是令人遗憾的，我们应当同这些人进行斗争。日本人首先应当认识自己是加害者。不错，日本人曾经遭受过原子弹的灾难，是原子弹的被害者，但我们要想一想日本人为什么被害？因为日本首先发动了那场战争，要承认自己是加害者。我认为这是前提。"

说到加害者和被害者，我想起一件事：日本政府首脑（包括一些国会议员）参拜靖国神社时常常搬出种种"日本文化特殊论"，以混淆视听，模糊加害者和被害者的界限。日本政要参拜靖国神社这一举动，绝不是基于什么"日本文化特殊"。我认为，身为一国首相去参拜靖国神社，不是用"文化习俗的差异"和"生死观不同"所能解释和搪塞得了的，同时，这也绝不能等同于普通老百姓的一般行为，而是不折不扣的政治行动，是事关日本政府如何看待日本的侵略历史和"二战"战犯的重大原则问题，它关乎中日两国间建立相互信赖关系的基础。说到底，是日本在战后没有彻底清算和总结过去的侵略历史。"二战"结束以后，虽然以东条英机为首的甲级战犯被处以极刑，但对日本发动侵略战争负有不可推卸责任的一大批军国主义骨干受到了美国战后冷战政策的保护。因此，什么是正义战争，什么是非正义战争，谁是加害者，谁是被害者这个问题在日本至今未获彻底解决。那种企图重温旧梦的思想温床并没有从根本上铲除。

日本流行的所谓"日本文化特殊论"，散布一种论调，说什么"依照日本人的国民感情"，不管"善人恶人，死了都变佛。那些甲级战犯已被处以死刑，他们今世已经受了刑法"，因此，"成佛"无疑。然而，这种"特殊"的日本文化论是不能自圆其说的。大家都知道，那个臭名昭著的"沙林事件"的元凶曾指使同伙在电车里杀了那么多无辜的人，被判了死刑（尚未执行），一旦他被执行死刑，请问那些无辜被害者的家属会把他当作"佛"吗？

此事也涉及对历史认识的问题。哈佛大学教授入江昭有一个中肯的论述。他在《外交论坛》杂志发表的题为《文化与外交》的文章说："在日中关系上，所谓历史问题经常表面化。日本有些人（前些年）把这个问题与防卫、贸易问题扯到一起，说中国政府之所以要搬出过去的战争问题，是因为它想要日本提供更多的援助；也有一些人指责中国对日本教科书如何描述那场战争说三道四，是干涉日本的内政，但我认为这些见解都忽视了国际关系中的文化层面。对于中国人来说，19世纪以后的历史就是一部屈辱的历史，这一认识已经成为中国人建立自己国家的根本。如果对此麻木不仁，就永远不能使日中关系获得飞跃的发展。"

入江教授抓住了问题的核心，他强调指出观察中国历史不能忽视国际关系中的"文化层面"。什么是"文化层面"？"文化层面"就是19世纪以后的中国近代史，是一部包括日本在内的帝国主义列强侵略和宰割中国的"屈辱的历史"。

日本《朝日新闻》2007年7月7日在纪念卢沟桥事变七十周年时发表社论也说："日本侵略中国的……日中战争的历史，不折不扣地跟中国的近代史相重叠。"由于（中国当时）处于国家存亡的危急关头，理所当然地将在那场战争中"遭受的灾害""深深地铭刻在记忆之中"。

反观现实的日本，日本在20世纪90年代初泡沫经济破灭后，政局一直动荡，经济长期低迷，从而加速了右翼思潮的抬头。我们看到日本社会现在仍然存在着一小撮右翼势力，尽管他们不是日本社会的主流，但右翼思潮有时呈弥漫的趋势。

至于如何认识那场战争，这个问题在日本一直拖了一个很长的尾巴。日本首相坚持去参拜靖国神社，也是有它深层次的政治、经济、思想、文化和社会背景的，不能孤立地去看这个问题。对于那一段不幸的历史，应该怎样来对待？正确的态度应该是"前事不忘，后事之师"，"以史为鉴，面向未来！"。

最近一个时期，日本政府首脑违背民意，大谈要"改变战后体制"，即彻底"改变战后日本的和平体制"，"改变战后国际秩序"。我们看到，安倍内阁借口所谓"外部威胁"，凭借执政党在国会占据多数席位的优势，加紧步伐修改宪法第九条的解释，解禁所谓"集体自卫权"，强行通过一系列"安全保障法案"。这理所当然地激起了日本北自北海道、南至冲绳的各地各阶层人民的坚决反对。人民群众特别是包括大批妇女（有不少家庭主妇带着自己的孩子）和青年学生举行集会或游行示威。学者、作家、大学教授、律师、新闻工作者等文化人通过举行记者招待会或写文章等各种形式，明确指出日本政府的这一行径违反日本和平宪法，所谓"安全保障法案"是明目张胆的战争法案，他们高呼"要和平，不要战争！""不要把我们的孩子再次送上战场！""对安倍晋三政府，我们说'不！'"要求"安倍立即下台！"，不少地方议会还通过决议，反对日本国会"通过"违反和平宪法的"战争法案"。一些主流媒体进行的舆论调查，也表明绝大多数被采访者认为安倍向国会提出的"安保法案"违宪。值得注意的是，就连前日本内阁法制局的一些高官也从法理上反对这一违背日本和平宪法的"法案"。但是，安倍内阁为了配合美国的战略要求，不顾广大日本人民的坚决反对，在主要在野党抵制表决的情况下，悍然在众参两院通过了推动日本走向危险道路的所谓"安全保障法案"。

安倍内阁之所以迫不及待地在国会强行通过披着和平外衣的战争法案，原因之一，是要兑现 2015 年 4 月安倍访美时夸下的海口：2015 年夏天一定要在日本国会上通过这一法案。不言而喻，其真实目的，是要争得日本自卫队向海外作战的"权利"，从而实现日本国的所谓"正常化"。舆论指出，不管日本的当政者怎样闪烁其词，日本当局心中的真正的假想敌是中国。这就暴露了日本要进一步屈从于美国，在美国的"亚洲再平衡"战略中充当小伙计的本质。与此同时，安倍内阁此举的更深层次的企图，则是在战略上借帮助美国制华，来逐步地曲线实现对美国控制的摆脱。

最近以来，我们不断地听到从日本传来这样一些不和谐音。难怪日本的老百姓说："好像在耳边又响起战前曾在日本流行过的那首童谣的第一句歌词'这条路，是过去曾走过的路'。"是的，这是一条日本曾经走过的军国主义老路，是给亚洲和日本人民带来无穷灾难、最后宣告失败的那条不归路。历史证明，此路不通，不仅当时不通，而且现在和将来也永远不通。

2015 年 8 月 14 日，安倍首相以"内阁决议"形式发表了战后七十周年谈话。安倍在内外压力下，挖空心思、心机算尽，十分不情愿地把"侵略""殖民统治""反省""道歉"等关键词镶嵌在他的谈话中，并且玩弄文字游戏，以第三者的口吻似是而非地讲了一通过去的"一战"和"二战"的历史，以此来模糊日本军国主义发动的侵略战争的性质，逃避战争罪责，并回避向中国及其他亚洲国家受害者直接地、真诚地道歉和反省。特别应当指出的是，安倍在谈话中竟说："我们的子孙一代跟过往的战争没有关系，我们不能让他们背负谢罪的宿命。"这是安倍谈话的核心，是要害。这表明，安倍要给日本今后对战争的"谢罪"和"道歉"画上一个句号。总之，安倍的这一谈话，是他一贯的"历史观"和"价值观"的集大成。

尽管安倍处心积虑，玩弄"模糊哲学"，但战争性质不容模糊，更不容歪曲。历史必须直面，更不能割断和忘记。任何一个国家的人民，不仅要继承前人所创造的成就，而且应该担负起前人罪行所带来的历史责任。安倍谈话理所当然地受到了有关国家和日本国内主持正义的人们的强烈谴责和坚决反对。

习近平主席指出："忘记历史就意味着背叛，否认罪责就意味着重犯。我们不应因一个民族中有少数军国主义分子发起侵略战争就仇视这个民族，战争的罪责在少数军国主义分子而不在人民，但人们任何时候都不应忘记侵略者所犯下的严重罪行。"

◇ 1997年9月6日，日本首相桥本龙太郎参观沈阳"九一八"事变纪念馆，并接受记者采访。桥本首相说："日本人再健忘，也不会忘记'九一八'。历史是可以学习的，但历史是不能改写的。"

　　我们对于东方近邻日本，衷心希望它能在和平发展的道路上继续走下去。日本唯一的出路，就是走和平发展之路。战后几十年来，日本虽然经历了曲曲折折，但走过了和平发展之路，这使日本在经济上得以飞速发展。日本广大人民在"二战"后顺应时代潮流，通过各种形式一直反对战争，要求和平。

　　说到这里，有一件事使我难以忘怀：那是2007年10月中日韩三国的文化交流论坛第三次会议在东京举行时，日本画界巨匠平山郁夫提议在日本广播协会东京千代田放送会馆举办一次座谈会。平山郁夫在会上所做的强调和平重要性的发言给我留下了极为深刻的印象。他说："日本必须从过去的历史中汲取教训。现在，在日本有人要修改宪法，而日本宪法明确规定作为解决国际纷争的手段不能使用武力，不能参战，要用和平方式为国际社会做贡献。日本已经宣布放弃战争，这是必须恪守的。"他呼吁："日本青年再也不要把枪口对向亚洲，日本的母亲们要教育自己的儿子不要再拿起枪来，和平才是世界的趋势。"平山先生的发言，代表了日本千千万万普通人的心声。

回顾战后的日中友好运动，我认为是有它自己运行和发展的规律的。战后初期，日本就形成了两股力量，并长期对峙。焦点是敌视中国，还是与中国友好？较量的结果，后者终于发展成为任何力量都无法阻挡的汹涌澎湃的巨大洪流。而这股洪流在开始时还仅仅是点点水滴，后来逐渐发展成涓涓流水，最后汇合成了滚滚向前不可抗拒的历史潮流，终于在1972年实现了中日邦交正常化。

中日邦交正常化后的四十年间，两国关系虽有起伏，但总的来说是向前发展的，而且取得了很大成果。在长达两千多年的中日交流史的长河中，这四十年可以说是发展最迅速、成果最大的四十年。2011年的贸易额已经达到邦交正常化时的三百多倍，双方的直接投资额也超过了八百多亿美元，使两国成为相互需要的经济贸易伙伴、相互依存的命运共同体。邦交正常化当时的双方人员往来每年不足一万人，但到了2011年时每年超过五百万人次，每周有五百六十个航班来往于两国之间。

本来中日两国人民要兴高采烈地庆祝邦交正常化四十周年，但是，2012年下半年却发生了日本当局对中国固有领土钓鱼岛进行所谓"国有化"等一系列"扣错纽扣"的行为，从而使中日关系陷入了两国人民都不愿意看到的冰冷的低谷。中日两国人民对中日关系的现状表示忧虑。

钓鱼岛自古以来就是中国固有的领土。在领土主权问题上，中国的态度从来都是不含糊的。我们希望日本当局者能从大局出发，尊重历史，立即把"扣错的"纽扣加以改正，早日坐下来，通过会谈，和平地解决这一问题，以便使中日关系恢复稳定健康发展的正常轨道上来。

关于这个问题，我们不妨听一听日本国内一些人士发出的正义呼声和他们的正确主张。2012年9月28日，包括日本著名作家、诺贝尔文学奖获得者大江健三郎以及前长崎市市长本岛等、冈本厚在内的约一千三百名知识界、文化界人士在东京发表了题为《制止"领土问题"的恶循环》的《市民呼吁书》，明确指出：所谓"日本领有"钓鱼岛，是与明治以来日本政府所推行的侵略、殖民政策不无关系的，这难道不是日本执政者过于缺乏"guilty consciousness"（罪恶意识）的表现吗？《呼吁书》进而指出，"我们不能忘记""领土"问题是"以（近代日本侵略亚洲）历史为背景的这一事实"，"日本主动地去认识（它在近代侵略近邻各国）这一历史问题，并加以反省和真诚地表明态度，才是最重要的"。我认为，现在日本当局者所缺乏的，正是这样的"罪恶意识"。

世界上所有尊重事实的人都知道，在"钓鱼岛问题"上，中日之间是曾经有过"默契"和"谅解"的。但日本某些当权者硬是说中日之间未曾有过"默契"和"谅解"。实际上，1972 年在周恩来总理和田中首相之间、1978 年在邓小平副总理和福田首相、园田外相之间曾就"搁置""领土问题"达成过"默契"和"谅解"。让我们看一看园田直外相1979 年 5 月 30 日在日本国会众议院外务委员会上的答辩。他说："[尖阁问题（即钓鱼岛问题），] 它不仅仅关系到日中关系，而且在考虑日本的国家利益时，到底是维持现状、搁置不动符合国家利益？还是现在就把问题挑起来符合国家利益？我考虑，还是搁置不动，就像邓小平副总理所说的……二十年、三十年，搁置起来不去动它，从日本独自的利益来说，也是难能可贵的。"这段话，白纸黑字写在《国会议事录》中，日本的当局者不妨把它找出来重温一下。

那种至今坚持不承认这一事实的态度，要么是不了解历史，要么是要故意掩盖事实真相。前述《日本市民呼吁书》说得好："即使中国把这看作是（日本）违反邦交正常化以来的（把领土问题）'搁置起来'的默契和'谅解'，也是不足奇的。"

面向当前的中日关系，我想，我们还是把希望寄托于广大日本人民，寄托于两国人民的共同努力。

在观察中日关系的未来时，宜把眼光放长远一些。我认为，长远地看，中日友好毕竟是大势所趋，人心所向，这一发展趋势和运行规律，同样也是任何人和任何力量都破坏不了和改变不了的。中日关系最后终归是

◇ 1962年3月，中日作家及文化界人士在中国作家协会庆祝新中国成立13周年时合影（前排右起：谢冰心、有吉佐和子、周扬、中岛健藏、阿英、神彰；二排右起：闵曾瑜、西园寺公一、陈白尘、赵树理、张光年；三排右起：李季、夏衍、何其芳、严文井、林林；四排右起：袁水拍、郭劳为、周立波、刘德有、林元。）

要走上正常发展的轨道。这是两国人民的共同愿望，同时也符合两国人民的共同利益。

回想新中国成立后的中日关系中，民间交流一直占据着十分重要的位置。日中友好运动，从一开始就是立足于民间的"草根运动"。中日关系能够取得今天这样的局面，正是凝聚着无数知名和不知名的"掘井人"的心血。不是别的，正是长期的民间友好交流，"以民促官"，推动中日关系逐步走向了正常化，从而结束了两国间长期存在的法律上的战争状态，建立了外交关系，实现了"官民并举"的局面。这一历程，是新中国同世界任何其他资本主义国家建交史上从未有过的。中日民间交流的历史进程有力地证明，中日友好的基础，是广大两国人民的友好。今天的中日关系是战后两国人民共同努力艰苦缔造起来的，对于这个得来不易的中日友好的果实，两国人民有千条理由万条理由去加倍地爱护和珍惜，而没有一条理由可以去损害它。

如果有谁损害它，怎能对得起两国先人付出的心血，又怎能面对两国后来的子子孙孙？

我们注意到，面临复杂多变的中日关系的今天，有一种看法认为：两国的民间友好交流似乎已经过时，完成了它的历史使命，失去了作用。然而，实际情况恰恰相反。与官方外交并存的民间外交，无论是在推进两国关系在各个领域继续发展，在教育两国人民世世代代友好，加深相互理解和信赖，消除两国间存在的不稳定因素，制止和反对破坏两国友好关系的活动方面，仍有它自己的活动阵地，发挥着很大的作用。我认为，今后最重要的是两国人民要在坚持中日关系的"原点"的基础上，大力发展中日民间友好交流。

当然，我们也要如实地承认，由于种种原因，中日两国民众在一些问题上的感情对立依然存在。中日国民感情的变化与中日关系本身有着密切联系：在中日关系趋好时，对对方国家的好感度会相应提高；在中日关系恶化时，对对方国家的好感度会相应降低。这表明，中日国民感情的改善受到中日关系大环境的制约。在中日关系没有发生根本转变之前，难以出现两国国民感情的根本改观。这也就是说，要想改变目前中日国民感情对立的现状，也许并非易事。如何化解两国国民之间的对立情绪，增进相互理解，改善彼此印象，改善逐渐恶化的国民感情，是当前中日两国人民共同关心的一个问题，也是中日关系发展过程中亟待解决的紧要课题。

我想强调的是，中日两国应当坚持和平友好的大方向。我们要坚持上述的"原点"。什么是"原点"？

原点就是中日关系的四个政治文件，其中之一就是《中日和平友好条约》。1978 年缔结和生效的《中日和平友好条约》，以条约的形式把两国的和平友好关系固定了下来。这一条约与中日复交时发表的《中日联合声明》一道，成为奠定两国政治关系的重要基础，因而具有深远的历史意义。《中日和平友好条约》的核心之一，就是和平、友好。在 21 世纪的今天，中日两国应从大局出发，继续坚持和平、友好的大方向，这应当是丝毫也不能动摇的。"和则两利，斗则俱伤"，历史经验告诉我们中日两国必须走和平、友好、合作的道路，这是符合两国和两国人民根本利益的唯一正确选择。中日和平共处、世代友好、互利合作、共同发展，对亚洲和世界的和平、稳定、繁荣也至关重要。这就是说，中日两国关系的关键词应当是和平、友好、合作、共赢，而不应当是憎恶、反目、对抗、战争。

然而，无可否认，中日关系中仍存在着一些不确定因素，也存在着变数。日本政局仍有动荡的可能性。况且在日本社会总有那么一小撮人不愿意看到中日关系的改善和发展，不愿意理性地看待和接受中国不断发展振兴的事实，尽管他们不构成社会的主流，但人们不能不对此保持应有的戒心和警惕，避免受到他们的干扰和破坏。继续为改善和发展两国关系创造必要的环境和条件，不断加强相互理解和相互信任，以推动中日和平友好合作关系长期健康稳定地向前发展，我认为这是中日两国和两国人民义不容辞的共同责任。

中日两国只有坚持和平发展，才能给亚洲和世界带来巨大的机遇和利益。和平发展，是中国的国策。中国将始终不渝地走和平发展道路，奉行防御性的国防政策，永不称霸，永不扩张。这绝不是口号，而是中国基于自身的基本国情、发展现实和根本利益做出的战略抉择。中国正在为构建持久和平、共同繁荣的世界而做出自己的贡献。

今后，在发展中日民间友好交流中，我认为有两件事特别重要，那就是大力发展文化交流和青少年交流。

文化交流，是改善两国国民感情和相互印象，促进相互理解和信任的一个有效途径。正是由于人所共知的历史原因和现实中的某些问题形成的国民感情因素交织在一起，常常会使问题更加复杂化。毋庸讳言，相互理解看似容易，但要达到真正的相互理解，并非易事。我们承认中日两国的文化存在着很多共同点，但同时也要如实地承认存在着差异。

是的，中日两国一方面有许多共同点和相似之处，但另一方面，毕竟两国的社会制度不同，历史发展的进程以及人们的思维方式各异，彼此间存在隔膜是毋庸讳言的。在这种情况之下，文化交流的重要性就更加突出出来。鲁迅曾经说过：

"人类最好是彼此不隔膜，相关心。然而最平正的道路，却只有用文艺来沟通……"

可见，文化艺术交流对于消除隔膜、增进相互理解，是多么的重要。

长期以来，日本是跟中国开展文化交流最活跃的国家，交流形式多样，种类和项目总数一直居于首位。然而，尽管如此，实际上中日两国人民对对方文化还缺乏理解。这表明，我们的文化交流和人员交流的力度还很不够，仍需做很大的努力。

文化交流是心灵的沟通，也是在两国人民心灵上架设桥梁的工作。这座桥梁，就是友好的桥梁，相互理解的桥梁。我衷心地希望今后在这座桥梁上来往的人越来越多。

在开辟中日友好的未来时，青少年交流显得格外重要。中日两国青少年交流是具有远见的战略性措施，也是两国正在构建战略互惠关系的重要内容之一。从某种意义上说，青少年交流才是最具战略性的。青少年交流在改善国民感情方面发挥的重要作用，是大家所公认的。我们需要以宽广的视野，长远的眼光，有效的方式，加强包括互派留学生在内的两国青少年交流，不断为两国友好合作关系的长期、稳定、健康发展培育新生力量，注入新的活力。一句话，中日友好事业和文化交流事业都需要培养接班人。中日两国青年既肩负着建设各自国家的重任，也肩负着推进中日友好事业的历史重任，因而应当自觉地培育"大局观"。中日友好事业要一代一代地传下去，中日双方都需要培养一批能像老一辈那样在发展中日关系和文化交流中发挥重要作用的、经得起风雨考验的友好人士。

今年是中日邦交正常化四十五周年，明年（2018年）是《中日和平友好条约》缔结四十周年。我们要不忘初心，回归"原点"。"原点"是什么？"原点"就是和平、友好、合作、共赢。

我认为，这才是中日友好事业真正做到承前启后、继往开来的迫切需要。

搁笔时偶成汉俳一首，以此作为本书结尾：

寰宇企和平，

丽泽[1]相交贵共赢，

风雨见真情。

2017 年春夏之交　于北京林萃公寓

---

1 丽泽，见《周易》：两泽相连，彼此交流，沁润、滋益。